齊魯文物

（第 1 辑）

山东博物馆 编

科学出版社
北 京

内 容 简 介

本书是山东博物馆主编的具有齐鲁地域特色的文博专业学术文集，研究内容涵盖博物馆、文物、考古、历史、美术、古生物等多学科领域，共收录文章29篇，其中“佛教艺术与考古”19篇，为2011年“山东佛教艺术与考古”学术研讨会提交的论文，另外10篇涉及博物馆教育、文物研究、文物修复及古生物等领域，既有发掘或调查的资料性报告，又有研究性结论，其中不乏新发现、新观点。

本书可供从事博物馆学、考古学、历史学、美术学研究者及大专院校相关专业师生参考、阅读。

图书在版编目(CIP)数据

齐鲁文物．第1辑／山东博物馆编．—北京：科学出版社，2012.12

ISBN 978-7-03-036058-8

Ⅰ．①齐…　Ⅱ．①山…　Ⅲ．①文物工作－山东省－文集②博物馆－工作－山东省－文集　Ⅳ．①G269.275.2-53

中国版本图书馆CIP数据核字（2012）第277040号

责任编辑：李　茜／责任校对：宋玲玲

责任印制：赵德静／封面设计：美光制版

封面题字：陈梗桥

科学出版社 出版

北京东黄城根北街16号

邮政编码：100717

http://www.sciencep.com

中国科学院印刷厂 印刷

科学出版社发行　各地新华书店经销

*

2012年12月第　一　版　　开本：787×1092　1/16

2012年12月第一次印刷　　印张：18 3/4　插页：7

字数：430 000

定价：118.00元

（如有印装质量问题，我社负责调换）

《齐鲁文物》（第1辑）

编辑委员会

目　　录

佛教艺术与考古

历史与文物

文物保护

博物馆教育与建设

古生物

图版目录

“山东佛教艺术与考古学术研讨会”纪要

2011年9月18～20日，“山东佛教艺术与考古”学术研讨会在山东博物馆召开，此次研讨会由山东博物馆和山东省博物馆学会主办。

山东作为早期佛教重要的传播地，在中国佛教发展史上有独特的地位和重要的影响，近几十年来随着大批造像资料的出土，越来越引起世人关注。然而其基础性的调查报告和相关资料的研究均不尽如人意，综合性研究也不够深入。鉴于这种情况，2008年，在报经山东省文物局和国家文物局批准后，山东博物馆与MIHO博物馆合作进行了“山东地区馆藏佛教造像调查与研究”项目。该项目旨在调查和研究山东地区馆藏佛教文物的基础信息，包括图像资料的采集、文物形制记录及分类研究等，期望在此基础上建立一个山东地区佛教造像资料体系。项目组经过实地调查工作，积累了部分基础资料，并取得了阶段性的成果。2011年8月由文物出版社出版了《山东白陶佛教造像》一书，同时举办了此次“山东佛教艺术与考古”学术研讨会。

会议邀请了约40余位来自北京、河北、河南、陕西、江苏、甘肃等省市的专家及山东省内各地一线文物工作者参加。会议议题主要包括三个方面：一是山东佛教文物、考古、历史、美术；二是其他相关地区佛教文物与考古；三是中国佛教考古的理论与方法等。

研讨会开幕式由山东博物馆党组书记王斌主持，山东省文物局副局长由少平、山东博物馆馆长鲁文生等致欢迎辞，并介绍了山东佛教考古概况及山东博物馆佛教文物收藏情况。北京大学考古文博学院副院长杭侃和山东省文物考古研究所所长郑同修及中央美术学院教授郑岩等分别致辞，中国社会科学院杨泓先生发来贺信，信中强调了山东地区在佛教艺术和考古领域的重要地位，指出现阶段研究的不足，并提出自己的期望和对会议的支持。会议期间，部分代表公开了最新的考古发掘和调查资料，如：临朐小时家庄佛教建筑基址的发掘、高青胥家庙遗址佛教建筑的发掘、金乡光善寺佛塔文物的发现、平阴天池山唐代摩崖造像的调查、滕州玉皇顶宋代摩崖造像的调查以及南京长干寺遗址的考古成果等，引起了与会代表的极大兴趣；也有部分代表陈述了自己的研究成果，针对若干热点和难点问题展开热烈讨论，如东西地区间佛教造像风格差异与交流、南京长干寺地宫研究、定光佛舍利信仰研究等。会议达到了良好的效果，不仅加强了山东与其他省市之间的学术交流，也让外地学者更加关注山东地区佛教考古与艺术的研究。

本次会议共收到论文36篇，其中研究性22篇、报告性14篇，有来自全国各地的28位代表在会上进行了发言，因篇幅限制，本刊暂择其19篇发表。

（肖贵田　卫松涛）

杨泓先生的一封来信

山东博物馆：

自今年年初收到贵馆“山东佛教艺术与考古”学术研讨会的邀请函以后，我一直热切地期待着这次学术盛会的开幕，并为受到邀请而感到十分高兴，也初步准备将个人一些不成熟的想法提出供山东文物部门领导参考，并与学术同行一起研讨，以期对山东今后古代佛教遗迹与遗物的发掘和研究，对这些考古发现和考古标本的艺术史与宗教史研究，乃至宗教对当时社会历史文化与生活习俗的关系的探究，做出个人微薄的贡献。但是由于近日身体方面的原因，我不能参加这次盛会，十分抱歉。谨此恭贺“山东佛教艺术与考古”学术研讨会胜利召开，并预祝会议圆满成功。

此次山东博物馆主办关于山东佛教遗物的学术研讨会，十分令人兴奋。因为自新中国建立以来，特别是“文化大革命”以后，在今日山东境内的田野考古发掘和出土文物的蒐集工作中，有关佛教的遗物收获丰富，特别是古代的佛教石造像出土数量之多、出土地点之广，都是前所未有的。更令人兴奋的是在一些古代佛寺遗存中，发现的埋藏数量较大的佛教石造像窖藏，为学术研究提供了重要的新资料。其中最引人注目的有青州龙兴寺窖藏佛造像、临朐明道寺塔基窖藏佛造像、诸城体育中心工地窖藏佛造像和博兴龙华寺遗址窖藏佛造像等。此外在青州、诸城、博兴、广饶、高青、无棣等地，还有许多较零散的发现。这些佛造像中以石像为主，雕造时间又集中于北朝晚期，即北魏迁都洛阳以后经东魏、北齐到隋，地当北朝时的青、齐二州，可概称为青州地区[1]。放在全国范围来看，自20世纪50年代以来发现埋藏数量较大的佛教石造像的地区，除山东地区外，还有河北和四川，分别是南北朝时期的定州和益州。近年来在北朝晚期都城所在的洛阳、邺城和长安，也都有重要的佛教遗迹和造像的发现，洛阳的发现主要是北魏永宁寺遗址和大量泥塑造像；邺城（邺南城）发现以塔为中心的佛寺遗址，也已将历年的零散造像汇集起来；长安城范围内不断发现北周佛教石造像窖藏。因此将青州地区的佛教石造像与上述地区的造像相比较，可以看出青州造像的时代特征和地方特征，显示出其在当时佛教文化和社会文化的重要性。我的老师宿白先生曾在我们陪同下亲自考察了青州龙兴寺等遗迹和窖藏佛像标本，在《文物》杂志发表了青州三篇[2]，将青州佛教遗迹和窖藏佛教石造像的研究推向了新的高度。

但是综观目前对山东地区所获得的以北朝时期为主的佛教石造像的研讨，还停留在简单报告发现情况、重点介绍一些文物标本、进行一些个案研究、不断选一些标本运到国内外展览的阶段。为此，我想向山东文物部门的领导和文物考古同行提出一些个人建议，以供参考。

首先，应抓紧完成有关考古发现的学术报告。学术研究如“金字塔”，对考古学来说，其牢固的基础就是科学的田野考古发掘和经过认真的室内整理后完成的正式的考古发掘报告。这一点似乎是尽人皆知的常识，但是真正做起来却极不容易。目前山东境内有关古代石刻佛造像的考古发现中，仅有诸城出土的标本有杜在忠他们写的一篇中篇考古报告发表在《考古学报》上[3]，其余的发现多只有或长或短的考古简报，它们只能提供极为概略的发掘情况以及介绍一些保存较完整的发掘标本。有的简报连出土标本的准确数量都提供不出来，如青州龙兴寺的发掘简报。1999年我陪宿白先生去青州时，宿先生一再嘱咐他们要抓紧报告的编写，他们也说已着手编写，但十几年过去了，只见将青州佛像不断送到国内外去展览，但学界祈盼的科学的发掘报告一直杳无音信。记得国家文物局对发掘以后编写报告的时间要求已有明确规定，希望山东省文物局的领导予以关注。因为只有编成正式发掘报告，才有进一步深入开展研究的基础。

其次，应对自20世纪以来山东地区有关佛教遗迹和佛教造像的发现资料进行全面的梳理，有许多发现较零散，不是都有条件能编成正式报告，建议在全面梳理的基础上，将有关造像资料，由山东博物馆牵头，仿效此前编山东汉代画像石刻的办法，编成山东出土佛教石造像全集，这也为进一步探研山东地区的佛教造像奠定基础。

在整体梳理的基础上，山东博物馆是否可以汇集山东全境的主要佛教石造像标本，在馆内举办一届“山东出土佛教石造像展”，一方面展示自新中国成立以来山东文物事业在佛教文物方面的成就，另一方面也会极大地促进山东佛教文物的学术研究（编者按，自2011年至今，山东博物馆开设了“佛教造像艺术”展厅，展示佛教文物约90件，除本馆藏品外，还汇集了济南、青州、惠民等地近些年来的出土文物）。虽然古代青州地区的佛教石造像具有共同的时代特征和地域特征，但是这一大区域内各地点的出土标本，还有其具体的地域特征，特别在细部处理方面，目前粗略看来，青州和临朐虽地处不远，但出土造像细部就有所不同，它们与诸城的出土标本细部差异更明显。将山东全境的典型标本汇集在一起，定会促进学术研究的进展，通过研讨也将为勾画今后继续研究的蓝图有所裨益。

第三，现已出土的佛教石造像标本，原均供养于当时的寺庙中。对这些标本的全面深入探研，要对有关古代寺庙遗迹进行必要的田野调查和发掘。目前这方面的工作还较薄弱，深望山东省文物局领导予以关注。原来青州龙兴寺遗址经过简单探查，还展出过平面图。但龙兴寺窖藏埋于北宋，现存地下的遗址是与窖藏同时期，还是更早的？恐怕没人能说清楚。过去也曾对长清灵岩寺进行过发掘，现揭露出的遗迹可供参观，但正式的科学发掘报告却未见踪影。因此，对早期寺庙的探查研究，应在有条件时特别予以关注。

这些建议都是考古研究的基础工作，我们有了较为坚实的基础，才能将山东地区佛教造像遗存的研究向深度和广度发展，并有可能与宗教文化和社会文化的研究联系起来，进而将宗教史和社会历史研究推向一个新的高度。

以上是一些个人管见，仅供山东文物博物馆方面领导和学术同行参考。由于我已七十六岁，确已赶不上时代潮流，一些意见如有不当之处，尚希见谅。

杨　泓

2011年9月16日

注　释

[1] 参看杨泓：《山东青州北朝石佛像综论》，《汉唐美术考古和佛教艺术》，科学出版社，2000年，315～327页；《关于南北朝时青州地区考古的思考》，《中国古兵与美术考古论集》，文物出版社，2007年，255～267页。

[2] 宿白先生的青州三篇是《青州城考略——青州城与龙兴寺之一》、《龙兴寺沿革——青州城与龙兴寺之二》和《青州龙兴寺窖藏所出佛像的几个问题——青州城与龙兴寺之三》，分别发表于《文物》1999年第8～10期。后改题《青州城考略》、《青州龙兴寺沿革》和《青州龙兴寺窖藏所出佛像的几个问题》，收入《魏晋南北朝唐宋考古文稿辑丛》，文物出版社，2011年。

[3] 杜在忠、韩岗：《山东诸城佛教石造像》，《考古学报》1994年第2期，231～262页。

东汉时期佛教参与丧葬礼俗的图像证据

杨爱国

（山东省石刻艺术博物馆）

在古代中国[1]，坟墓艺术是何时出现的，已不可确考，但有一点很明确，它出现之后，随着时代的变迁，社会的发展，坟墓艺术的形式和内容在不断变化和丰富着。具体到汉代，由于墓室由周代的椁墓演变为室墓[2]，随葬品由礼器转变为生活用品，因此坟墓艺术也发生很大变化，由“周制”发展为“汉制”[3]。墓室壁画、画像石、画像砖迅速发展起来，至东汉晚期时达到高潮，专为墓葬服务的明器及其装饰也和前代的礼器发生了根本的变化，地面石结构的阙、祠等建筑，神道两侧的碑和石象生更是前所未有。在汉代坟墓艺术中，除了传统的民间信仰在继续发挥作用外，土生土长的道教[4]和由印度传来的佛教也参与其中，大大丰富了汉代，尤其是东汉时期坟墓艺术的内容，同时也表明人们的丧葬观念在悄悄地发生着变化，因此，对汉代坟葬艺术中的佛教图像进行专门研究，对于中国早期佛教史和汉代丧葬礼俗史都具有十分重要的学术意义。

一、汉代坟墓艺术中佛教图像遗存

20 世纪 80 年代初，俞伟超就发表专文对东汉时期的佛教图像进行了考释[5]，虽然有人对他在文章中引用的个别资料有不同看法，但在东汉时期存在佛教图像则是无可争议，温玉成还根据早期佛教图像的特点提出“仙佛模式”的概念[6]，何志国则通过对摇钱树佛像的研究，不同意“仙佛模式”说，而另提出“佛神模式”的概念[7]。30 多年过去，汉代坟墓艺术中的佛教图像资料有了不少新发现，正是这些新发现，加上过去的旧材料以及前人的研究成果，启发我们对其做进一步的思考。

1. 佛教图像遗存的分类

汉代坟墓艺术中的佛教图像资料可以分为直接遗存、相关遗存和疑似遗存三类。

（1）直接遗存。一望而知为佛教遗存，如佛像，本文在讨论相关问题时将以这类直接遗存为主要证据。

（2）相关遗存。可能与佛教相关，但却不能自明的遗存，如汉代画像石上的莲花图像，有的可能就受到佛教艺术的影响，与佛教相关，我们把这类遗存归为相关遗存。

（3）疑似遗存。比相关遗存更不好把握，对图像的解读歧义更大，既然是两可之间，而本文主旨又不是图像考释，为免枝蔓，我们把它们归入疑似遗存。

2. 直接遗存

根据目前见到的资料，汉代坟墓艺术中佛教图像的直接遗存可以分为摇钱树上的佛像、画像石上和墓室壁画上的佛教图像三类，以前者为多见。

（1）摇钱树上的佛像

“摇钱树”也被一些人简称为“钱树”，是我国西南地区以四川盆地为中心，流行于汉魏时期的一种特殊的随葬品，其时代性和地域性都较强。这种随葬品一般由树座和树干两部分组成，座有陶质和石质两种，树干和树枝，以及枝上的树叶等则均为铜质。由于形制似树，以往发现的这种随葬品枝干之上除铸有神话人物、祥禽瑞兽之外，还多铸有方孔圆钱，人们就把它们称为“摇钱树”，迄今我们也没有见到古人对它的称呼，为了便于讨论，本文延用“摇钱树”这一称呼。

迄今为止，摇钱树佛像的发现，主要是通过考古发掘出土，同时也有少量流传海外的传世品[8]，由于传世品的真伪尚需辨识，真品的出土地点不易确定，本文只介绍部分考古发掘品。

① 四川彭山第166号崖墓摇钱树座佛像[9]。1942年出土，现藏南京博物院。树座为泥质灰陶，高21厘米。座呈圆形，表面塑出模制的人像，中间一像结跏趺坐，高肉髻，右手施无畏印，左手握拳执衣裳之下摆，所着僧衣纹饰呈“U”字形下垂，具有明显的佛教特征（图一）。

图一　四川彭山166号崖墓摇钱树座上的佛像

② 四川忠县涂井崖墓摇钱树佛像[10]。1981年5月出土，现藏四川文物考古研究院。这个墓群共出土4株摇钱树，分别葬在3座崖墓中。其中，第14号墓出土2株形态不同的摇钱树，树干用数段相同的铜节缀合而成，每节上均有一尊佛像，共8尊，形象与彭山崖墓摇钱树座佛像相近。第15号墓出土的摇钱树置于中室后部，有陶座，树的主干由6节缀合而成，通高126厘米，每节上有1尊佛像，共5尊，形象与彭山崖墓摇钱树座佛像相近。

图二　绵阳何家山1号崖墓摇钱树上的佛像

③ 四川绵阳何家山1号崖墓摇钱树佛像[11]。1989年11月出土，现藏绵阳市博物馆。该摇钱树仅存枝干和树叶部分，其中枝干残长76厘米，其上分别铸出5尊形象一致的佛像，均高6.5厘米。佛皆结跏趺坐，头后有椭圆形的项光，顶有肉髻，双眼微合，两耳较大，上唇有髭，穿通肩袈裟，右手竖掌，掌心向外，施无畏印，左手握拳执衣下摆，衣角下垂呈“U”字形，绕于右手腕，再垂至足前（图二）。与彭山崖墓摇钱树座佛像极相似。

④ 四川资阳雁江区狮子山2号崖墓摇钱树佛像[12]。2010年出土。狮子山2号崖墓共出土2件摇钱树，其中仅1件上有佛像（M2:49）。摇钱树插在菱形纹砖上，树干呈竹节状，其上纹饰由蹲熊和瑗璧组成，树枝已残断、散落。顶层主枝为“一佛二弟子”图像和瑗璧。主尊佛结跏趺坐，有椭圆环形头光，顶髻宽平，发际线呈连弧形，着交领长袍，两臂衣纹褶皱清晰，右手施无畏印，左手执衣角。两侧各立一弟子。右侧弟子着交领袍服，面目及双手残；左侧弟子光头，高鼻深目，着交领袍服，下着袴，双手捧塔。弟子头上部有莲花（图三）。

图三　资阳雁江区狮子山2号崖墓摇钱树上的佛像拓片

⑤ 贵州清镇第11号石室墓摇钱树佛像[13]。1957年出土，现藏贵州省博物馆。出土时树干已断为数截，在其中两截树干上发现两尊佛像。佛皆结跏趺坐，头部有高肉髻，衣饰呈“U”字形下垂，双手均握衣角下摆。

⑥ 陕西城固砖室墓摇钱树佛像[14]。出土时间不详，现藏陕西城固文物管理所。陶摇钱树座上饰“山”形图案。铜树干、枝和顶饰分别铸造后接合

而成。佛像1尊位于顶饰之上，结跏趺坐，头部有圆形的头光，右手施无畏印，左手握衣端，额部施有白毫相，唇上有两道向上的胡髭，着通肩袈裟（图四）。

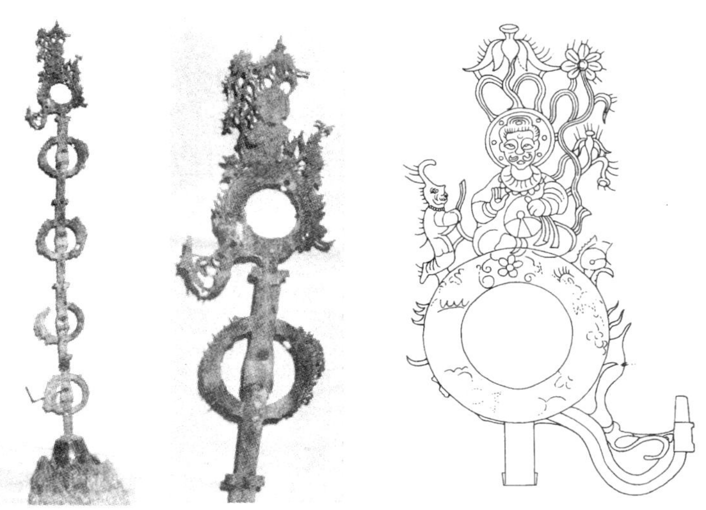

图四 城固砖室墓摇钱树上的佛像

⑦ 重庆丰都槽房沟9号墓摇钱树佛像[15]。2001年出土，现藏重庆中国三峡博物馆。灰陶摇钱树座上刻有“延光四年（125年）五月十日作”铭文（图五），树干上铸坐佛[16]（图六），形象与上述钱树的坐佛相近。

图五 丰都槽房沟9号墓摇钱树座

图六 丰都槽房沟9号墓摇钱树佛像

此外，还有四川绵阳2座崖墓出土2件摇钱树树干上的2尊、重庆开县红华崖墓出土摇钱树树干上的4尊、陕西汉中铺镇5号砖室墓出土摇钱树树干上的2尊等[17]。

尽管槽房沟9号墓的发现，把佛像的年代提前到东汉中期，但毕竟是孤例，且墓葬被盗，破坏严重。因此，人们认为四川盆地为中心的摇钱树上的佛像主要流行于东汉晚期至蜀汉时期是有道理的[18]。

（2）画像石上的佛教图像

我们已经见到的画像石的佛教图像共有 5 幅。四川的 3 尊佛像都在乐山，皆位于大型前堂后室式崖墓中前堂内壁门上方正中位置，分别是乐山麻浩 1 号崖墓 1 尊[19]（图七）、乐山柿子湾 1 号崖墓 2 尊[20]（图八）。佛像皆独坐于房檐之下，头后有圆形头光，右手施无畏印，左手似握衣端，与摇钱树上佛像极类似。

图七　乐山麻浩 1 号崖墓佛像

图八　乐山柿子湾崖墓佛像线图

山东沂南北寨村画像石墓中室八角立柱南北两面顶端皆刻 1 童子像，该童子与画像石上常见的童子像不同之处是，头后有头光[21]（图九），因此被认为与佛教有关[22]。温玉成更考南面图像为浮屠（释迦），北面图像为弥勒[23]。尽管学界对该图存在不同看法，我们认为，从其形象看，是佛像的可能更大。

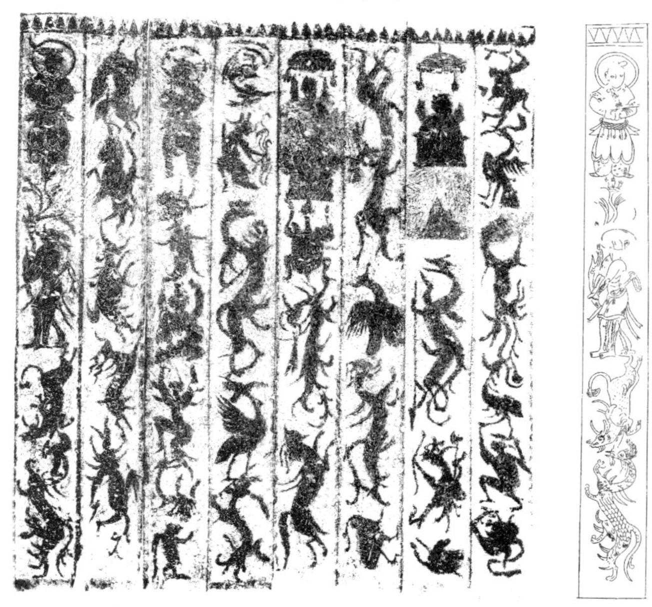

图九　沂南北寨村墓中室八角立柱画像

（3）墓室壁画上的仙人骑白象和供养舍利图

内蒙古和林格尔小板申东汉晚期护乌桓校尉壁画墓前室南壁顶部绘有“仙人骑白象”的图像[24]（图一〇），俞伟超考其为佛教图像，但该图与“凤皇从九口”、“朱爵”在一起，有学者认为它是传统的祥瑞[25]，而非佛教图像。

图一〇　内蒙古和林格尔壁画墓仙人骑白象图

考虑到东汉时期的佛教多依附于传统的升仙思想和道教，故将“仙人骑白象”图列入汉代坟墓艺术中佛教图像的直接遗存[26]。

小板申壁画墓中还有1幅猞猁图，图中的猞猁为置于盘中光芒四射的4个圆球，俞伟超考其为佛教图像。河南密县打虎亭2号壁画墓中室东段券顶西起第2幅藻井北侧条幅壁画[27]（图一一）也被温玉成用类型学方法，指认为“供养舍利图”[28]。

图一一　密县打虎亭2号墓藻井供养舍利图

3. 相关遗存

到目前为止，在汉代坟墓艺术中，与佛教相关的遗存，有莲花和焚香等图像。

山东沂南北寨村画像石墓前室北门楣下边饰。门楣主体图像为形态各异的祥禽瑞兽，上、下有边饰栏，下边栏内饰莲花[29]（图一二）。但我们不能把所有莲花都指认为与佛教相关，如该墓顶盖石上的莲花，就与佛教无关，而是中国传统的藻井装饰，即东汉王延寿在《鲁灵光殿赋》中所谓的“反植荷蕖”。

如果说莲花图可能存在不同的含义，那么汉代坟墓艺术中为数不多的焚香图则与佛教的相关性要强得多[30]。山东枣庄台儿庄区邳庄乡邳庄村出土的1块供案石上，左右盘中各刻1鱼，盘间的壶中插着3支香[31]（图一三）。

图一二　沂南北寨村墓前室北壁门楣画像

图一三　枣庄邳庄供案石画像

除了莲花和焚香图外，汉代坟墓艺术中应当还有与佛教相关的图像，随着研究的深入和新证据的发现，它们会被人们识别出来的。

4. 疑似遗存

疑似遗存中主要是所谓的象和僧侣。

江苏徐州汉画像石艺术馆收藏的 1 块画像石上部刻 6 瑞兽，底部刻 5 披发者骑象（图一四），武利华认为与佛教有关[32]。

山东滕州龙阳店画像石上的六牙象[33]。此石已残，两象背上似皆骑人，象前还有瑞兽（图一五）。

图一四　徐州汉画馆藏骑象画像

图一五　滕州龙阳店六牙画像

山东邹城郭里镇黄路屯1块画像石上，中部刻兵器，左边刻2人骑象[34]，骑象者被认为是僧侣[35]（图一六）。

图一六 邹城郭里画像石骑象图

汉代坟墓艺术中除了上述4例象图和所谓的越人钩象外，还有其他相关象的图像，如江苏铜山苗村画像石墓前室南壁门东石上，顶刻风伯吹屋和太阳，中部刻翼马，底部刻翼象，前有祥云[36]（图一七）。铜山洪楼祠堂顶盖石上，1人执钩骑象做雷公车的前导（图一八）[37]。

图一七 铜山苗村画像石翼象图

图一八 铜山洪楼祠堂钩象图

此外，山东滕州房庄和邹城高李村各有1块画像石上的图像、四川什邡皂角乡1块画像砖上的图像也被认为与佛教有关。

滕州房庄残画像石上刻2人骑骆驼，其后为5人乘牛车[38]，此5人不戴冠，被认为是僧侣[39]（图一九）。

1990年，邹城高李村清理了1座后代用汉代画像石修建的墓葬，其中1块画像石画面主体刻建鼓乐舞，画面右上角刻7人正面端坐，不戴冠，似无发，发掘者认为他们是僧侣[40]（图二〇）。

1986年什邡皂角乡征集的1块残画像砖，中部为1多层塔形建筑物，顶部作宝刹状，被认为是佛塔（图二一），两边的图像被认为是明珠树[41]，或菩提树[42]。

图一九　滕州房庄画像石牛车图

图二〇　邹城高李村1号墓画像

图二一　什邡皂角乡残画像砖拓本

新疆民丰县北大沙漠东汉合葬墓的蓝白印花棉布的残片上发现有人物图像，原报告认为是菩萨像，有背光，身着璎珞[43]（图二二）。林梅村还指出，菩萨手中所执为花[44]。对此图像，学界有不同看法，陈良伟和陈凌虽然同意林梅村棉织物来自于贵霜统治下的犍陀罗地区的观点，但却认为棉布上的图案为一头带背光的丰腴女子手持丰饶角，表现的应为希腊丰产女神德墨忒尔（Demeter）。中部残存图案表现的内容应是古希腊英雄赫拉克勒斯（Heracles）“十二奇迹”之一的搏狮故事[45]。

图二二　民丰东汉墓棉布上的图像

上述这些疑似遗存中，人们比较肯定滕州六牙象与佛教有关，其他图像则多有存疑。

又，1980年，江西永新县1座小型东汉墓中出土青铜棺椁，有人认为“是佛教考古的一个重要发现”[46]；陕南地区汉墓中有铜菩萨造像[47]。这2条资料仅在综述性文章中见到，未见详细报告或专题文章引用，也未见到发表的图像，暂附在此，待日后查证。不论将来查证的结果如何，在汉代坟墓艺术中实际存在的佛教图像肯定比已经见诸报道的要多。

从以上罗列的现象看，东汉时期坟墓艺术中发现的佛教图像所覆盖的地区是较为广阔的，这从一个侧面反映了当时佛教传播的广度。

二、墓主身份分析

以上所述汉代坟墓艺术中的佛教图像，除部分为零散的摇钱树、画像石和画像砖外，多出自墓中[48]。这些汉墓的墓主，除了内蒙古自治区和林格尔东汉晚期壁画墓的墓主身份明确为护乌桓校尉外，其他墓葬无一能明确墓主身份，其墓主身份只能据建造墓葬的材料，墓室结构与规模以及墓中随葬品的数量、质量等来推断。

从保存较好的墓葬，如山东沂南北寨村画像石墓、四川乐山麻浩1号崖墓和资阳雁江区狮子山2号崖墓等看，有佛教图像的墓葬规模都不算很小。沂南北寨村画像石墓是有前、中、后三主室的大型石结构墓葬。乐山麻浩1号崖墓由1个前室与3个后室组成，后室内凿建小耳室，结构复杂，墓室总进深在20米以上。狮子山2号崖墓的结构虽较麻浩1号崖墓简单，但也附有耳室和侧室，主室长度达11.6米。

在随葬品方面，有佛教图像的汉墓多被盗一空，但也有幸免者，如四川资阳雁江区狮子山2号崖墓。该墓未被盗扰，随葬品还放在原处。共随葬95件（组）器物，主要是陶器，共62件；铜器17件（组）[49]，有摇钱树2件、洗2件、耳杯3件、镜1件、釜1件、箸1双、顶针1件、俑2件、铜钱4组（2683枚）；其他为金戒指3件、银戒指4件、银手镯5件，玛瑙珠、珊瑚珠、铁刀、铁釜各1件。报告者未对墓主身份进行推测。从墓室规模和随葬品看，该墓墓主（共5人）虽然仅1人使用画像石棺，余为2砖棺和2陶棺，但绝非平民，如果不是官吏，也是当地的富人。再如绵阳何家山1号崖墓的墓室亦未经盗扰，大部分随葬品基本保持入葬时的情形。它们主要集中于前室前段，前室左棺后部随葬摇钱树及树座，摇钱树四周有钱币若干，4具棺内有数量不等的钱币。墓中共随葬陶、铜、铁器35件，钱币210枚。35件器物中陶器占26件，6件铜器中，镜2件，案、魁、铺首、摇钱树各1件。能用铜案、魁等随葬的人，家产应当较为丰厚。

总之，就目前所见资料看，有佛教图像的东汉墓的墓主似非一般平民，至少也是地方富户。身份高的可到二千石官员，甚至列侯。由此可见，当时的信佛者除京都的皇帝和高官外，在地方上也多是有权有势的人。不过，并不是说这些坟墓艺术中使用了佛教图像者，墓主本人生前一定信佛，尤其是在佛教初来的东汉时期，佛教图像的出现很可能只是图像创意者的行为，不仅与墓主无关，与具体绘制壁画、雕刻图像、制作钱树的工匠也没有什么直接的信仰上的关系，也就是说图像与意义可以出现分离的现象，只是在目前情况下，我们还不能明确指出哪个或哪些图像与意义是相关的，或是分离的。

另一个现象，我们也当注意，迄今尚未在汉代帝陵或诸侯王陵中见到一幅佛教图像，此一现象似显示，虽然文献中记载明帝梦后佛教东传，楚王英“尚浮图之仁祠”，但当时佛教更多的是在民间流传[50]。不过，仅仅根据这些图像，我们也无法描述当时民间信佛的情形。除了缺少文献记载，我们见到的佛教图像基本上没有独立存在的，而是多依附于神仙、道教的图像而存在的也是一个重要的原因。

三、佛教对道教和传统升仙思想的依附

迄今所有研究汉代坟墓艺术中佛教图像的学者都已经注意到，这些图像都不是独立佛教信仰的表现，而是与传统神仙思想以及土生土长的道教，乃至土地崇拜糅合在一起，且处于附属地位[51]，正如巫鸿指出的那样：“这些图像的作用仅是丰富了本土对仙境的想象，而不是发展出墓葬艺术中的一个独立的佛教图像程序。”[52]

在汉代坟墓艺术中，目前可以明确指认为与佛教相关的图像集中在以四川盆地为中心的地区和鲁南地区，这两地区也是东汉时期道教繁盛之地，其中太平道起源于鲁南苏北地区，五斗米道起源于川北陕南地区。道教讲究并大量使用道术，而佛教初来，也被视为一种道术[53]，因此，在道教兴盛之地发现佛教遗存，正是佛教初来时在民间借助道教得到传播的明证。

在汉代坟墓艺术中，佛教图像（包括本文所谓的3类遗存）的分布范围不仅相对狭小，而且数量也极少，无法与其他神仙图像相比，尤其无法与西王母东王公图像相比。西王母的图像不仅早在西汉时期的画像石上就已经出现了，其在东汉时期的分布范围覆盖了汉代画像石所有分布区域；东王公图像出现之后，与西王母配对出场，其形象同样分布广阔，且数量众多。佛教图像仅有上述的例证，地点仅十几个，图像也不足40幅。这些从一个侧面说明了它在汉代信仰中的从属地位。

不仅发现的数量和分布的地区表明东汉时期的佛教依附于道教和传统升仙思想，从前文所举佛教图像与其他图像的组合上也同样可以看到这一现象。如沂南北寨村画像石墓中室立柱上的佛像下部为祥禽瑞兽，而且同一立柱的东西两面分别是东王公、西王母与祥禽瑞兽的组合。再如四川资阳雁江区狮子山2号崖墓钱树佛像两侧是仙人骑鹿的图像（图二三）。

图二三　资阳雁江区狮子山2号崖墓摇钱树上的佛像

四、东汉时期佛教参与丧葬活动

在谈到汉魏时期与佛教造型艺术有关的文物资料时，杨泓认为，必须首先区别它们是当时佛教信徒供养礼拜的佛教造像，还是仅为受到佛教艺术影响出现的装饰性图像[54]。虽然，汉代坟墓艺术中至今未见佛教信徒供养礼拜的佛教造像，但既然有佛教图像，且有一定的数量和分布区域，说佛教在当时已经参与到丧葬活动中当无大疑问。在佛教参与丧葬礼俗活动的同时，还有其他一些属于外来文化的东西也参与了进来，如神道上的石狮子[55]、墓室中的八角柱[56]、画像和器物上的有翼兽[57]等，由此，佛教并不孤立，它和这些外来文化因素共同丰富了东汉时期的丧葬礼俗。

从佛教图像混杂在其他图像中的现象看，当时的僧侣如果参与到丧葬仪式中的话，似乎不是独立完成整个仪式，而是与其他殡仪服务人员一起参与仪式，佛教活动只是整个丧葬仪式的一部分[58]。另外，今天我们看到的佛教参与当时丧葬礼俗活动的仅是图像，因此，可以作出这样的推论，当时参与丧葬礼俗活动的主要或仅是佛教图像，佛教的义理及其丧葬行为并没有被融入到中国传统的丧葬礼俗活动中去。

我们还注意到，无论是摇钱树上的佛教图像，还是画像石上的佛教图像，它们都不是独立存在的，也就是说，即使当时存在专门制作佛教图像的艺人，他们似乎也没有参加到当时的丧葬活动中去，铸造摇钱树佛像的还是从前铸造西王母的那些艺人，雕刻佛教图像的石刻艺人同样也还是那些雕刻西王母和东王公的艺人，是他们把佛教图像吸收并应用到摇钱树和画像石上，至于是如何吸收的，是僧侣主动传授，还是艺人出于创新的需要虚心学习，还是丧家信佛，要求艺人们如此表现，目前因缺少证据无法做进一步的推测。但有一点可以肯定，无论是僧侣主动传授，还是艺人创新，都是得到丧家认可的，否则，摇钱树是卖不出去的，也就不会出现在墓葬中。而四川乐山两座崖墓上的佛像都刻在房檐下的醒目位置，如果未经丧家许可（如果是预作寿藏，可能要得到墓主本人的许可）恐怕不会被刻上去。沂南北寨村画像石墓中室八角形立柱的佛像虽然并不显著，但该墓极有可能是墓主生前预作的寿藏，因此，图样上石之前，当是先看过的。

在佛教参与丧葬活动之前，道教已经参与到丧葬活动中了，且参与的广度和深度都较佛教为甚[59]，而且，佛教在当时有可能被看做是道术之一种，因此，其参与丧葬活动，也有可能是附属于道教的，也就是说，僧侣和道徒们一起参加了丧葬活动，甚至是道徒把佛教的部分仪式或图像据为己有，而佛教和道教的图像也被艺人们纳入墓室装饰或随葬品装饰中去，成为为死者服务的内容，这是“汉制”有别于“周制”而新出现的现象之一，这种现象表明，汉代人死了之后，不仅重视在阴间世界的物质生活，对精神生活也投入了足够的热情，这种热情也包括用这些佛教图像来避邪的可能。

汉代坟墓艺术中的佛教图像是我们今天在文献之外，了解当时佛教发展状况以及中外文化交流的重要资料。有意思的是，文献主要记载了东汉首都洛阳和楚王英信佛的一些文字，而确切的佛教图像，却未在这两个地区出现，倒是在当时道教发达的沿海和四川地区见到了，这可能反映了当时帝王信佛和民间信佛的差异。

最后需要说明的是，虽然东汉时期佛教初来，在坟墓艺术中只有少量的发现，但即使在南北朝时期，佛教发达以后，它也没有成为坟墓艺术的主流，除高句丽个别墓室壁画中[60]佛教图像较多外，其他世俗之人的墓葬，无论是墓室装饰还是随葬品，都没有以佛教内容为主的。虽然坟墓艺术可以说是一个大杂烩，但主流是世俗内容和民间信仰，道教和佛教这样的宗教内容是居于次要地位的。

注　释

[1] 这里的中国是一个历史和文化概念，非政治概念。参见葛兆光：《宅兹中国》，中华书局，2011年，31、32页。

[2] 黄晓芬：《汉墓的考古学研究》，岳麓书社，2003年。

[3] 俞伟超：《汉代诸侯王与列侯墓葬的形制分析兼论“周制”、“汉制”与晋制的三阶段性》，《中国考古学会第一次年会论文集》，文物出版社，1979年，332~337页。

[4] 杨爱国：《东汉时期道教参与丧葬活动的考古学证据》，《文史哲》2011年第4期，86~91页。

[5] 俞伟超：《东汉佛教图像考》，《文物》1980年第5期，68~77页。

[6] 温玉成：《公元1至3世纪中国的仙佛模式》，《敦煌研究》1999年第1期，159~170页。

[7] 何志国：《汉魏摇钱树初步研究》，科学出版社，2007年，235~254页。

[8] 罗二虎：《中国西南早期佛像研究》，《考古》2005年第6期，66~73页。

[9] 南京博物院：《四川彭山汉代崖墓》，文物出版社，1991年，37、38页；36页，图44；彩版1。

[10] 四川省文物管理委员会：《四川忠县涂井蜀汉崖墓》，《文物》1985年第7期，49~95页。

[11] 绵阳市博物馆：《四川绵阳何家山1号东汉崖墓清理简报》，《文物》1991年第3期，1~8页；6页，图十九、图二〇。

[12] 四川省文物考古研究院、资阳市雁江区文物管理所：《资阳市雁江区狮子山崖墓M2清理简报》，《四川文物》2011年第4期，10~23页；20页，图二〇，图二一；21页，图二一；图

版一，1。

[13] 贵州省博物馆:《贵州清镇平坝汉墓发掘报告》,《考古学报》1959 年第 1 期，85 ~ 103 页；95 页，图一〇，5。

[14] 罗二虎:《陕西城固出土的钱树佛像及其与四川地区的关系》,《文物》1998 年第 12 期，63 ~ 70 页。

[15] 《重庆丰都槽房沟发现有明确纪年的东汉墓葬》,《中国文物报》2002 年 7 月 5 日第 1 版。

[16] 该摇钱树的照片由北京大学杭侃先生提供，在此诚致谢意。

[17] 罗二虎:《中国西南早期佛像研究》,《考古》2005 年第 6 期，66 ~ 73 页。

[18] 霍巍、赵德云:《战国秦汉时期中国西南的对外文化交流》，巴蜀书社，2007 年，237 页。

[19] 乐山市文化局:《四川乐山麻浩一号崖墓》,《考古》1990 年第 2 期，111 ~ 115 页。温玉成认为应是蜀汉之末至西晋初（约 260 ~ 290 年）之物，见《公元 1 至 3 世纪中国的仙佛模式》,《敦煌研究》1999 年第 1 期，159 ~ 170 页。个人支持前人依据崖墓形制和墓中其他画像的特点，定为东汉末的观点。俞伟超:《东汉佛教图像考》,《文物》1980 年第 5 期，68 ~ 77 页。

[20] 贺云翱等:《佛教初传南方之路》，文物出版社，1993 年，图版 2、第 159 页图版说明。

[21] 曾昭燏、蒋宝庚、黎忠义:《沂南古画像石墓发掘报告》，文化部文物管理局，1956 年。

[22] 俞伟超:《东汉佛教图像考》,《文物》1980 年第 5 期，68 ~ 77 页。

[23] 温玉成:《公元 1 至 3 世纪中国的仙佛模式》,《敦煌研究》1999 年第 1 期，159 ~ 170 页。

[24] 内蒙古自治区博物馆文物工作队:《和林格尔汉墓壁画》，文物出版社，1978 年，33 页。

[25] 《宋书 · 符瑞志》:“白象者，人君自养有节则至。”引用了 3 条“祥瑞”:“宋文帝元嘉元年十二月丙辰，白象见零陵洮阳。元嘉六年三月丁亥，白象见安成安复，江州刺史南谯王义宣以闻。汉武帝元狩二年三月，南越献驯象。”中华书局，1974 年，802 页。从这条文献看，似乎汉代没有出现“白象”这样的祥瑞，把“仙人骑白象”归入佛教名下并无不妥。

[26] 温玉成亦支持为佛教图像。见《公元 1 至 3 世纪中国的仙佛模式》,《敦煌研究》1999 年第 1 期，159 ~ 170 页。

[27] 河南省文物研究所:《密县打虎亭汉墓》，文物出版社，1993 年，彩版二〇。

[28] 温玉成:《公元 1 至 3 世纪中国的仙佛模式》,《敦煌研究》1999 年第 1 期，159 ~ 170 页。

[29] 曾昭燏、蒋宝庚、黎忠义:《沂南古画像石墓发掘报告》，文化部文物管理局，1956 年。

[30] 吴焯:《汉人焚香为佛家礼仪说——兼论佛教在中国南方的早期传播》,《传统文化与现代化》1994 年第 6 期，33 ~ 38 页。

[31] 赖非:《中国画像石全集 · 2》，山东美术出版社，河南美术出版社，2000 年，图一五〇。

[32] 徐州汉画像石艺术馆:《徐州汉画像石》，线装书局，2002 年，图八〇。

[33] 〔法〕傅惜华:《汉代画像全集》（初编），巴黎大学北京汉学研究所，1950 年，图版 113；赖非:《中国画像石全集 · 2》，山东美术出版社，河南美术出版社，2000 年，图一六二。

[34] 胡新立:《邹城汉画像石》，文物出版社，2008 年，70 页，图七五。

[35] 邹城市文物管理处:《山东邹城高李村汉画像石墓》,《文物》1994 年第 6 期，24 ~ 30 页。

[36] 江苏省文物管理委员会:《江苏徐州汉画像石》，科学出版社，1959 年，图 30。

[37] 江苏省文物管理委员会:《江苏徐州汉画像石》，科学出版社，1959 年，图 52。

[38] 山东省博物馆、山东省文物考古研究所:《山东汉画像石选集》，齐鲁书社，1982 年，图版一二六、图 289。

[39] 邹城市文物管理处：《山东邹城高李村汉画像石墓》，《文物》1994年第6期，24～30页。

[40] 邹城市文物管理处：《山东邹城高李村汉画像石墓》，《文物》1994年第6期，24～30页；26页，图六。

[41] 魏学峰：《中国画像砖全集·四川汉画像砖》，四川美术出版社，2006年，144页，图二〇一。

[42] 绵阳市博物馆：《四川绵阳何家山1号东汉崖墓清理简报》，《文物》1991年第3期，1～8页。

[43] 新疆维吾尔自治区博物馆：《新疆民丰县北大沙漠中遗址墓葬区东汉合葬墓清理简报》，《文物》1960年第6期，9～12页；5页，图5、图6。

[44] 林梅村：《贵霜大月氏人流寓中国考》，《西域文明——考古、民族、语言和宗教新论》，东方出版社，1995年，51页。

[45] 陈良伟、陈凌：《中国境内发现的与丝绸之路相关的遗物》，《中国考古学·秦汉卷》，中国社会科学出版社，2010年，922页。

[46] 樊昌生、徐长青、王上海：《中国考古60年·江西省》，《中国考古60年》，文物出版社，2009年，307页。

[47] 焦南峰、李岗、曹龙：《中国考古60年·陕西省》，《中国考古60年》，文物出版社，2009年，529页。

[48] 虽然牟子《理惑论》（据认为成书于三国初）一书中曾提到“明帝存时，豫修寿陵曰‘显节’，亦于其上作佛图像”。因无实物为证，这里不将帝陵列入分析。

[49] 原报告为15件（组），经查，漏铜箸1双、顶针1件。18、21、22页。

[50] 荷兰学者许理和认为，在3世纪末、4世纪初，出现了形成僧人知识精英的明显最初迹象。他们由中国或本地化了的僧人组成，去创生或弘扬一种完全汉化了的佛教教义，这些教义从那时以降开始渗入中国上层社会。许理和：《佛教征服中国》，江苏人民出版社，1998年，94页。

[51] 俞伟超：《东汉佛教图像考》，《文物》1980年第5期，68～77页；杨泓：《四川早期佛教造像》，《寻常的精致》，辽宁教育出版社，1996年，230～236页；温玉成：《公元1至3世纪中国的仙佛模式》，《敦煌研究》1999年第1期，159～170页。

[52] 巫鸿著、施杰译：《黄泉下的美术》，生活·读书·新知三联书店，2010年，57页。

[53] 汤用彤：《汉魏两晋南北朝佛教史》，武汉大学出版社，2008年，58页。

[54] 杨泓：《四川早期佛教造像》，《寻常的精致》，辽宁教育出版社，1996年，230～236页。

[55] 蒋英炬、吴文祺：《汉代武氏墓群石刻研究》，山东美术出版社，1995年。

[56] 管恩洁、霍启明、尹世娟：《山东临沂吴白庄汉画像石墓》，《东南文化》1999年第6期，45～55页。

[57] 李零：《有翼神兽研究》，《入山与出塞》，文物出版社，2004年，87～164页。

[58] 即使《理惑论》中记载的明帝修显节陵时造佛像事属实，也是如此，而非佛教徒独立完成显节陵的全部建造过程。

[59] 杨爱国：《东汉时期道教参与丧葬活动的考古学证据》，《文史哲》2011年第4期，86～91页。

[60] 吉林省文物工作队、集安县文物保管所：《集安长川一号壁画墓》，《东北考古与历史》（第1辑），文物出版社，1982年，154～173页。

塔　与　城

——管窥中国中古都城的立体形象

郑　岩

（中央美术学院）

美国作家房龙（Hendrik Van Loon，1882～1944）的名著《人类的故事》（*The Story of Mankind*）一书中有幅出自作者之手的插图，逸笔草草地描绘了世界各民族的文化英雄，其中孔子身穿长袍，坐在一棵大树下，远处是一座高塔林立的城市[1]（图一）。在这幅图画中，神秘古老的东方思想和文化有着一个醒目的背景——城。高耸的佛塔是这座东方之城富有个性的标志，这种景观也许可以代表许多西方人对于古代中国朦胧的印象。熟悉中国历史的人当然很容易指出这幅插图的错误——佛塔大量出现在中国城市中，绝不是在孔子的时代，而是5世纪之后的事情。然而，这幅图画最平凡也最难得的是，它采用常人的视角，展现了古人观察一座城市时的视觉感受。

图一　房龙（Hendrik Van Loon）笔下的孔子和中国城市形象

（采自房龙：《人类的故事》，生活·读书·新知三联书店，1988年，246页）

与这种角度不同，历代研究古代城市的学者更习惯于使用各种平面图，包括各种规划图和根据文献或考古材料绘制的复原图，这很容易使人将复杂的城市历史理解为从一幅平面图到另一幅平面图的转换过程。实际上，不管平面的布局如何重要，仅有平面是无法构成一个完整的景观的，这种平面图主要存在于设计者和研究者的眼中，而房龙所揭示的那种最为普通的角度，反而在学者们的眼中比较模糊。

当年，更多的人只是穿行于高大的宫墙之间，置身于喧嚣的闹市中。例如，唐人韦述《两京新记》记唐长安城辅兴坊金仙、玉真二女观："此二观南街东当皇城之安福门，西出京城之开远门，车马往来，实为繁会。而二观门楼绮榭，纵对通衢，西土夷夏，自远而至者，入城遥望，窅若中天。"[2]研究者认为这一描述源于韦述的实际见闻[3]。由此我们可以体会当时人对建筑高度强烈的视觉感受。所以，当我们谈到城的视觉形象时[4]，就不能不将城视作一种立体的作品，一个三维的空间。除了讨论城市的平面和布局外，我们还应当从城市的第三度——高度——来认识它。

人们的视野局限于城市平面，实在是不得已而为之。千百年的沧桑之变，使得昔日宏壮巍峨的宫殿城垣荡然无存，只有废墟残留在地上地下。但是，房龙的插图也给我们一个重要的提示：在中国城市史中曾扮演过特殊角色的佛塔[5]，仍有一些遗存可供我们观察，这些佛塔可以作为我们讨论城市立体形象的一种“实验样品”[6]。

要讨论佛塔与城的关系，必然涉及多种问题，这些问题包括单体建筑与城市的关系、不同性质的建筑在形式上的影响和观念上的转换、建筑技术与艺术表现手法的结合等诸多方面。限于篇幅，本文只能选择其中某些问题作时间性的观察和描述。

据《魏书·释老志》记载，东汉洛阳城外的白马寺已有佛塔出现[7]。南北朝以后，越来越多的佛塔出现于都城之中，这些佛塔往往比传统的宫殿更加巍峨壮观，从而导致都城视觉形象产生了强烈的变化。这种变化，无疑是政权与宗教密切结合的结果；但是，在物质文化的层面上，中国传统的建筑和城市如何与外来的宗教性寺塔结合，则是一个复杂的问题。笔者将由中国高层佛塔的起源说起，从建筑结构、象征意义、艺术手法等方面来观察佛塔与中国传统建筑之间的联系。这种联系，是佛塔进入城市内部空间的必要条件。最后，本文还将对都城与寺塔结合后城市的视觉形象和佛塔功能的变化加以初步探讨。

一、从楼到塔

中国高层佛塔有源于重楼、犍陀罗式塔、门阙等不同说法，或认为密檐式塔源于印度的希诃罗（Sikhara）[8]。虽然早期楼阁式佛塔的塔刹部分仍象征性地保留了窣堵婆的某些特征，但其主体的塔身部分的确更像汉代的重楼。目前所见年代最早的佛塔的图像材料，是 1986 年四川什邡白果村发现的东汉至蜀汉时期的画像砖中的佛塔，从中可以明确地看到三重的木构楼阁上树立刹、三重露盘和宝珠[9]（图二）。这一发现证明，将楼阁式塔与汉代楼阁联系在一起的说法颇有说服力。

图二　四川什邡白果东汉至蜀汉画像砖中的佛塔形象

（采自金维诺、罗世平：《中国宗教美术史》，江西美术出版社，1995 年，39 页）

但是，为什么佛塔能够和楼阁而不是其他建筑连接起来？

汉文的“塔”字来源于巴利语 thūpa，梵文作 stūpa，汉语音译为“窣堵婆”，其本义为坟墓。窣堵婆半球状的形式来源于佛教出现之前印度传统的坟冢，其功能在于瘗埋佛涅槃火化后所得舍利。既然窣堵婆本来是瘗埋佛骨的坟墓，那么其造型在中国化的过程中，为何不借用中国丧葬建筑的传统形式？

首先，在佛教传入中国的 1 世纪前后，印度佛教建筑自身已经产生了变化。在公元前流行的小乘佛教排斥偶像崇拜，塔作为佛的象征，在礼拜仪式中引导人们去思慕佛的伟大，由此获得此岸和彼岸的切身利益[10]。1 世纪后，大乘佛教流行，西北印度犍陀罗地区佛像大盛，于是在窣堵婆上出现了辟龛造像的做法[11]。孙机注意到，这时期出现的专门用于供奉佛像的佛殿——精舍，有的在结顶处装刹，内部安放舍利，具有了窣堵婆和佛殿的双重性质；而中国佛塔是在印度佛教建筑发展到这个阶段时才出现的，已经难以回到公元前印度小乘佛教的概念上去了[12]。

佛塔功能及意义的上述变化在中国早期佛塔上也有比较明显的表现。最早提到中国建造佛塔的文献是陈寿的《三国志·吴书·刘繇传》：

> 笮融者，丹阳人……乃大起浮图祠，以铜为人，黄金涂身，衣以锦采。垂铜盘九重，下为重楼阁道，可容三千余人，悉课读佛经，令界内及旁郡人有好佛者听受道，复其他役以招致之，由此远近前后至者五千余人户。每浴佛，多设酒饭，布席于路，经数十里，民人来观及就食且万人，费以巨亿计[13]。

成书年代稍晚的范晔《后汉书·陶谦传》也记有此事[14]。从这些记载中看不出浮图与舍利瘗埋的联系，而且其中造像也已出现。考古发现的中国佛塔瘗埋舍利遗迹最早为北魏时期，其容器为盝顶石函，但总体上并没有与中国陵墓制度和风俗产生对接，只是到了后来，才采取了中国式的地宫和棺椁[15]。

其次，佛教对于死后世界的看法、出家修行的做法、火化遗体的习俗，与中国传统伦理观念和丧葬习俗相背离。对此，佛教史研究者已经有许多论述。就考古发现来看，魏晋时期，即使在凉州这样一个译经中心，墓葬中仍很少有佛教性质的内容[16]；在北齐东安王娄睿这样一位佛教信徒的墓葬中，也见不到系统的反映佛教观念的设计[17]；现已发表的两例所谓世俗人士用以盛放骨灰的汉晋容器，也均属赝品[18]。可见，观念的冲突，使得佛教与中国传统的丧葬习俗各自选择了不同的社会空间和艺术形式[19]。

有“像教”之称的大乘佛教除了依靠经文和口头讲授来传播教义，更需要借助艺术的形式，作为造型艺术的造像和建筑，都必须选取合适的形式来吸引信众的目光。佛塔既然无法与咸阳原和北邙山那些高大的帝陵产生任何共鸣，就只有寻找另外的形式作为依托，这种形式就是东汉时期流行的楼。

汉代的楼有居住用的楼、城门上的城楼、市场中的市楼、用于仓储用的仓楼、用于瞭望的望楼、用于守御的碉楼[20]。汉代还有“仙人好楼居”的说法，孙机据此推测还有一些楼用于宗教建筑[21]。《史记·封禅书》：

公孙卿曰：“仙人可见，而上往常遽，以故不见。今陛下可为观，如缑城，置脯枣，神人宜可致也。且仙人好楼居。”于是上令长安则作蜚廉桂观，甘泉则作益延寿观，使卿持节设具而候神人。乃作通天茎台，置祠具其下，将招来仙神人之属[22]。

此事发生在元封二年（前109年）。公孙卿是齐地的方士，在此之前，已有不少“海上燕齐怪迂之方士”进入宫廷，通过种种骗术迎合汉武帝的求仙的热情。如这段文字提到的甘泉宫即与齐人少翁的蛊惑有关。在获得汉武帝信任后，少翁向汉武帝说：

“……上即欲与神通，宫室被服非象神，神物不至。”……又作甘泉宫，中为台室，画天、地、太一诸鬼神，而置祭具以致天神[23]。

公孙卿与少翁的骗术思路基本一致，即通过建筑和艺术的手段，在地上建造出一个人造的仙境。他们试图说服汉武帝，相信通过这种对应可以达到“招来神仙之属”、“与神通”、“致天神”的作用。这些设计的意义在于创建了一套与神仙信仰相配套的建筑体系，这个体系很可能成为后来道教建筑的渊源。

这种人造仙境与方士们口头描述的仙境在形象上是对应的，但它并不纯属方士们个人的发明，而是普遍地映现于汉代文学和艺术中。如传说渤海中的蓬莱、方丈、瀛洲三神山上“其物禽兽尽白，而黄金银为宫阙”[24]，《淮南子·坠形训》对昆仑仙境的描述近乎一座层层升高的楼阁：

昆仑之丘，或上倍之，是谓凉风之山，登之而不死。或上倍之，是谓悬圃，登之乃灵，能使风雨。或上倍之，乃维上天，登之乃神，是谓太帝之居[25]。

这种分层结构的仙山，在成都出土的一件摇钱树陶座上便可见到（图三）。正如海市蜃楼是天空对现实的折射，这些想象中的仙境是现实的延伸，所以才有可能反过来被重新构建在人的世界中。

图三 四川成都郊区出土东汉陶摇钱树座
（成都市博物馆提供）

到东汉时期，皇家宗教建筑的设计思想还影响至更广大的社会层面，在山东及苏北地区的东汉画像石中，常可见到许多高楼华屋上麇集着种种灵禽异兽，在许多楼阁上，还可以看到仙人的形象，可能与“仙人好楼居”的观念有关。1966年在山东南部费县潘家疃东汉墓出土的两块画像石最值得注意（图四）。其中一石描绘了一座多角的三层楼阁，楼阁下层中央有一正面的人物，头戴一造型奇特的冠（?），袖手而坐，左右侍者均戴尖帽。对照同墓出土的一幅胡汉交兵画像来看，这类戴尖帽的人当属胡人。有的胡人还越上楼顶，张弓对射羽冠华美的凤鸟[26]，还有两位胡人从最上部一个无顶的围墙上露出头部[27]。该石在墓葬中的位置不详。另一画像石也描绘了类似的题材，所不同的是，出没于两座以“阁道”相连的楼阁间的人均为汉装，楼顶上则是凤鸟和仙人[28]。这两块画像石都表现了凤鸟、楼阁和人物等内容，题材相应，大小相当，估计原在墓葬中的位置也彼此相关。两石联系起来看，可与楚王英“诵黄老之微言，尚浮屠之仁祠”[29]的气氛相侔。在鲁南的汉代画像石中，也经常可以看到胡人杂厕于仙人之中，而这类胡人往往被民间看做神仙中的成员[30]。

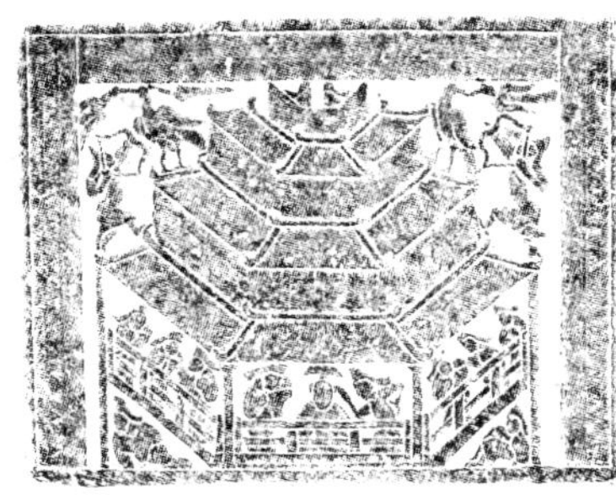
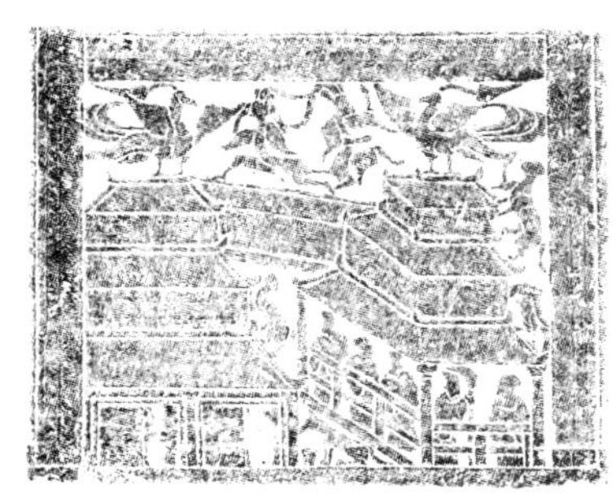

图四 山东费县潘家疃东汉墓出土画像石
（采自山东省博物馆、山东省文物考古研究所：《山东汉画像石选集》，齐鲁书社，1982年，44页，图版187、188）

鲁南、苏北及江淮之间在东汉时期是佛教流布的一个重要地区。楚王英“晚节更喜黄老，学为浮屠斋戒祭祀”[31]，其所辖之地为彭城等八城、临淮二县及丹阳泾县；笮融事佛在徐州（即彭城）、广陵间；“善天文阴阳之术”[32]的襄楷是平原湿阴人。佛教之所以选择这一地区作为立足点，如汤用彤所言，是因为这一带方术盛行，而佛教初来时，也被视作一种神仙道术[33]。所以，笮融佛事活动中所采用的“下为重楼，又堂阁周回”[34]的形式应来源于当地与神仙信仰有关的建筑系统。

图五 江苏南京雨花台西晋墓出土贴塑佛像、胡人、楼阁的五联罐
（采自南京市博物馆：《六朝风采》，文物出版社，2004年，261页）

在江苏、浙江等地东吴至西晋墓葬中出土的陶瓷五联罐[35]上的装饰，也可以看到佛陀、胡人与神仙、楼阁等图像的联系[36]（图五）。五联罐上出现佛像的时代虽然比起笮融事佛的年代要晚，但是如宿白所言，“其中的佛像都应属于汉族前佛教信仰时期的形象”[37]。学者们对五联罐的功能与象征意义有不同的

推测，如其中楼阁有的被看做粮仓。但是即便如此，我们仍不能忽视周围那些飞鸟、仙人、胡人的意义。这种组合与更早的费县潘家疃画像石十分相似，应当杂有传统的神仙观念。而后来佛像的加入，也正说明“胡人崇信之佛亦被视若神明而与汉传统的诸祥瑞相杂错”[38]。有趣的是，那些层层叠加、越来越复杂的楼阁，又一次再现了“神仙好楼居”的观念以及这种传统与佛教信仰的初步对接。至于西晋时期楼阁周围的庑廊、围墙等因素，又不能不使我们联想到笮融佛塔“堂阁周回”的记载。

图六 湖北襄樊樊城菜越三国墓出土陶楼
（采自《文物》2010年第9期，8页，图12）

最新的材料是2008年出土于湖北襄樊樊城菜越1号墓的一件陶楼[39]（图六）。这件陶楼通高104厘米，由门楼、院墙和双层楼阁组成，楼阁下层为两面坡的悬山顶，其上置平座[40]，上层为四角攒尖顶。楼阁上层的顶部正中安置一宝刹，宝刹半球状的底座为“母子熊斗虎”的传统题材，而刹竿上的盘状相轮则历历可见，最顶部似为一月牙。据墓葬发掘者的断代，该墓年代在三国早期。这件陶楼的形式与笮融“垂铜盘九重，下为重楼阁道”的建筑十分相近。文献记载的笮融的宗教活动是特殊事件，而这样一件陶楼却是出现在墓葬之中，联系到四川什邡画像砖上佛塔的发现，似乎说明早期的佛教活动及相关的观念已经影响到了明器的制作，深入到了丧葬的传统之中。

总之，在中国早期佛塔的造型上已经建立起与中国传统建筑之间的联系，这种联系不仅建立在结构和技术的层面上，而且也建立在观念层面上。塔与楼结合，促使佛塔变得更为高大。

二、艺术与高度

许多保留在地面上的实物证明，佛塔是中国古代最能经受时间考验的高层建筑，建筑史学家已经从技术的角度讨论了佛塔在高度方面所取得的成就。但是“高度”不仅是一个数学概念，而且也是一种视觉体验。创造高度的历史，不仅是一种技术史，而且也是一种艺术史。在艺术表现的手法上，我们也同样可以看到佛塔与中国传统建筑之间的关联。

中国高层佛塔与印度窣堵婆迥然不同。印度早期半球状的窣堵婆并不是一种强调高度的建筑，即使窣堵婆具有一定的高度，也会被其两倍于高度的底部直径所弱化。大约在1世纪初，其台基部分逐步加高至二、三层，这也许与大乘佛教强调造像、突出窣堵婆被观看的功能有关。中国高塔则吸收了楼阁的造型，发展为一种高耸的建筑。

中国古人对于高度的追求，并非始于楼阁。从战国时期开始，城市内出现了大量高台。各国竞相建造高台，台建得越高，说明建台者的政治势力越强[41]。傅熹年根据《尔雅》“观四方而高曰台，有木曰榭”的说法，将在夯土台上建的木构建筑称榭，与台合称为台榭。傅氏通过对战国铜器上建筑图像进行研究后得出结论：战国时期台榭的基本特点是以夯土为层台，逐层内缩，各层绕台建屋，顶上再建主体建筑，从而形成一组巨大的建筑群。从外表看，这种建筑是多层的，但实际结构却是由夯土台逐层抬高的单层建筑聚合而成的建筑群体[42]。这样一组耗费大量人力物力的建筑群，与在平地起建相比，其室内空间和面积并没有得到实质性扩展，但却在外观上营造出高、多、大的视觉效果。也就是说，台榭建筑的出现并不是建筑实用价值的增强，而只是一种视觉上的突破。

台榭建筑在战国到西汉时期十分流行，直到王莽在长安南郊所建立的明堂等礼制建筑，仍可能采用了这种形式[43]。一个有趣的细节是，公孙卿明明白白地声称“仙人好楼居”，所建造的却是通天“台”[44]。少翁的甘泉宫工程中央也是一个“台室”。楼之所以变成了台，可能是受到建筑技术的限制。在这一点上，思想观念已经走到了技术的前面，也许，正是一种新的观念和艺术构思，带来了后来技术的发展。

类似的表现方式也见于平面的画像艺术，在1993年江苏铜山县发现的一件东汉晚期的画像石上，中央为斗栱承托起的堂，两侧层层高起的不过是建在不同基础上的单层建筑[45]（图七）。

图七　江苏铜山东汉画像石

［采自汤池：《中国画像石全集》（第4卷），山东美术出版社，2000年，39页］

汉代楼阁如今已荡然无存，学者们只能借助墓葬和祠堂画像以及随葬的明器来研究推想汉代楼阁的形象。有的研究者简单地将这些以绘画或雕塑手段制作的图像看做

图八　河北阜城桑庄东汉墓出土陶楼
（高 216 厘米，采自中国国家文物局、意大利文化遗产与艺术活动部：《秦汉—罗马文明展》，文物出版社，2009 年，211 页）

对现实所存在楼阁的真实再现。在这一前提下讨论建筑史，就容易将这些图像中楼阁所反映的结构细节当做曾经真实存在的技术；如果讨论社会史，就容易将这些楼阁看做对死者曾经真正拥有过的财产的再现。但实际上，这些以艺术形式表现出的形象，往往不以建筑结构的需要为限度，而是沉溺于艺术表现，以营造出一种过度铺张的视觉效果。例如，画像中的斗栱不再是一种技术性、结构性的部件，而在被人们从艺术的角度反复地、夸张地玩味；明器中的楼阁玲珑剔透，与陶土性能背道而驰，看上去“惊险”无比（图八）。

这些图像并不是死者生前留下的一部影集，而是当时丧葬制度、生死观念以及更多其他因素共同作用下的产物。这种视觉语言泛滥的前提是，墓葬中这些以低廉的材料制作出的图像，可以在不同程度上摆脱死者生前造房建屋时资金、技术和制度等方面的局限。在那些缩微的图像中，无论人们生前曾拥有的财富，还是埋藏在心底的欲望，都能够一一展现出来。

一方面是资金、材料、技术等物质条件的局限，另一方面是人们对于高度无限的追求。在实际的建筑中，人们不得不面对这个矛盾。如果物质条件无法满足人们的欲望，艺术就有了用武之地。佛塔的发展历史再次验证了这个规律，一个很好的例子就是密檐式塔。

目前所存最早密檐式塔是北魏正光四年（523 年）所建的河南登封嵩岳寺塔（图九），这座砖塔外轮廓为叠涩内收的弧线。有的学者将密檐式塔的造型渊源追溯到印度的希诃罗式（Sikhara）建筑[46]，也有的将该塔与北凉十六国时期的小石塔的造型联系起来[47]。但学者们都不否认，塔上叠涩的檐子采用了中国的建筑语汇。塔檐虽然密集，但在每层塔檐之间都有一段极短的塔身。在这段高度有限的塔身上，常常制作出门窗。因此，虽然密檐式塔有可能在外轮廓上吸收了外来的因素，然其实质性的组件与楼阁式塔并没有根本的差别，或者可以看做是一种“压缩”式的楼阁式塔。

那么为什么密檐式塔要采用这种“压缩”的手法？我们只要比较一下同时期的楼阁式塔，这个问题就不难回答。北魏熙平元年（516 年）至神龟二年（519 年）建造的洛阳永宁寺塔是一座九层的楼阁式木塔（图一〇），陈明达根据塔基发掘材料推测其总高度为 81. 66 米[48]。而密檐式的嵩岳寺塔高度只有 39. 8 米，内部空间只有 8 层，但以外部的檐子数量计，则多达 15 层。“殚土木之功，穷造型之巧”的永宁寺塔在短短的 18 年后即遭火焚，暴露出木塔防火性能差的缺点，而嵩岳寺塔却矗立至今。

砖塔日益增多，是因为其防火性能较木塔为优。但由于材料的局限，砖塔在高度

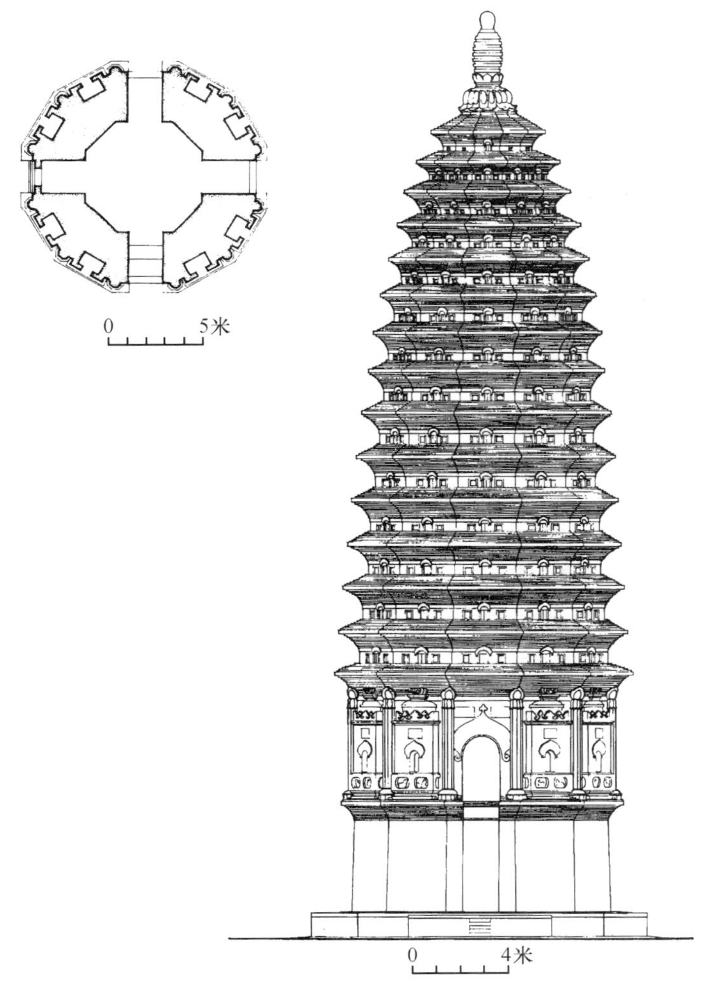

图九 河南登封北魏嵩岳寺塔

［采自刘敦桢：《中国古代建筑史》（第二版），中国建筑工业出版社，1982 年，92 页］

上却无法与木塔相比。在这种情况下，砖塔将每一层塔身压缩，利用檐子将有限的高度做了分割，凭借这种分割和压缩，获得了“层”数的增加，由视觉而引发联想，从而获得概念上的“高度”。在这里，层层相叠的檐子不能被看做附加在实体外部的“装饰”，而是一种具有意义的形象。一方面是物质层面的压缩，一方面是观念层面的扩展。我们在这里再次看到了艺术的能量。

无论高度、宽度、深度，一件艺术品物质性的外形总是有一定局限的，而它所承载的意义是无限的。点睛之龙破壁而去、美人从画中走出之类的传说，都反映了成功的艺术手法对物质媒介的挣脱。但是，这些情节只能出现在故事中，实际上，艺术家们又不得不在作品物质性的局限中寻找出路，因此，许多艺术创作常常表现为以某种手段来协调载体的局限。南朝宗炳《山水画序》称：“今张绡素以远映，则昆阆之形，

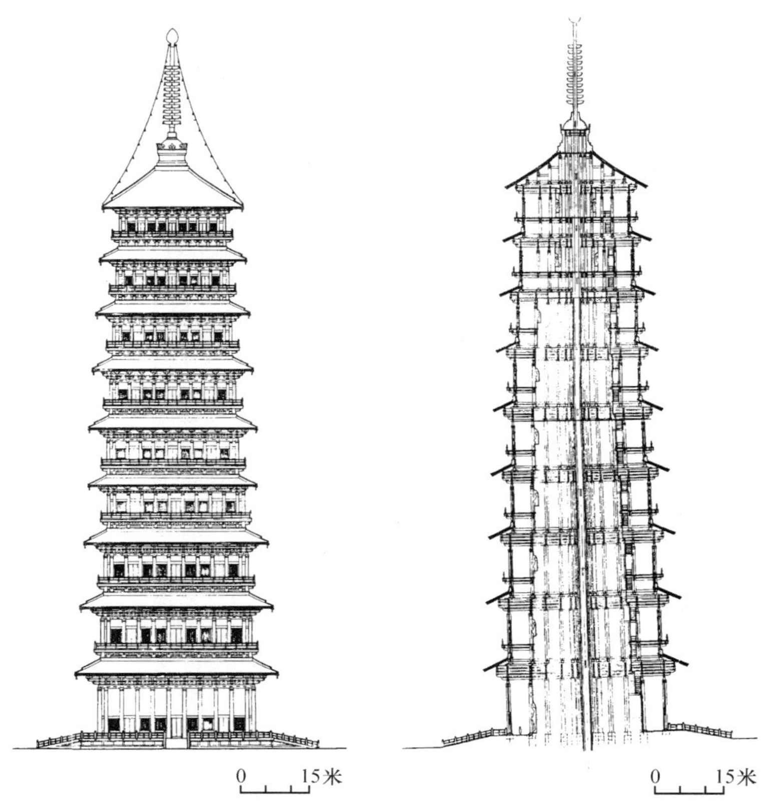

图一〇 钟晓青北魏永宁寺塔复原方案

（采自《文物》1998 年第 5 期，第 61 页，图 7、图 8）

可围于方寸之内。竖划三寸，当千仞之高，横墨数尺，体百里之迥。”[49] 6 世纪以后出现的密檐式塔，与这时期出现在山水画上的表现手法，异曲同工，不谋而合。

三、塔 与 城

西汉刘向《新序·刺奢》记有战国时期许绾谏魏王起中天台的故事，其中许绾作了一个简单的计算：

> 臣闻天与地相去万五千里，今王因而半之，当起七千五百里之台，高既如是，其趾须方八千里，尽王之地，不足以为台趾。古者尧舜建诸侯，地方五千里，王必起此台，先以兵伐诸侯，尽有其地犹不足，又伐四夷，得方八千里乃足以为台趾。材木之积，人徒之众，仓廪之储，数以万亿度。八千里以外，当尽农亩之地，足以奉给王之台者。台具以备，乃可作[50]。

许绾的话反映了楼阁出现之前建筑技术的局限，即要达到一定的高度必须依赖足够广大的基础。有些早期高台建筑基础尚在，据测量，战国时期齐国都城临淄小城内的桓公台东西70、南北86、高14米；邯郸赵王城宫城中的龙台东西264、南北296、高16.3米；易县燕下都舞阳台主体建筑东西140、南北110、高11米；秦咸阳宫1号宫殿的高台东西60、南北45、高6米[51]。

尽管我们没有先秦至汉代建筑具体的高度，我们仍可想象到那些建立在高台之上的建筑，与其占地的面积相比，其高度是相当有限的。西汉长安城中最高的大朝正殿未央宫前殿借助于地势高亢的龙首山而建，《水经注》卷十九云："上即基阙，不假筑，高出长安城。"[52]根据考古发掘的结果，该遗址南北长约350、东西宽150米，三座主要宫殿分别修建在三个台面上，自前而后依次抬高，北部最高的基址为12米[53]（图一一）。因此，即使如此宏伟的建筑，与其宽广的基础相比，仍主要是在平面上延展开来。

图一一　陕西西安西汉未央宫前殿遗址鸟瞰
（采自刘庆柱、李毓芳：《汉长安城》，文物出版社，2003年，59页，图19）

东汉以后出现的楼与高台建筑的最大区别在于省略了夯筑台基所耗费的大量人力，同时也使得占地面积大大减小，人们可以利用有限的土地，以上下层叠的方式营造出更大的空间。正因为建造楼阁占地面积小，耗费人力少，所以更多为私家所有，往往出现在具有一定经济力量的豪门地主的居家中[54]，但不见于都城中。四川画像砖上见有两层的市楼，但是，这样的市楼是否出现了都城之中，也还没有直接的证据。许多早期城门往往有楼，但一般多限于两层。虽然文学作品中有时会将这些门楼描述得十分壮丽，但实际上，这些门楼在高度上是无法与宫殿抗衡的。所以，总的看来，一直到东汉时期，城市在高度方面仍受到极大的局限。

明帝时期，东汉洛阳城西雍门以外的白马寺中可能已经出现了中国最早的佛塔[55]。据颜尚文研究，东汉三国西晋时期，洛阳城内外的佛寺可考者除白马寺外，还有东牛寺、桓帝的浮屠祠、某佛寺、菩萨寺、魏明帝的官佛图精舍、愍怀太子浮图、满水寺、大市寺、宫城西门法始立寺、竹林寺、槃鵄山寺等十一座[56]。但汉魏西晋时期，汉地并未出现三层以上的高大佛塔，佛塔层数和体量是从东晋十六国时期开始随着佛教的迅速流布而发展的[57]。南北朝是一个宗教狂热的时代，各政权所营建的都城中出现了大量寺塔，体量也越来越大。南朝寺塔至今大都无迹可寻，如北魏天兴元年（398年），道武帝在首都平城建有五级佛图；天安二年（467年）所建平城永宁寺"构七级佛图，高三百余尺，基架博敞，为天下第一"[58]。

北魏晚期都城洛阳佛教最盛时，佛寺多至1367座，杨衒之《洛阳伽蓝记》和《魏书·释老志》对当时佛寺有较多记述。历年来，考古工作者对洛阳的寺院遗址进行了不少调查和发掘。洛阳旧城的韩旗屯、西郭的白马寺以西及东南、南郭大郊村西、北郊翟泉村南、东郭寺里碑和义井铺等地，曾出土北魏和东魏佛教石刻，这些地点可能都是北魏寺院的旧址[59]。特别是自1963年以后，考古工作者对熙平（516～517年）中灵太后胡氏在城内太社以西所起永宁寺进行了多次勘查和发掘，基本弄清了寺院的布局和建筑遗迹的情况，并对寺院中心的塔基等遗迹进行了系统发掘（图一二）。

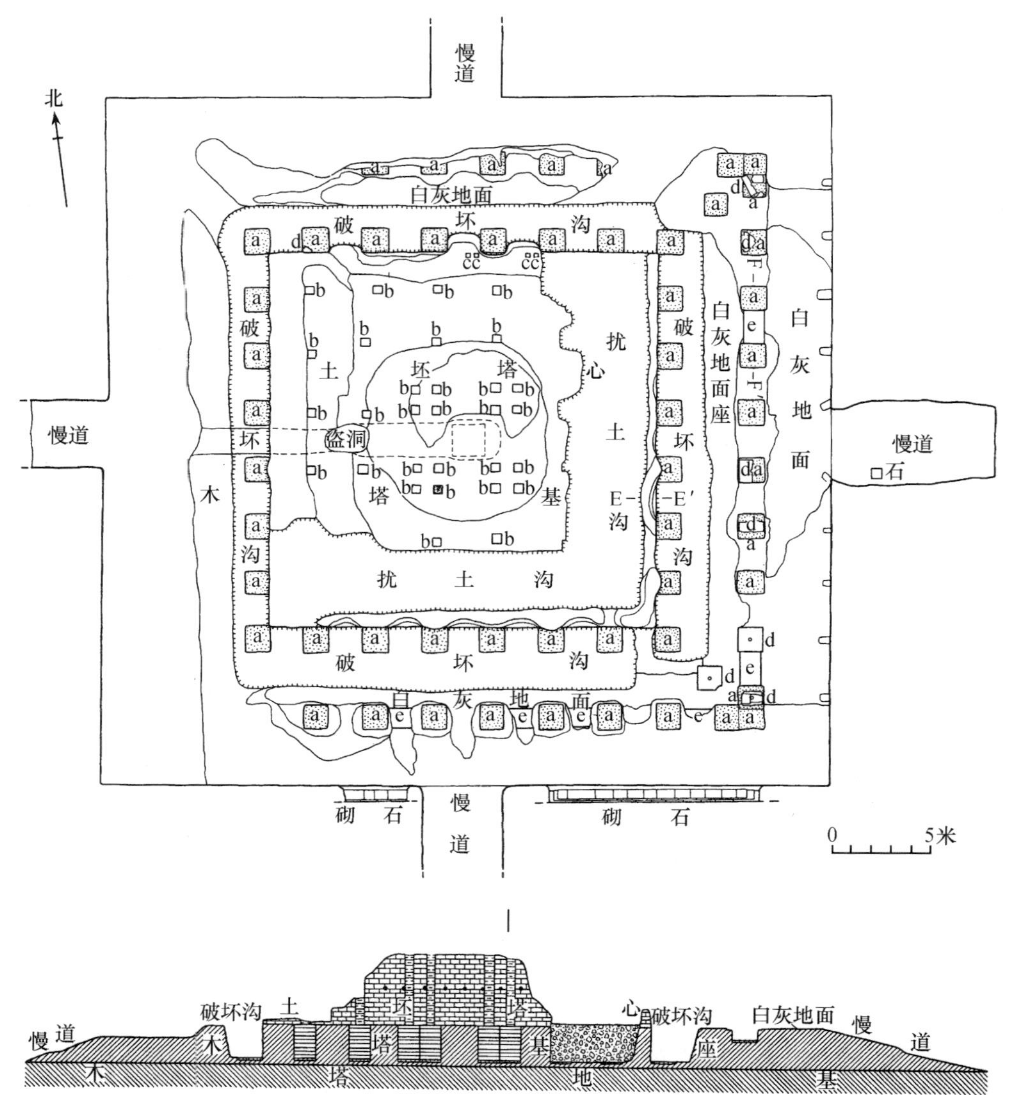

图一二　河南洛阳北魏永宁寺塔塔基

（采自中国社会科学院考古研究所：《洛阳北魏永宁寺——1979～1994年考古发掘报告》，中国大百科全书出版社，1996年，14页）

杨衒之称永宁寺塔“举高九十丈，有刹复高十丈，合去地一千尺。去京师百里，已遥见之”[60]，此类描述固然有不少夸大的成分，但该塔无疑是洛阳城内最高的建筑，周围的城墙已经无法遮挡其高大的身躯。按照北魏迁洛之初的制度，“城内唯拟一永宁寺地，郭内唯拟尼寺一所，余悉城郭之外。”[61]但实际上随着佛教的泛滥，公私所建寺院层出不穷，局面已无法控制，洛阳城内高大的寺塔骇人心目，正所谓“昭提栉比，宝塔骈罗，争写天上之姿，竞摸山中之影，金刹与灵台比高，广殿共阿房等壮”[62]。比起以前的时代来说，整座城市已经变成一个立体的空间（图一三）。

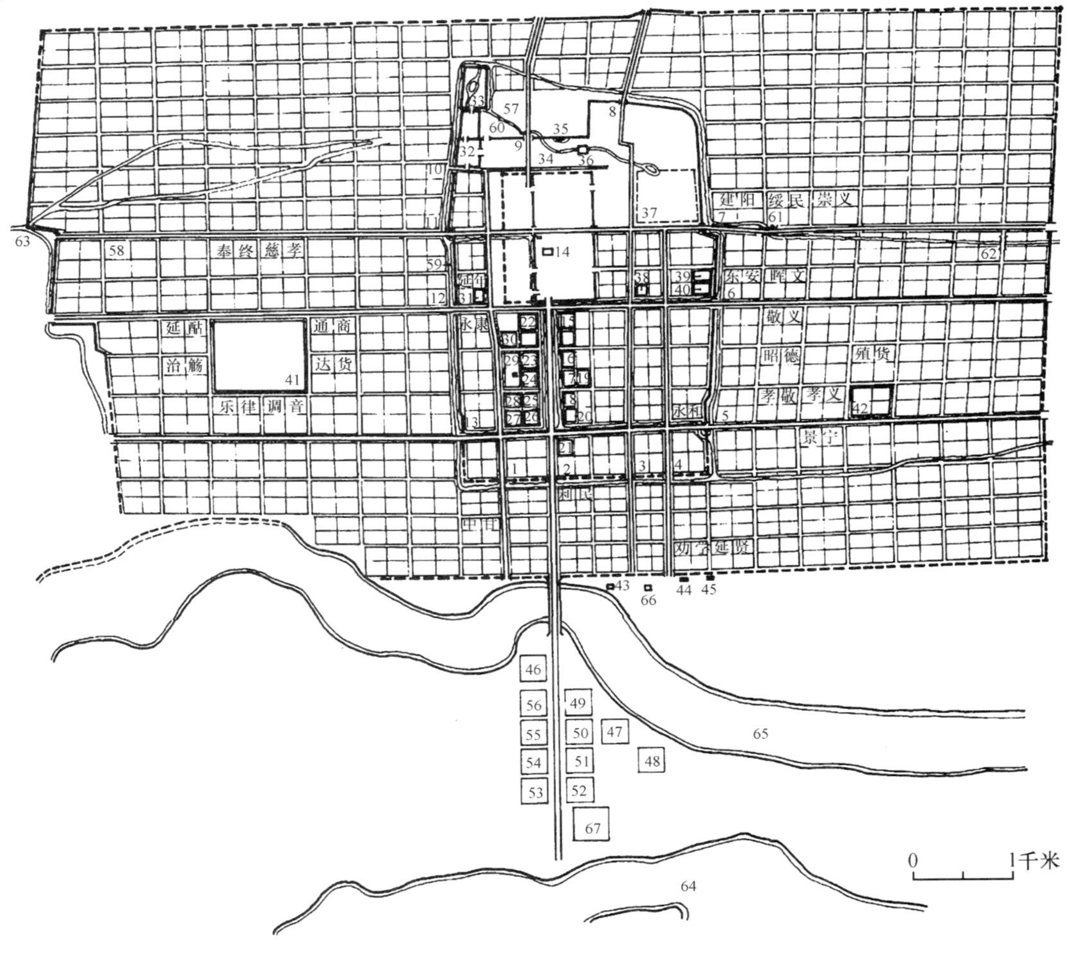

图一三 北魏洛阳城平面复原图

［图中29为永宁寺的位置。采自傅熹年：《中国古代建筑史》（第二卷），中国建筑工业出版社，2001年，85页］

这一时期，里坊制度已基本形成，城市内的人口数量大增。那些高大的佛塔，是人们仰视的焦点，芸芸众生除了从这种仰视中感受到佛法的伟大之外，更多的是被其“土木之功、造型之巧”所震慑。神龟二年（518年）八月，灵太后登上永宁寺塔，此举开启了后世登塔风气之先。一旦登上这座高塔，一幅城市的平面图又反过来展现在登高者面前，甚至可以“远存瞩眺，周见山河”[63]。这样，佛塔又从万民仰望的目标转化为俯瞰大千世界的立足点。当时不仅太后可以登塔，连杨衒之本人也“尝与河南尹胡孝世共登之”[64]。我们还可以从后来唐长安城慈恩寺塔（俗称“大雁塔”）功能的变迁体会到人们对待城市内宗教建筑态度的变化。出身于乡野市井的平头百姓，一旦得了进士，就要题名登塔，由“仰望者”而变为“俯瞰者”[65]。由于人们的仰望与俯察，高度的意义变得十分完整。

耐人寻味的是，诗人登高，不仅可以将全城的景色尽收眼底，还可以打破时间的阻隔，“遥望”到古代的空间。如唐人王勃的《临高台》一诗，所看的是“帝乡佳气”，“东迷长乐观，西指未央宫”[66]。立足点的变化，不仅可以在视觉上取得空间的突破，还可以在心理上穿透时间。这是高度所产生的控制力。

塔与城市的结合，不仅导致了城市空间的变化，同时也使得宗教建筑的意义产生显著的改变，佛教建筑与市井尘嚣混杂在一起，其神圣性已不那么纯粹。《魏书·释老志》载任城王澄奏书中说：

> 今之僧寺，无处不有。或比满城邑之中，或连溢屠沽之肆，或三五少僧，共为一寺。梵唱屠音，连檐接响。像塔缠于腥臊，性灵没于嗜欲。真伪混居，往来纷杂。下司因习而莫非，僧曹对制而不问。其于污染真行，尘秽练僧。熏莸同器，不亦甚欤[67]！

对于灵太后登塔一事，侍中崔光上表谏止，除了指出“为人子者，不登高，不临深”外，又说“今虽容像未建，已为神明之宅。”“宝塔高华，堪室千万，唯盛言香花礼拜，岂有登上之义?”“因其所眄，增发嬉笑。未能级级加虔，步步崇慎，徒使京邑士女，公私凑集。上行下从，理势以然，迄于无穷，岂长世竞慕一登而可抑断哉?”[68]

凭借宏伟的建筑而居高临下，是权力和强势的象征。汉代开国之初叔孙通所制定第一次正式的朝仪就在修葺一新的长乐宫举行的[69]，高帝之所以说“吾乃今日知为皇帝之贵也”，是因为那些“自诸侯王以下莫不振恐肃敬”的仪式举行于一座气魄宏大的宫殿中[70]。而前 198 年落成的“非壮丽无以重威”的未央宫，更成为汉帝国永恒的纪念碑[71]。如果说宫中的殿堂代表着皇权，那么，北魏独揽朝政的灵太后在“容像未建”的时候，就急不可待地登上永宁寺塔，也是将这座穷极土木之壮的高塔看做了自己政治权力的象征物。

这些高大的宗教建筑不可避免地与政治性宫殿建筑发生冲突。据文献记载，早在曹魏都洛阳时，城中三座佛寺就因为其中一座距离宫殿太近，人们登塔安置舍利时，便可轻易地俯视宫内，因此不得不异地重建[72]。北魏洛阳城中的大寺，约三分之一为帝后、诸王和贵戚所建，多临御道矗立，如永宁、景乐二寺，竟然对峙于洛阳城的中轴线铜驼街两侧[73]，无论在平面上还是立面上，都占据了最显赫的位置。当灵太后登上永宁寺塔后，竟然“视宫内如掌中，临京师若家庭”，因而随后不得不“禁人不听升”[74]。

建筑是宗教和政治的象征，同样，信仰、权力的冲突也往往集中在这些建筑上。在君士坦丁时代，西哥特人对罗马的洗劫以及新基督教的宗教狂热都对艺术品进行了破坏。在血腥的战斗中，首先被大量损毁的是各种雕塑、绘画等艺术品，而建筑在其次。由于宗教和政治象征物的差异，中国古代对城市的破坏，更多的是对建筑的毁灭。北朝的两次灭法运动，直截了当地表现为对佛教物质层面的彻底摧毁。在这种热潮中，寺塔被夷平，城市的形象也被彻底改变。

四、余　论

杨泓师在一篇重要的文章中，全面总结了汉唐之间中国城市布局的总体变化，指出“随着佛教的日益兴盛，都城中开始出现了宗教寺庙……居民宗教生活日趋繁荣，呈现出汉代都城没有的新景象。”[75]本文的讨论，可以看做对于这种“新景象”一个具体的描述。我们看到，佛塔的出现，使得城市的高度显著增加，整个城市更呈现为一种立体化的形象。这一转变不仅是一种技术史，同时也是一种艺术表现的历史，更为重要的是，这个过程处处与政治势力、宗教观念、文化融合和冲突等诸多方面联系在一起。城市的新形象在这种种关系的平衡和作用下形成，也在这些关系的冲突中遭受破坏。

应当补充的是，这种“新景象”的出现，是与杨泓师所说的另一些变化相互关联的，如都城内宫殿面积所占比例的减少、都城平面日益规整、人口的增加、里坊制的形成以及商业区的重要性日益凸显等。这是本文所未能深入涉及的方面。杨泓师从都城布局进而论及建筑、室内设置和社会生活习俗，提出了一种极富启发性的思路。在这一基础上展开探索，就有可能使得物质文化的研究与人的活动有机地联系起来，使得历史学、考古学、艺术史等不同领域的研究理念得以整合。

附记：本文是国家社科基金艺术学项目“美术史视野下中国古代建筑的初步研究”（立项批准号：11BF051）的组成部分。

注　释

[1] 房龙著、刘缘子等译：《人类的故事》，生活·读书·新知三联书店，1988年，246页。

[2] 韦述、杜宝著，辛德勇辑校：《两京新记辑校/大业杂记辑校》，三秦出版社，2006年，30页。

[3] 妹尾达彦：《韦述的〈两京新记〉与八世纪前叶的长安》，《唐研究》（第九卷），北京大学出版社，2003年，23页。

[4] 按照最通行的《现代汉语词典》的解释，“形象”一词有三个意义：①“能引起人的思想或感情活动的具体形状或姿态”；②“文艺作品中创造出来的生动具体的、激发人们思想感情的生活图景”；③“指描绘或表达具体、生动”（中国社会科学院语言研究所词典编辑室：《现代汉语词典》（修订本），商务印书馆，1996年，1410页）。其中前二者为名词，后者为形容词。此处所使用的“形象”之前之所以加“视觉”一词，目的是强调采用“形象”的第一种意义。

[5] 本文所讨论的塔，主要指高层的佛塔，不包括单层塔。

［6］ 当然，能够体现高度的单体建筑不只有高层的佛塔，如城市中的城墙、城门、阙、观等，在文学作品中往往也被渲染得十分高大，但这些建筑终究不能与高层的佛塔相提并论。所以本文不过多涉及这些建筑形式。

［7］《魏书·释老志》：“后有天竺沙门昙柯迦罗入洛，宣译戒律，中国戒律之始也。自洛中构白马寺，盛饰佛图，画迹甚妙，为四方式。凡宫塔制度，犹依天竺旧状而重构之，从一级至三、五、七、九。世人相承，谓之‘浮图’，或云‘佛图’。”中华书局，1974年，3029页。

［8］ 诸说出处，参见孙机：《中国早期高层佛塔造型之渊源》注释1，《中国圣火——中国古文物与东西文化交流中的若干问题》，辽宁教育出版社，1996年，293页。

［9］ 谢志成：《四川汉代画像砖上的佛塔图像》，《四川文物》1987年第4期，62～64页。

［10］ 最早记载佛涅槃之事的《长阿含经》卷三之《游行经》云：“讫收舍利，于四衢道起立塔庙，表刹悬缯，使诸行人皆见佛塔，思慕如来法王道化，生获福利，死得上天。”《大正大藏经》卷1，20页。

［11］ 李崇峰：《中印佛教石窟寺比较研究》，北京大学出版社，2003年，37、38页。

［12］ 孙机：《中国早期高层佛塔造型之渊源》，《中国圣火——中国古文物与东西文化交流中的若干问题》，辽宁教育出版社，1996年，280～282页。

［13］《三国志》，中华书局，1959年，1185页。

［14］《后汉书》，中华书局，1965年，2368页。

［15］ 早期的舍利瘗埋并无地宫，而隋唐以后才逐步构筑地宫，直到唐咸通十五年（874年）瘗封的陕西临潼法门寺地宫，形制为前、中、后三室，完全模仿了皇帝陵墓的制度。详杨泓：《法门寺塔基发掘与中国古代舍利瘗埋制度》，《文物》1988年第10期，30～32页；收入氏著：《汉唐美术考古和佛教艺术》，科学出版社，2000年，348、349页；杨泓：《中国佛教舍利容器艺术造型的变迁——佛教美术中国化的例证之一》，《艺术史研究》（第2辑），中山大学出版社，2000年，231～262页。

［16］ 郑岩：《魏晋南北朝壁画墓研究》，文物出版社，2002年，167～171页。

［17］ 郑岩：《娄睿与娄睿墓》，《北朝摩崖刻经研究》（续），天马图书有限公司，2003年，300～315页。

［18］ 郑岩：《汉画像石拓片辨伪例说》，《故宫文物月刊》总第190期（1999年），120～132页；郑岩：《“毛宝画像石柜”辨伪》，《文博》2001年第5期，38～40页。

［19］ 偶然也有例外的情况。《资治通鉴》记东魏大丞相高欢死后，棺椁封葬于鼓山石窟寺中（《资治通鉴》卷一六零，《梁纪》一六，中华书局，1964年，4957页）。相传北响堂山北洞中心柱顶上的横穴，就是高欢的墓室。此说尚待进一步考证。又甘肃天水麦积山石窟第43窟，据考为西魏文帝原皇后乙弗后墓。傅熹年：《麦积山石窟中所反映出的北朝建筑》，《文物资料丛刊》（4），文物出版社，1981年，158页；又见《傅熹年建筑史论文集》，文物出版社，1998年，108、109页。

［20］ 孙机：《汉代物质文化资料图说》，文物出版社，1990年，186页。萧默也谈到：“黄老之术，倡言楼居。西汉武帝时就曾大造楼观，祈与仙人相接。时人既未深悉黄老浮屠之别，建塔时仍沿用传统楼观形式，也就容易理解了。”萧默：《敦煌建筑研究》，文物出版社，1989年，156页。

［21］ 孙机：《汉代物质文化资料图说（增订本）》，上海古籍出版社，2011年，186页。

[22] 《史记·封禅书》，中华书局，1959 年，1400 页。

[23] 同[22]，1388 页。

[24] 同[22]，1370 页。

[25] 《诸子集成》本，上海书店，1986 年，57 页。此外，《史记·孝武本纪》481 页之《索隐》曰："（公）玉带明堂图中为复道，有楼从西南入，名其道曰昆仑。言其似昆仑山之五城十二楼，故名之也。"

[26] 在这类射箭的画像中，射手并不一定与被射目标是敌对关系，如邢义田将汉代树下射鸟射猴的图像解释为射爵射侯，寓意求取官位。见氏著：《汉代画像中的"射爵射侯图"》，《"中研院史语所"集刊》第 71 本第 1 分（2000 年），1～66 页；又见氏著：《画为心声——画像石、画像砖与壁画》，中华书局，2011 年，138～196 页。

[27] 山东省博物馆、山东省文物考古研究所：《山东汉画像石选集》，齐鲁书社，1982 年，44 页，图版 187。

[28] 同［27］，44 页，图版 188。

[29] 《后汉书·楚王英传》，中华书局，1965 年，1428 页。

[30] Zheng Yan. Barbarian Images in Han Period Art. *Orientations*. 1998, No. 6, p. 50-59；郑岩：《汉代艺术中的胡人图像》，中山大学艺术学研究中心编《艺术史研究》（第 1 辑），中山大学出版社，1999 年，133～150 页。

[31] 同[29]。

[32] 《后汉书·襄楷传》，中华书局，1965 年，1075 页。

[33] 汤用彤：《汉魏两晋南北朝佛教史》，北京大学出版社，1997 年，31～59 页。

[34] 同[14]，2368 页。

[35] 研究者对这种器物有多种命名，如谷仓罐、堆塑罐、魂瓶等，对于其功能和意义也有不同的意见，此不赘述。

[36] 综合学者们的研究，五联罐造型和装饰的发展大约经历了以下过程：一，没有任何贴塑的短颈低矮的素面五联罐。时代在东汉至东吴早期，最晚的一例为永安四年（261 年）。二，东吴晚期出现楼阙、飞鸟、兽、胡人等堆塑装饰的长颈五联罐。最早的一例为嵊县大坟山太平二年（257 年）建中校尉潘亿墓出土的青瓷五联罐。这一时期的楼阙造型逐步复杂，周围出现了群集的飞鸟和乐舞百戏的胡人。腹部有仙人、朱雀、麒麟等。有的胡人眉间有白毫相。三，西晋时期的五联罐大量贴塑高肉髻、带项光、结跏趺坐、禅定印的佛像和礼拜的胡人，楼阙的形象进一步复杂，还出现了庑廊和围墙等。南京甘家巷东高场 1 号墓出土黑釉陶五联罐上层的楼阁中，当户立塑佛像。杨泓：《跋鄂州孙吴墓出土陶佛像》，《考古》1996 年第 11 期，28～30 页；收入氏著：《汉唐美术考古和佛教艺术》，291～295 页；宿白：《四川钱树和长江中下游部分器物上的佛像》，《文物》2004 年第 10 期，61～71 页。

[37] 宿白：《四川钱树和长江中下游部分器物上的佛像》，《文物》2004 年第 10 期，67 页。

[38] 同［37］，66 页。

[39] 襄樊市文物考古研究所：《湖北襄樊樊城菜越三国墓发掘简报》，《文物》2010 年第 9 期，8、13、14 页。

[40] 在第一层脊顶上安置平座的做法在结构上很难成立，说明这类用于随葬的模型类明器在各个细部上并非完全模仿了实际的建筑。

[41] Wu Hung. *Monumentality in Early Chinese Art and Architecture*. Stanford：Stanford University Press，1995，p. 102.

[42] 傅熹年：《战国铜器上的建筑图像研究》，氏著：《傅熹年建筑史论文集》，文物出版社，1998 年，99～102 页。

[43] 中国社会科学院考古研究所：《西汉礼制建筑遗址》，文物出版社，2003 年。

[44] 在甘泉宫遗址东北部，即今陕西淳化铁王乡梁武帝村东北，存有两座东西并列的夯土基址，相距约 70 米，其底部均为圆形，直径 200～220 米，高 15～16 米。学者推测这两个圆形的基址应为通天台故址。刘庆柱、李毓芳：《汉长安城》，文物出版社，2003 年，191 页。

[45] 汤池：《中国画像石全集》（第 4 卷），山东美术出版社，2000 年，39 页。

[46] 同注［12］，288～291 页。

[47] 萧默：《中国建筑艺术史》（上卷），文物出版社，1999 年，270、271 页。

[48] 据发掘可知，永宁寺塔的基座边长 38.2 米，与《水经注》所记“浮图下基方十四丈”（合 39.06 米）接近。发掘材料见中国社会科学院考古研究所：《洛阳北魏永宁寺——1979～1994 年发掘报告》，中国大百科全书出版社，1996 年，13、20、21 页。《洛阳伽蓝记》记永宁寺塔“举高九十丈。有刹复高十丈，合去地一千尺。”范祥雍注云：“历代三宝记九、大唐内典录四亦作九十丈。续僧传、释教录作九十余丈。水经谷水注云：‘自金露盘下至地四十九丈。’魏书释老志云：‘永宁寺佛图九层高四十余丈。’郦、魏、杨三人同为魏臣，皆及见永宁浮图，而所说不同如此。衒之尝亲自登临，按理其说当可信。但考后魏尺度，前尺为今市尺 0.8343 尺；中尺为 0.837 尺；后尺为 0.8853 尺（见中国度量衡史）。即以最小比例合之，九百尺亦须今市尺七百尺以上；再以浮图九层合之，每层须八十余尺。如此建筑物，今日尚艰为之，况于一千四百年前之后魏乎？故杨氏所言，不过文辞夸美，固非事实，要以水经注与魏书之说为可信。至后来释书所言，则皆据衒之此记，不足论矣。”范祥雍：《洛阳伽蓝记校注》，上海古籍出版社，1958 年，1 页；陈明达：《中国古代木结构建筑技术·战国—北宋》，文物出版社，1990 年，34、35 页。

[49] 《全上古三代秦汉三国六朝文》一六七《全宋文》卷二〇宗炳《画山水序》，中华书局，1958 年，第 4 册，1284 页。

[50] 卢元骏注译：《新序今注今译》，天津古籍出版社，1987 年，200 页。

[51] 转引自刘庆柱、李毓芳：《汉长安城》，文物出版社，2003 年，67 页。

[52] 王国维：《水经注校》，上海人民出版社，1984 年，611 页。

[53] 李遇春：《汉长安城的发掘与研究》，《汉唐与边疆考古研究》（第一辑），科学出版社，1994 年，34 页。

[54] 《后汉书·酷吏·黄昌传》：“县人彭氏旧豪纵，造起大舍，高楼临道。”（2497 页）《后汉书·宦者·侯览传》记贪侈奢纵的宦官侯览“起立第宅十有六区，皆有高楼池苑，堂阁相望，饰以绮画丹漆之属，制度重深，僭类宫省”（2523 页）。《后汉书·宦者·吕强传》记吕强上疏曰：“又今外戚四姓贵幸之家，及中官公族无功德者，造起馆舍，凡有万数，楼阁连接，丹青素垩，雕刻之饰，不可单言。”（2530 页）许多学者谈到，出现在坞壁庄园内的楼阁具有军事防御的意义，说明地方豪强势力逐步的强大。但是，正如文献常常在批评奢华无度时提到高楼堂阁一样，汉画像石中连绵的房舍楼宇、大量随葬的陶楼更可能是财富的一种象征。

[55] 有的研究者结合《牟子理惑论》的记载，认为这座“天竺式”佛塔应继承了西北印度贵霜王朝时期的形式，是一座下有三层基坛的佛塔。这种造型成为三国西晋时期的佛塔的样本［傅熹年：《中国古代建筑史》（第二卷），中国建筑工业出版社，2001 年，176、177 页］。也有学者强调“重构”的意义，认为这座佛塔的形式当与四川什邡白果村东汉画像砖上所见佛塔相近［罗世平：《汉地早期佛像与胡人流寓地》，《艺术史研究》（第 1 辑），中山大学出版社，1999 年，96 页］。李崇峰认为这一记载只是“表明至迟在公元 1 世纪后半叶汉地已有图绘方基佛塔之制，但当时寺内是否建有佛塔，不得而知”（李崇峰：《中印佛教石窟寺比较研究——以塔庙窟为中心》，北京大学出版社，2003 年，42 页）。洛阳东汉白马寺的位置与今白马寺相同，但由于历代改建颇多，已很难寻觅其早期遗存。值得注意的是，白马寺所在位置在都城以西，与汉武帝以神仙信仰为中心的宗教建筑设在城西完全一致，恐非偶然。

[56] 颜尚文：《后汉三国西晋时代佛教寺院之分布》，《师范大学历史学报》第 13 期，1985 年；引自林富士：《礼俗与宗教》，大百科全书出版社，2005 年，188 ~ 195 页。

[57] 傅熹年：《中国古代建筑史》（第二卷），中国建筑工业出版社，2001 年，177、178 页。

[58] 《魏书·释老志》，3037 页。

[59] 宿白：《北魏洛阳城和北邙陵墓——鲜卑遗迹辑录之三》，《文物》1978 年第 7 期，42 ~ 52 页。

[60] 范祥雍：《洛阳伽蓝记校注》（卷一），1 页。

[61] 《魏书·释老志》，3044 页。

[62] 范祥雍：《洛阳伽蓝记校注》原序，1 页。

[63] 《魏书·崔光传》，1496 页。

[64] 范祥雍：《洛阳伽蓝记校注》（卷一），5 页。

[65] 王定保：《唐摭言》卷三：“进士题名，自神龙之后。过关宴后，率皆期集于慈恩塔下题名。”（中华书局，1959 年，28 页）题名之后，常有登塔之举，如郑谷《贺进士骆用锡登第》诗云：“苦辛垂二纪，擢第却沾裳。春榜到春晚，一家荣一乡。题名登塔喜，醵谳为花忙。好是东归日，高槐蕊半黄。”（《全唐诗》卷六百七十四）

[66] 王勃著、蒋清翊注：《王子安集注》，上海古籍出版社，1995 年，74 ~ 76 页。

[67] 《魏书·释老志》，3045 页。

[68] 《魏书·崔光传》，1495、1496 页。

[69] 《史记》，385 页；《汉书》，64 页。

[70] 《史记》，2723 页；《汉书》，2126 页。

[71] Wu Hung. *Monumentality in Early Chinese Art and Architecture*. p. 153.

[72] 《法苑珠林》卷四十《舍利篇·感应缘》：“魏明帝洛城中本有三寺，其一在宫之西。每系舍利在幡刹之上，辄斥见宫内。帝患之，将毁除坏。时有外国沙门居寺，乃赍金盘成水，水贮舍利，五色光明腾焰不息。帝见叹曰：‘非夫神效安德尔乎！’乃于道东造周闾百间，名为官佛图精舍。”上海古籍出版社，1991 年，309 页。

[73] 钟晓青对北魏洛阳城寺塔方位进行了详细的统计，见傅熹年：《中国古代建筑史》（第二卷），中国建筑工业出版社，2001 年，158 ~ 162 页。

[74] 范祥雍：《洛阳伽蓝记校注》（卷一），5 页。

[75] 杨泓：《汉唐之间城市建筑、室内布置和社会生活习俗的变化》，《汉唐之间的视觉文化与物质文化》，文物出版社，2003 年，8 页。

临朐“白龙寺”佛教遗存探析

李振光[1]　倪克鲁[2]　吴双成[3]　姚秀华[4]

（1、3. 山东省文物考古研究所；2. Lukas Nickel，伦敦大学亚非学院和考古所；
4. 聊城市东昌府区文物保护管理所）

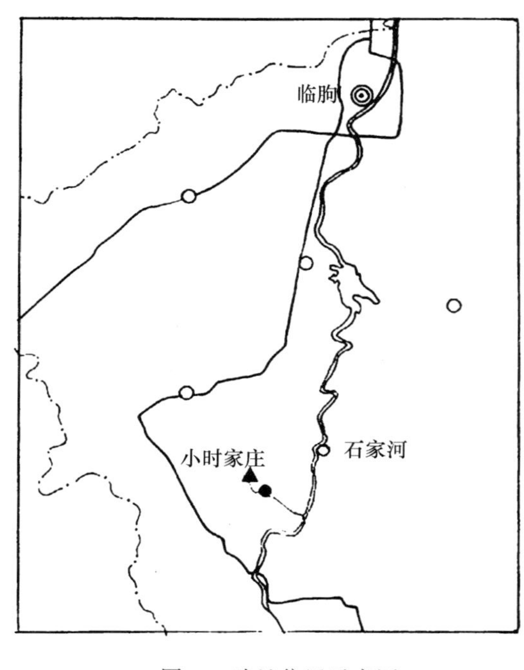

图一　遗址位置示意图

遗址位于山东省临朐县石家河乡小时家庄村西山前台地上，南北两侧为高山，前有小河沿山沟向东流淌，东侧3千米有弥河自南向北流过（图一）。2003～2004年，山东省文物考古研究所与瑞士苏黎世大学东亚美术系、临朐县山旺化石博物馆对遗址进行了全面的发掘。

考古发现佛寺建筑基址1座、陶窑2座、烧灶2个，并发现大量的造像残块、陶瓷片、建筑构件等。因当地有白龙、黑龙的传说和白龙寺的记载，将发现的佛寺建筑基址俗称为“白龙寺”。本文对发现的建筑基址、陶窑、烧灶、造像进行分析，进而对寺院的建造、使用、废弃，以及造像的类型特点、雕刻技法、毁坏因素进行探讨，对遗址的演变过程作出合理的解释。不足之处敬请批评指正。

一、寺院建筑基址

寺院建筑基址由台基式建筑址、西北角小房子及北侧排水沟组成。

1. 台基式建筑基址

建筑基址由长方形台基、“凹”字形下陷内庭、外侧环绕高台、台基东西两侧慢

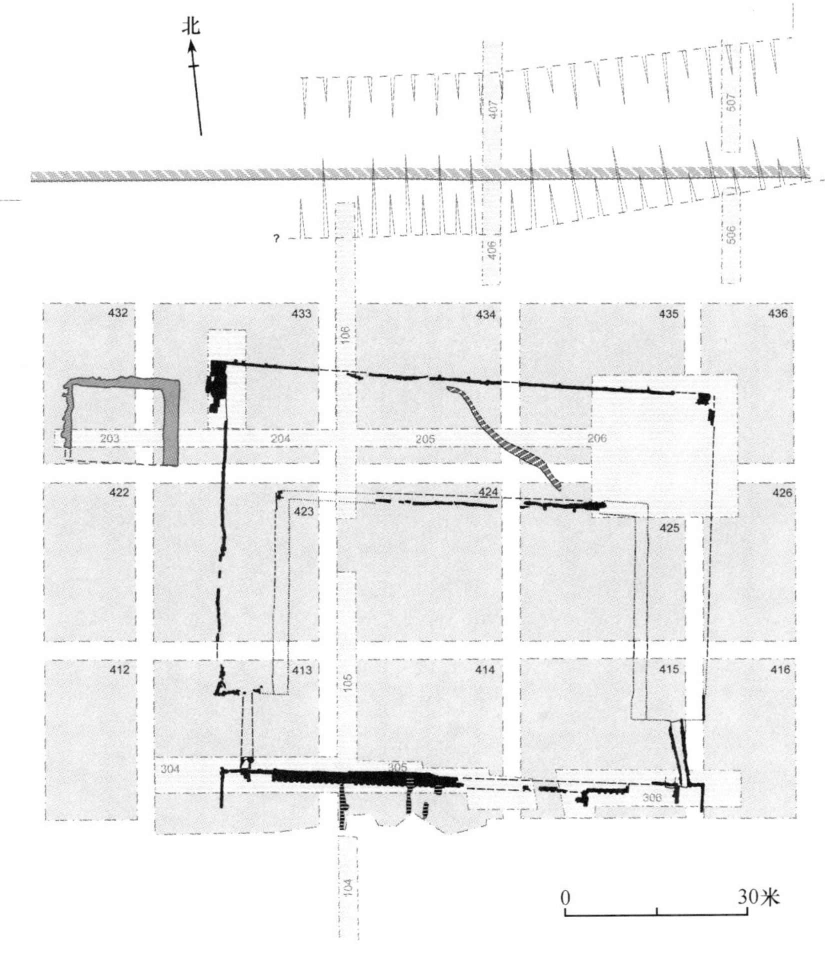

图二 台基式建筑基址平面图

道、慢道下暗排水沟、台基南侧通道（慢道）组成（图二、图三；图版一，1）。

长方形台基：位于建筑基址的南部中间，东西长20、南北宽15.4米，台高0.8～1.2米。山前台地上规划长方形台基，在它的东西北三面下挖，将部分土垫到台基上，夯打整理，形成长方形高台基。台基的四面用砖包砌，其基本砌法：单砖顺砌形成直立墙体，在砖墙的外侧底部平铺一层单砖，平铺砖的外侧砌筑一排侧立三角状砖对砖墙根基形成保护。由于时代久远，砖墙多遭破坏，南北两侧保存较好，东侧因大水冲蚀完全毁坏。由堆积195分析，长方形台基上应该建有瓦顶建筑，在堆积195形成时倒塌毁坏。

“凹”字形下陷内庭：为凸显台基的高大、排泄雨水保护台基，在台基的东、北、西三侧下挖，形成“凹”字形下陷内庭。东西侧内庭宽2.1，北侧内庭宽6.8米。底部呈北高南低倾斜状，较为平整，多卵石。未见人工活动踩踏痕迹。

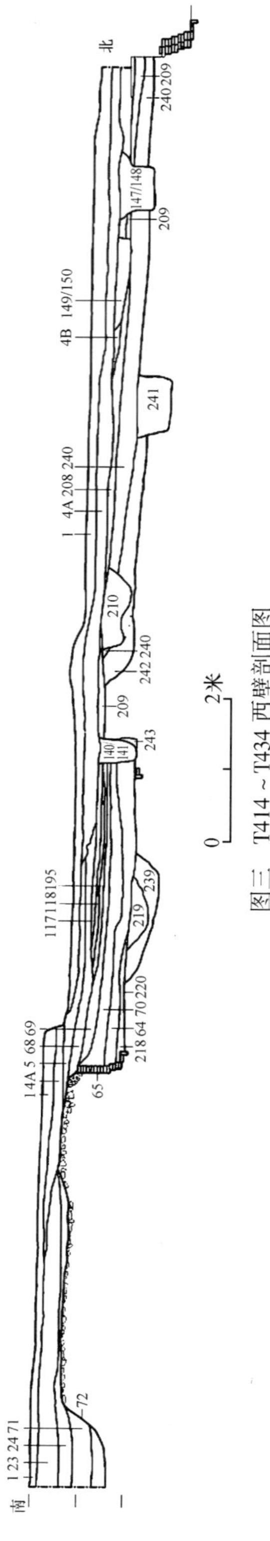

图三 T414～T434西壁剖面图

外侧环绕高台：在内庭的外侧修建有高台。西侧高台，东西宽 1.6、高 0.6 米，台的东侧用单砖顺砌直墙，上部台面用砖平铺。东侧台子应该与之相同，由于山水冲蚀，仅存底部残砖。北侧高台，南北宽 8 米，北侧有一东西向深沟，南侧用砖包砌，结构同台基。东西两侧高台北端与北侧高台相连，西侧与小屋相通，南端通过台基东西两侧慢道与之相通。由内庭倒塌堆积 70 分析，北侧高台上也应该建有瓦顶建筑。

东西两侧慢道：台基的东西两端有慢道与东西高台相连。慢道东西长 2.8 米，东侧慢道南北宽 3.8 米，西侧慢道南北宽 4.52 米，用卵石层层铺垫而成。

排水沟槽：台基东西两侧慢道的下面修建有北高南低的排水沟槽，用砖石铺底、砌壁并砌筑顶盖，形成暗的排水沟槽。东侧排水沟分为两期，早期排水沟用石板铺底、砌壁、搭盖顶盖，南侧排水口用大而厚的石板构筑；晚期排水沟在早期排水沟的东侧，北侧入口位置与高度基本一致，南侧出口向东偏移，用砖砌筑而成，为早期排水口废弃后修筑使用。西侧的排水沟同东侧早期排水沟。

在长方形台基的南侧发现三组上下台基的慢道，早期慢道位于台基的正中，东西宽 3.52 米。东西两侧用砖石垒砌向内倾斜的墙体、内填杂土形成慢道，应该是寺院建筑使用时上下台基的道路。晚期慢道在早期慢道的西侧 0.9 米和 3.8 米处各砌筑一道向东倾斜的石墙，内填建筑废弃垃圾形成上下慢道，应为台基上瓦顶建筑废弃后根据需要不断加宽形成的晚期通道。

2. 小房子

位于建筑基址的西北角，东侧由高台与建筑群连通。

房子为东西长方形，内侧东西长 5.04、南北宽 4.32 米，东西墙与北墙用土石夯筑而成，厚 0.6 ~ 0.94 米，墙体残高 0.8 米左右。南侧无墙，发现一块柱础石，上应有立柱支撑房顶。室内地面平整，有踩踏形成的活动地面，并发现大片烧烤形成的红烧土面。房内堆积残存大量瓦片，为房顶倒塌形成。房子的结构应为坐北向南、三面直墙、南侧用一立柱支撑顶部、面阔两间的瓦顶建筑。由房内发现的大片烧土面看，应为烧炊用房屋。

3. 排水沟

在建筑址的北侧人工开凿一条南北宽 9、深 1.7 米的东西向深沟，以排泄北侧山上来水，保护建筑。

二、陶　　窑

在建筑址东北约 50 米处，发现东西并列的陶窑 2 座（图四），编号为堆积 224 和堆积 225。二者相距仅 1 米。

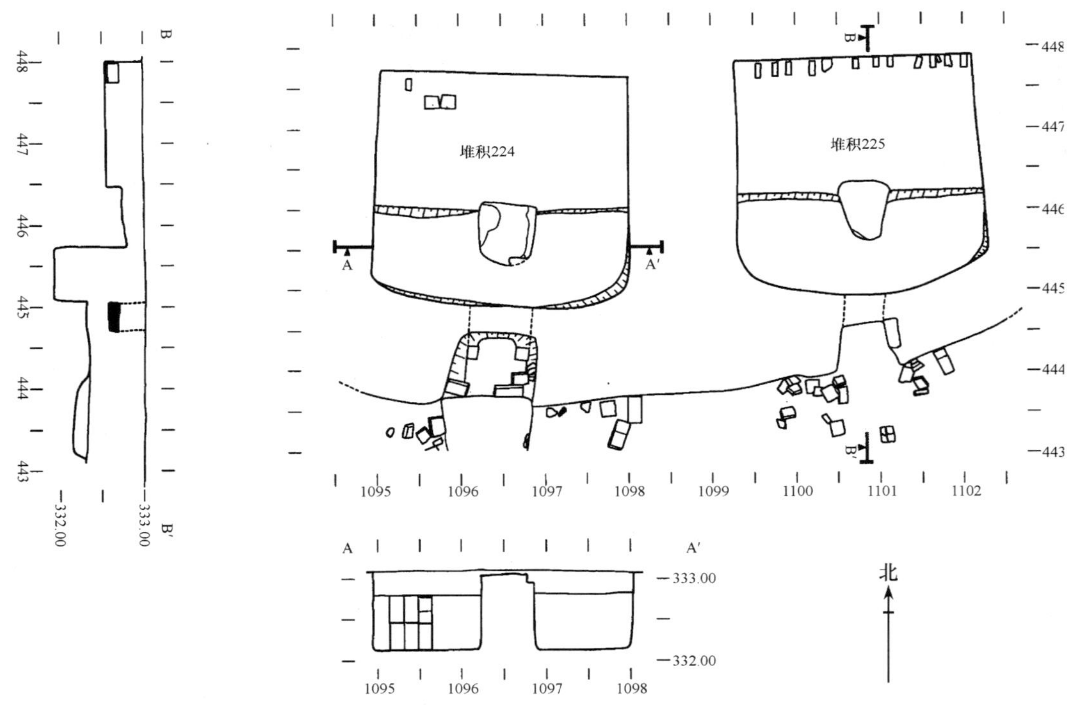

图四　堆积224、225（陶窑）平、剖面图

堆积225，为东侧陶窑。

窑门：南向，在生土中掏挖形成，呈宽扁圆角长方形，东西宽0.52、高0.26米。火道进深0.33米，两侧被火烧烤成较厚的烧烤面。

工作间：平面呈梯形，与西侧陶窑工作间相连，地面分布大量的青砖。

窑室：平面为南侧略呈弧边的正方形，东西宽2.84~3米、南北长2.96米，窑室四壁烧烤成青灰色烧烤面，残高0.44米。由器物台、火塘、分火柱组成。器物台：位于窑室的北半部，为生土台，挖火塘时保留形成。台面平整光滑，火烧烤成青灰色。台上残存青灰砖一排，东西12块。火塘：位于窑室南半部，南北宽1.16米，较窑室台面下深0.62米。火塘的底部残存大量草木灰土。分火柱：在火塘的北部中间紧贴窑室器物台立壁有一立柱，平面略呈梯形，南北长0.72米，东西宽0.32~0.62米，高0.86米，比北侧台面高出0.18米，顶部残。

陶窑的性质是为建造寺院建筑，在建筑基址东北沟边台地上，建窑烧造建筑用砖瓦，也可能烧造少量灰陶塑像。

三、出土造像

遗址出土有石头造像残块、白陶塑像、灰陶塑像，多为残块，部分保存较好，以石造像为主。

1. 石造像

共发现230余件，多为残块。有单体佛造像、单体菩萨造像、背屏式造像、造像台座等，多用石灰岩雕刻而成，2件用砂岩，2件用绿泥岩，1件用滑石雕刻而成。

（1）单体佛造像

共18件。身体部分9件，皆仅存身体的一段，为造像的腰部、肩部或腿部。标本TG304:15-81，单体立佛残块，石灰岩，高度4.5厘米。用平直刀法雕刻而成，左手施与愿印。应为北魏到东魏时期造像。标本TG304:15-33，佛像残块，石灰岩，残高20厘米，仅存胸部。左肩着袒右衫，身体右侧裸露，圆肩浑厚，胸部肥硕，肌肤滋润，极现人体之美。标本C118，单体立像，石灰岩，高度19.5厘米，为站立的单体佛像腰部一段。束腰细腿，着薄衣，体形隐现。右手上横端，宽帛搭在臂上垂于体侧。标本TG304:15-77，立佛造像残块，石灰岩，残高12厘米。仅存造像胸部，前胸肥厚弧凸，后背宽厚健美。着贴体薄衣，身体形态隐约可见。标本TG105:15-6、标本TG105:15-5、标本TG304:15-71，皆为腿脚部分，薄衣裹体，下着贴体长裙，外披曲边自然下摆袈裟。用圆润刀法雕刻而成。标本TG304:15-4、标本TG304:15-45（图五），仅存圆形台、佛脚趾。小腿粗壮，脚背肥厚圆润，脚趾栩栩如生，形同真人大小，反映造像个体较大，台下残存榫。皆为北齐时期造像。

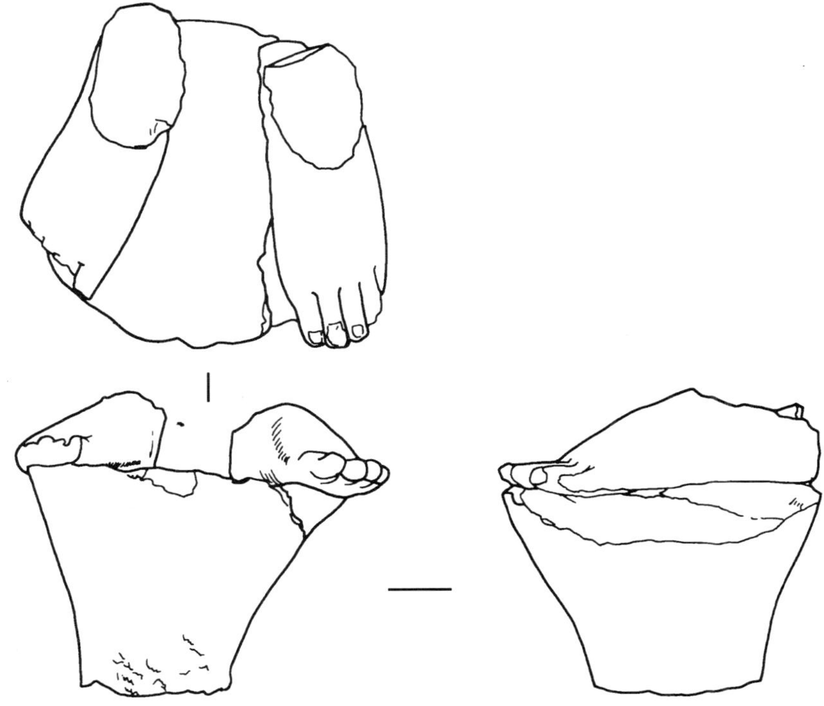

图五 石造像TG304:15-45

（2）单体菩萨造像

能够确定的仅有3件。标本TG304∶15-69（70），单体菩萨残块，石灰岩，残高14.5厘米，仅存菩萨头的下半部。脸部肥硕圆润，下颌丰满，鼻梁高隆，鼻角宽大，嘴角内收，双唇较薄，笑嘴轻合，大耳宽厚，冠带下垂于耳后。平直刀法雕刻而成。从头的后侧看，没有背屏，是一个单独供养的菩萨。标本TG105∶15-73，单体菩萨立像残块，石灰岩，高度8厘米，仅存菩萨中部一段。薄衣，弧形衣纹下垂，饰高浮雕穗状璎珞，背面呈弧形凸起，阴线雕刻竖条形衣纹。时代为北魏末到东魏时期造像。标本SLF609（C.120），菩萨立像残块，石灰岩，高度22厘米，仅存菩萨腰部以下部分。长裙下垂，裙纹呈之字形折皱下落。外穿天衣，从腹部圆环内交结穿过，绕行下垂身体两侧。身佩璎珞，在腹部交结下垂至身体两侧，绕行体后。为北齐造像。

（3）背屏式造像

能够确定的共23件，分为小型背屏式造像和大型背屏式造像。

小型背屏造像2件，皆为一佛二菩萨三尊造像，用绿泥石片岩雕刻而成。标本TG3∶15-17，背屏造像残块，高度15厘米。残存背屏三尊造像的主尊佛及右侧胁侍菩萨，头部残，下有榫。主尊佛圆肩宽厚，身材高大。内着圆领衫，外穿褒衣博带式袈裟，下穿宽大长裙下垂至脚面，裙角外展。手施无畏、与愿印，左臂上搭宽帛垂于体侧，跣足立于圆台上。右侧胁侍菩萨上着交衽衫，下穿长裙下垂至脚面，裙角外展。披帛交于腹前、上绕腕部下垂身体两侧，圆形饰可能为玉璧；跣足立于圆座。用平直刀法雕刻而成，较为粗糙。背屏后打磨光滑，阴刻铭文，残存三行十字“（普）泰二年（532年）/……赵鸯女/……敬造供养”。为北魏晚期造像（图六、图七）。

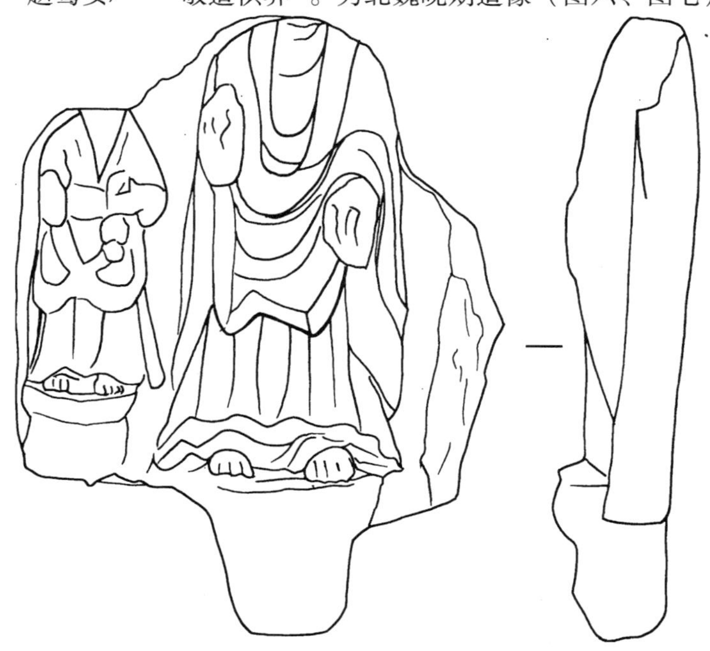

图六　石造像TG3∶15-17

大型背屏造像21件，皆用石灰岩雕刻而成。标本SLF660（C.125），背屏造像残块，石灰岩，高44、厚14厘米。存背光的左上侧，左侧保存较好。头光残，存四周圆环纹。背光顶部中间雕刻一飞龙，口衔莲枝与头光外圈纹带相连接，左侧雕刻一飞天，昂头挺胸，弯腰屈腿，怀抱一莲苞状物，火焰状帛带飞扬，似与龙飞行翱翔空中。其后存一飞天飞舞的帛带。与青州北魏太昌元年惠照造弥勒像（青州香港展p154、广饶张谈造像碑，图六—九）内容同，为北魏晚期造像。标本C.114，立菩萨像，石灰岩，高度42厘米，为背屏式三尊造像的左侧胁侍菩萨。高冠垂缯，小嘴细目，脸部圆润。佩项圈，内着斜衽衫，腰部衣带结扎，长带下垂及膝，带上系花结，长裙掩足。身穿天衣，身体两侧垂至台下。右手施无畏印、左手施与愿印，跣足立于台上。右侧背屏上可以看出龙的腿、尾残留。为东魏北齐造像。TG202:216-1，造像头光残块，石灰岩。高度16厘米，头光复原直径46厘米。右侧佛像站立莲花上，头部残，圆肩肥厚，内着斜衽衫，外穿较薄的肥袖佛衣，双手合于胸前，下穿长裙。佛像周围雕刻莲花枝叶，用平直刀法雕刻。头光的背面凹凸不平，中部残存一较深的梯形刻槽，宽1.5~3、深2.2厘米，修复时凿刻形成。为东魏造像。标本TG304:15-56，菩萨头部残块，高度9.5厘米。从残存部分分析，应为背屏式造像的胁侍菩萨残块，仅存头部。头戴花冠，冠带垂至耳旁，额前梳3个圆形发饰，面颊丰满，嘴露微笑。风化严重，应为北魏晚期到东魏时期造像（图八）。

图七　石造像TG3:15-17拓片

（4）石造像台座

共6件。分为圆台莲花座、方台莲花座和方形台座。

圆台莲花座2件，标本SLF71（C107），莲花座，石灰岩，高14.5、直径30厘米。双层双瓣莲座，高浮雕刻而成。圆台侧面上阴刻铭文，共13行、52字“故人王口苻/妻石男口/故人王宝林/故人惠明/妻焦男口/林妻李绯?”。标本C108，莲花座，石灰岩，高度21厘米。圆形台，上为高浮雕双层单瓣莲花座，上有卯孔以插造像用。应为北朝造像。

方台莲花座3件，标本T414:12-1，莲花座，石灰岩，宽14.5、高9.5厘米。方形台，高5.3厘米。上雕刻单瓣覆莲座，中间有一卯孔，径4.2厘米。

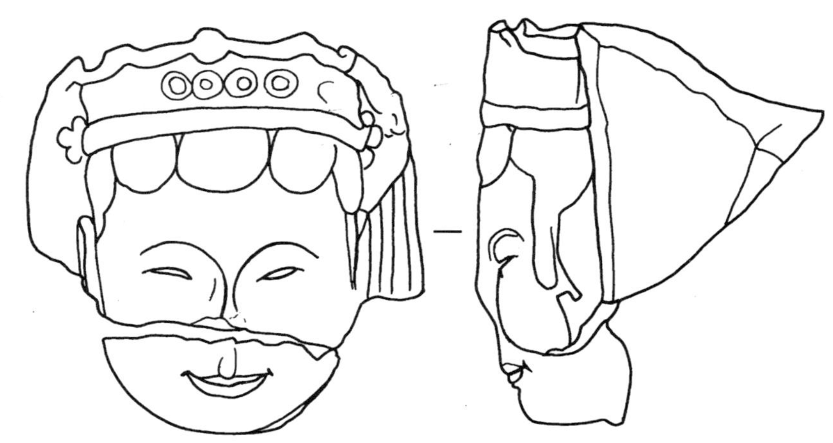

图八 石造像 TG304: 15-56

方形台座1件，标本 T434: 69-1，造像底座，石灰岩。正方形底座，宽 24.5、高 8.5 厘米。顶部微下凿，宽16厘米。侧面打磨光滑，细线阴刻方格底线，前面和左侧面阴刻63个字："大齐天统/四年三月/丙申朔八/日癸卯清/信士佛弟/子张机张/昌兄弟二/人知富可/崇恐身无/常葛舍家/珍上为忘/父母敬造/观世/音像/一躯愿/生生世世/常与佛会"。正面每行4个字，侧面每行2~4个字。

（5）造像半成品

标本 BK.4，石造像残块，滑石。高度9厘米。石头夹杂绿色斑点，石质松软，用指甲能够刻划。在一面用刀具深刻衣纹，有的衣纹向下深透，已经刻好；而有的衣纹没有刻到位置就停住，下面还保存原来石料，没有进行加工，应为造像的半成品。从加工刀法和残存衣纹分析，为北魏到东魏造像。

（6）标本 TG304: 15-23

石灰岩，残高 10.5 厘米。下部雕刻双层长方形台座，底部残，座残宽 12、厚 7 厘米。正面高浮雕两个人物，呈半跏趺坐式侧身对坐于台上。右侧人物较完整，昂头挺胸，发髻呈长辫状后梳，垂于脑后。长脸肥硕，弯眉细目向左前侧视，大鼻隆起，小嘴微翘。左腿斜搭台下，右腿盘于左腿上，左手按在腿上。右手持一瑞鸟向前递伸。左侧人物略显清瘦，头部残，身微前倾。右腿斜搭于台上，右手按在右腿上，左腿横搭在右腿上。左手托一人头（头骨），与右侧人对举。两侧面台上各雕刻一圆纽状饰，长约 0.9 厘米。后面上部打磨光滑，下部刻台座。顶部残。应为北齐时期造像。

敦煌壁画中见有一人手捧小鸟、一人手捧骷髅画面，有人说是鹿头梵志和婆薮仙。也有学者对此提出异议。

2. 白陶塑像

白陶塑像共4件，菩萨2件，塑像底座2件。标本 T413: 70-5，菩萨立像，白陶，高7.5厘米。头部和圆台榫部残。圆肩束腰，长腿玉立，右手执莲蕾上于胸前，左手执一物贴于体侧，双脚赤裸站在圆台上。上身裸，佩项圈，双肩披帛（天衣），绕至腋下垂至身体两侧，璎珞斜交于胸前。下着长裙，外套短裙，衣带结扎腰部。背面有指纹按捺痕迹，为范内捏塑而成。应为北齐塑像（图九）。另外一件菩萨像已残，仅存中部一段。方形底座2件，上为覆莲，中空。标本T413:181-4，莲花座，白陶。双层方形台，上作双瓣覆莲座，中间有圆孔，在范内捏塑而成。台宽4、高1.4厘米。

图九 白陶塑像T413:70-5

3. 灰陶塑像

灰陶塑像1件，底座2件。标本T434:201-6（图一〇），坐佛残块，泥质灰陶，残高7.5厘米。头部残，内着袒右衫，左肩斜披袈裟，双手施与愿印，结跏盘坐在圆台上，胳膊、双腿形态肥厚。背靠舟形屏，凸棱状椭圆形背光，背屏周边饰植物形纹饰。屏背面弧凸。用手捏制烧造而成，造型简单随意，可能为唐代塑像。标本T413:178-2，灰陶莲座，高度19.5、复原直径78、壁厚12厘米。莲座呈底小口大中心孔的圆圈状，底部平，上部残。外侧饰四层向上的莲花叶，每个叶宽度10厘米。用夹砂泥土手工捏制烧造而成，应为当地陶窑烧造。

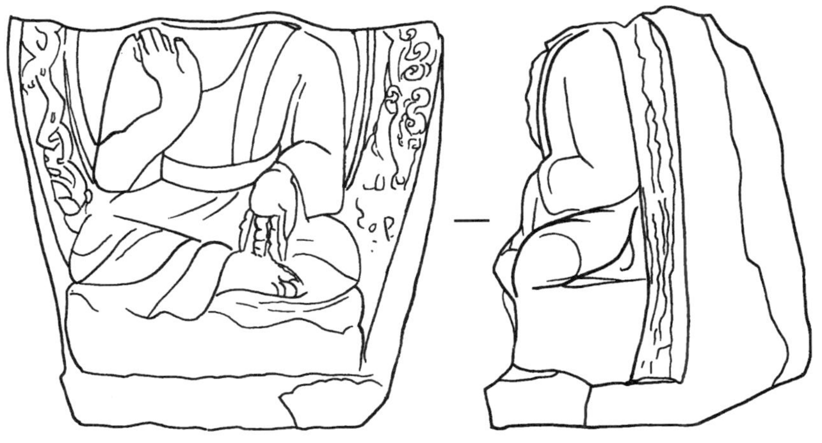

图一〇 陶塑像T434:201-6

四、对造像的认识

1. 造像材料

石头造像大多选用当地存在的石灰岩石雕刻，所用石材硬度较低，可以用钢铁刀具轻松加工。个别的石头呈黄色或褐色层次分布。选用石材与周邻遗址有相似之处，如青州龙兴寺[1]、兴国寺[2]、临朐明道寺[3]等遗址。

两件残块标本 TG435: 70-1 和标本 TG304: 15-16 是用砂岩制作的。

两件小的背屏造像是用绿泥石片岩制作，石中含有白云母、磁铁矿和石榴石，这种石头在当地存在。两件小的背屏造像，无论从材质、大小、造像风格以及铭文较为普通的书法水平都与临朐东部的明道寺发现造像相似，其可能从明道寺流传过来。

2. 雕刻技法

发现造像都是用一块整石雕刻而成，底座单独制作。造像底部有榫插立在底座卯孔内。造像雕刻技术熟练，刀法自然流畅，表面打磨光滑，局部精雕细刻，纹饰细腻优美。雕刻技术有两种刀法：早期造像用平直刀法雕刻，用一次性刀法刻成，衣服纹饰高凸清晰，棱角分明。衣纹表面平滑是用刀具多次加工而成的。后期造像，表面加工光滑，应用刀具多次雕刻加工形成。有几件造像表面残存彩绘颜色或贴金的痕迹。多数造像加工细致，造型优美，反映了极高的艺术水准。

3. 造像尺寸

发现的造像大小不一，有的形体高大，如同真人，有的形体矮小，高仅数厘米。标本采集 115、TG305: 15-4 应该是参照人体原来尺寸制作的。从发现造像尺寸分析，无法确定寺院的主体造像。

4. 陶塑像

该遗址发现数件，其中 2 件菩萨塑像和 2 件底座是用白陶制作的，把白陶泥添加在模子里用手按捺成形，烧制而成。白陶塑像较为松软，烧制火候较低。塑像的表面原来可能绘有彩色颜色。

在博兴龙华寺[4]、高青胥家庙[5]和临朐县内[6]发现同样塑像。“这批白陶佛教造像以瓷土为原料，并在烧造过程中使用了素烧的工艺，但因为器表不施釉，胎体烧结程度较低，故仍称为陶佛像……由于发掘资料的限制，我们只能初步判定，各遗址出土的大部分白陶佛可能为当地烧造”[7]。白陶佛像是用瓷土烧制而成的，其造型与尺寸又具有很大的相似性，目前发现白陶佛像的几处地点没有瓷土原料，其产地可能与瓷窑相关，可能是在瓷窑址烧制而成的。在临淄后李遗址、博兴龙华寺遗址等地发现有数量较多的白陶器皿，其原料及烧造火候与白陶佛像等都比较一致，可能为我们研究白陶佛像的产地提供了线索。初步判定白陶佛像可能是淄博窑口生产的。

灰陶塑像用泥土捏塑并烧制而成，材料和制法与遗址发现的砖瓦相似，可能是在遗址东北侧的陶窑里烧成的。其风格独特，形体表现浑厚，时代略晚，可能为唐代塑像。

5. 造像的年代

遗址中发现2件有铭文的年代记载，1件有北魏普泰二年（532年），“张机张昌兄弟二人”造像，底座有“大齐天统四年（568年）”。现存临朐博物馆的采集造像中有3件带铭文残块，1件背屏造像有“大魏孝昌……（525～527年）”，1件为头光造像残块有“兴和二年（540年）”的铭文，一件方形莲座上有“武平七年（576年）”的铭文。据说村民在修筑小河边道路时，也发现有隋代纪年铭文，实物未见。

从造像所表现的衣服纹饰及雕刻技法看，在发现的200余件造像残块中，有19件能够确定为北魏末年到东魏时期（525～550年），14件能够确定为北齐时期造像（550～577年）。除了1件泥质灰陶佛像可能为唐代，应该没有隋代以后造像。

对发现的造像进行总结，其用材、制作方法以及造像所反映的艺术风格一脉相承，多为当地工匠用当地所产石材雕刻而成；所发现的造像大多在较短的时间内制作完成，与青州龙兴寺、临朐明道寺的情况基本一致。北魏末年至北齐五六十年的时间，在山东地区盛行造像之风，发现大量的佛教造像。遗址中发现造像数量较大，有石头雕刻、泥土雕塑，大小不一，造像表面打磨光滑、雕刻精细、造型优美。可以清晰看到从北魏到北齐末年，雕刻技法与艺术风格的延续发展。与青州龙兴寺、临朐明道寺相比：白龙寺的造像形体较小，可能反映了作为乡间寺院规模小、等级低的特点；仅在两件造像残块上发现修理痕迹，其使用时间应该较短，而青州龙兴寺的造像大多经过多次修理，反映其造像使用时间较长，应该长达500年之久；造像残块四下分散丢弃，仅有一个部分是破坏后放在一个灰坑内，这与青州龙兴寺、临朐明道寺故意挖窖穴掩埋的方式不同。

五、对建筑基址的认识

建筑的平面布局：发掘过程中，对遗址进行大面积细致的考古勘探，并在建筑址的四周发掘长探沟10条，没有发现院墙和其他建筑。因此建筑的平面布局由南部长方形台基及其上面的瓦顶建筑、台基东西两侧慢道、慢道下排水沟、围绕台基的“凹”字形下陷内庭、内庭外侧高台、北侧高台上的瓦顶建筑、西北角烧炊用的小房子组成，长方形台基及其上面瓦顶建筑应为佛寺建筑的中心。西北角小房子作为生活起居用房配套使用。

建筑性质：在建筑基址及其上废弃堆积内发现大量的石、陶造像残块，说明建筑的使用与佛教活动有关，应为小型佛教寺院建筑基址。

建筑的建造、使用与废弃：在北魏末年或东魏时期，佛教信徒来到这山谷幽深之处，选择向阳的山前台地建筑居住活动。借用自然地形，修整台地边缘，下挖台基四周庭院，用砖包筑台边，修筑排水沟槽，在南侧台基与北侧高台上建造瓦顶建筑进行佛事活动。在建筑的西北角修建烧炊用房。台基南侧慢道上下相通。由发现的造像分析，该寺院兴盛的佛事活动主要发生在北朝时期。到唐代晚期堆积 70 形成的时候，北侧高台上的建筑已经倒塌废弃，过了一段时间，堆积 195 形成时南侧台基上的瓦顶建筑废弃。由于遗址少见唐代造像，说明该时期的佛事活动可能减弱或借用早期造像参拜礼佛。北宋中晚期，有人群在这里较长时间活动，形成堆积 69 较厚的活动面和堆积 68 较厚的文化层，并有人用灶进行烧炊活动，由烧灶分布在台基的西半部看，其活动目的应与台基有关，可能仍存在对台基建筑的信仰，台基南侧不断加宽的慢道应该与该段活动相关。

六、结　语

“白龙寺”地处临朐南部深山，远离尘俗，为修身养性绝佳场所。在北魏末年或东魏时期，人们选择山前台地开始修建寺院。由于交通闭塞，在东北沟边修建陶窑烧造砖瓦建筑使用，灰陶塑像及莲座应该是这里烧造的。寺院的建设以长方形台基与北侧高台上的瓦顶建筑为中心，西北烧炊用小房子配套使用。南侧有慢道上下相通。人们在这里观像礼佛修行，大部分石造像及灰陶塑像是当地制作的，有的造像是从青州龙兴寺或临朐明道寺等地流传来的。由造像的时代可以判定，寺院兴盛的佛事活动主要在北魏末年到北齐时期。唐代可能借用早期佛像礼佛或建筑用途有所转变。北宋时期仍存在围绕台基的活动，可能与对台基建筑的信仰有关。其后，一切回归自然。

注　释

[1] 山东省青州市博物馆：《青州龙兴寺佛教造像窖藏清理简报》，《文物》1998 年第 2 期；青州市博物馆：《青州市龙兴寺佛教造像艺术》，山东美术出版社，1999 年；中华世纪坛艺术馆、青州市博物馆：《青州北朝佛教造像》，北京出版社，2002 年。

[2] 夏名采、庄明军：《山东青州兴国寺故址出土石造像》，《文物》1996 年第 5 期。

[3] 临朐县博物馆：《山东临朐明道寺舍利塔地宫佛教造像清理简报》，《文物》2002 年第 9 期。

[4] 常叙政、李少南：《山东博兴县出土一批北朝造像》，《文物》1983 年第 7 期；山东省博兴县文物管理所：《山东博兴龙华寺遗址调查简报》，《考古》1986 年第 9 期；张素敏：《山东博兴龙华寺遗址白陶佛教造像》，《山东白陶佛教造像》，文物出版社，2011 年。

[5] 于秋伟：《山东高青胥家庙遗址白陶佛教造像》，《山东白陶佛教造像》，文物出版社，2011 年。

[6] 临朐县博物馆收藏 1 件白陶塑像，出土地点不详。

[7] 肖贵田：《白陶佛与脱佛考》，《山东白陶佛教造像》，文物出版社，2011 年。

浅谈临朐小时家庄佛教造像与寺庙建筑基址

宫德杰
（临朐县博物馆）

白龙寺遗址位于临朐县城南30公里的寺头镇小时家庄村西山前台地上。据《嘉靖临朐县志》载“白龙寺在县南六十五里”，又据《光绪临朐县志》载“白龙神庙在县治南六十里禅堂崮”。小时家庄寺庙遗址在禅堂崮的南麓，方位上与县志所载相吻合，当地有关白龙的传说颇多，寺庙遗址的东南角尚有白龙洞，因此小时家庄遗址或为“白龙寺”故址。1999年5月，小时家庄村民于村西挖自来水沟发现了该遗址，并出土了佛像，遗址也因此局部被盗掘，盗掘处还暴露出了建筑墙基。1999年7月，山东省文物考古研究所对遗址进行了钻探，并探出了建筑基址。2003年秋至2004年秋山东省文物考古研究所、临朐县博物馆与瑞士苏黎世大学，以每年一期两个月的时间对该遗址进行了联合发掘，发掘出土了大量陶、瓷片标本和少量佛像残块标本，并揭露出了一处佛教建筑基址。本文就该遗址出土的造像风格特点及建筑基址的结构、年代、性质试作探讨。

一、小时家庄寺庙遗址造像的风格特点

小时家庄造像最晚应始于北魏末年，经东魏、北齐直至隋代，延续时间较长。就采集的标本看，北魏造像带明确纪年的，最早的为孝昌（525～528年），另有普泰二年（532年）造像（图一）。仅就标本SLF660（图二）背屏残块的厚度可以看出该处遗址当有体量较大的造像，其顶部昂首腾空的龙口衔缠枝花环作主尊项光的构图，与青州北魏孝昌三年造像和北魏永熙二年造像相似[1]，其飞天造型及衣裙覆足上扬等特点，为北魏晚期风格。普泰二年造像，主尊着宽肥厚重的佛衣，右领襟甩搭左肘，腹下衣纹呈凸起的垂鳞形下垂，以及衣裙下摆外撇等特征，与明道寺北魏晚期滑石质小型造像如出一辙。两地相距较近，又均为山区寺庙，风格上的一致性应是必然。两地小型滑石、石灰石造像朴拙简陋的雕琢工艺、小型的像体造型及书写潦草且多错别字的发愿文等，反映了北魏晚期沂山东麓、北麓山区中下层民众的造像特点，即因财力原因，一部分施主就地取材，选用柔软易雕刻的滑石制作佛像，从雕琢粗陋的造像看，一部分造像者并非熟练的工匠。

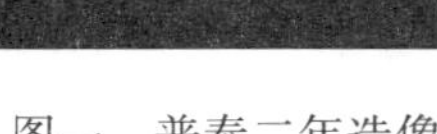

图一　普泰二年造像

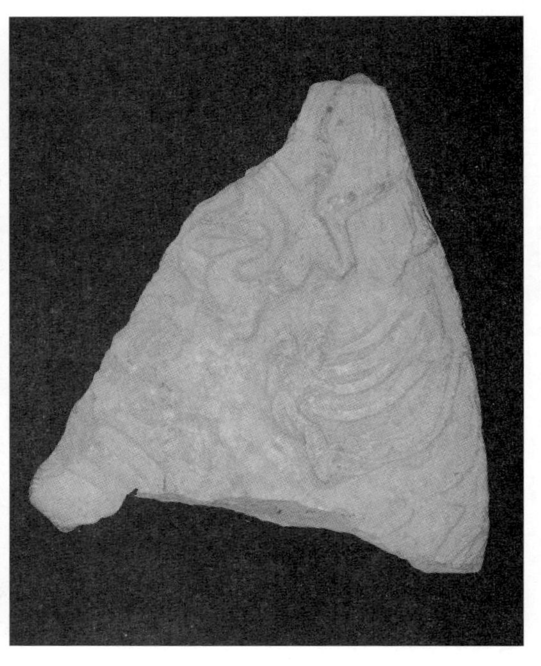

图二　背屏式造像顶部残块（SLF660）

东魏造像有明确刻铭的仅“……兴和二年……”小型背屏式造像残块一件，其浮雕像体缺失，但背屏背面题记刻铭字体工整俊秀（图三）。SLF612佛头像，头饰大螺旋纹螺发，较高的肉髻，方圆丰润的面相，东魏风格明显，头像带颈通高34厘米，说明该处寺庙有较大的圆雕造像（图四）。标本SLF613左胁侍菩萨像略显清秀的面相，简单厚重的帔帛交于膝部后翻卷向上的披着方式均有北魏遗风，但较宽的臂胛，衣裙近于垂直的下摆，东魏晚期风格还是较为明显的（图五）。

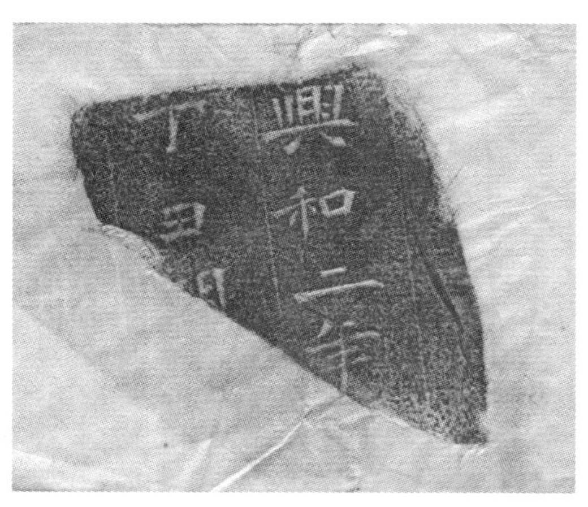

图三　兴和二年题记拓片

图四　圆雕佛头像（SLF612）

图五　左胁侍菩萨像（SLF613）

图六　白陶菩萨像残躯

图七　孝昌年造像顶部残块拓片

北齐造像在遗址上出土较多，造像不仅有石灰石质，还有白陶菩萨像躯（图六）、灰陶大莲座等，与沂山明道寺、博兴出土陶质造像相似，均为模制，但小时家庄造像有模制的灰陶佛像，博兴则仅见白陶造像[2]。北齐时期的背屏式造像无保存较完整者，标本SLF659三尊像仅存主尊莲台与左胁侍膝下部分，左胁侍帔帛与长裙下摆内收，该像左胁侍下方的龙、莲雕塑保存较好，“S”形倒挂的龙，口衔莲茎，引出较为复杂的莲盘，龙颈部与右前足部镂空透雕等特征，与明道寺北齐晚期造像十分相似。有的背屏式造像顶部为力士用肩背扛托佛塔，伎乐天则作背身坐姿演奏状，造型神态富于变化。小时家庄背屏式造像同明道寺背屏式造像一样，不少造像背屏上有线刻图案，但明道寺造像因风化较重，多模糊不清，小时家庄造像则风化较轻，如孝昌年间造像项光上部的图案（图七）。有的造像背部还有线刻人物画像（图八）。有些背屏残块上保留的精美细腻的线刻或浅浮雕佛教人物画像、装饰图案等较为完好地保留了原貌，其细微精致程度令人赞叹。晚期透雕背屏式造像碎块也发现较多，有主尊项光镂空残块、透雕树干、树叶残块等，特别是透雕树叶、树枝、干残块，与明道寺发现的同类造像极为相似。

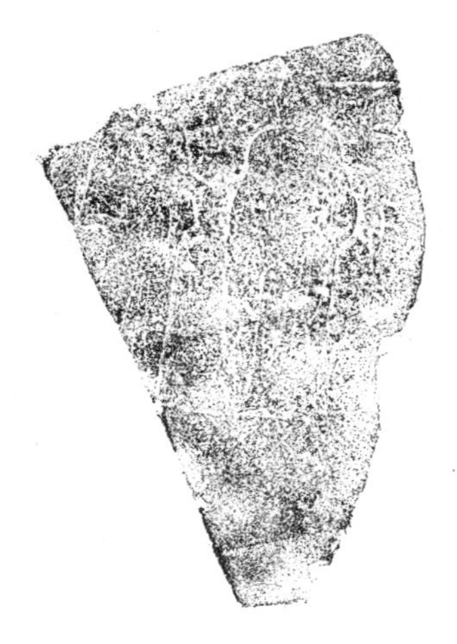

图八　造像背面的线刻人物画像拓片

图九　外道僧人浮雕

而外道僧人浮雕像（图九），应为背屏式造像的下部基座部分，此种构图的画面，在云冈第九窟即有，所表现的是外道僧人鹿头梵志和婆薮仙游戏坐，婆薮仙手执一鸟，示有杀生之罪；鹿头梵志则手持骷髅（云冈石窟第九窟有鹿头梵志和婆娑仙的石刻浮雕像，亦拿骷髅与鸟，年代为北魏中期，在敦煌北魏石窟中他们常常被画在释迦牟尼的两边，有释迦牟尼降服外道的喻义）。这种题材目前在古青州地区发现的造像中尚属仅见，“在河北地区出现的时间很短，可谓昙花一现”[3]。小时家庄北齐造像中，圆雕造像占了很大比例。圆雕造像残块发现较多，主要有石灰石质的圆雕佛立像、菩萨立像，灰陶模印佛坐像、白陶模印菩萨立像等。圆雕佛立像多残损较重，仅存佛躯干或残块。佛躯多宽肩、平胸、腹微凸，着袒右肩的薄衣显体形佛衣，将躯体轮廓充分显露，近似裸体。有的衣纹平展，仅在衣服曲边处显露衣纹。着双领下垂式佛衣者，亦充分显露衣服紧窄，薄衣透体之感。圆雕菩萨头像，头戴宝冠、面相方圆丰润，雕刻细腻，工艺精湛，菩萨像躯则作宽肩、细腰、丰臀，帔帛自双肩下垂腹下部交叉穿环，下垂膝下，然后翻卷向上，搭于肘臂垂于体侧，也有帔帛自双肩绕肘臂沿体侧呈波浪形下垂，腰系贴体窄瘦的筒裙，裙摆下沿垂至足腕处并略内收，有的作裙腰前翻。璎珞穿饰或衬于帔帛之上随帔帛翻卷，或成“U”形悬挂腹前与膝间，或作串珠状仅在袒裸的上身腰、腹部交叉、翻卷向后。北齐造像本身无刻铭者，而发现的应为圆雕造像的两件刻铭纪年像座，却刻有北齐末年纪年，分别是天统四年（569 年）张机、张昌兄弟二人造观世音像像座（图一〇），武平七年（577 年）孙文造像座（图一一）。另据村民反应 1998 年挖自来水沟时，曾出土有刻铭“大隋”的造像。

总之小时家庄造像，从出土数量不多的造像标本看，与临朐明道寺、诸城体育场[4]、青州龙兴寺[5]、博兴龙华寺[6]等寺庙遗址出土的造像颇为相似，其风格特征应属古青州地区北朝佛教造像风格。造像既有小型滑石、石灰石像，也有体量较大的石灰

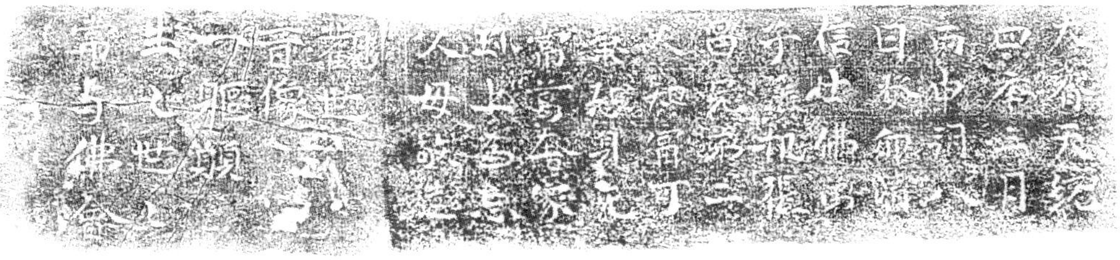

图一〇 天统四年张机、张昌造像题记拓片

石造像，有雕琢粗陋的下层民众造像，也有精美细腻的大中型石灰石像。早期造像始自北魏末年，主要为背光式三尊像和单尊像，造像以着褒衣博带或双领下垂式佛衣、衣饰厚重为特征。东魏造像出现了较大型的圆雕佛立像，造像头饰低矮的大螺旋发髻，面相方圆丰润。菩萨有的头戴高冠，面相亦较方圆丰润。北齐造像多着薄衣显体形佛衣，这种佛衣既不是此前薄衣佛像的重复，也不是东魏佛像衣饰的演变，而是一种新样。宿白先生指出，“我们认为此次北齐佛像的新趋势，大约不是简单的此前出现的薄衣形象的恢复，而与6世纪天竺佛像一再直接东传、北齐重视中亚诸胡技艺和天竺僧众以及北齐对北魏汉化的某种抵制等因素皆有关联”[7]。北齐时期圆雕造像数量较多，但背屏式造像仍较发达。这时期的背屏上出现了线刻荷莲、人物故事，浮雕佛传故事，内容丰富，雕刻精细，而背屏式造像中的镂空透雕像受河北造像影响明显。

图一一 武平七年孙文造像题记拓片

另外需要指出的是，小时家庄遗址出土的陶质佛像，不仅有白陶，还有灰陶，尤其是造型较大的灰陶莲座，在古青州地区北朝佛教考古中属仅见。就佛座看，如果座上为陶佛，则陶佛是十分高大的。关于大型陶质佛像，在距其不远的明道寺舍利塔地宫出土的造像中，就有体形庞大的白陶佛脚与头像[8]，由两处寺庙遗址出土造像看，北朝时期在沂山东麓与北麓的寺庙中不仅有小型的模印陶质造像，还应流行一种陶质的大中型圆雕佛造像。就造像风格看，这些陶质造像的年代应为北齐时期。

二、建筑基址的性质、布局、年代

小时家庄白龙寺遗址已揭露出来建筑遗迹，其主体建筑布局是中心长方形砖包土台（土台东西长20、南北宽15.4、台高0.8～1.2米）和北、东、南、西四面墙体连成的“冂”形建筑墙基（“冂”形北墙内径长26.45米，“冂”形西墙长18.47米，

“冂”形西墙南端与台子西墙间砖墙东西长2.8米，南北宽4.25米，该遗迹似是与长方形台基相连的漫道。台子东头砖墙与“冂”形东墙的大部分砖墙被破坏，从残存遗迹看，其间距与西边相似），二者组合呈“回”形的结构（图版一，2）。从基址内出土的残碎佛造像残块、莲纹瓦当以及砖墙内充填的残碎佛座、结构奇特的建筑基址看，毫无疑问基址性质属佛教建筑无疑。就主体结构本身而言，没有重建的迹象，属一体的建筑布局，但在倒塌上是有先有后的，先塌的是“冂”形的北墙，该处建筑所用瓦当为重叠八莲瓣瓦当，瓦当直径14.5～15厘米，瓦长35、壁厚1.5厘米左右（图一二）；板瓦尺寸一般长36.5、大头宽30、小头宽23、厚2.5厘米左右，筒瓦长36、榫长4.5、宽15厘米左右。从发掘揭露的活动面看，“冂”形建筑坍塌后，台子上的建筑物并未倒塌，且仍然使用，所以在“冂”形建筑的废墟上形成了活动面，“冂”形建筑南墙两条暗排水沟之上有明排水沟（图版一，3），足以说明“冂”形建筑倒塌后，台子上的建筑存在二期使用的情况。简言之，二期使用时，主要建筑仅存台子上的建筑。从“冂”形北墙瓦砾堆积呈较窄长的布局，尤其是墙体齿形花砖砌筑面向南，东西两墙角亦转弯向南的迹象，以及西端砖台上的砖包木柱所留下的柱窝、柱础等情况综合分析，“冂”形北墙为佛廊的可能性较大，而“冂”形东、西两墙建有廊厦的可能性不大，因为西墙（东墙绝大部分已被破坏掉）在发掘中并未出现如同北墙一样密集的瓦砾分布区，再一点就是东、西两墙距中间台子不足3米，没有北墙距台子后墙达6.8米的间距。综上分析，最大的可能是东、西两墙以及“冂”形布局南端与中心台子相连的墙体，为“冂”形布局地下部分的院墙（所揭露的建筑基址大部分均在原地表以下）。最令人费解的是中心建筑砖包台子。从砖包台子的位置看，无疑占据着中心地位，相比之下，外围的“冂”形建筑布局应属陪衬性的附属建筑。从中心位置的台子垒砌之精，所用砖块之考究，台子周围散落板瓦、筒瓦、瓦当制作较之先塌的“佛廊”规格要大（图一三），所筑砖墙之厚重（砖墙体宽达0.45米）等方面看（见图版一，1），砖包台子上应有较重要的建筑，究竟是什么建筑未找到明显的遗迹，但台子上有不规

图一二　八莲瓣纹瓦当

图一三　六瓣大莲瓣纹瓦当

则的成片的人为铺垫的碎石块分布区，台子上虽未发现夯筑痕迹，但土质较硬。台子处于整组建筑基址的中心位置，且用砖、瓦尺寸大，制作考究，并有加工细致的残石构件及彩绘过的石灰墙皮。从现已掌握的有关考古资料看，中国早期寺庙以佛塔为中心，所谓寺庙，尤其是早期寺庙，有的甚至就是一座大型的佛塔，北魏晚期冯太后所建的洛阳永宁寺，虽仍以佛塔为寺庙的中心，但已出现了相对佛塔而言规模很小的位于佛塔后面的佛殿。从白龙寺遗址出土的造像看，最早的年代为北魏晚期，估计其建筑遗址的年代可能比永宁寺（516 年）稍晚。在该遗址征集和发掘出土的纪年造像中，最早的为北魏末年的孝昌（525～528 年）年间和普泰二年（532 年）造像。孝昌年间造像虽是残块，但可看出原造像体量较大。说明早在孝昌年间，白龙寺就有较大的石造像，估计建筑基址的年代应在北魏末年的孝昌前后。从出土绝大多数瓦当的形制颇似南京钟山南朝坛类建筑遗存中一号坛出土的Ⅰ型瓦当看（该坛，简报定为刘宋时期）白龙寺遗址的年代应在北魏晚期[9]。白龙寺佛教建筑布局十分紧凑，整体感强，应为同一时期所建。与永宁寺布局相比，其佛殿位置，从暴露柱洞、柱窝等遗迹看，应为佛廊。若佛廊成立，客观上讲是合理的，毕竟山野寺庙以佛廊取代佛殿是容易理解的。小时家庄白龙寺建筑遗址暴露的砖包土台，是一长方形的台子（东西长 20、南北宽 15. 4 米）。从台子周边散落的板瓦筒瓦看，台子上有建筑是肯定的。至于什么建筑，因没有找到明显的建筑基址，所以不好说。从永宁寺等已知的寺庙建筑布局看，这一时期的寺庙是以塔为中心的。所以台子上的建筑也许就是木构小佛塔，较小的木质佛塔在建筑基址的处理上比较简单，所以建筑基址也就不太明显，也许原本基址的夯土较薄，在建筑物倒塌后，此处变为农田，较薄的夯筑基址破坏掉了。

479 年北魏孝文帝在大同建的思远佛寺，1976 年北京大学调查该寺遗址，“发现遗址的中部有一座东西约 30、南北约 40 米的塔基，塔基的前面正中有台阶；在塔基的上面有一座约十米见方的中心塔柱……在中心塔柱的附近出了一些影塑的佛、菩萨像”[10]。1979～1994 年发掘的永宁寺塔“塔基的平面呈方形，有上下两层，下层的台基东西有 101 米，南北 98 米，使用夯土版筑的技术，厚度可达 2. 5 米以上；在下层的中心部位，筑有 2. 2 米高的上层台基，四面用青砖包砌而成，边长约 38. 2 米”[11]。由上述两座已发掘的大型塔基看，塔基下部的基址都很大，但上部中心塔柱并不很大，思远寺的中心塔柱只有 10 米见方。作为山区小寺的小时家庄寺庙遗址的砖包土台，或许台上亦建有规模很小的佛塔应该不难理解。相比上述塔基，还有一点需要提及的是白龙寺遗址同思远寺一样发现了模印小型佛、菩萨像或称白陶脱佛[12]。当然永宁寺和思远寺都是有文献记载的皇家大寺庙，北魏中晚期大型寺庙的佛塔有绕塔礼拜的长廊和上塔的漫道。白龙寺台子南边似漫道的砖墙，以及台子北旁出土的风铎又似与塔有关。靠近台子北墙下地面上的柱洞，似说明这里有建筑物的廊厦。“台子”究竟做何用途？是大殿？而后边的“冂”形是护卫大殿所筑的围墙与长廊？问题是大殿的基址也没有找到。再说，建筑基址的年代为北魏晚期，北魏晚期的皇家寺庙尚以塔为中心建筑，在偏僻的山区不可能以大殿为中心建筑。就已掌握的永宁寺发掘资料看，这时期塔在寺庙建筑的中心地位不容忽视。在皇家寺庙尚以塔为中心建筑的北魏晚期，山区寺庙就以佛殿为建筑的中心似乎更不可能。就一般情况而言，寺庙建筑的大概结构布局的流行应从上流社会向下传播。有学者称“永宁寺塔的考古发掘具有重大意义。首先在寺庙中心设塔，塔后设大殿的做法，取代了以往一塔独秀的局面，表明了佛殿的地位正在上升”[13]。虽然殿的规模很小，但毕竟已有佛殿。佛教自印度传入中国，开始塑像建寺庙供养，“救人一命胜造七级浮屠”，其中“浮屠”就是佛塔。佛塔在古代的印度就是坟冢的意思。释迦牟尼去世后其身骨、牙齿等都是佛的舍利子，而八王分舍利后建坟冢即佛塔供养便成为一种风气，“佛教认为：信徒们如果能够经常性地环绕着佛塔做礼拜，就可以在来世获取无上的功德和福报”[14]。佛教传入中国敬佛拜佛主要体现在建塔和造像上，中国早期的寺庙建筑主要以佛塔为中心，体现的也是作功德敬佛。永宁寺出现佛殿或是便于拜佛或是便于存放数量较多的大佛，佛殿存放供养大佛要比佛塔方便，至隋唐，塔的地位在寺庙中减弱，而佛殿成为主要建筑，可能也是基于存放供养方便的原因。小时家庄佛教建筑基址的年代既然比永宁寺稍晚，在寺庙的结构上，塔的中心地位应不会有大的改变。还有一点就是民间寺庙规模都很小，无财力造塔，佛像就供养在小房子内，这种可能不能说不存在，但是佛塔同样可以造得很小，在永熙二年张令妃造像的背光背面就线刻有小型佛塔[15]。目前掌握的北魏晚期寺庙考古发掘资料都是规模较大的寺庙。中小型寺庙是否就没有佛塔？在距小时家庄村不远的青州黄楼镇迟家庄村“兴国寺”遗址出土的石羊上，刻有“正始五年造千佛塔”的铭文[16]。经调查兴国寺遗址就范围来说，估计当初的寺庙规模应为中小型的寺庙。正始五年（508 年）早永宁寺 8 年，由此可以看出北魏晚期古青州一带的中小型寺庙布局中亦有佛塔。

台子究竟是何建筑基址，有待进一步的研究。总之对所暴露遗迹现象，还没有确凿的证据证实台子上原有佛塔，只是综合而论有佛塔的可能性较大。但不论什么建筑，不论台子上的，还是“冂”形的建筑，就所遗留的砌筑精细的墙基，和出土的大量大型板瓦、筒瓦、瓦当和加工过的大型石块以及彩绘的石灰墙皮来看，当初的建筑应是颇为考究、富丽堂皇的。总之，保存颇为完好的白龙寺佛教建筑基址布局，为我们提供了北魏晚期中小型寺庙遗址结构的重要实物资料。

发掘出土造像较少，分析原因可能有三点，一是毁佛运动后房屋挪作他用，佛像被人掩埋于废弃的坑穴之中或弃置河边，1998 年村民在河边挖自来水沟时出土了数量较多的造像，二期发掘在遗址西边的探沟内也零星出土了几块造像；二是佛像被毁后，佛教徒将其收拢存放，若干年后，建筑物坍塌，另做他用，发现残碎造像，并将造像碎块移到河边或拆砖留下的墙基坑穴内，或随意丢弃在附近的坑穴中。一期发掘在遗址西南角被拆掉的“砖包台子”墙基坑内，就有存放造像的大型坑穴，可惜造像大部分被盗掘；三是部分造像可能埋在离遗址较远的坑内，难以寻找。总的来看，这里的造像掩埋方式与青州龙兴寺[17]、诸城体育场[18]、临朐明道寺[19]相似，应该绝大多数集中掩埋在了前述遗址西南角的墙基下面。就出土不多的造像，也可看出其体量之大、雕刻之精不亚于明道寺等寺庙出土的造像。

三、建筑物的倒塌与使用

笔者对建筑物的倒塌年代及毁佛情况，结合暴露的遗迹现象亦在此谈一点粗浅的认识。佛教的发展兴盛，从某种角度上讲，会给统治阶级的统治带来一定的好处，起到精神麻醉的作用，便于社会安定。但由于佛教的过度泛滥，大量田产被寺庙所占，好多群众出家为僧、为尼，致使不少田野荒芜。这样一来严重影响国家的税收，所以，为了发展经济、增强国力就会灭佛。历史上大规模的灭佛运动有四次，分别是北魏武帝拓跋焘、北周武帝宇文邕、唐武宗李炎和后周世宗柴荣。而寺庙建筑物的倒塌与佛教的兴衰、毁佛运动不无关系。从纪年造像看，最早的为北魏晚期孝昌年间（525～528年），也就是白龙寺纪年石造像的年代要晚于北魏毁佛年代，所以，白龙寺石造像与第一次毁佛无关。而北周武帝的毁佛年代为北周灭北齐之后（577年）。白龙寺遗址出土的造像，年代也多集中在北魏晚期到北齐时期，而以东魏北齐数量最多。白龙寺造像的第一次被毁应为北周武帝灭佛，此次毁佛规模大，范围广，白龙寺佛像是不会幸免的。经历此次毁佛运动，佛像被毁，但寺庙建筑不一定被毁，据有关文献记载此次毁佛好多佛殿都挪作他用。据村民反映1999年出土的造像有的刻有大隋的铭文。从出土的不带铭文的造像中有少量有隋代风格的造像看，这里的造像年代较晚的至少为隋。因此，白龙寺佛造像在经历北周毁佛运动后至隋代佛教再次开禁，建筑又被重新使用。隋代虽然提倡佛教，但经历了北周灭佛之后，元气大伤，寺庙已无昔日辉煌，从北边“佛廊”砖墙因砖块风化而在墙缝中填补的许多歪歪斜斜的瓦片，甚至残佛座等情况看，建筑物的使用年限较长。瓦砾下面无佛像碎块，说明建筑倒塌前已不再作“佛廊”使用，或是塌前已将佛像移出。从地层堆积和遗址东南角暗排水沟之上的明排水沟看，“佛廊”倒塌后台子上的建筑仍被继续使用，所以可划分为一期使用和二期使用之别。二期使用时“佛廊”已塌，其坍塌的瓦砾堆积形成活动面。活动面上有唐代、宋代的瓷片等标本，说明台子上的建筑物存在时间较长。特别是活动面上发现的仅见的几块彩绘唐代瓦当（图一四），说明唐代台子上的建筑仍在维修使用中。唐代大规模的毁佛运动为唐武宗李炎，而白龙寺造像的末次被毁也可能为武宗毁佛。为什么有唐代的瓷片而不见唐代的造像？若末次毁佛为唐武宗

图一四　唐代莲纹瓦当

时期，从隋到唐武宗李炎有260多年的历史，为什么就没有唐代造像？其原因可能有三点，一是建筑物不再做寺庙使用，所以不可能有唐代的佛像。二是可能与“僻山穷乡的禅僧逐渐向繁华的城镇发展”有关[20]。三是恐怕与大环境、大气候有关，不仅小时家庄遗址，距其不远的沂山明道寺，宋景德元年舍利塔地宫出土的数量颇多的造像中，也不见唐代造像，仅有北朝至隋代的造像。即使像青州龙兴寺这样有名的大寺庙，也仅仅出土了数量很少的唐代造像。由此看来唐代虽然是中国历史上第二个佛教繁荣时期，但在寺庙造像方面，在这一地区，已不能与北朝、隋代相比。而造像更多的是摩崖窟龛造像，如距其很近的禅堂崮唐代摩崖造像、临朐城西石门坊唐代天宝年间的摩崖造像群，还有著名的青州云门山唐代摩崖造像石窟群等。既然台子周围倒塌的堆积层中，最晚的有唐代遗物，那么台子上的建筑物自然应为唐代或其以后倒塌。

四、其他与寺庙相关的遗迹

古代寺庙不仅要有佛殿，还应有与之配套的僧房、炊事厨房等配套建筑物遗迹。此次发掘在“回”形布局的西北角，发现了东西长5.04、南北宽4.32米，地面被烧烤成橙红色的房屋基址。从砌垒较粗糙的墙基等情况看，可能与炊事厨房有关。关于僧房、山门等或因破坏严重，或因土筑坯房墙基较浅容易破坏，或是仅用探铲不好确认等原因，最终没有找到。

在“回”形建筑的北边还发现了一条东西向深1.7、宽9米的壕沟，壕沟与台子之间还有碎石堆筑带。但令人意外的是沟内除一点草木灰外，没有发现任何遗物，因此给确定壕沟的年代、性质带来了困难，从壕沟形成的迹象看又非自然形成，系人为所致，尤其在山区，东西向山脊的南坡自然形成东西向壕沟是不可能的。到底壕沟与寺庙是什么关系，若从防水角度看，位于山前坡地上的寺庙，壕沟的防水作用不可小视。是偶然巧合？似不太可能。是早期遗迹？尽管这里有周代遗址，但沟内亦无周代遗物。是否建筑基址的周边也有壕沟，未作进一步的钻探与发掘。寺庙周围有壕沟，在这一时期的寺庙中并非没有，如洛阳永宁寺就有壕沟。白龙寺建筑基址发现的壕沟虽无标本证据确定其时代，但可以说应与寺庙建筑的防水、排水有关。

与寺庙建筑基址有关的遗迹，还有遗址东部所发现的两座窑址，两座窑址均在地表以下1.2米深处，陶窑为在生土中掏挖而成，两窑室均为南侧略成弧边的正方形。东侧陶窑窑室东西长2.89、南北宽3米。西侧陶窑东西长3.01、南北宽2.87米（图一五）。从两座窑炉膛内及其周围出土的砖瓦与寺庙遗址出土的砖瓦大小形制一致看，遗址建筑物的砖瓦应为该窑所烧制。

北朝时期，尤其是东魏北齐时期，佛教信仰兴盛，仅北齐境内佛寺就达4万余所，同时造像之风盛行。临朐处在古青州地区的中心区域，“青州”被誉为“东魏、北齐的霸业所在王命是基”，这里经济发达，文化繁荣，佛教兴盛，寺庙林立。近年来不断有佛像出土，已引起不少专家学者的关注，有关造像研究成果颇丰。但对这时期的寺庙结构布局，既缺少文献记载又缺少考古发掘资料。对古青州地区而言除小时家庄寺庙遗址外，尚未正式发掘一处寺庙遗址。小时家庄寺庙遗址又地处山区，对研究山区中小型寺庙的结构布局等有着特殊的意义。寺庙建筑基址虽局部遭到破坏，但总的保护情况较好。发掘出土的建筑基址结构奇特，主体建筑“砖包台子”及其上面的建筑物虽有待进一步研究与确认，但“⊡”形的主体建筑布局，却为我们提供了北朝时期古青州地区中小型寺庙主体结构的重要实物资料。

图一五 陶窑

附记：本文在写作过程中由中国社会科学院世界宗教研究所张总先生悉心指导，在此谨致谢意。

注 释

[1] 青州博物馆：《青州博物馆》，文物出版社，2003年，174、175页。

[2] 刘凤君等：《黄河三角洲佛教造像研究》，山东人民出版社，2003年，119页。

[3] 刘建华：《北齐时期青州与定州地区青白石佛教造像艺术》，《四门塔阿閦佛与山东佛像艺术研究》，中国文史出版社，2005年。

[4] 杜在忠、韩岗：《山东诸城市佛教石造像》，《考古学报》1994年第2期。

[5] 山东省青州市博物馆：《青州龙兴寺佛教造像窖藏清理简报》，《文物》1998年第2期。

[6] 常叙政、李少南：《山东博兴县出土一批北朝造像》，《文物》1983年第7期。

[7] 宿白：《保利艺术博物馆收藏的北齐佛像》，《保利藏珍——石刻佛教造像精品选》，岭南美术出版社，2000年。

[8] 临朐沂山明道寺出土的陶质造像，有数件为灰白色陶质，就其脚柱与残头像看，其大小应与中等身材的男子相近。

[9] 南京市文物管理所等：《南京钟山南朝坛类建筑遗存一号坛发掘简报》，《文物》2003年第7期。

[10] 常青：《中国古塔的艺术历程》，陕西人民出版社，1998年。

[11] 同［10］。

[12] 肖贵田：《白陶佛与脱佛考》，《山东白陶佛教造像》，文物出版社，2011年。

[13] 同［10］。

[14] 同［10］。

[15] 保利藏珍编辑委员会：《保利藏珍——石刻佛教造像精品选》，岭南美术出版社，2000年。

[16]　青州博物馆：《青州博物馆》，文物出版社，2003 年，171 页。

[17]　同 [5]。

[18]　同 [4]。

[19]　临朐县博物馆：《山东临朐明道寺舍利塔地宫佛教造像清理简报》，《文物》2002 年第 9 期。

[20]　刘凤君等：《黄河三角洲佛教造像研究》，山东人民出版社，2003 年，240 页。

青州市博物馆藏铜佛像及相关问题初探

王瑞霞　刘华国
（青州市博物馆）

2001 年 1 月，青州市高柳镇牛家口村村民将 1 件铜佛像送到青州市博物馆（图版二，1），初步鉴定为早期的佛教造像，随即入馆收藏。后经调查，此像为村民在牛家口村田地里挖蔬菜大棚时发现，周围无建筑迹象，但与其一河之隔的石佛寺村，历史上存在过一处重要的寺院——石佛寺。据青州地方志载，石佛寺的始建年代无考，寺内有北魏永安三年造像（现存山东博物馆）。从造像发愿文的内容[1]可知，像为寺内比丘惠辅等率 150 人造的弥勒像。由此判断，石佛寺至迟在北魏永安三年已存在。青州市博物馆入藏的这件铜造像（以下简称青州像）为该寺遗物的可能性极大。此外，高柳镇位于现青州市西北部，与淄博市临淄区搭界（图一），魏晋南北朝时期两地同属青州齐郡临淄县，3 世纪已有佛教活动[2]，是古青州地区较早的佛教活动中心，在此出土早期造像也是顺理成章的事。

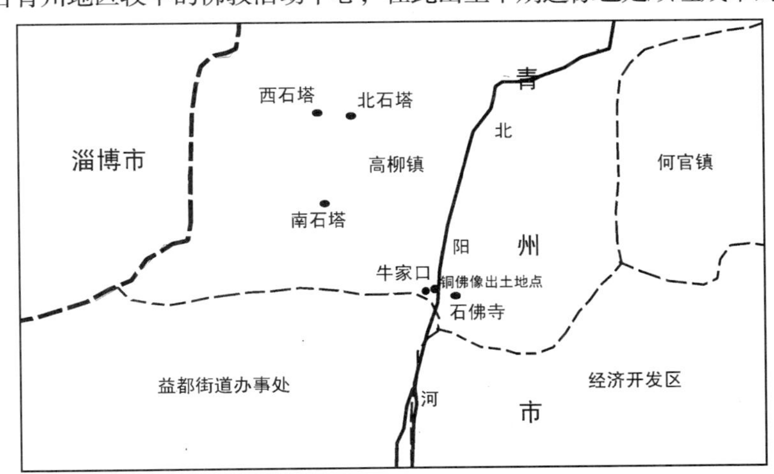

图一　造像出土地点示意图

一、青州像及山东的相关造像

青州像（图版二，2～4），通高 8.6、宽 4.7、座高 2.6 厘米。头部微前倾，双肩较平，与身体同宽，挺胸，身姿挺拔，双手相叠，掌心向内，右手在外，横放于腹前，结跏趺坐。磨光发髻，自前额凸起，肉髻高大，呈覆钵状，头两侧略见耳部轮廓。脑后附着一突出的长方形构件，中间有一圆形卯眼，应为插头光或伞盖用。脸型较长，眉骨凸起形成长弯眉，双眼因锈蚀轮廓不很清晰，但感觉大而长。鼻高挺，鼻头宽，嘴的轮廓不清。双颊略削，下颌宽大。身着通肩袈裟，衣领磨光，中间部分略下垂呈弧形。右领襟覆搭左肩垂于背后腰上部。身前衣纹呈“U”形，转角处较圆滑。双肩无衣纹，双臂中部形成阶梯状衣纹收于腹侧，与其他衣纹断开。腕部的袈裟形成两片，绕腕覆双膝垂至座上，腕上部分无衣纹，腕下部分饰三条状衣纹。膝部磨光，双膝间的衣纹形成垂鳞状的大弧形。造像背面除肩部覆搭的右领襟外，有五条阴刻较深的圆滑的“U”形衣纹，自右领襟内侧连到身体右侧，自颈下一直垂至臀部。佛像的基座近于长方形，正面除垂下的少量袈裟外，靠基座外侧饰正面蹲坐的双狮。双狮形象威猛，竖耳，圆睁双眼，鼻子上翻，张口露齿，吐出长舌，左侧狮子的尾巴甩向右侧。基座的其他部位无装饰。整个造像中空。

除青州像外，山东其他地方也发现了同类造像。目前见诸资料的一件存于山东博物馆（图二），一件存于博兴博物馆（图三）。其特征见表一。

1

2

图二 山东博物馆藏五胡十六国鎏金铜佛像

1. 正面 2. 背面

图三 博兴博物馆藏张文造像

表一 山东其他地方所存的两件同类造像

名称	尺寸（厘米）	体态	头、面部	服饰衣纹	基座	备注
山东博物馆藏鎏金铜佛像（以下简称省馆像）	通高8.1	头部略前倾。肩较平，与上身同宽。挺胸，身姿挺拔。双手相叠，掌心向内，右手在外，横放于腹前，结跏趺坐	磨光发髻，自前额凸起，肉髻高大呈覆钵状。脑后有一长方形装饰物。面相圆润，眉、眼、嘴轮廓不清，鼻子锈蚀严重	身着圆领通肩袈裟，右领襟覆搭背部。身前衣纹呈“U”形，转角处较圆滑。双臂衣纹阴刻较深，收于腹部两侧。腕部袈裟呈两片，饰条状衣纹，覆双膝搭于基座上部。膝部磨光，双膝间的衣纹呈弧形。背部衣纹阴刻较深，呈“U”形	长方形，前面靠两侧饰正面蹲坐的双狮，其他部位光素无装饰	资料出自开馆十周年纪念特展《中国・山东省の仏像——飞鸟仏の面影》图录，MIHO MUSEUM 2007年3月15日。书中将其定为五胡十六国时期
博兴博物馆藏张文造像（以下简称张文像）	通高8.8、宽4.7	头部略前倾。肩与上身同宽。双手相叠，掌心向内，右手在外，横放于腹前，结跏趺坐	磨光发髻，自前额凸起，肉髻高大呈覆钵状。脸型稍长，双颊略削，下颌较宽。目长，鼻头宽	身着圆领通肩袈裟。身前衣纹呈“U”形，转角处较圆滑。双臂衣纹阴刻，收于腹部两侧。衣纹阴刻较深，呈阶梯状。腕部袈裟呈两片，覆双膝搭于基座上部。膝部磨光，双膝间的衣纹呈弧形	长方形，前面靠两侧饰正面蹲坐的双狮，背面阴刻：“张文造像……”	资料出自张淑敏等：《山东博兴铜佛像艺术》，艺术家出版社，2005年。龙华寺遗址出土。书中将其定为北魏

通观这三件造像，相同之处较多。首先，其高度均在 8 ~ 9 厘米，为小型造像；第二，顶部肉髻最突出，高大浑圆，呈覆钵状；第三，青州像与张文像面相基本相同，脸型略长，长目，鼻头宽，下颌较宽，而省馆像面部较圆润；第四，均着圆领通肩袈裟，身前衣纹稀疏，呈“U”形下垂，转角处较圆滑。腕部袈裟呈两片状，直垂下来，腕上无衣纹，腕下部分形成条状衣纹，双膝间的衣纹呈弧形；第五，身姿挺拔，肩与上身同宽。均为双手相叠，右手在外，掌心向内，贴于腹部。结跏趺坐；第六，基座均近似长方形，中空，前面靠外侧铸正面蹲坐的双狮。

二、相关金铜造像之比较

就目前所见，山东地区最早有纪年的金铜佛像是青州齐郡人刘国之于刘宋元嘉二十八年（451 年）所造弥勒像[3]。此像高 11 厘米，头发自额前凸起，肉髻高显，呈覆钵状。面相圆润丰满，丹凤目，小口，眉目清秀。头部显得较大，削肩，双臂略内收，体态清瘦。身着圆领通肩袈裟，身前衣纹呈“U”形，转角处较生硬，密集的衣纹布满全身，双膝间的衣纹呈扇形展开，腕部的袈裟覆双腿外撇。双手重叠，掌心向内，横放腹前。结跏趺坐。造像背连舟形背屏，下连须弥座与四足方座。将其与上述三件造像比较，肉髻的形态、身前的“U”形衣纹、掌印极为类似。但其圆润清秀的面相、繁密的衣纹、清瘦的体态、双膝间扇形的衣纹却与三件造像有明显区别。其基座已完全改变了有双狮装饰的长方形基座的形式，变成了须弥座连四组床座的样子。而另一件同为刘宋年间的元嘉十四年（437 年）韩谦造铜佛坐像[4]，从面相、体态、服饰、衣纹、掌印、基座等方面看，与刘国之造像惊人的相似，只是韩谦造像肉髻比刘国之造像矮，双膝间的衣纹为垂鳞状。显然，刘国之造像继承了青州像等三件造像的许多特征，又有所改变。晚于刘国之造像的山东博物馆藏北魏太和二年（478 年）刘氏造像[5]、博兴龙华寺遗址出土太和二年（478 年）王上造多宝像[6]，在面相、衣纹、基座等方面与其极为接近，后两件造像是承袭刘国之造像而来。

在山东以外的其他地区，例如甘肃泾川、陕西西安、河北隆化、石家庄等地也陆续发现了一些与青州像等三件造像极为接近的金铜佛像。其中有纪年者三件：美国旧金山亚洲美术馆藏后赵建武四年（338 年）鎏金铜佛像[7]（简称建武像）、日本大阪市立美术馆藏大夏胜光二年（429 年）释迦牟尼鎏金铜像[8]（简称胜光像）、河北隆化泰常五年（420 年）弥勒铜佛像[9]（简称泰常像）。这三件造像与青州像等三件造像相比，共同点是：肉髻高大；眼睛长、鼻头宽；头部略前倾，体态健壮适度；着圆领通肩袈裟，身前衣纹呈疏朗的“U”形，腕部的袈裟形成两片状，双膝间的衣纹呈垂鳞状；两手重叠，右手在外，掌心向内，横放于腹部；结跏趺坐；除建武四年像长方形基座上的饰物脱落外，其余基座正面均铸双狮，且狮子均呈正面蹲坐状，头部较大，张口露齿。不同点是：青州像等三件造像均为磨光发髻，而建武像等三件造像发髻丝缕分明；

面部表现上，青州像与建武像、泰常像更为接近，均为宽额，双颊略削，下颌较宽，而胜光像的脸型较圆润，下颌内收，更为秀气一些；体态上，青州像与建武像较接近，肩基本与身体同宽，而泰常像与胜光像的肩部略削；衣纹的表现上，青州像、泰常像、胜光像圆领处均无衣纹，而建武像的圆领上饰流畅的突起的衣纹。青州像等三件造像在“U”衣纹的转折处较圆滑，而建武像等三件造像转折处较生硬，胜光像已接近直角。建武像和胜光像的腕部袈裟自然散开，外撇明显，而泰常像和青州像等三件造像基本是直垂下来，较死板；建武像基座正面有三个插孔，其饰物是插上去的，而其余几件造像上的狮子等饰物均为铸出。另外，青州像、省馆像与建武像插头光或伞盖的构件均在脑后，博兴像、胜光像不明，泰常像移到了颈后部。

在上海、北京、辽宁以及台北等地的博物馆中也收藏着同类无纪年造像，特别是甘肃泾川玉都乡和河北石家庄北宋村，还出土过完整的类似形象的十六国至北魏时期造像，特别是甘肃泾川出土造像与青州像在发髻、面相等方面极为近似。但这两件造像的结构比青州像等三件造像复杂得多。泾川像由像本身、背光、伞盖和四足床座组成，北宋村造像除这四部分外，在背光上插挂、焊接了飞天、弟子、化佛。两件造像在基座的双狮间还装饰了莲花化生像。青州和省馆像（博兴像背面不明）背面只有一个插孔，供插头光或伞盖（均已散佚），其结构、装饰比泾川像和北宋村像简单，相对古朴一些。另外，山东的这三件造像很可能也配四足床的基座，只是基座散佚而已。

从上述分析可以看出，青州像等三件造像所处的年代晚于后赵建武四年早于刘宋元嘉二十八年，与泰常像的年代最为接近，省馆像从面相看略晚于青州像和张文像。

三、山东十六国东晋佛像艺术初探

十六国东晋时期，山东地区政权更迭频繁，先后有后赵、东晋、前秦、后燕、南燕等政权统治山东，东晋隆安三年（399 年）南燕慕容德攻占青州广固城，并称帝定都。东晋义熙六年（410 年），刘裕攻占广固城，山东归入东晋版图。刘宋泰始五年（469 年），山东归属北魏统治。这些政权统治山东最长的当属东晋、刘宋，达半个世纪之久，也是山东这段较为稳定的一个时期。

山东地区的佛教造像艺术目前发现最早出现在沂南、滕州、邹城等鲁西南地区东汉墓的画像石上。北魏太和以后，山东地区的佛教造像艺术获得了长足发展，金铜、石雕造像大量出现，特别是石雕造像，逐渐形成了自己的风格。许多专家纷纷撰文，对其艺术风格、源流等进行论述。但涉及东汉以后到北魏统治山东之前的十六国东晋时期，历来因资料缺乏，涉猎者极少。宿白先生曾指出：“青齐佛教与南方关系密切，因而两地僧俗供奉之形象当亦相类。所以，469 年青齐入魏之前，其地造像同于江表，仅闻铜木，不见石雕。”[10]杨泓先生在研究僧传资料的基础上提出：“青州除名高当世的僧远、道明、宝唱、僧密外，一般僧俗虽重讲诵，也营神咒，及观像禅修等行为……

这些事例又与北方佛教初始时重神异及以后重行为有些联系，或许透露青州处于南北交汇处的地方色彩。”[11]李玉珉先生在对史料和纪年造像分析的基础上提出：“刘宋时期，南朝的风格可能已遍及山东全区。”[12]刘凤君先生更直接指出：“今后注意发现和研究僧朗时期的佛教艺术以及早期的朗公寺，是山东佛教考古的重要课题之一。”[13]

按常理推测，十六国东晋时期，山东地区虽是社会动荡，但统治者大多信仰佛教，应该有佛教艺术品遗留下来。从一些史料看，也有佛教造像等存在的迹象。例如：皇始元年（351年）竺僧朗由河北移居泰山，对山东佛教的发展起到了巨大的推动作用。他在这里建寺院，讲经说法，姚兴和苻坚分别赠其金浮屠和紫金，助其造像。在他住的朗公寺中有高骊像、相国像、胡国像、女国像、吴国像、昆仑像、岱京像等七国造像，“如此七像并是金铜，具陈寺堂。”[14]他造的这些像是什么样子的？是以他供奉的造像为蓝本吗？另外，西行求法的高僧法显归国时也携带了经像，在青州长广郡崂山登陆，留住青州一冬一夏[15]。他带来的这些造像粉本会对山东的造像产生多大影响？这些问题目前很难判断。

从史料记载和遗留实物看，十六国东晋时期山东的佛教造像艺术仍处于初创阶段，以金铜像为主，造像样式与西北、河北、江南甚至辽东半岛等地同一时期的造像区别不大，没有自己明显的特点，或者一些造像样式就是随着政权的变更、人员的流动从这些地方传来的。从青州等山东的三件造像与元嘉二十八年刘国之造像对比看，这一时期的造像样式有一个前后的演变过程，主要表现在面部体态由粗犷健壮变得清秀，衣纹由疏朗切入较深变得繁密浅细，基座由长方形狮子座变成了须弥座。造成这种变化的原因，应该与东晋刘宋统治山东后江南文化的影响有很大关系。

注　释

[1] 造像为背屏式一铺三身像，发愿文收入在清光绪《益都县图志·金石志》中：“大魏永安三年岁次庚戌八月甲辰朔九日壬子，青州齐郡临淄县高柳村，比丘惠铺、比丘□之、比丘僧详、比丘惠珎、维那李怀、维那李元伯、法义兄弟姊妹一百五十人等，敬造弥勒佛像一躯。上为皇帝陛下、州郡令长，又为七世父母、居家眷属、亡过现存，普为法界苍生咸同斯福。”

[2] 李玉珉：《山东早期佛教造像考》，《故宫学术季刊》第21卷第3期。文中据宗炳《明佛论》所载佛图澄指导石虎在临淄阿育王寺旧址求的承露盘的事，考证“西元三世纪时青州就有佛教流传。”

[3] 金申：《中国历代纪年佛像图典》，文物出版社，1994年，图12；李玉珉：《山东早期佛教造像考》，《故宫学术季刊》第21卷第3期。

[4] 金申：《中国历代纪年佛像图典》，文物出版社，1994年，图7。

[5] 开馆十周年纪念特展《中国·山东省の仏像——飞鸟仏の面影》图录，MIHO MUSEUM 2007年3月15日。

[6] 张淑敏等：《山东博兴铜佛像艺术》，艺术家出版社，2005年。

[7] 刘建华：《北魏泰常五年弥勒铜佛像及相关问题的讨论》，《宿白先生八秩华诞纪年文集》，

文物出版社，2002 年。
[8] 季崇建：《中国佛像鉴定》，典藏艺术家庭股份有限公司，2002 年。
[9] 张淑敏等：《山东博兴铜佛像艺术》，艺术家出版社，2005 年。
[10] 宿白：《青州龙兴寺窖藏所出佛像的几个问题》，《文物》1999 年第 10 期。
[11] 杨泓：《山东青州北朝石佛像综论》，《中国佛学》第二卷二期，1999 年秋季号。
[12] 李玉珉：《山东早期佛教造像考》，《故宫学术季刊》第 21 卷第 3 期。
[13] 刘凤君：《山东佛像艺术》，《佛教美术全集》（11），文物出版社，2008 年。
[14] （唐）道宣：《续高僧传 · 僧意传》。
[15] （东晋）法显著、郭鹏注译：《佛国记注译》，长春出版社，1995 年。

细读一件北齐青州立佛像胸、肩部彩绘的图像

邱忠鸣
（北京服装学院）

图一　北齐卢舍那法界人中像（青州龙兴寺出土，采自《青州龙兴寺佛教造像艺术》图127）

1996年青州龙兴寺遗址出土了举世瞩目的精美造像，此后受到学术界乃至大众的持续关注，其影响波及欧美、日本和澳洲等地。相关学术史参见笔者《北朝晚期青齐区域佛教美术研究——以“青州样式”为中心》一文[1]。

上述北朝晚期的佛像大致可分为前后两期，前期以舟形背光三尊像为代表[2]，而后期则以“薄衣佛像”为代表[3]。此类薄衣佛像的一个引人注目之处是在大量无衣纹的袈裟上多绘制方格，或以贴金区分界格，方格内或绘有图像（图一～图三）。依据佛经，此种方格应被称为“福田”，而此种袈裟称为“福田衣”或“田相袈裟”，笔者已有一文详细讨论[4]。

学界对“佛衣画”的形式进行了深入而广泛地讨论，但均未注意到图一所示的佛衣画胸部两侧的两幅图像[5]（局部见图四）。本文则通过细读这两幅图像，发现北齐时期青齐地区佛教义学中“圆融华严”之中竟也包含着“妙乐净土”的思想。此件石雕立佛属青齐后期的“薄衣佛像”，而对于其尊格学术界多认为是卢舍那佛，详下。

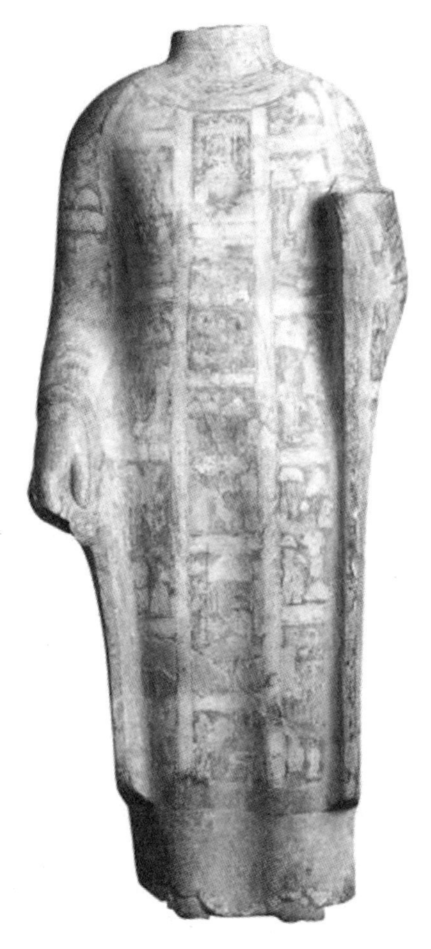

图二　北齐薄衣佛像
（彩绘贴金，石灰石质，台湾震旦文教基金会藏，采自“Return of Buddha”，il. 1 of cat. 26）

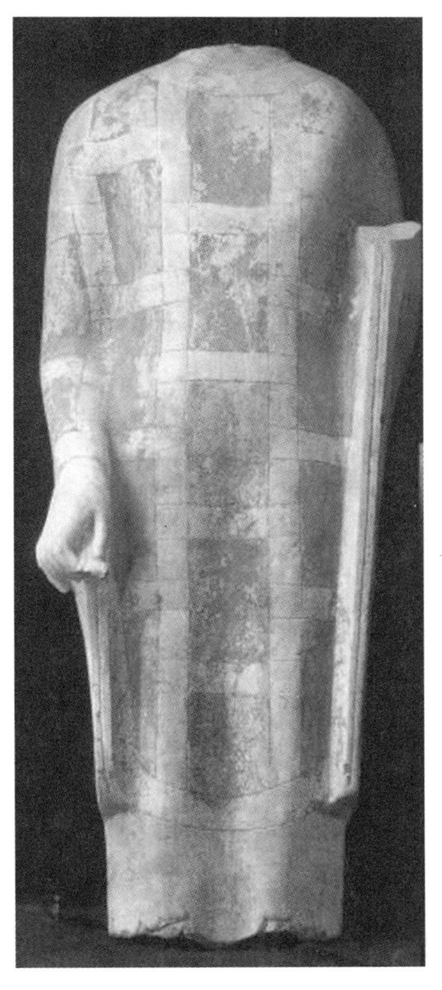

图三　北齐薄衣佛像
（彩绘，石灰石质，青州市博物馆藏，采自《龙兴寺佛教造像艺术》图76）

一、卢舍那佛衣画

这一题材的造像大量出现在东魏北齐境内，其中以山东、河南两地最为引人注目。青齐地区的青州、诸城、博兴等地共发现十多件在佛衣上绘制或雕刻法界场景的无衣纹的卢舍那佛像，另有河南滑县高寒寺像（现存拓片）、华盛顿弗利尔美术馆藏一件北周像及一件隋代造像。虽然此类题材在造像总数中所占的比例并不一定很大，可大量佛座碑刻铭文明确指出所造之像为“卢舍那佛”，加上存世造像，使我们不得忽视这一事实：北朝晚期尤其是北齐青齐地区兴起了“卢舍那”题材的石造佛像。据侯旭东对造像记的统计，这一题材的造像主多为僧尼，而且在570～579年是僧尼崇拜的主要对象，其义学特征较明显[6]。

而从形式上讲，这批造像也十分独特。此种无衣纹的佛像中有相当一部分是卢舍那像。我们认为北齐青齐地区出现大量无衣纹的“薄衣佛像”与卢舍那信仰之间有着密切关系，因为这种无衣纹刻划的袈裟十分适合于在其上作彩绘来表现复杂的法界场景。青齐地区对卢舍那法界场景的表现手法与其他地区相比有着相当的独立性，此种独立性表现在两方面。一方面，就现存实物来看，天山南麓的西域南、北二道、河西等地多使用二维绘制的手法[7]；而青齐、河南等中原地区则在三维的雕塑上绘制或浅浮雕出法界场景。另一方面，更为重要的是，上述两大区域内卢舍那佛衣上所绘的内容也不同：于阗多在佛衣上以须弥山或宝马为中心绘制几何形的金刚杵等宝物，图案特征明显，龟兹则可能年代较晚，同时受到于阗与中原的影响[8]。上述现象说明“卢舍那”佛在北朝晚期尤其是北齐境内已经获得独立尊像的地位，成为人们独立崇拜的对象，是一个不容忽视的题材。

此前学者们对这一“佛衣画”的形式进行了深入而广泛的讨论，已辨明许多重要问题[9]。但遗憾的是，学者们的讨论均未注意到图一所示的佛衣画胸部两侧的两幅图像（图版三）。事实上，此件作品佛衣画彩绘的保存现状并不令人满意，但所幸胸部三幅图像尚能识见。这三幅图像绘于田相之内，呈水平分布：中间一幅，左右各一幅于两侧对称分布。

二、细读佛衣图像：“净土”与“华严”杂糅

大量卢舍那佛衣画主要表现十法界的内容[10]。考察青州龙兴寺法界人中像（见图一）菩萨道与佛道的图像——“佛国”图像，笔者发现其中包含着明显的“净土”思想。[11]该像福田衣上现存的两幅图像（见图版三）与唐代出现的大型经变画，尤其是西方净土变（图四、图五）有一定关系。值得一提的是现藏浙江省博物馆的唐代《西方净土变》绢画（图六），主要画面佛说法图的构图与北齐青州此例作品相似，透视均为3/4斜角鸟瞰式，且佛前方七宝莲池的形状亦为横长方形，与青州图像中的宝池一致。唐代莫高窟西方净土变中宝池的基本形状与此相似。不同之处在于北齐青州图像的画法较为简略，池水的表现却不像唐画用墨笔绘出数组相互交织的波浪线，而是素面如玉的一泓碧绿的池水；池中没有朵朵莲花浮出水面的景象；池壁也并未表现为唐画中常见的富丽的琉璃质地。看来北齐青州净土图比唐代净土图粗率简略，显得较为古拙。

处于说法图中心的佛与两株宝树所连成的宝盖与唐代净土变图像类似，表现的可能是类似于“水耀金沙，树罗琼实”的场景[12]。除此以外，构图也如此。两类图像的不同之处在于青州北齐图像构图和表现手法均较为简略，而唐代壁画中的大型净土变图像中人物众多、装饰更为华丽。这或许一定程度上与前者仅为佛衣画中的局部，因此受到表现空间的局限有关。但整体而言，唐画构图完整丰满、富丽堂皇，显得极为成熟。

图四　初唐观无量寿经变

［壁画，敦煌莫高窟第 217 窟北壁，采自《中国石窟·敦煌莫高窟（三）》图 104］

图五　唐阿弥陀经变

（绢画，大英博物馆藏，采自《海外藏中国历代名画》卷一，图七四）

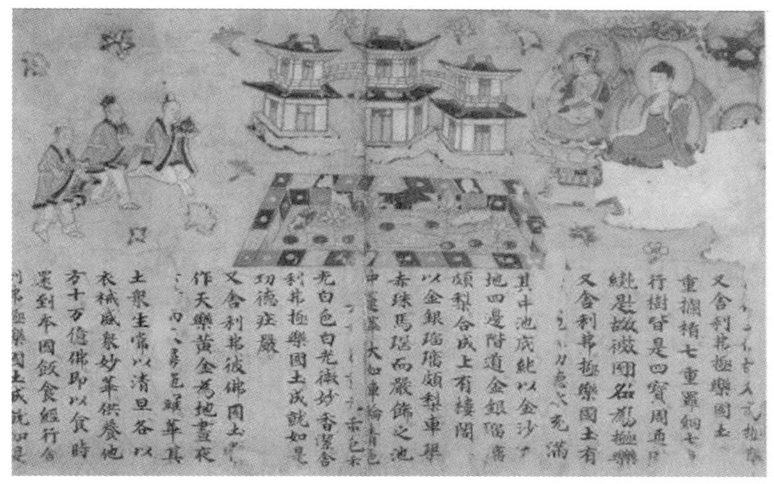

图六　唐阿弥陀经变

（绢画，浙江省博物馆藏，采自《中国美术全集·隋唐五代绘画卷》图 14）

笔者考察图像和文献（包括古代文献和造像记），认为法界像的佛衣中出现“净土”图像有着义学传统的背景，加上匠人对传统技法与图样的继承与创新，这一新的图式于是得以成立。因此笔者建议将此两幅图的题材确定为“极乐净土图”。

三、净土：华严“禅观三昧”的境界

《续高僧传》中的一条文献记载充分说明北齐时西方净土的流行。活动于青齐和邺城地区的北齐僧人真玉，“姓董氏，青州益都人……年将壮室，振名海岱……其天保年中（550～559年），文宣皇帝盛弘讲席……玉独标称首，登座谈叙，罔不归宗……常令侍者读经，玉必跪坐合掌而听。忽闻东方有莲花佛国，庄严世界，与彼不殊。乃深惟曰：‘诸佛净土，岂限方隅。人并西奔，一无东慕。用此执心，难成回向’。便愿生莲花佛国。”[13]“人并西奔”正说明当时西方净土是人心所归，时风所尚。

另外，考察同时期的造像记，其中言及西方净土的不在少数，从另一侧面说明净土思想已经流行于山东地区的民众之中[14]。

这一时期的造像也说明西方净土信仰在北齐的流播以及对后世的影响。隋沙门明宪自高齐道长法师得阿弥陀佛五十菩萨像，在隋境广为传布，似与曹仲达有关[15]；隋江都安乐寺释慧海从齐州僧道铨处得无量寿像[16]。娄定远在573年造西方三圣大像：无量寿佛并观音、大势至二胁侍菩萨。佛高“三丈九尺”，为崇高的大像，具有较强的纪念碑性质。而同时期的太原西山童子寺也开凿了巨型的阿弥陀像。博兴县博物馆藏有阿弥陀佛并二菩萨像，佛高216厘米，原也应为寺院中所立的大像[17]。北齐时流行造西方三圣的大像，进而影响到隋开皇间的云门山1号窟和驼山2、3号窟同一题材大像的雕造。诸城也有大量西方三圣与弥勒佛像，说明净土宗占重要优势；此外当地还有卢舍那佛衣像，为北齐时诸城“净土”与“华严”融合的明证[18]。

邺城地区也不例外，小南海石窟中有《观无量寿佛经》中的“十六观”、南响堂山石窟第1、2窟中有“西方净土变”的题材。上述材料说明净土信仰流行于北齐境内。因此此图很可能表现的是极乐净土的场景。

根据图像结构来判断，若能将上述两幅中的一幅确定为阿弥陀净土，则另一幅很可能是弥勒净土。相似的组合见于北齐河南安阳小南海中窟，该窟正壁主尊为卢舍那佛，东壁为弥勒净土，西壁为阿弥陀净土；又见于隋安阳灵泉寺大住圣窟，“大隋开皇九年（589年）己酉岁敬造。窟用功一千六百，廿四像世尊用功九百。卢舍那世尊一龛，弥勒世尊一龛，三十五佛世尊三十五龛，七佛世尊七龛，传法圣大师廿四人”，即明示北、东、西三壁为卢舍那、弥勒、阿弥陀组合。净土图像进入华严，一方面表明传统的净土思想对华严的潜入，另一方面净土与卢舍那的图像组合也表现了华严“禅观三昧”的境界。

反之，在西方“净土”图像中同样包含着“华严”系的佛学思想。如573年临淮王娄定远在青州龙兴寺造西方三圣像并勒碑记载此桩盛事。碑文中有“五道光含，十方辉眺”等语，表明虽所造之像为西方三圣，碑中的佛学思想却有明显的“华严”痕迹[19]。

侯旭东在对造像记进行统计和研究的基础上，指出“随卢舍那崇拜而出现的卢舍那造像中并没有出现按照经典教义应有的相应的祈愿与观念”，并得出结论“北朝结束前，信徒中流行的卢舍那佛不是作为一种系统教义或系统信仰的组成部分被接受、被崇奉的，而是从教义体系中剥离出来单独受到供奉。”[20]这是单从造像记出发得出的必然结论，然而如果我们将这一题材的造像结合起来考察，也许会看到另一侧面的事实。若于阗、河西不属于华北区域，那么山东、河南的卢舍那造像基本反映了“卢舍那”思想，至少“试图”忠实于佛经的依据。如河南安阳高寒寺、大住圣窟、弗利尔美术馆藏以及山东地区出土的此类造像大都表现了以“十法界”为中心的华严内容。当然青齐地区各“福田”内所绘制或雕刻的内容也并非绝对单纯的“华严”思想，而是杂糅以早期影响巨大的“涅槃”和后来的“净土”思想与华严“禅观三昧”的境界[21]。这一方面反映了信众对卢舍那的信仰与了解达到基本成熟的阶段，这一特点反映在造像数量的突然增大和图像所反映出来的像主对“卢舍那”所蕴含的义理已具有基本的知识上；另一方面也反映出“华严”思想在北朝晚期承前启后的过渡时期的特点。

附记：本论文为以下项目部分成果，①教育部人文社会科学研究青年基金项目，项目批准号11YJC760064；②北京市教委面上项目，编号10364科研计划AJ2010-12；③北京市委组织部北京市优秀人才资助项目，编号2010D005001000002。

注　释

[1] 邱忠鸣：《北朝晚期青齐区域佛教美术研究——以“青州样式”为中心》，中央美术学院博士学位论文，2005年，1~7页。

[2] 相关研究参见邱忠鸣：《艺术趣味与家族信仰的变迁——以崔懃造像座为中心的个案研究》，《艺术史研究》（8），中山大学出版社，2006年，269~295页。

[3] 关于此类薄衣佛像的详细讨论，参见邱忠鸣：《北齐佛像青州样式新探》，《民族艺术》2006年第1期，81~92页，该文后收入《人民大学复印报刊资料》（宗教）2006年第5期；邱忠鸣：《曹仲达与“曹家样”研究》，《故宫博物院院刊》2006年第5期，86~105页。

[4] 邱忠鸣：《“福田”衣与金色相》，《饰》2006年第1期，8~11页。

[5] 李玉珉：《法界人中像》，《故宫文物月刊》第11卷第1期，1993年，28~41页；李静杰：《卢舍那法界图像研究》，《佛教文化》增刊1999年11月，1~96页；李静杰：《北齊~隋の盧舍那法界仏像図像解釈》，《佛教藝術》251号，2000年，18~47页；李静杰：《北朝晚期と隋の盧舍那仏像について》，《美學美術史研究論集》19号，2001年，1~25页。

[6] 侯旭东：《五六世纪北方民众佛教信仰——以造像记为中心的考察》，社会科学出版社，1998年，116~118页。

[7] 当然我们不得不考虑到现存遗物具有相当的局限性，如西域、河西地区多泥塑，不易长期保存，这或许是我们见不到此类图像的原因。

[8] 李玉珉：《法界人中像》，《故宫文物月刊》第十一卷第一期，1993年，28~41页。

[9] 赖鹏举广泛讨论了北朝至唐代西域、河西和中原地区的“卢舍那”题材，并指出，“4、5世

纪中亚的两系华严‘卢舍那佛’造像：阿富汗以十方佛为背景的‘宝冠如来’及新疆的‘佛衣画卢舍那佛’，俱在北魏时期传入中国。‘宝冠如来’首见于甘肃庄浪县出土的北魏卜氏造像塔及北魏莫高窟435窟，并被北齐隋代山东驼山、云门石窟以十方佛为背景的‘卢舍那佛’所承袭。‘佛衣画卢舍那佛’则首见北魏景明三年（502年）麦积山115窟的造像，并有而后北齐山东、河北一带风起云涌的卢舍那造像。”参见其遗著《敦煌石窟造像思想研究》，文物出版社，2009年，55页。笔者于2010年7月敦煌研究院主办的“吐蕃时期敦煌石窟艺术国际学术研讨会”之际于台湾圆光佛教图像研究所赖文英研究员处惊闻赖先生已于去年仙逝，借此聊表对先生的哀悼。此书蒙沙武田兄赠阅，此申谢忱。对“佛衣画”较早的研究成果还有李玉珉、李静杰、张总等先生的著作。

[10] “十法界者：一、佛法界，自觉觉他觉行共满之境界也。二、菩萨法界，为无上菩提修六度万行之境界也。三、缘觉法界，为入涅槃修十二因缘观之境界也。四、声闻法界，为入涅槃，依佛之声教修四谛观法之境界也。五、天法界，修上品十善，兼修禅定，生于天界，受静妙之乐之境界也。六、人法界，修五戒及中品十善，受人中苦乐之境界也。七、阿修罗法界，行下品十善得通力自在之非人境界也。八、鬼法界，犯下品五逆十恶，受饥渴苦之恶鬼神境界也。九、畜生法界，犯中品五逆十恶，受吞啖杀戮苦之畜类境界也。十，地狱法界，犯上品五逆十恶，受寒热叫唤苦之最下境界也。要之感报之界分有十种不同，故谓之十法界。”参见丁福保，《佛学大词典》。

[11] 仔细审察所绘图像的用笔、人物形象、气质以及部分细节的表现，笔者颇疑它们为唐宋间重绘。但其整体结构、布局与卢舍那华严“十道”思想一致，其中还有一些齐隋间山东地区固定的“匠人程式”，如众多的胡人形象、胡乐胡舞场景等。就其整体而言，我们倾向于认为是北齐原作的摹本，只是其中不免带有一些后世的因素与痕迹。因此将这些福田内所绘内容在一定程度上是可靠的，基本能反映北齐原作的风貌。

[12] 金维诺先生指出麦积山第127窟西壁西魏西方净土变与南朝同类图像母题的关系时，曾引《广弘明集》南齐永明四年（486年）沈约题乐林寺无量寿绣像赞的内容说明这一问题。参见金维诺：《〈西方净土变〉的形成与发展》，后收入《中国美术史论集》（中），黑龙江美术出版社，2004年，188页；（唐）道宣：《广弘明集》，《大正藏》第52册，212页。

[13] 《续高僧传》卷6《真玉传》，《大正藏》第50册，475页。

[14] 例如山东高青出土的天统四年（568年）谢思祖造像的愿文“愿（亡子）托生西方妙洛（乐）国土，苓花（龙华）树下，恒与佛会。”铭文引自常叙政、于奉华：《山东省高青县出土佛教造像》，《文物》1987年第4期，34页。另外还有临朐明道寺出土北魏正光年（520～525年）宋□造像碑、青州龙兴寺出土北魏太昌元年（532年）比丘尼惠照造弥勒三尊像、东魏天平三年（536年）尼智明造背屏三尊像、东魏天平三年（536年）邢长振造释迦三尊像等，诸铭文中均有关于生西方净土的发愿文，见临朐县博物馆：《山东临朐明道寺舍利塔地宫佛教造像清理简报》，《文物》2002年第9期，68页；青州市博物馆：《青州龙兴寺佛教造像窖藏清理简报》，《文物》1998年第2期，4～15页。

[15] （唐）释道宣：《集神州三宝感通录》，《大正藏》第52册，421页；《法苑珠林》，《大正藏》第53册，401页。

[16] 《法苑珠林》，《大正藏》第53册，401页。

[17] 滨州地区文物志编委会：《滨州地区文物志》，山东友谊书社，1992年，45、46页。

[18] 杜在忠、韩岗：《山东诸城佛教石造像》，《考古学报》1994年第2期，258、259页。

[19] 此碑拓片藏青州市图书馆，（清）段松苓《益都金石记》录有碑文。笔者今据孙新生：《北齐〈临淮王像碑〉》，《青州博物馆》，文物出版社，2003年，201~203页。

[20] 侯旭东：《五六世纪北方民众佛教信仰——以造像记为中心的考察》，中国社会科学出版社，1998年，101页。

[21] 关于“涅槃”思想的因素，笔者将另文讨论。

临朐北齐卢舍那佛法界像

衣同娟

（临朐县博物馆）

近年来，在古青州地区的青州、临朐、诸城、广饶、博兴、惠民等地，陆续出土了数批佛教造像。这些造像绝大部分为石灰石质，少部分为铜、铁、陶和泥塑等，年代主要集中在北朝时期。其中最著名的为龙兴寺窖藏佛教造像，这些造像不仅反映出北朝时期古青州地区佛教造像所独有的风格魅力，其精湛的雕造工艺更为观者所叹服。在这些造像中，有一种数量不多但较为特别的造像，即卢舍那佛法界像。因其发现数量较少，所以人们对其了解甚少。本文以临朐县博物馆收藏的一件卢舍那佛法界像为例，同时结合其他地区的法界像，对之试作分析。

一、《华严经》与卢舍那佛法界像

《华严经》是大乘佛教的重要经典之一，该经是中国佛教华严宗的主要典籍。《华严经》较早的译本为东晋佛陀跋陀罗所译的《大方广佛华严经》（60 卷），又称“六十华严”。其后有名的译本还有唐武周时实叉难陀的译本，该译本亦名《大方广佛华严经》（80 卷），也称“八十华严”。唐德宗时，罽宾三藏般若所译的《大方广佛华严经入不思议解脱境界普贤行愿品》（40 卷），称为“四十华严”。各个时期虽有不同的译本，但思想内容大同小异。该经认为整个世界就是法身佛毗卢遮那的显现，毗卢遮那佛即整个世界的本身，并且认为世界是多重的，相互围绕，犹如因陀罗帝网，并以此来表示无边无际的诸佛世界。如《华严经》云：“十方三世诸如来，于我身中现色像”；“一切刹土及诸佛，在我身中无所碍，我于一切毛孔中，现佛境界。”（《大正藏》卷九）。再如《普贤菩萨行愿品》云：“一切世界入一毛孔，一毛孔出不可思议佛刹”；“一切众生悉入一身，于一身出无量诸身。”从中可以看出诸佛法界无尽缘起、相摄无碍的思想。所以依据《华严经》的教义，出现了一种在卢舍那佛身上刻画显现世间万事万物的表述方式。因时代和地域的不同，其表述内容也多种多样。古代于阗地区的卢舍那佛，有的双肩绘日月，胸前绘宝珠、花叶，腰、腹绘奔马和宝冠，前肘绘金刚杵，全身遍布三角形或圆形图案。在敦煌 428 窟卢舍那佛壁画中，其法衣自上而下绘有天、阿修罗、人、畜生、饿鬼、地狱等图案。就目前已发现的卢舍那佛法界像来看，数量不多，包括各个时期的石窟壁画、木板画、绢画、石雕、金铜造像在内的卢舍那佛法界像，总数还不足30件。所以这类题材的造像还是比较特别的，而像临朐这样保存较好的彩绘卢舍那佛，就更罕见了。

二、北齐时期卢舍那佛信仰

北朝时期，尤其是东魏北齐时期，在包括临朐的古青州地区的佛教造像题材中，一般而言是以释迦佛、弥勒佛及阿弥陀佛为主，一些造像具有释迦、弥勒或阿弥陀佛的题名。虽然具铭造像在佛像总数中并不是很多，但仍能反映出民众在宗教信仰上的特点与倾向。大乘佛教认为，与释迦牟尼一样，佛均有其说法的道场。世界存在无数净土，如弥勒经典中所说东方净土，《阿弥陀经》中的西方净土、《华严经》中的莲花藏世界也是净土，如此等等。由于《华严经》的宗教思想与净土的宗教思想也有相融性，二者的宗教思想又都包含在大乘佛教之中，在大乘佛教较流行的北齐时期，佛教徒除对弥勒、弥陀膜拜之外，对华严教主卢舍那佛的膜拜，也同样占有一定的比例。因目前古青州地区发现的卢舍那佛几乎均为彩绘，由于彩绘的脱落，许多造像的题材难以确定，但可以推测的是，在大量彩绘完全脱落的北齐圆雕佛造像中，或有一定数量的卢舍那佛。另外，响堂山的华严洞内刻《大方广佛华严经》，雕刻年代为北齐时期。以上种种因素，说明北齐时期佛教信徒对卢舍那佛的信仰，还是颇为盛行的。

三、服饰变化与法界像的表现

北齐时期的佛衣，已由北魏晚期褒衣博带式的厚重佛衣，演变为薄衣贴体式的袈裟，这种演变不是早期薄衣佛像的重复，而是一种创新。这一时期的袈裟分两类，一类是以“U”形弧线表现的衣纹紧贴肌肤、自然下垂的“曹衣出水”式样；另一类则是佛衣贴体平展，衣纹很少，仅在衣襟、衣服曲边处表现出衣纹。上述两种佛衣都适宜彩绘装饰，特别是后一种袈裟，彩绘装饰后的效果尤为突出。其袈裟田相格内的朱红底色上，更便于绘制卢舍那佛法界诸像的内容。

四、临朐藏SLF630卢舍那佛法界像图纹浅识

该造像颈部断裂，足腕以下残去，残高44厘米。佛波发矮髻，面型方圆，目微闭，黑眉毛，窄鼻翼，绘黑色小“八”字胡须，唇涂朱红（图一）。圆肩，隆胸，腹部微凸，形体健壮。内着石绿色衣裙，外着通肩式贴体袈裟，下摆呈弧形，衣纹简单。右臂垂于体侧，肘微曲，右手拇指与食指捏袈裟边缘。左臂曲肘上举，前臂与手皆残

图一　佛像正、侧面

去。该像的裸露部分，如脸、颈、手及胸部裸露处皆贴金，但脱落较重。其朱红色袈裟用贴金及石绿色绘出大竖长方格，每一框格上下两端的横条带，与相邻两行框格上下两端的横条带互相错开。袈裟正面为宽条带贴金框，背侧面为窄贴金夹石绿色条带框，框格内绘佛教故事图。造像全身共有 31 个框格，其中正面、右侧身面框格内图案保存较好，背面、左侧身面框格内图案保存较差。现选取部分画面较清晰者，作简要描述，并与其他各地卢舍那佛法界像中的相同或相似图案，试作对比分析。

造像正面身（袈裟前襟）用较宽的贴金条带分成三行竖框格，中间格自上而下，第一框格（位于胸上部位），绘一面向右侧折腰的飞天，白、红色的长裙衣带向上飘起，整个身体呈“U”形。第二框格（位于胸部及腹上部位），画面前为巨形梁柱，上有蛟龙盘绕，蛟龙局部残留贴金。柱之上似门楼，门楼后绘有庭院，庭院深处为楼阁，此画面当为天宫图，画法略显随意（图版四，1），以具象的手法来表示忉利天宫。巨形梁柱有蛟龙盘绕，与美国堪萨斯市（Kansas City）席克门氏（Sickman）收藏的一尊北齐金铜立佛相同[1]，均在胸前表现忉利天宫以代表天界，只不过临朐造像表现得更具体一些。另一点相似的地方是美国席克门氏收藏的造像，宫殿为纠缠的蛟龙用头顶拱托天宫，腹前荡漾的水波象征香水海，而 SLF630 像，蛟龙盘绕的柱下彩绘脱落，是否为香水海，不得而知。由这两幅相似的表述忉利天宫的图案，可以看出创作者是依据相同的经文内容，而用具象的手法进行创作的。第三框格位于腹下膝上部位，该框格上部绘两人，皆身着宽袖长袍，有圆形项光，席地跪姿对坐。两人唇均涂红，左侧人物蓄浓密黑发。其下，两人下方中心位置绘一体态健硕、呈正面立姿的马，立于浅黄色大覆莲座上。两侧各有一手扶马的胡人，两胡人上着白色长袍，腰系带，下穿土黄色马裤，足蹬黑色皮靴（图版四，2）。该框格内较为显眼的是图画中间的一匹肥硕的马。与此图相近的还有美国弗利尔美术馆藏的一件隋至初唐的卢舍那佛法界像，该像腹部第四层中央也有一马[2]，由此可见马在法界像里面是有一定寓意的。正面中间第四框位于造像膝部，绘一舞乐场面，画面由5人组成，中间一人着黑色长袖上衣，足蹬黑色尖头靴，一腿提起，一足着地，作西域舞蹈状。其右上部绘一头戴黑纱高冠，唇涂朱红，身着土黄色胡服，腰间系带，怀抱琵琶的乐师；其左上部绘一头带浅黄色高冠，着白色胡服，腰间系带，足穿黑色皮靴，双手捧金色笙的乐师。两乐师作演奏状。舞者左右下侧各有一人，均头戴黑纱高冠，身着白色胡服，双手抱于胸前，跪姿相对，似为观赏者（图版四，3）。第三、第四两格内描绘了人世间的一些生活场景，如交谈、观马、奏乐、舞蹈、观赏等。值得注意的是，从观马图到舞蹈图中的人物，着胡服的“胡人”占了多数，北齐最高统治者优待诸胡，而诸胡或以商贸，或以歌舞技艺来中原谋生。近年来发现的青州北齐石室墓线刻画像上的商贸图[3]、临朐崔芬墓壁画中的“胡旋舞”等图像资料[4]，都从不同侧面反映了北齐时期青州胡人的活动情况。正面中间第五框位于膝下部，画面中间及右上部漫漶不清，所绘内容当为地狱场景。画面由四个人物组成，左侧和右侧下半部绘二兽首人身像，中间有一木桩，上捆一人，左上角还有一人。二兽首人身像，身形肥硕高大，头部有两只长角，大眼长嘴，形似牛头。左侧者身着浅褐色宽肥大袍，手持棍棒站立；右侧者上身赤裸，肌肉发达，双手抱于胸前，作半蹲曲状，臀部系有白色窄条带，双腿赤裸，全身裸露部分均为浅黄色。两像目视被捆于木桩上的人（图版四，4）。该画面对地狱的描绘十分生动，地狱一词是梵文的意译，是只有诸苦而没有快乐的地下牢狱，在这里，“罪人遍满……牛头恶眼，狱卒凶牙，长叉柱肋，肝心碓捣，猛火逼身，肌肤净尽……如斯之苦，何可言念”[5]。画面中牛头马面的兽首人身像以及捆于立柱上受惩罚的人等恰是上述文字中描绘的场景。正面的五格图案分别表现了“天界、人间、地狱”。敦煌428窟北周卢舍那佛壁画，则在其正面绘出了天、阿修罗、人、畜生、饿鬼、地狱六道。临朐SLF630卢舍那佛正面所描绘的这些画面，依据的同样是《华严经·如法界品》，但在描绘“六道轮回”上只突出了“天界、人间、地狱”三部分。“六道轮回”和“因果报应”都是佛教中常用的理论。佛教在时间上分为过去、现在和未来三世，并认为一切众生总是在“六道”中轮回往复，今生的苦难皆是上世业行造成的恶果报应，注重以今世的修行换回来世的幸福。

正面右侧第一格，位于胸右侧，画面大部脱落，仅在偏下部位残留一黄肤色的俯身仰首作飞翔状的羽兽画像。正面右侧第三框格位于腰部以下，膝以上部位画面脱落严重，隐约可见一着宽衣肥裙的坐姿状佛像。正面右侧第四框格，位于右侧膝以下部位。该图绘有两个人物，右上侧为一身着浅黄色衣衫的跪坐菩萨像，菩萨头饰圆形项光，面型方圆丰润，高鼻小嘴，唇涂朱红，黑发自额部下垂至腮再向上翻卷，细颈宽肩，右臂前伸，呈五指张开状。左下侧有一跪姿人物，该人头上有三只竖起的小发辫。上身穿双领低垂的白短褂，内着衫襦，下着短裙，衣裙上残留孔雀绿色。其左侧身与上述菩萨相对，面向前方，此人应为礼拜者，其前面有放在地上的三枚莲苞，面对的当为佛陀，但佛陀画面未作表现（图版五，1）。

正面左侧第一格，位于胸左部位，画面脱落严重，仅残留一半身人像，人物黑发下披，高鼻，细目长眉，面相慈祥。着双领下垂式衣衫，内着衫襦。人物面部、衣饰为肤黄色，局部残留孔雀绿色。人像周围绘祥云三朵。联系正面右侧肩部羽兽位置及正面左侧残留人物位置神态看，左右两肩部所绘内容，当分别为太阳神和月亮神，他们乘羽兽所拉的车，以此来代表肩有日天、月天之意。与该像相似的是河南高寒寺法界像（该像现仅存拓片）[6]，肩部以牛车马车来表示太阳车与月亮车，以表示肩有日天、月天。还有前述美国席克门氏收藏的那尊北齐立佛，其左肩有弯月，右肩有日轮，说明这一画像样式在北齐时期还是较多见的。正面左侧第三格位于左膝以上部位，画面中心绘一人物，头戴黑色尖顶帽，帽后露出黑发，高鼻细目，唇涂朱。颈粗短，着袒胸衣衫。上身前倾，似作回首奔跑状，在人物头部上方及身侧随意绘出似兽头的一组线条，其上部及人物下部分别饰有不规则的贴金饰块（图版五，2）。

造像右侧面的第三框格，位于右袖外面部位。框右上侧绘一坐姿菩萨，结跏趺坐于束腰须弥座上，菩萨顶为黑色高肉髻，面型方圆丰润。身着白色宽肥袈裟，内着红色衫襦，双手抱于腹前，似作禅定印。头光为尖桃形，分内外两层，内层为圆形，内层与外层桃形轮廓之间绘火焰纹。面部、颈部及所有裸露部分为肤黄色。左上侧为山峰，或为须弥山。右下侧图案脱落，漫漶不清。左下侧绘一面型肥胖、发上束髻、身着宽肥长袖大袍、双手合掌于胸前、作跪姿的侍佛人像（图版五，3）。需注意的是，侍佛人面向前方，并未对着须弥座上的菩萨，说明该画面同正面右侧第四框格一样属礼拜图像的一部分，侍佛人面对的应是佛陀，只是限于画面未画出，菩萨则属旁列。再下右侧第四框格，框内脱落较重，图纹为一身着宽肥袈裟、结跏趺坐的坐佛，头面模糊，佛背后有尖桃形火焰纹大背光（图版五，4）。造像左侧第二框格，正位左臂外侧部位。图案为两个带莲杆的覆莲座上放有两枚摩尼宝珠。

背部右侧第二框格，框内左侧绘一人物，黑发束为高髻，饰尖桃形项光，面部丰满，浓眉大眼，黄褐色面皮。着白色宽松肥袍，结跏趺坐于覆莲座上。人物面前为绿树两株，细高深褐色树干，绿色伞状大树冠，互相交错。画面脱落较重，似描绘佛陀于双树下坐禅（图版五，5）。背部右侧第三框格，位于腰下部位。主要画面漫漶难辨，框格下部残留一人物，赤脚裸腿。膝部以上脱落严重，似侧面身，人物似头戴草帽。背部右侧第四框格，位于最下部位。画面脱落严重，仅残存一站立的人物，头戴冠，面部丰满，着低领衣衫，衣冠及面部均为土黄色。

背部左侧第一格，位于左肩胛部位。画面脱落严重，仅残存一朵流云。背部左侧第二格，位于腰上部位，画面脱落严重，仅残存两山峦（或为须弥山）。背部左侧第三格，位于腰下部位，图纹脱落较重。框格右上侧绘佛像一尊，佛头饰圆形项光，隐约可见较矮的黑色肉髻，面部及头光局部脱落，面相方圆丰润，唇涂朱，面带微笑，头略低俯，下视侍佛者。佛像衣饰大部脱落，从残留佛衣看，似内着衫襦，外披宽肥的带黑色线纹的红色袈裟，结跏趺坐于浅黄色覆莲座上，袈裟下裾垂于覆莲座前，形成多重衣褶。框格左下侧绘一跪姿的侍佛者，面向佛陀。侍佛者头戴高冠，面型方圆，着宽肥衣衫。衣冠以及面部均为黄褐色。

由上述法界诸像的绘画内容，可以看出SLF630法界像特点明显，如表现轮回，是在正面身袈裟框格中以具象的手法绘出天界、人间、地狱三幅画面，不同于高寒寺北齐法界像浮雕出六道图；表现佛陀、菩萨或侍佛者，仅一至二像，没有青州博物馆藏法界像中颇为宏大的说法场面[7]，也不见诸城的一佛二胁侍画像和须弥山等内容[8]。与台湾震旦文教基金会藏法界像相比[9]，虽然同在袈裟自然田相框格中作画，形式上相同，内容上却不尽相同，其自身的风格特点还是较为突出的。

五、余　　论

从前述卢舍那佛法界像看，临朐法界像不论在内容、形式和绘画上都有其自身的特点，就像这时期的造像一样，其绘画艺术亦达到了相当高的水平。古青州地区北齐造像以其细腻的雕造，薄衣透体的衣饰，使得造像无论面部表情，还是身体轮廓，都有一种如真人般的活灵活现的感受，写实效果极佳。甚至可以透过紧贴肌体的薄薄佛衣，感觉到肌肤的存在。还有其富于创新的衣饰造型，也给人以耳目一新的感觉，使得这些作品不仅仅是宗教崇拜偶像，更是一件件精美绝伦的雕塑艺术品。而卢舍那佛法界像恰好是在这类写实性极强的雕塑艺术品上彩绘而成，精美的绘画使得造像更加光彩夺目。袈裟框格内的法界诸像在绘画形式和内容上，也是颇具特色，极富创新的。其特点主要表现在以下几个方面：①表现内容的自由性。同其他地区发现的法界像相比，临朐法界像所表现的内容，特别是在表现轮回上不拘一格，只绘出了天界、人间、地狱三部分内容。②具体形象的彩绘图案。在表现手法上，普遍以彩绘具体形象的图案为特点，如天界的天宫、人间的舞蹈、地狱的牛头马面小鬼，以及侍佛、朝拜场面等。③精湛的绘画艺术与贴金工艺。临朐法界像中的每一幅画面，几乎都精工细作，其刻画的人物栩栩如生，有的甚至毫发毕现，多数画面以线描、彩绘、晕染与贴金相结合，使得画面更加完美精致。

注　　释

[1] 李玉珉：《法界像》，《故宫文物月刊》1993年第4期。

[2]　同 [1]。
[3]　夏名采：《益都北齐石室墓线刻画像》，《文物》1985 年第 10 期。
[4]　山东省文物考古研究所等：《山东临朐北齐崔芬壁画墓》，《文物》2002 年第 4 期。
[5]　道世《法苑珠林》卷七；《大正藏》53 册 322 页。
[6]　同 [1]。
[7]　青州市博物馆：《青州龙兴寺佛教造像艺术》，山东美术出版社，1999 年。
[8]　杜在忠、韩岗：《山东诸城佛教石造像》，《考古学报》1994 年第 2 期。
[9]　杨泓：《关于南北朝时青州考古的思考》，《文物》1998 年第 2 期。

博兴白陶佛教造像的类型

张淑敏
（博兴县博物馆）

博兴县位于山东省北部，近年来由于不断有北朝时期的佛造像出土而引起世人的关注。博兴发现的佛教造像质地多样，有石、金铜、白陶等，其中白陶佛造像有50余件，这种类型的佛教造像为其他地区少见，有着十分重要的学术意义。2011年出版的《山东白陶佛教造像》[1]，着重介绍了博兴白陶佛教造像的出土情况和造像简介，在此基础之上，笔者根据造像样式对其进行了类型的划分。

一、白陶佛教造像的类型

根据题材的不同，将博兴博物馆馆藏白陶佛教造像分为佛、菩萨、造像座、其他四类：

1. 佛像

13件，根据姿势、服饰及尺寸的不同，可将佛像划为三种类型。

A型　立佛像，1件。这类造像主要特征是：立姿，薄衣贴体，腹部以上阴刻上下重列的“U”形衣纹，双腿阴线刻并列的椭圆形衣纹。标本485-56（图一），头部及足踝部以下缺，佛像右手于体侧自然下垂，手背朝向正前方，左手残缺；腿部阴线刻并列的椭圆形纹；背面平素，残高9.8、宽6.4厘米。

B型　倚坐佛像，1件。该类造像主要特征是：倚坐，有较高的须弥座，有大背光，薄衣贴体，膝间阴刻“U”形。标本337-158（图二），像颈部以上缺，佛像倚坐于倒阶梯状座上，座底部带柱状榫，已残；像后有舟形大背光，背光底部与座相连，内饰凸起的同心椭圆纹，边缘饰卷草纹；佛像内着袒右僧祇支，衣领外翻，腰间束带；外罩袒右袈裟，衣领顺左肩搭下；衣薄贴体，双腿与两腿间衣纹呈“U”字状平行下垂。双臂裸露，双手于胸前做说法印；跣足，脚背朝向正前方；背面平素。残高10.6、宽7.2厘米。

图一 标本485-56

图二 标本337-158

C型 跏趺坐佛像，10件。该类造像主要特征是：跏趺坐，有尖桃状头光，着两层袒右的络腋状服饰，两臂均裸露，两手交叠抚于胸前，虽然衣纹翻转略显厚重，但仍为薄衣贴体特征；佛像身下平台周围以圆珠装饰象征莲瓣。该类造像尺寸较小，一般为10厘米左右。标本756-283（图三），仅存腰部以上，佛像头后有桃形头光，头光底部与肩部相连；有珠状发髻，肉髻低平，面圆，弯眉细目，嘴唇隆起，双耳下垂；内着袒右僧祇支，外罩袒右络腋；双臂裸露，右手按左手抚于胸前；残高4.9、宽2.7厘米。标本764-291（图四）佛头部、座榫柱以下缺，佛像结跏趺坐，内着袒右僧祇支，外罩袒右络腋，薄衣贴体；双臂裸露，右手按左手抚于胸前；背面平素，残高5.7、宽2.7厘米。

图三 标本756-283

图四 标本764-291

其他器物编号为1098-350、763-290、765-292、766-293、490-61、491-62。另外757-284、1097-349两件佛头像，依其面相也可归为C型跏趺坐佛像。

D型　另外有1件佛头像，编号为1103-351（图五），形制与C型佛像头部大致相同，但尺寸较大，约是C型佛头的两倍。该类造像头部属于哪类形制的造像不可知，因此单独划为一类。

2. 菩萨像

32件，均为立像，根据尺寸、服饰、宝冠形制等区别，将其划为四个类型。

A型　2件。该类菩萨像体型较宽大，尚不见完整者，主要特征是：服饰较为繁缛，着袒右的上衣，着披帛和璎珞，披帛肩角外挑，璎珞由玉米状和珠状饰物组成。标本225-46（图六），头部和膝部以下缺，戴尖桃状项圈，悬联珠；内着右袒僧祇支，肩挎披帛，帛带于腹前呈“X”形交叉结带后分向身体两侧再上折各搭左右肘下垂；璎珞亦自双肩下垂于腹前呈“X”形交叉，交叉处为一粒硕大圆形宝珠，璎珞以玉米状和小珠状饰件串联而成；菩萨右手捻莲蕾沿体侧下垂，左手上举至左肩部，手腕戴钏；腹部微凸；背面平素，残高11、宽6.5厘米。另外一件器物编号为600-72，均为残件。

图五　标本1103-351

图六　标本225-46

B型　2件，为菩萨头像。该类造像头部主要特征是：戴“山”字形宝冠，冠下束缯带，缯带正面装饰3颗圆形宝珠，圆形脸，双眼开启较大，笑意较浓。标本963-320（图七），颈部以下残缺，头后有桃形头光，头戴宝冠，束缯带，长眉细目；背面平素，残高6、宽6厘米。另外一件器物编号为759-286，疑该类与C型造像为同一类造像，惜至今未见头身完整者，暂存疑。

图七　标本963-320

图八　标本340-161

C型　17件，像身一般高20厘米左右。该类菩萨像主要特征是：花冠正中为摩尼宝珠，宝珠两侧为莲叶装饰；菩萨未着上衣，有带状项饰，着披帛和璎珞，璎珞为玉米状串饰组成。标本340-161（图八），由像身和底座组成；菩萨头后有桃形头光，头光底部与双肩相连；戴花蔓宝冠，冠正中饰火焰宝珠，宝缯垂肩；面圆，长眉细目。上身裸露，戴项圈，披长巾与璎珞，长巾绕臂垂于身体两侧，璎珞自双肩垂至腹前交叉，复分垂至近膝处绕向身后；右手半握上举至右肩处，左手沿体侧下垂，食指与拇指间捻一宝珠；下身着贴体长裙，外罩短裙，裙上沿外翻，腰间束带；跣足，立于带榫柱的半圆台面上，榫柱插入下方带卯孔的莲座内。像身背面平素。底座上部为4片复瓣覆莲，覆莲正中有半圆形卯孔，下部为双层叠涩方座，座内部中空；通高22.2、像宽4.7、底座高3.7厘米，座底边长7.5厘米。

其他器物编号为233-5、264-36、339-160、701-254、645-252、341-162、265-37、964-321、232-4、753-280、487-58、483-54、484-55、486-57，另外758-285、489-60两件为菩萨头像，面相与C型造像相同，故也归为该类造像中。

D型　11件，像身一般高12厘米左右，下身与C型菩萨像基本相同。根据佩饰的不同，又可分作两式。

Ⅰ式　8件。该类菩萨像主要特征是：花冠正中为摩尼宝珠，宝珠两侧有花穗状装饰；菩萨未着上衣，有珠状项饰，着披帛和璎珞，璎珞下不及腹部，以联珠组成。标本754-281（图九），除不见底座外，其他部分基本完整；头后有桃形头光，头光底部与双肩相连；戴花冠，冠正中饰宝珠，束缯带，宝缯垂肩。面相方圆，长眉细目；上身裸露，戴项链，肩挎披帛，右襟绕右臂后自然垂于身侧，左襟绕左臂后自然垂于身侧；联珠状璎珞，在胸前呈“X”形交叉；右手持莲蕾上举至右肩处，左手沿体侧自然下垂，食指与拇指间捻宝珠；下身着贴体长裙，外罩短裙，裙上沿外翻，腰间束带。跣足，立于带榫莲台上；像背面平素，通高12、像高9.8、宽2.5厘米。

图九　标本754-281

图一〇　标本702-255

其他器物编号为755-282、761-288、762-289、493-64、494-65，另外940-315、760-287两件为菩萨头像，面相与DⅠ造像相同，暂归为该类造像。

Ⅱ式　3件，面相及装饰特征基本与DⅠ式相同，不同之处在于该类菩萨像仅着披帛而无瓔珞。标本702-255（图一〇），菩萨上身裸露，肩挎披帛，右襟右绕臂后自然垂于身侧，左襟绕左臂后自然垂于身侧；右手持莲蕾上举至右肩处，左手沿体侧自然下垂，食指与拇指间捻宝珠；下身着贴体长裙，外罩短裙，裙上沿外翻，腰间束带；像背面平素，残高7.4、宽2.6厘米。其他两件器物编号为344-165、488-59。

3. 造像座

6件，均为莲花座，上部为覆莲花瓣，下部为双层的叠涩方座，底座中空。根据形制、质地的不同，可分作两个类型。

A型　5件，上部为5~6片复瓣覆莲，莲瓣正中有半圆形卯孔；高度为3.5~5.5厘米，底边长为5.5~7.4厘米。标本338-159（图一一），高4.5、底边长7.4厘米。其他器物编号为336-157、268-40、234-6、767-294。

B型　1件，上部为7片单瓣覆莲，莲叶肥厚。标本345-166（图一二），高2.5、底边长4.7厘米。

图一一　标本 338-159

图一二　标本 345-166

4. 其他造像残件

1 件，白陶圆形器，标本 703-256（图一三），1995 年 10 月公安局移交。轮状，外沿高出，内平面刻画辐条状阴刻纹，中央一小孔。直径 4. 3、孔径 0. 5、厚 1. 2 厘米。

图一三　标本 703-256

二、白陶佛教造像的特点及时代

这批造像中，除一件为泥质灰陶菩萨像外，其余皆以高岭土为原料。以高岭土为原料制作的造像胎白，质地细腻坚硬。关于这种以高岭土为原料制造的佛造像，目前有两种称法，一种叫做白陶佛，一种叫做素烧瓷佛。2011 年 5 月，山东博物馆和博兴县博物馆委托相关部门对造像原料、烧造温度、质地等做了测试，并邀请专家对造像进行分析研究。通过分析测试，发现这些造像的特点和陶器十分接近，因此我们认为这种造像叫做白陶佛教造像更合适些。

发现的造像皆为单体，尺寸较小，通高10～20厘米，均是像身与座分别制作，像身下有榫柱，座上面有扁圆榫孔，两者插合后成为一个整体，但现存的大多造像有像无座或有座无像。造像有站立、结跏趺坐、倚坐形式，其中菩萨像全部为立像，佛像以结跏趺坐像形式为主。像均为半模印制而成，从侧面看仅凸显身体的1/2，头光尖部前倾。造像背面平素，尚保留有按压的指纹。造像制成后用刀具做局部修整，再入窑素烧，烧成后在表面涂以彩绘。

造像制作精细，比例适中，造型生动传神。佛造像螺发，肉髻低矮近平，面短而丰圆，表情沉静，双耳下垂。粗颈、宽肩、隆胸，给人一种健壮之感。着裸露双臂的袒右袈裟，薄衣贴体，体形毕露；菩萨像头后有桃形头光，戴宝冠，束宝缯，面部方圆丰润，眼睑下垂，表情恬静秀丽。宽肩，细腰，腹部微凸，身姿轻盈，给人感觉不是一位救苦救难的菩萨，而是人间一位亭亭玉立的少女，特别是双手的雕刻，极为细腻，给人一种丰腴柔嫩、富有弹性的感觉。

博兴发现的白陶佛造像均是出自龙华寺遗址，与其同出的还有北朝—隋代的其他材质的佛教造像，造像的特点如低矮的肉髻、短圆的面庞、粗颈、宽肩、丰胸及腹部微凸的身躯、轻薄贴体的服饰等，与本地区北齐时期的造像极为相近，因此初步断定这类造像的时代为北齐时期。

注 释

[1] 博兴县博物馆、山东博物馆：《山东白陶佛教造像》，文物出版社，2011年。

豫鲁地区背屏式造像研究

——以豫北地区和青州地区的背屏式造像为例

王景荃

（河南博物院）

石刻造像是佛教造像中重要的组成部分，是佛教考古学家和佛教艺术爱好者十分重视的考察对象，历来受到各界的珍爱。河南与山东是佛教传播、发展和繁荣之地，两地保存的石刻造像很多，尤其是20世纪90年代在山东青州等地出土的石刻造像，成为当时佛教考古界一大盛事，引起国内外学者的极大关注，研究成果颇丰。有学者认为青州地区的北朝造像受到南朝造像的影响而形成独特的地域风格，然而在对青州地区背屏式三尊像的考察后发现，青州地区的早期造像显受洛阳龙门石窟和豫北地区背屏式造像的影响。本文从河南北魏背屏式造像和山东青州出土的背屏式造像出发，对两地背屏式造像作一比较研究，从中找出两地造像在图像和内容上所体现出来的相同与不同，从而反映两地造像的地域风格和相互关系。

一、豫鲁地区背屏式造像

背屏式造像是指带有莲瓣形背光的石刻造像，多在莲瓣形背光前雕一佛二菩萨三尊，主尊或立或坐，背光雕刻繁华，内容丰富。它是河南早期石刻造像的主要形式，自北魏景明年间一直延续到北魏末年（500～534年）。在这35年间，河南的石刻造像主要流行背屏式一佛二菩萨三尊造像，且多分布在河南北部地区，黄河以南较为罕见。由于造像形式比较统一，多为一佛二菩萨三尊造像，因而形成了具有鲜明地方特点的“河南派”造像。关于“河南派”造像，早年的奥兹瓦尔德·希廉曾依地域将中国雕刻进行了分类[1]，将河南北部的背屏式造像称为河南派造像。其后松原三郎在《中国佛教雕刻史论》第九章《东魏雕刻论》中指出其具有的“情感的特性”，“整体上浑圆的雕刻手法以及整体上舒展而优雅的光背纹样”是河南派造像的特点[2]。石松日奈子在《北魏河南石雕三尊像》一文中，将河南现存的和流失国外的21件背屏式三尊像进行比较，“确认了河南出土的石雕三尊像多身……根据对这些造像特征的考察，判明了数件出土地不明的作品亦属同一系统，同时还判明了传说为河南出土而被列为另类的一系列造像。”[3]同时认为在此前统称为“河南派”的诸多造像中，表现出几种相异的作风。这些相异的作风来自于造像内容和雕刻手法在各个不同时期的具体表现，而背屏式三尊造像作为北魏晚期“河南派”造像的主流则是不争的事实。本人近年在对河南佛教石刻造像进行调查研究中发现，河南现存北魏时期的28件造像中，22件为背屏式造像，约占北魏石刻造像总数的四分之三多；而流失海外的北魏时代河南派造像则基本全属背屏式造像，随着北魏王朝的衰败，这种背屏式造像逐渐被具有汉民族特点的造像碑所替代。随着东魏螭首造像碑的流行，背屏式造像基本不见。然而这种背屏式造像在山东青州等地出土的北魏末期和东魏北齐时期的石刻造像中较多见，成为山东青州地区早期石刻造像的主要样式。如永安二年（529年）韩小华造弥勒像、永安三年（530年）贾淑姿造像三尊像、太昌元年（532年）比丘尼惠照造弥勒像、北魏背屏式三尊造像、北魏至东魏时期的背屏式三尊造像、东魏天平三年（536年）尼智明造像、天平三年（536年）邢长振造释迦像、东魏至北齐时期的背屏式三尊造像等。这些造像都以莲瓣形背屏为造型，以一佛二菩萨三尊像为主要雕刻内容，以多宝塔、伎乐天和舞龙荷叶为背屏装饰，显受河南派造像的影响，但与河南派背屏式造像在雕刻内容和艺术风格以及表现手法上又有着或多或少的不同，表现出各自独特的地域特征。

二、河南地区背屏式造像的雕刻内容及时代特征

河南背屏式造像，以高大厚重的莲花瓣为造型，早期的莲瓣上下收分不大，莲瓣顶部收分平缓，类似于同时期石窟造像中的主尊背光，如景明四年（503年）张难扬造像（图一）。主尊头部长而大，高肉髻，刻波浪起伏的发纹，额上正中发纹呈右旋涡轮状。面相清瘦，颈部细长，平腹削肩，躯体纤细，双手施无畏与愿印，着双领下垂式通肩大衣，右侧衣带甩向左臂绕肘外飘，覆于膝上的袈裟下摆皱褶清晰，并垂于台座上方。二菩萨头戴花瓣式宝冠，桃形头光内饰卷草纹。上身袒露，帔帛绕肩下垂在两腿间交叉，然后上卷绕肘外飘，上卷处显露折角。下着长裙，双手捧花蕾恭立左右。莲瓣形背光雕刻十分精美，繁而不乱。主尊头光中心刻高浮雕莲花，其外一周刻坐佛九尊或十一尊，再外一周刻飞天六体，周缘浅浮雕火焰纹。飞天或伎乐，或供养，头束发髻，面相清秀，着宽袖短襦，宽大的天带飘扬在头后形成两个尖桃状，无头光。长裙裹足，两腿曲蹲呈跪姿，裙裾从屈回处向后飘，这种跪姿飞翔的姿态，成为景明年间飞天的典型特征。背屏背面上端减地线刻交足弥勒菩萨，下部刻造像记文和供养人像，两侧面上部刻升龙，下部

图一　张难扬造像

刻卷草纹与忍冬纹。在艺术风格上，不管是佛、菩萨，还是飞天、供养人，其形态趋向于清癯秀美，早期的那种挺拔雄伟的气魄、丰圆粗壮的身躯和饱满敦厚的面型已不存在，表现出的是一种清癯瘦削的“秀骨清像”，这种病态美的“秀骨清像”，成为景明年间佛教石刻造像的典型风格。

图二　王毛郎造像正面

熙平年间的背屏式造像，较前期造像有较大变化。造像肩部开始向圆厚饱满发展，景明期佛像颀长的颈部在此时也逐渐缩短，显示出一种力度。如熙平二年（517 年）“王毛郎造像”（图二），佛的双领下垂式通肩大衣，呈直平阶梯式衣纹较前期更显细密舒展。右衣带从胸前甩向左臂绕肘外飘，束裙的腰带垂于微隆的腹前，裙下摆衣褶重叠，外飘形如燕尾，俨然南朝飘逸潇洒的士大夫形象。菩萨头戴花瓣式冠，帔帛绕肩在腹前交叉后绕肘外飘，肩部的帔帛较前期宽大且向上翘起，犹如当时流行的妇女帔肩。头后的宝缯向两侧平展，折角后垂于两肩。尤其是莲瓣形背光，较前期更加高大，且顶部较前期更尖，整体似一舟形，故又有“舟形背光”之称。光背的装饰由前期的浅浮雕或减地平雕向纯线刻过渡，开始出现减地线刻或阴线刻，线条纤细而有力。正面的雕刻内容承袭了前期的高浮雕莲花瓣、禅定坐佛、飞天、火焰纹等题材，但为了使画面充实完美，便在主尊桃形头光上端的空白处填补上二龙交缠的图案，这种龙图案是佛教中所指的护法神天龙八部中的龙神，在熙平年间的造像中开始出现。特别值得注意的是，飞天的刻画显示出一种由裹足到露足的演变过程，飞天的足部自裹覆的裙摆中露出，躯体下方开始出现小块的云朵，似乘云从天而降，这种乘云的飞天成为其后的固定形式，且越往后，云的表现亦逐渐变得长而华丽。背面雕刻变前期的减地平雕为纯阴线刻，内容与前期相比也有所变化，除了线刻供养人像外，在上部刻一株大树，枝叶繁茂，树干粗大，叶如羽翼，果似茄形，果上有鳞状纹。根据树下帐形龛内供奉的交脚弥勒分析，此树应与弥勒有关。据《弥勒上生经》和《弥勒下生经》说，弥勒生于南天竺婆罗门家族，继释迦牟尼之佛位，为补处菩萨，先佛入灭，生于兜率天内院，经四千岁（即人间五十六亿七千万岁），下生人间，于华林园龙华树下成正觉。此树应是“龙华树”。这种题材在熙平年间开始出现，成为此期造像光背雕刻的定制。

神龟年间的背屏式造像与前期相比有很大变化。从河南淇县神龟年间（518 ~ 520

图三 田迈造像

年）“田迈造像”可以看到（图三），佛的高肉髻已变得扁平，面相已由前期的清瘦变为长方，“秀骨清像”的风格在这里已大大减弱，向方颐丰圆发展。双领下垂式袈裟紧贴躯体，稀疏流畅的衣纹具有“曹衣出水”之韵，前期浅浮雕具有起伏感的衣纹表现多被平面阴线刻代替。菩萨的装饰趋向简洁，袒露的上身只斜披一串瓔珞，帛带不再披肩，而是绕肘下垂，下身的长裙紧裹两腿，裙腰向外翻折，这种菩萨装饰对后世影响极大，特别是隋唐时期的菩萨造像多以此种装束出现。光背雕刻较前期更为丰富而精细，将释迦多宝二佛并坐像雕在光背的中心位置，变前期环绕主尊头光一周的七佛，成一排雕刻于释迦多宝的佛座上。飞天的身姿已变前期的跪姿成“U”形，双足外露，天带后飘呈不规则形，且以高浮雕表现。这种高浮雕表现的飞天成为北齐飞天的前奏。顶部雕刻的多宝塔以及下方的横空贯出口吐莲花化生的龙与释迦多宝的内容是一致的，反映的是法华经中的“宝塔品”，成为此后佛教造像的重要题材。而背面的雕刻内容与熙平二年的“王毛郎造像”基本相同，但在龙华树上方出现了“衔蛇之鸟”，树之两边刻有天人手持圆形物，内刻三足乌和蟾蜍，象征着日、月。这种题材在神龟及正光年间的造像中多有表现，如同地出土的吴晏子造像（神龟元年）、日本大阪市立美术馆藏“王显宗等造像”（神龟年间）、瑞士瑞特保格美术馆藏“杨文憘造像”（正光元年）背光雕刻与此相同，可谓是中国传统的升仙思想与佛教信仰相结合，反映了当时人们对美好生活的向往和渴望。这种日、月图形在熙平之前的造像中尚未见到，成为神龟、正光年间佛教造像的又一显著特征。

图四　赵见憘造像

（现藏美国圣弗兰西斯科亚洲美术馆）

永熙年间的背屏式造像较前又有新的变化，从现藏美国圣弗兰西斯科亚洲美术馆的北魏永熙二年（533年）赵见憘造像（图四）可看出，主尊高肉髻，面相方圆，大耳贴面，两眼微睁前视，两唇轻合，微露笑容，表情柔和。着双领下垂式通肩袈裟，内着僧祇支，右侧袈裟甩向左肘，胸前结带从袈裟内绕出，身前衣纹呈“V”字形排列，衣纹表现极为严整。右手屈肘于胸施无畏印，左手自然下垂握袈裟一角，下着长裙，跣足而立。两菩萨有桃形火焰纹头光，戴宝冠，额上发髻中央簪一莲花，面相与主尊同。颈佩桃形项饰，帔帛在肩部形成翘角，在身前交叉穿环下垂至膝际后上扬绕肘外飘，下着长裙，跣足立于仰莲狮子座上。右菩萨双手合掌于胸前握花蕾，左菩萨右手握花蕾屈肘于胸前，左手下垂持净瓶。主尊与二菩萨之间线刻莲花荷叶。背屏雕刻繁褥细密，从内向外分四层，分别刻莲花、禅定坐佛、飞天和火焰纹。上部两身飞天拥着夜叉扛托的博山炉，下部四身飞天手持乐器或供物飞翔，小腿曲回呈跪姿，裙裾裹足，足尖不外露，身下有云朵较长。另在上部尖端处，刻一佛禅定而坐，二飞天在左右供养。“背面的浮雕内容（较前期）亦起了变化，长时间的中心图像交脚菩萨像消失了，代之以如来像，其两侧表现的是维摩诘和文殊的对问场面。”[4]

黄河南岸的嵩岳地区在孝昌至永熙年间也有少量的背屏式造像存世，但体量都很小，雕刻内容简单，多为家庭供奉之物。佛和菩萨虽然整体上仍保留着前期清秀的面型，但显示向圆润发展的趋势，腹部明显凸起。佛的双领下垂式通肩大衣所呈现的潇洒飘逸之感明显减弱，表现出一种笨拙的厚重感。尤其是光背雕刻已不再有前期的那种繁褥和华丽，禅定坐佛和飞天已不是光背雕刻的主要题材，只有简单的火焰纹和卷草纹饰，前期供养人像雕刻在此时也在减少，取而代之的往往是只线刻一个佛传故事或刻造像题记，由此看出，不管是内容还是形式，与前期相比都呈衰落趋势，可视为河南地区背屏式三尊造像的尾声。

三、青州地区背屏式三尊像的雕刻内容及时代特征

1996年10月，青州市博物馆在龙兴寺遗址北部，发掘出一处大型佛教造像窖藏，出土北魏至北宋时期的佛教造像400余尊，计有背屏式造像、单体圆雕佛像、菩萨像、罗汉像、供养人像等。背屏式造像大小差异较大，最高者达305厘米，小的仅50厘米左右。以北魏、东魏、北齐时期为主，而各时期的背屏造型和雕刻内容又有着不同的特点。北魏永安二年（529年）韩小华造弥勒像（图五），在莲瓣形背屏前雕一佛二菩萨，莲瓣上方左右各雕一半身日神和月神像，分别向外侧一手托着太阳和月亮，使背屏整体造型为方形。这是一件典型的北魏孝文帝改制后的风格，“佛和菩萨的面相都具有清秀的特征，虽然还穿着北魏晚期传统的褒衣博带装与宽大的帔帛交叉服饰，并略显厚重，但体型已经开始趋向于丰满了。”[5]但从雕刻内容看，该像主尊是未来佛弥勒佛，日神和月神形象的出现，反映了弥勒从上生兜率天宫下生人间成佛的思想，这种题材在河南派造像中较多见，但弥勒却是上生兜率天宫的交脚菩萨形象，如神龟至正光年间（518～525年）的田迈造像、吴晏子造像、日本大阪市立美术馆藏“王显宗等造像”、瑞士瑞特保格美术馆藏“杨文憘造像”等，都在背屏背面上方龙华树之两边刻有天人手持圆形物，内刻三足乌和蟾蜍，象征着日、月。由此可看出弥勒信仰的演变过程。

图五　韩小华造像

北魏永安三年（530 年）贾淑姿造像（图六），雕刻内容较简单，仅在莲瓣形背屏前雕一佛二菩萨造像，佛、菩萨的服饰细部刻画也开始简化了，很少在服装表面刻衣纹，但佛之面部和体形却较韩小华造像丰满了许多。不难看出，北魏末期造像开始向丰满型过渡。

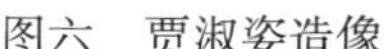

图六　贾淑姿造像

图七　比丘惠照造像

北魏太昌元年（532 年）比丘惠照造弥勒像（图七），下半截已残，从残存部分看，莲瓣形背屏造型优美，佛、菩萨还保存秀骨清像风格，服饰与韩小华造像相同，主尊身后有圆形头光和椭圆形身光，在头光的内匝浮雕莲花图案，外匝刻忍冬纹。这种装饰在河南北魏末年的造像中也有出现，如博爱三尊佛立像的主尊头光即是如此（图八）。三像的上部有四身飞天手托供物当空飞舞，中间有一条腾空飞舞的龙，龙的上部有一化佛。这种浮雕的飞天，在河南神龟元年（518 年）吴晏子造像上已经出现，但飞天中间是一宝塔而非舞龙（图九）。舞龙图像在河南派造像中最早见于熙平二年“王毛朗造像”，但其形象是双龙交缠，其后的北魏“东新庄造像”背屏上部出现了单体的舞龙（图一〇），由此可见，舞龙的出现，成为两地北魏晚期造像的共同题材。

东魏时期背屏式三尊像仍然体现着较多的北魏传统风格，如东魏天平三年（536 年）尼智明造佛三尊像（图一一），主佛仍着褒衣博带式大衣，大衣表面阴线刻衣纹；菩萨服饰繁复，帔帛下垂至膝际交叉，跣足立于覆莲座上。主尊的圆形头光和椭圆形身光还保留着北魏晚期的造型，只是在身光的外层刻画长茎莲花图案。与此同时，青

图八　博爱释迦三尊佛立像

图九　吴晏子造像

图一〇　东新庄造像线图

图一一　尼智明造像

州背屏式三尊像也有新的发展，新的题材和新的图像开始在造像上出现，造像追求装饰华丽。如天平三年（536年）邢长振造释迦三尊像（图一二），主尊服饰虽然还延续着北魏晚期褒衣博带式大衣，但菩萨的装束却有极大的变化，身前披挂的璎珞繁缛华丽，菩萨的莲座开始用莲花荷叶装饰，并在主尊与二菩萨之间各雕一条舞龙口衔莲茎，成为此期背屏式三尊像的重要特征，同时也是青州造像最具代表性的时代特征。背屏上部的飞天多为八身，下六身为伎乐天，上两身为托举宝塔的供养天，此种雕刻题材也是青州造像重要题材之一。

图一二　邢长振造像

图一三　北齐背屏式造像

北齐时期的背屏式三尊像（图一三），虽然在构图与布局方面仍是北魏以来的旧式，主佛头顶的肉髻低平，表面饰有细密的螺纹，面相丰满而胖圆，体型方面也在着力刻画宽肩、细腰、鼓腹的身段之外趋向于丰满；身穿通肩大衣，表面不刻衣纹，仅以彩绘的形式表现田相袈裟，这是在印度笈多艺术影响下形成的北齐风格。二菩萨的面相及体态已显丰满，左菩萨的服饰仍是北魏以来的旧样式，右菩萨的服饰则简化多了，没有穿僧祇支，仅在胸前饰有短璎珞交叉穿环。裙腰外翻在小腹前结花，腿部衣纹用双线勾勒。从这铺造像上我们可以看出从北魏到北齐，中印造像风格的兼容过程[6]。然而，此时出现的圆雕佛像、菩萨像，人物造型及雕刻技法较前有更大发展，成为北齐青州造像的主体，背屏式造像则被单体圆雕造像所代替，而逐渐退出历史舞台。

四、豫鲁地区背屏式造像之比较

豫鲁地区背屏式造像，无论是背屏造型，还是雕刻题材、雕刻手法都存在着相同或不同的特点，我们从以下几方面加以比较，从中可发现两地背屏式造像的地域特征以及河南背屏式造像对青州背屏式造像发展的影响。

1. 两地背屏式造像出现的时代

从前述两地背屏式造像可知，河南地区的背屏式造像流行于北魏迁都洛阳后的景明元年（500 年）至北魏永熙三年（534 年），前后长达 35 年，随着东魏时螭首造像碑的出现，更多地融进了中国传统元素，使这种背屏式造像渐渐退出历史舞台，故在东魏以后的河南地区石刻造像中很少出现背屏式造像。而山东青州出土的背屏式造像，流行的时间却是在北魏永安二年（529 年）至北齐天保四年（553 年），前后长达 25 年（编者按，山东博物馆现藏一尊北魏神龟元年孙宝憘造像，为背屏式，依铭文所示当源自古青州一带，是迄今所知山东最早纪年的石造像）。而导致青州背屏式造像退出的原因，则是北齐时单体圆雕造像的盛行。在青州出土的 400 余件造像中，最多的是单体圆雕造像，多达 200 余尊。由此不难看出，青州背屏式造像的源起在时间上是河南背屏式造像的延续。

2. 背屏造型及雕刻内容

河南地区的背屏造型多为高大的莲瓣形，屏身较厚，前后左右四面均有雕刻。一般是早期背屏上部减地浅浮雕禅定坐佛及飞天，背面上部刻弥勒菩萨，下部刻供养人及题名；左右两侧刻降龙口衔卷草与忍冬纹组成的环形图案。熙平年间的莲瓣形背光，较前期更加高大，且顶部较前期更尖，光背的装饰由前期的浅浮雕或减地平雕向纯线刻过渡，开始出现减地线刻或阴线刻，线条纤细而有力。正面的雕刻内容承袭了前期的高浮雕莲花瓣、禅定坐佛、飞天、火焰纹等题材，并出现了二龙交缠的图案。背面阴线刻供养人像外，在上部刻一株龙华树，树下帐形龛内供奉交脚弥勒菩萨。神龟年间的背屏雕刻有了更多新内容出现，背屏前面出现了雕刻精美的舞龙口衔莲花化生，背面龙华树上方出现了“衔蛇之鸟”，树之两边刻有天人手持圆形物，内刻三足乌和蟾蜍，象征着日、月（图一四）。永熙年间的背屏雕刻繁褥细密，刻有莲花、禅定坐佛和飞天，上部两身飞天拥着夜叉扛托的博山炉，下部四身飞天手持乐器或供物飞翔，身下云朵较长。背面的雕刻内容较前期亦起了变化，交脚菩萨像不再出现，代之以如来坐像，其两侧表现的是维摩诘和文殊的对问场面。

龙兴寺出土的背屏式造像，背屏造型虽然与河南地区背屏造型相似，但在气势上却没有河南背屏式造像那么宏伟，背屏较薄，背屏前除雕三尊像和佛、菩萨头光外，多用彩绘绘出佛的身光，只在背屏上部高浮雕飞天 6 ~ 8 身，上两身托宝塔，下六身持

图一四　田迈造像背面拓片局部

乐器，采用左右对称的构图形式，沿背屏上部边缘分列。这种伎乐天与多宝塔的组合，在河南北魏晚期的背屏式造像已有表现，如北魏神龟年间的吴晏子造像和田迈造像上部即有此种题材出现，但飞天只有 6 身，上两身托宝塔，下四身或为伎乐天或为供养天（图一五）。两地雕刻手法相同，均为高浮雕，由此可见此种造像题材的延续和发展。背屏背面及两侧面均无雕刻。与河南地区背屏繁缛的雕刻内容相比，显得简单明

图一五　吴晏子造像背屏飞天

图一六 田迈造像局部舞龙

了，主题更加突出。然而，背屏下部佛与菩萨之间的舞龙，是青州背屏式造像的一大特点，基本上在东魏至北齐的背屏式造像上均能见到。这种舞龙题材在河南北魏至东魏时期的背屏式造像和造像碑中均有出现，如田迈造像主尊两侧出现的两身舞龙（图一六），以近似圆雕的手法，雕出两身腾空飞舞、口衔莲花化生的舞龙。又如东魏时期的道俗九十人造像碑上出现的舞龙（图一七），口衔龛梁两端，腾空飞翔而下。虽然口中衔物和位置与青州舞龙不同，龙的造型也有差异，但都以口中衔物作为龙的共同特征，显示出两地造像的异曲同工之处。

图一七 道俗九十人造像碑

3. 表现手法

河南地区的背屏式造像在表现手法上，多采用圆雕、高浮雕、浅浮雕、阴线刻、阳线刻等雕刻技法表现，如将背屏前三尊像采用圆雕技法雕造，使其整体突出，成为造像的主体。以高浮雕手法表现衣饰，用线刻表现衣纹细部，使其层次分明，立体感强。在背屏的雕刻上，用浅浮雕技法雕出物像轮廓，再用阴线或阳线刻画其细部，使物像更加细腻，表现力强。这种雕刻技法在汉代画像石和北魏石棺上多有表现，如河南、山东、江苏、四川等地画像石和河南出土的北魏宁懋石室等。这种用线表现的线刻画也成为中国绘画艺术的

图一八　北魏至东魏背屏式三尊像

一部分。而青州背屏式造像在表现手法上则采用雕刻与绘画艺术的结合来表现，它将石质材料雕刻完成之后，又用多种颜料对造像进行彩绘，彩绘造像的颜料主要有：朱砂红、孔雀蓝、石绿、赭石、黑、白等原色和调制的肉色等[7]。匠师们不仅用颜料把已雕刻的物像进行彩绘，还在没有雕刻的平面上绘画佛的身光、头光以及衣纹服饰等，有的还在佛的面部、颈部、双手、双足以及袒露的胸部贴金，使佛像显得更加金碧辉煌，庄严神圣而不可侵犯（图一八）。这种表现形式是将石窟壁画与石雕造像有机地结合在一起，从而达到立体与平面结合的完美效果。这是青州背屏式造像有别于河南地区背屏式造像的一大特点，可说是青州早期造像的一大创造。这种雕刻与绘画的结合，在其后的北齐圆雕造像上还继续使用，具有明显的地域特征。

五、中原风格对青州周边地区佛教造像的影响

我国石窟艺术中的中原风格，是指北魏迁都洛阳后，魏孝文帝实行了一系列的汉化政策，在统治阶级的提倡下，中原汉族“褒衣博带”式服饰风行北方，南朝的“秀骨清像”艺术风格传入北方，对北方石窟艺术产生了巨大影响。具体是指出现于中原龙门等石窟中的身材修长、面貌清瘦、眉目疏朗、额广颐窄、脖颈细长、嫣然含笑的形象，衣带宽博的“褒衣博带”式服饰以及风神飘逸的人物形象所形成的潇洒秀丽的“秀骨清像”风格。这种新的艺术风格自龙门石窟兴起后，由于皇家支持，很快风靡和普及到当时北中国的各大石窟中，前后延续近一个世纪。直到东、西魏末年，这种风格才有所变化与发展，波及范围之广和影响之深远为前代远远所不能及。毗邻河南的山东，不仅是儒家文化的发祥地，也是中国佛教文化兴盛之地，留下了许多佛教文化遗迹。就石窟艺术而言，属于北朝时期的遗迹，集中于济南地区黄石崖、龙洞等处。其艺术风格，明显上接云冈、龙门石窟余绪。济南地区的石窟摩崖造像起始于北魏正光年间，较龙门石窟晚二十余年，其时正值龙门风格的繁荣时期，不仅开窟风气受其影响，其造像风格亦受龙门影响。从黄石崖造像可以看出，龛形上大量地使用舟形龛，佛像皆着双领下垂袈裟右肩下一角绕左肘、僧祇支上系带垂袈裟外，胸下刻同心圆弧

纹，下裾长垂，并作八字形外分。立佛上身后仰，下裾贴近壁面。菩萨一般内着两面坡式平领内衣，外着长袖衫，长裙拖地，肩下帔帛两角高高翘起，巾带在膝前交叉上卷。无论是佛还是菩萨，身体外形大体都呈上窄下宽的喇叭形，肩部瘦削，身体扁平，身态修长，明显可见“削为容仪”的作风，是南朝“秀骨清像”风格在北朝的再现。在雕刻技法上，往往多以直刀和斜刀，结合适当的圆刀，刻出两面坡形的袈裟衣纹，显得很厚重。以浅平阶梯式刻法刻佛菩萨裙裾，刀法雄健利落，雕刻风貌上具有朴素、厚重之感。但佛、菩萨的动态外形以及多用直刀和斜刀的刻法，仍然不免使形象看上去显得有些呆板、缺乏生气[8]。虽然济南地区的石窟开凿与云冈、龙门、响堂等皇家开凿的石窟不同，石窟造像规模都不大，并且多是些小龛和摩崖。从龛形、装饰到造像组合，又都表现出明显的简化趋势。然而这并不意味着它的艺术价值偏低。相反，虽为地方性的小规模造像，它既与当时全国石窟造像的主系统有着密不可分的渊源关系，又在相对独立的发展过程中，形成了一定的地方特点。

山东地区的石窟造像虽然规模相对较小，但另一种造像形式石刻造像却在这一区域十分兴盛，从近年发现的佛教窖藏可以看出，石刻造像成为北朝时期山东地区主要的造像形式。除青州龙兴寺佛像窖藏重大发现之外，1984 年秋，紧邻青州的山东省临朐县大关镇上寺院村北宋明道寺舍利塔地宫中也出土了残碎石佛像身躯、佛头及背屏式造像残件 1400 余块，从其中带有发愿文的残件中可知，这批造像最早的纪年为北魏孝明帝正光元年（520 年），而最晚则为隋大业三年（607 年）。2003 年，济南市在进行老城区改造时，也意外发现了唐宋开元寺地宫遗址和两处佛像窖藏，其中共出土佛像 80 余尊，以唐代造像为主，部分为东魏至北齐时期的作品。从这些佛教窖藏出土的佛像看，造像纪年最早者为北魏正光年间，由此可见，青州周边的石窟造像和石刻造像最早出现于北魏正光年间，虽然造像形式不同，但都表现出了相同的艺术风格。以离黄石崖开创年代较近的北魏正光六年张宝珠造像和临朐出土的北魏正光年间的造像与黄石崖 2 号窟造像相比，不仅背光与龛形相同，而且造像衣饰、姿态以及头光、身光、飞天、化佛等装饰的布置也都极其相似。总体风格上，都属于龙门北朝石窟的那种“褒衣博带”、“秀骨清像”。因此可以说，以龙门石窟为代表的中原风格，已对山东青州周边地区的佛教造像产生了影响，而青州地区北魏时期的造像晚于正光年间，其受到中原风格的影响当是必然的。

中原风格对青州造像的影响，不仅表现在当时社会审美时尚上，同时还表现在北魏晚期人民为躲避战争而迁徙带去的佛像范本上。北魏晚期，战争频繁，都城洛阳一度成为战争的中心区域，为了躲避战争灾难，居住于京城洛阳附近的人民为了生计，开始向外迁徙。《魏书·地形志》总序中记载：“正光已前，时维全盛，户口之数，比夫晋之太康，倍而已矣。孝昌之际，乱离尤甚。恒代而北，尽为丘墟；崤潼已西，烟火断绝；齐方全赵，死如乱麻。于是生民耗减，且将大半。永安末年，胡贼入洛，官司文簿，散弃者多，往时编户，全无追访。今录武定之世以为志焉。”由此可知，正光之后，北魏社会开始衰退，战乱频繁，人口骤减，京城之民外迁，尤其在东魏迁都时，京城洛阳之民多迁往豫北邺城一带，繁华的洛阳城遂成为一座废墟。虽然记载中未明确迁徙之地和迁徙人数，但青州地区，为我国古九州之一，自西汉时起，这里就是山东的政治、经济、文化和军事中心。社会相对稳定，经济繁荣，在地理上位于京城洛阳的东方，交通便利，应是当时京城洛阳外徙人民的最佳选择之地。同时，这里又有雄厚的佛教基础，大量佛教信众的迁入，使这里成为山东地区的佛教圣地。在这些外徙人民中，当然也应有在洛阳修造龙门石窟和巩义石窟的匠人，他们不仅掌握有高超的佛像雕造技术，同时也带来了京城洛阳流行的佛像范本。

六、结　　语

综观河南与青州两地的背屏式造像，无论是造像形式，还是雕刻内容、表现手法，既有各自不同的地域特征，也有相同的共性，在时代上，青州背屏式造像的兴起时期，恰是河南背屏式造像的衰退时期，且在雕刻的主体内容上有其相同性，可视为河南背屏式造像的影响所至。河南背屏式造像多发现于豫北地区，豫北地区是平城云冈佛教艺术南移洛阳的必经之路，同时也是洛阳佛教艺术向东传播的必经之地，这种传播不仅有当时社会审美时尚的影响，同时也受北魏晚期频繁战争、信众及雕刻艺人东迁的影响。从两地背屏式造像的形式、雕刻内容、表现手法以及艺术风格可看出，青州地区的背屏式造像受到了北魏晚期豫北地区背屏式造像的影响。然而，在表现手法上，青州背屏式造像上雕刻与绘画的完美结合，使佛教造像艺术得到了新的发展，具有独特的地域特色，成就了青州佛教造像艺术的辉煌篇章。

注　　释

[1] 石松日奈子：《北魏河南石雕三尊像》注释⑤，《中原文物》2000年第4期。

[2] 松原三郎：《中国佛教雕刻史论》，日本吉川弘文馆，1995年。

[3] 石松日奈子：《北魏河南石雕三尊像》，《中原文物》2000年第4期。

[4] 同[3]。

[5] 青州市博物馆：《青州龙兴寺佛教造像艺术》，山东美术出版社，1999年。

[6] 同[5]。

[7] 同[5]。

[8] 李清泉：《济南地区石窟、摩崖造像的风格特点及其源流初探》，李清泉硕士学位论文《济南地区石窟、摩崖造像的调查与初步研究》之第六部分。

浅谈隋代长安佛教造像风格的多样性与融合性

——以纪年石造像为中心

杨效俊

（陕西历史博物馆）

一、6 世纪 50 年代的四个地域风格

6 世纪 50 年代，伴随着政权的分裂，中国出现了五个地域性的佛教造像中心。建康是南朝的造像中心，然而因为遗存稀少，南朝佛教造像的形态仍然不明朗。李裕群认为益州的佛像受到了南朝的影响，因为现存南朝佛教造像稀缺的缘故，通过以成都为中心出土的佛像可以推测南朝的佛教造像[1]。随着统一的王朝北魏分裂为东魏、北齐和西魏、北周，北方形成东西对峙的两大政权，北魏中央佛教造像风格的中心地洛阳成为东西势力交战的战场，佛教传统一度中断。代替洛阳的是北方地区形成的四个地方造像中心。东部的两个中心地是山东省和河北省；西部的两个中心地是长安和四川省。近年，随着山东省龙兴寺、河北省曲阳修德寺、成都万佛寺[2]、长安北周寺院考古的进展，佛教造像不断出土。因此以上四个地方造像中心的图像与风格特征日渐明朗。基于各自的政治和文化背景，立足于地域传统，四个地方造像中心既独立发展，又相互影响，形成了四个地域造像风格。

各地域风格一方面传承了北魏时代以洛阳为中心形成的中国化的佛教造像风格，另一方面不同程度地接受了来自印度、特别是被称为印度佛像古典风格的笈多时代的佛像的影响（图一、图二）。宿白认为天竺佛像传入中国的道路有两条：一条道路是从印度出发，经东南亚，渡海至南朝的都城建康的外来僧侣将天竺的佛像风格传入中国，四川出土的优填王立像可见天竺佛像的影响力；另一条道路是自西北陆路并经粟特画工之手而流布，其中曹仲达为其代表画工，在传播路线上龟兹和粟特居于重要位置。除此之外，直接自天竺东来中原的沙门信士也可能担负着将天竺佛像风格直接传入中原的使命。前人的研究认为山东省和四川省比其他地域率先受到来自印度的影响，向外来要素的写实性、雕刻性的方向进展，担负着向其他地域传播这种外来风格的使命[3]。

图一　佛坐像
（笈多时代，5 世纪后期）

图二　佛立像
（笈多时代，5 世纪）

（1）河北：从曲阳修德寺的佛教造像来看，北齐时代以定州为中心形成了造像风格。造像材质中汉白玉突出。本文以北齐时代的两尊纪年浮雕佛像为代表作，探讨以定州为中心的北齐风格的形成。天统二年（566 年）铭的释迦佛三尊像是一尊出土于曲阳修德寺的汉白玉像[4]，主尊结跏趺坐，袒右肩，衣纹线以圆雕线和两条阴刻线表现。主尊挺胸收腹、人体比例恰当。这尊造像代表了北齐坐像的特征。曲阳出土的天保八年（557 年）的龛像[5]（图三）在竖长方形的汉白玉石板中央雕凿内凹的三个佛龛，其中浮雕一尊坐佛及两侧的胁侍菩萨立像。依据像下的铭文来看，主尊为“弥勒佛”。主尊富有弹性充满活力的躯体笼罩在薄衣之下，腿部的两条平行阴刻衣纹线与天统二年造像相比更加形式化、装饰性更强。菩萨像的上半身裸体、腹部前突呈现浑圆的立体感。这种薄衣贴体、肉感的身体和两条一组的平行阴刻衣纹线成为河北地区北齐佛像造像风格的造型特征。

（2）山东：前人关于山东佛教造像风格的研究已很丰富。北魏时期山东地区的造像虽然受到洛阳中央风格的影响，但仍可见山东的地域传统，如在背光的上部两侧雕出具有护法意味的持日月的人物。东魏时期的佛像仍然延续北魏时期褒衣博带传统，但菩萨像的着衣变得轻薄而华美。有学者认为东魏后期山东地区形成“山东造像风格”，

图三　浮雕龛像
（北齐天宝八年，557 年）

图四　佛立像（北齐）

肖贵田指出北齐时期前两期的造像风格发生了突然变化，佛像的肉髻变得低平，双目微闭，原来扁平的胸部稍突起，腰部变细，下腹凸起，露出修长的双足，薄衣贴体，身姿优美（图四）。菩萨像着衣简洁，但装饰品繁复华美，北齐时期“山东的造像风格”臻于成熟，出现了中国其他地区无与伦比的圆雕造像[6]。宿白[7]以山东省青州龙兴寺发现的东魏、北齐的佛像为焦点，指出在 6 世纪中期一种与穿着汉民族服饰的（“褒衣博带”）佛像所不同的造像在中国的东部出现了，这种佛像穿着轻薄的衣服，不表现衣纹线。宿白接着追溯了这种造像风格的渊源：他认为北齐上层身染胡俗，提倡鲜卑化，佛教造像一反北魏孝文以来褒衣博带式之服饰，接受多种形式之薄衣叠褶的印度服制。这种新的造像风格直接源于 6 世纪天竺佛像的东传。

河北地区的造像给山东省的造像也带来影响。这种影响表现在两方面，一是材质出现汉白玉。山东省佛教造像的材质多为石灰石，多有彩绘，有的有贴金装饰，东魏、北齐时期出现了汉白玉造像，如无棣市何庵村出土的北齐天宝九年（558 年）佛三尊像[8]和 1996 年青州市龙兴寺遗址出土的推测为北齐时期的菩萨像[9]（图五）。二是河北地区造像的某些风格特征影响了山东地区造像。山东诸城出土的两件浮雕坐像反映了这种影响。天保三年（552 年）浮雕坐像[10]（图六）的主尊造像仍显得平板，从腿部垂下的两重衣裾垂在台座前面。腹部过长、身体全体比例和平衡感欠缺等北魏风格仍

图五　菩萨立像

图六　佛坐像
（北齐天保三年，552 年）

残存。然而比该像时代稍晚的造像[11]更明显地表现出主尊薄衣贴体、平衡性增强的身体和两条一组平行阴刻衣纹线等河北地区造像风格的特征。

（3）四川：成都万佛寺和其他遗址出土的南朝佛教造像成为梁代造像风格研究的基础。李巳生论述了成都万佛寺梁代造像艺术特色的形成[12]，认为在万佛寺梁代造像风格中可见南亚和东南亚艺术中精神与肉体、崇高与怪异相结合的特点，南朝清丽潇洒的画风，生活情浓、形式多变、朴素飘逸的四川汉代雕塑艺术传统以及三者的融合。雷玉华综合研究成都地区出土的佛教造像[13]，将成都地区已经出土的石刻造像分为三期四段，研究了造像的风格、内容、组合的演变规律，认为四川造像不同时期分别受到了来自陇南的中原影响、来自甘青道的西凉的影响、南朝和北周的影响，兼容了南北佛教的一些特点，更有一些地域特征。李裕群分三期论述了成都地区出土的南朝佛教石造像[14]，认为第一期为齐永明元年至梁普通年间，显示出身着褒衣博带的“瘦骨清像”样式；第二期为梁普通年间至益州为西魏所占之前，该期造像受到中印度秣陀罗样式的影响；第三期为西魏至北周期，延续梁代造像样式并吸收北方造像样式。

四川地区石造像的材质基本为砂石。造像风格中既有中原褒衣博带式；又有印度式，如梁中大通元年（529 年）佛立像（图七）。龛像分多层雕刻，装饰繁复，镂刻精致，装饰纹样写实，如梁太清三年（549 年）龛像（图八）。

图七　佛立像
（梁中大通元年，529 年）

图八　背屏式造像
（梁太清三年，549 年）

（4）长安：从北魏到北周，长安作为地域性的造像中心一直保持着强烈的地域传统。前人的研究中将这种地域传统称为“长安模式”。1999 年李淞将北朝关中佛像的地域风格称为“长安模式”，并总结了“长安模式”的四个特征：即佛道并存、邑团造像、胡汉交融、传统样式与民间趣味[15]。近年，6 世纪后半期的佛像以陕西省西安市为中心先后出土。因此，北朝，尤其是北周的佛像的风貌逐渐明朗，所谓“长安模式”的形成、发展过程的研究也不断深入[16]。以下对前人的研究史作一简单回顾。

1988 年，冈田健指出从初唐至盛唐的长安造像风格变化与日本天平造像风格的形成、发展有着密切的对应关系，并列举了三件初唐时期的浮雕造像来推断当时长安造像的水平[17]，即“大唐三藏圣教序碑”及“同序记碑”［永徽四年（653 年）、现藏大慈恩寺］；“大唐道因法师碑”［龙朔三年（663 年）、现藏西安碑林博物馆］；“同州三藏圣教序及记碑”［龙朔三年（663 年）、现藏西安碑林博物馆］。

冈田健认为“同龙门石窟的造像相比，这三件造像体现了长安地区的先进性。因此，从这三件雕刻可见，虽然属于玄奘归唐后的时代，但与西域的直接影响相比而言，更体现出作为长安造像的地域性及独特性”[18]，并指出“这三件造像可以说是能准确代表北周以来造像传统的基础上快速发展的长安初唐造像的特质的作品。”[19]

近年来，6世纪后半期的佛像在陕西省西安市及其周边不断考古出土，因此北朝特别是北周时代佛像的面貌逐渐明晰起来，所谓“长安模式”的研究也不断深入。

① 背屏式菩萨立像[20]（图九），西魏，汉白玉，高36、座长16、座宽9.5、座高7.5厘米。1974年西安市未央区南康村出土。舟形背光，高浮雕菩萨像，头戴略呈方形的花冠，宝缯垂至两肩。胸前佩戴宽项圈，天衣于腹部交叉垂至膝部。右臂贴体曲举，右手持花蕾；左臂下垂，左手持宝珠形物。跣足直立于台座之上。台座正面铭文：“元年九月二十日□□□佛弟子唐子晏敬造玉像一区为自己身合门大小内外眷属愿在□首一时成佛”。推测铭文中“元年”为西魏废帝元钦元年（552年）。

② 佛立像[21]（图一〇），北周武成二年（560年）铭，高250、宽76厘米。西安

图九 背屏式菩萨立像（西魏）

图一〇 佛立像
（北周武成二年，560年）

碑林博物馆旧藏。圆雕立像，肉髻低平，面部长圆形，两颐丰圆，颈部粗短，阴刻两道平行线。着通肩大衣，右臂曲举至体前，右手残；左臂前伸，左手掌心向外牵握衣角。胸部和两腿部用平行的阴刻线刻出几组“U”形衣纹线，跣足立于莲台之上。该像较大象二年造像（图一一）更为古拙。

③ 观世音菩萨残躯[22]（图一二），北周天和二年（567 年）铭，青石，残高 46 厘米。1985 年 9 月西安市雁塔区隋正觉寺遗址出土。该像头部和手部残缺。颈部佩戴有垂饰的连珠纹璎珞，连珠璎珞与腹前交叉于一颗椭圆形大珠后“十”字形垂下。两腿表面垂下“U”形天衣，上身几乎裸体，下身衣纹线为宽带状。佩戴臂钏和腕钏。右臂曲举于体侧，右手中似持物；左臂贴体垂下前伸。跣足立于台座之上。台座刻铭文：正面为“□和二年□月八日佛弟子李? 等敬造观世音像一区愿一切众生七世父母普同斯福”；左侧面为“邑子郭众、邑子李、邑子任和、邑子徐嵩”；右侧面为“邑子李延、邑子蒋绪、邑子李、邑子乐□”。

图一一　佛立像
（北周大象二年，580 年）

图一二　观世音菩萨残躯
（北周天和二年，567 年）

图一三　赵颠造观世音菩萨像
（北周保定五年，585年）

④ 赵颠造观世音菩萨像[23]（图一三），北周保定五年（585年）铭，青石，高42厘米。1975年西安未央区汉城公社（乡）中官亭村出土。造像面部长圆，短颈，头部偏大，上半身长，身体呈现矮墩的直立姿态。左臂残失，右臂前伸，右手掌心向外握一摩尼宝珠。头戴略呈方形的花冠，两侧飘垂宝缯。颈部佩戴连珠纹璎珞，两串“U”字形连珠璎珞从肩部分别垂至腹部和小腿部。带状天衣从两肩垂下于腹前交叉穿过圆形宝珠后垂至两膝部。条带状衣纹线，身体平直，跣足立于莲台之上。莲台为双重仰莲圆形，两侧各雕一蹲狮。该造像头、面、手部残留贴近，花冠涂红，现大部已脱落。台座正面刻铭文：“保定五年（585年）九月二十七日佛弟子赵颠造观世音像一区”。

⑤ 佛立像（见图一一），北周大象二年（580年）铭[24]，青石，2004年5月西安东郊出土，现藏西安碑林博物馆。与该像同时出土的还有四尊无铭文石佛像及莲台。推测这些佛像与台座都是北周时代的遗物品。赵力光、裴建平根据这些资料得出在北周时代长安地区形成了表现地域特征的新的佛像风格，概括其特点为“造型敦厚简练，形体健壮饱满，腹部挺鼓，肉髻低平，头部在整个身体中占的比例较大，呈头大身短的造型”；“故右手施无畏印，左手牵握衣角的姿态，可视为北周长安佛像的典型特征”，并将这种风格称为“长安风格”[25]。

以上菩萨像可见长安西魏至北周的菩萨像具有某些共同的造型特征，如面部长圆，身姿直立，头大身长，略呈方形的花冠两侧垂宝缯，胸部有繁复的连珠璎珞装饰，“十”字形或“U”形璎珞和天衣于腹前交叉后垂于膝部，下身装饰条带状衣纹线。

除了以上地域特点之外，6世纪末的长安佛教造像还显示了融合性。西安东郊出土的北周大象二年（580年）铭的立像一方面吸收了四川成都出土的梁大中元年（527年）立像所表现出的均匀整齐的衣纹线和山东省青州出土的立像的螺发和自然的人体表现等元素，另一方面保留了北周造像厚重的服装和质朴的表情特征。

汉城乡出土的三件菩萨像[26]（图一四）也可见北齐与北周两方面的造型传统。与山东青州出土的两件薄衣贴体的菩萨像相比，长安的两件菩萨像披挂着华丽的装饰品。共同点是两地菩萨像都具有上身略微前倾、腰身收拢、下半身富有量感和身体自然的姿态。此外，两地造像都采用了彩绘和金箔装饰。

图一四 菩萨立像

西安北郊草滩寺院遗迹出土的十七件龛像[27]（图一五）也显示了长安地区北周造像与北齐造像的融合过程。西安北郊草滩（寺院遗址）出土的十七件造像的时代被推测为6世纪后半叶。所有的造像的形制一致，都是在竖长方形的石板中间制作出内凹的佛龛，佛龛的中央浮雕出一佛二菩萨、弟子、天王像。主尊呈端正的坐姿，头部与腹部的浑圆感、两侧胁侍像的立体感与前述曲阳出土的两件造像十分类似。然而，腿部垂下复杂的形式化的衣纹则呈现出北魏风格的延续。这十七件龛像集中出土于同一个场所，推测原来同属于同一个寺院的供奉物品。从造型与图像的角度来看，这十七件龛像与武周长安光宅寺七宝台浮雕龛像有类似之处[28]。因此，这组群像可以被认为是长安地区奉纳龛像的早期作品，或许可称为七宝台浮雕石佛龛像的原型（prototype）。

二、隋代长安造像的多样性与融合性

隋代，伴随着长安成为全国政治的中心，它也成为佛教的中心地。6世纪后半期中国的南、北方已经形成的地域风格集中在长安。特别是与汉白玉材料同时，北齐的造像技术传统也传到了隋代的长安。在隋代的长安，以北周的地域风格为基础，急速吸收北齐造像传统，制造出融和风格的造像。Angela F. Howard从西安发现的北周大理石菩萨像与山东省龙兴寺出土的隋代菩萨像的类似性来研究两地佛教造像的关联，指出从6世纪末开始雕塑家超出地域的局限性，自由吸收不同地域的造像传统而制作造像，这种隋代造像风格的多样性与融合性成为形成唐代全国统一佛像风格的基础[29]。

图一五　龛像
（推测为6世纪后期）

隋代长安造像的材质有青石、汉白玉、黄花石。造型的门类有碑像、龛像，圆雕造像中有佛像和菩萨像，具备所有的造型门类。图像内容丰富，风格多样，既有继承北周长安风格的造像，又有反映其他地域风格的造像。

① 钳耳神猛造像碑[30]（图一六），开皇四年（584年）铭，青石，高96.5、宽48、厚26厘米，西安碑林博物馆旧藏。

② 菩萨立像[31]（图一七），开皇六年（586年）铭，青石，高88、宽32厘米，西安碑林博物馆旧藏。该造像除了继承北周菩萨像的某些造型要素外，还出现了新的特征，第一，身姿改变直立的姿态，左腿稍前伸，呈现出动感。这种左足前伸的造型方法可能受到四川地区菩萨像影响。第二，面部和身体的立体感增强。第三，璎珞和衣纹线简化，条带状衣纹线弱化。

图一六 钳耳神猛造像碑
（开皇四年，584年）

图一七 菩萨立像
（开皇六年，586年）

③ 释迦立像[32]（图一八），开皇十二年（592年）铭，汉白玉，高69厘米，1979年出土于岐山县五丈原红星村处土沟，伴出瓦砾和夯土等建筑遗物，推测原来为一寺院遗址，现藏岐山县博物馆，出土时有朱砂。造像螺髻，长耳方颐，眉目微启。上身着通肩大衣，袒胸，大衣前摆垂于膝下，下身着密褶长裙。右手举于胸前施无畏印，左臂前伸，手心握宝珠，跣足立于仰莲座上。仰莲下有榫，与覆莲套合。莲台下有方形基座，四角各雕一卧狮。基座正面及左右两侧铭刻造像记，楷书129字。“开皇十二年岁次壬子十月癸酉朔廿八日庚子，清信佛弟子王贤良谨心？惧，知善可崇，知恶可舍，良喜空无，常仰凭三宝，敬造释迦（如）来像壹区。愿弟子上从七世父母，所生父母，永离三徒，众善咸辉；见（现）存之者，普获斯善。别将王贤良，世□佛弟子都督王世兴息别将贤，佛弟子王仲良、佛弟子王摩珂，佛弟子诸□宜好”。与该造像同时出土两尊菩萨像，一尊菩萨像高41厘米，头戴宝冠，冠上有一尊小化佛，冠旁宝缯垂肩。上身着无领短衫，披肩顺肩而下，飘于体侧，垂至足下。袒前胸。璎珞自胸前、

图一八　释迦佛立像

两肩垂至膝下又绕向身后。下身着贴体长裙。右臂弯举（自小臂处残佚），左手下垂执净水瓶。跣足立于仰莲座上，仰莲座下有方榫，原接覆莲及方座佚失。另一尊菩萨像带座，通高 70 厘米。头戴华蔓宝冠，冠旁宝缯垂肩。长耳方颐，双目微启。上身着无领短衫，衣带于胸前打结。披巾顺肩而下，飘于体侧，曳至足下。下着贴体长裙。胸前佩戴繁缛而精美的璎珞，下垂至膝下又绕向身后。右臂上举，手执柳枝；左臂下垂，手握净水瓶。双臂戴钏，跣足立于仰莲座上。仰莲座下有方榫与覆莲套合，覆莲下有方底座，底座四角各雕一蹲狮。该组造像较北周长安造像有较大的进展。释迦立像虽然仍残留头大身长的特点，但身躯较北周立佛像更加颀长清秀，立体感增强，衣纹线简化，手足部雕刻精细。这两尊菩萨像仍保留北周菩萨像的装饰特征，如垂宝缯的花冠，连珠璎珞垂于膝部，但明显的特征是条带状衣纹弱化或消失，在轻薄的裙下表现出腿部的轮廓，身体比例变得和谐，身姿趋向秀丽颀长，立体感增强。这些特征可能是受到北齐河北汉白玉造像的影响。

④ 弥勒像[33]，开皇十九年（599 年）铭，高 37 厘米，现藏富平县文管所。基座高 20、宽 23 厘米，正面二角各雕刻一个狮头，四周刻铭文："开皇十九年岁次已未四月丙申四月八日梁洪庆为□男女道□□永祥息女梁玉晖造弥勒像一区"。基座和须弥座之间为榫卯结构，弥勒佛像面部丰圆，发髻低平，头戴宝冠，宝缯下垂至肩部。复杂精致的璎珞下垂至腿部，上身内着"僧祇支"，外着敷搭双肩袈裟式外衣，颈部有铃铛饰纹，袒胸，左手握瓶；右手持带柄莲枝。两臂敷搭飘带，下垂于脚面。

⑤ 龛像[34]，开皇年间铭，汉白玉，宝鸡县双柏阳乡村出土。圆龛内雕一佛二菩萨像，佛像身穿通肩大衣，坐于佛坛上，作说法相。而侍立在两边的菩萨像站立于台上，下有力士承托。两侧各有一卧狮。造像质地为汉白玉料，由于长期受地下水的侵蚀，石质氧化。造像背部有铭："开皇□□□□□又□□□□□□父母及□□□□□石像一区□□□□□□□□□□□已未及父母□□□、□□□□□□"。同时出土开皇三年鎏金铜造像：立佛高 19 厘米，三瓣高宝冠，面相清癯，身穿褒衣博带式袈裟，细颈，平胸。右手置胸部，手心向前指天；左手指前，手心向上，似施无畏与愿印。身

后为舟状火焰纹背光，跣足立于覆莲座上，莲座下接四足佛床。床足上刻造像记："开皇三年二月□□□□一区□□□□□□□□□□□"。

⑥ 龛像[35]，开皇年间铭，石灰岩，高 42、宽 22.5 厘米，西安碑林博物馆旧藏。圆拱龛内高浮雕一佛二菩萨像，佛像肉髻低平，结跏趺坐于莲台上，着双领下垂式袈裟，条带状衣纹线。二菩萨头戴两侧垂宝缯的扁圆形花冠，上身赤裸，无佩戴瓔珞天衣，向外的一腿稍曲立于莲台之上。三尊像下长方形框，中部雕香炉，两侧各雕一蹲狮。正面下部刻铭文："开皇……"。

⑦ 魏善和造坐佛[36]，大业元年（601 年）铭，青石，残高 26 厘米，座长 16、宽 11 厘米，1982 年西安市未央区出土。圆雕佛坐像，头部残，结跏趺坐于台座之上，露出右足。右手施无畏印，左手残。着通肩大衣，胸部和两臂刻出简略的外凸阶梯状衣纹线，腿部阴刻出两道圆弧状衣纹线。台座正面阴刻铭文："大业元年（605）□月九日，魏善和为家内大小敬造释迦牟尼像一区上为皇帝及七世父母及所生父母并一切善□□普□成佛，和妻毛□容，息文宽，女□莫"。该造像为民间造像，造型手法较粗糙杂乱，混合几种不同的流派。

⑧ 姚长华造立佛残躯[37]（图一九），大业五年（605 年）铭，青石，残高 26 厘米，1985 年西安市雁塔区隋正觉寺遗址出土。圆雕立佛像，头部残。右手托钵，左手掌心向外持摩尼宝珠。佛像着通肩大衣，从胸前右侧出发刻出五道扇状散开的阶梯状衣纹线，用阴刻线刻出平行的衣纹线。跣足立于圆形莲台之上。方形台座四面阴刻铭文："大业五年七月十五日佛弟子姚长华奉为亡父母造像一区仰愿存□眷属一切有形者普□□"。

图一九　姚长华造立佛残躯
（大业五年，605 年）

由以上纪年作品可见隋代长安造像的融合性与多样性。在继承北周长安造像风格传统的基础上，融合各地域风格，并进一步洗练和升华，向写实性和雕塑性方面进展，形成了初步具有中央风格的造像：造像的比例趋于准确，身躯立体感增强，由稍感僵硬的直立姿态变得有动感；虽然菩萨像仍保留了连珠纹瓔珞装饰，但趋于简化；厚重的服装趋向轻薄，努力表现出服装下身体的立体轮廓，厚重僵化的条带状衣纹线弱化或消失。菩萨像出现了赤裸上身与呈现身体曲线、立体感强的新风格。佛像仍然保留厚重质朴的风格，但身姿趋向颀长和清秀。

三、初唐时期长安造像中央风格的形成

1. 中央风格的形成过程及特征

进入初唐时代，长安融合风格的造像向中央风格的方向进展。贞观后期长安形成了佛像的中央风格。650 年以前，作为地域风格的“长安风格”持续发展，材料逐渐多样化，礼拜像从西魏—北周的如来立像向北齐系统的坐像转变。导致这一变化的直接原因可能是以曲阳修德寺为代表的汉白玉造像的材料与技法向长安的传播。从北周至隋代，长安及其周边出现了较多的汉白玉像，或称“白石像”。与这种石材同时，坐佛像也迅速形成。例如隋正觉寺遗址出土的汉白玉坐像表现出河北地区的北齐坐像风格。

现藏日本有邻博物馆的铭文为贞观十三年（639 年）的马周造像（图二〇）被认为是初唐的基准作，推测为长安的作品[38]。该像自然的人体构成、头发、手部的细致表现增进了雕塑的写实性。而且可见衣纹线的形式化倾向。腿部、肩部有三道突起的圆形、左右对称的衣纹线，这是长安地区造像的重要因素，到了武周时代成为长安造像的典型特征。除此之外，该像表现出初唐造像的特征，造像目光向前平视，面部残留北周、隋以来的严肃感与硬朗表情。这尊佛像头部造型及面部表情与礼泉寺出土的佛头十分类似，此外，正觉寺出土的两件坐像也表现出同样的造型特征。

图二〇 佛坐像
（贞观十三年，639 年）

650 年以后，作为地域风格的“长安风格”向中央风格的方向进展。而且，以长安寺院为中心的佛教造型与佛教视觉文化形成。总结为以下几点：

① 大型坐像为中心的礼拜像的尊格定型化。

② 作为奉纳品的龛像的形制形成。

③ 碑像的中国化：作为佛教造像碑的形制形成。

④ 佛寺殿堂壁画成熟。

⑤ 造型技法方面。A. 线刻传统及其绘画性：佛像的眉以弧线表现，在眉毛中

间用一条阴刻线表现眉毛的曲线，衣纹线是造型的重要技法。B. 佛像的面部：腮部厚、胖、厚重，表现出质朴感。C. 佛像的头发多雕刻细致的螺发。D. 佛像多披袈裟。

螺发是中印度马土拉佛像的特征[39]。这种发型经南海诸国传入中国南方，接着到达中原、北方地区。南朝现存年代最早的螺发是齐永明六年（488 年）的维卫像。北魏至东魏，山东地方的佛像最先接受螺发的造型，如青州、诸城出土的佛像大多数是螺髻。以响堂山、天龙山石窟为代表的北齐时代佛像也流行螺发，以长安为中心的关中地区的佛像大概在隋代开始流行螺发。

2. 中央风格的形成原因

以长安为中心的关中地区的佛像从北魏到北周、隋，从地域风格飞跃为中央风格的原因可能有两个：

第一个原因是中央政府对造佛、造寺的管理正式化。据《广弘明集》卷二十八所载“唐太宗断买佛像勑”，唐太宗下令禁止民间造佛像及与佛像相关的商业活动。

“勑旨道形像事极尊严。伎巧之家多有造铸。供养之人竞来买赎。品藻工拙揣量轻重。购者不计因果止求贱得。卖者本希利润唯在价高。罪累特深福报俱尽。达犯经教并宜禁约。自今以后。工匠皆不得预造佛道形像卖鬻。其见成之像。亦不得销除。各令分送寺观。令寺观徒众酬其价直。仍仰所在州县司检校。敕到后十日内使尽。”[40]

第二个原因是玄奘三藏从印度带回的佛像对中国佛教造型的影响。玄奘三藏于贞观十九年（645 年）春正月，结束了前后长达十八年的印度佛教巡礼回到长安。玄奘三藏归国时携带了 657 部经典，150 粒的释迦如来的肉舍利，同时还请回“转法轮像等七躯”佛像。在《大唐故三藏法师形状》有详细记录。《大唐西域记》卷十二对玄奘法师请回的七躯佛像有详细的记录。前人的研究普遍认为这些佛像对初唐佛教造型有影响。玄奘三藏请回的佛像对中国佛教美术到底有多大的影响？即关于初唐佛教造型的印度原型及其中国化的过程已有研究。1999 年，百桥明穗认为与从印度请来的佛教经典同时，纯正的佛教造型与寺院庄严的做法和佛教行事也传入唐土[41]。1999 年肥田路美推测玄奘三藏请来的七躯佛像为印度的笈多风格。当时中国制作的释迦像无论是尊格还是造型都是作为普遍的如来像来塑造的，与这种无个性的尊像相对，七躯请来的释迦像是把释迦牟尼当做历史上真实存在过的人的姿态塑造的。接着，肥田路美认为两者之间有着质的区别[42]。

这种接受了印度佛像风格影响的初唐佛教造型与“古样”（魏齐以来的造像传统）相比，存在着风格上的差异。活跃于初唐时代的僧人道诚在《释氏要览》对当时佛像的“梵相”有如下论述：“造像梵相。宋齐间皆唇厚鼻隆目长颐丰。挺然丈夫之像。自唐来笔工皆端严柔弱似妓女之貌。故今人夸宫娃如菩萨也……”[43]

670 年前后，在长安形成的中央造像风格传播到龙门石窟。673 年制作的惠简洞与675 年修造的奉先寺洞都是在来自长安的僧侣的指导下完成的。从造像铭来看，十九个龛像的供养者也来自长安。从这些造像活动来看，长安的中央造像风格对龙门产生了影响。

注　释

[1] 李裕群：《试论成都地区出土的南朝佛教石造像》，《文物》2000 年第 2 期，64～76 页。

[2] 张肖马、雷玉华：《成都市商业街南朝石刻造像》，《文物》2001 年第 10 期，4～18 页；刘志远、刘廷壁：《成都万佛寺石刻艺术》，中国古典艺术出版社，1958 年；袁曙光：《四川省博物馆藏万佛寺石刻造像整理简报》，《文物》2001 年第 10 期，19～38 页；霍巍：《四川大学博物馆收藏的两尊南朝石刻造像》，《文物》2001 年第 10 期，39～44 页。

[3] Angela F. Howard. From Han to Tang: The Acculturation of Buddhist Images in China. *Orientations*. October 2004, p. 47-56.

[4] 杨伯达著、松原三郎　訳・解題：《埋もれた中国石仏の研究－河北省曲陽出土の白玉像と編年銘文》，東京美術出版社，1985 年，153、154 页，図版 29。

[5] 大阪市立美術館：《大阪市立美術館蔵品選集》，1986 年，181 页，図版 196。

[6] 肖贵田：《山东省佛教美术概观》，《中国・山東省の仏像－飛鳥仏の面影－》，MIHO MUSEUM 友の会，2007 年，118、119 页。

[7] 宿白：《青州龙兴寺窖藏所出佛像的几个问题——青州城与龙兴寺之三》，《文物》1999 年第 10 期，44～59 页。

[8] MIHO MUSEUM：《中国・山東省の仏像－飛鳥仏の面影－》，MIHO MUSEUM 友の会，2007 年，図 49，第 135 页。

[9] MIHO MUSEUM：《中国・山東省の仏像－飛鳥仏の面影－》，MIHO MUSEUM 友の会，2007 年，図 55，第 137 页。

[10] MIHO MUSEUM：《中国・山東省の仏像－飛鳥仏の面影－》，MIHO MUSEUM 友の会，2007 年，図 46，第 134、135 页。

[11] 杜在忠、韩岗：《山东诸城佛教石造像》，《考古学报》1994 年第 2 期，240 页，图版拾壹-2。

[12] 李巳生：《成都万佛寺梁代造像艺术特色的形成》，《敦煌研究》1992 年第 3 期，40、86～92 页。

[13] 雷玉华：《成都地区的南朝佛教造像》，《魏晋南北朝史论文集》，巴蜀书社，2006 年，270～286 页。

[14] 李裕群：《试论成都地区出土的南朝佛教石造像》，《文物》2000 年第 2 期，64～76 页。

[15] 李淞：《陕西北朝佛教艺术》，《陕西佛教艺术》，艺术家出版社，1999 年，61～67 页。

[16] 赵力光、裴建平：《西安东郊出土北周佛教立像》，《文物》2005 年第 9 期，76～90 页。

[17] 岡田健：《長安初唐造像の展望》，《仏教芸術》No. 177（March 1988），61～74 页。

[18] 岡田健：《長安初唐造像の展望》，《仏教芸術》No. 177（March 1988），69 页。

[19] 岡田健：《長安初唐造像の展望》，《仏教芸術》No. 177（March 1988），73 页。

[20] 西安文物保护考古所：《西安文物精华——佛教造像》，世界图书出版社，2010 年，51 页。

[21] 西安碑林博物馆：《长安佛韵——西安碑林佛教造像艺术》，陕西师范大学出版社，2010 年，98、99 页。

[22] 西安文物保护考古所:《西安文物精华——佛教造像》, 世界图书出版社, 2010 年, 55 页。

[23] 西安文物保护考古所:《西安文物精华——佛教造像》, 世界图书出版社, 2010 年, 54 页。

[24] 西安碑林博物馆:《长安佛韵——西安碑林佛教造像艺术》, 陕西师范大学出版社, 2010 年, 86、87 页。

[25] 赵力光、裴建平:《西安东郊出土北周佛教立像》,《文物》2005 年第 9 期, 76~90 页。

[26] 西安市文物局:《西安北郊出土北周白石观音造像》,《文物》1997 年第 11 期, 78、79 页, 封面、彩色插页贰-1、2。

[27] 韩保全:《西安文管所藏北朝白石造像和鎏金铜像》,《文物》1979 年第 3 期, 83~85 页; 東京国立博物館:《宮廷の栄華 - 唐の女帝・則天武后とその時代展》, 1998~1999 年, 図 6-1、2、3, 第 30、31。

[28] 杨效俊:《长安光宅寺七宝台浮雕石佛群像的风格、图像及复原探讨》,《考古与文物》2008 年第 5 期, 69~83 页。

[29] Angela F. Howard. From Han to Tang: The Acculturation of Buddhist Images in China. *Orientations*. October 2004, p. 54-55.

[30] 西安碑林博物馆:《长安佛韵——西安碑林佛教造像艺术》, 陕西师范大学出版社, 2010 年, 38 页。

[31] 西安碑林博物馆:《长安佛韵——西安碑林佛教造像艺术》, 陕西师范大学出版社, 2010 年, 68 页。

[32] 庞文龙:《岐山县博物馆藏隋代石造像》,《文物》1991 年第 4 期, 93、94 页; 王文耀、付梅林:《隋代汉白玉造像》,《收藏》2010 年第 12 期, 66、67 页。

[33] 刘耀秦:《隋石雕弥勒造像》,《文博》1986 年第 5 期, 7 页, 图版叁。

[34] 王桂枝:《隋开皇三年鎏金佛造像与石造像》,《文博》1995 年第 4 期, 71 页。

[35] 西安碑林博物馆:《长安佛韵——西安碑林佛教造像艺术》, 陕西师范大学出版社, 2010 年, 69 页。

[36] 西安文物保护考古所:《西安文物精华——佛教造像》, 世界图书出版社, 2010 年, 103 页。

[37] 西安文物保护考古所:《西安文物精华——佛教造像》, 世界图书出版社, 2010 年, 105 页。

[38] "作品解说 28", 见有隣館学艺部:《有隣館精華》, 藤井斎成会, 2003 年。

[39] 李裕群:《驼山石窟开凿年代与造像题材考》,《文物》1998 年第 6 期, 52、53 页。

[40] 道宣:《广弘明集》廿八, 大正新脩《大藏經》第五十二卷, 329 页。

[41] 百橋明穂:《日中文化交流に架け橋 - 多くの三蔵法師たち》,《西遊記のシルクルード: 三蔵法師の道》, 朝日新聞社, 1999 年, 27 页。

[42] 肥田路美:《玄奘のもたらした仏像とその影響》,《三蔵法師? 玄奘のシルクルード "その遺産と指針": The Silk Roads Nana International Symposium99》, (財) なら? シルクルード博記念国際交流財団 シルクルード学研究センター 平成十二年 (2000 年), 75、76 页。

[43] 道诚:《释氏要览》卷中, 大正新脩《大藏經》第五十四卷, 288b 页。

山东金乡四六银塔

张　勇[1]　钱玉成[2]

（1. 金乡县文物管理所；2. 苏州市博物馆）

2010年5月21日，山东省金乡县光善寺塔维修加固工程施工至塔体二层半高度时，在检测砖砌体酥碱过程中发现砖体松动。经取出上部墙面酥碱砖体后，内部墙面出现了一个券顶式壁龛。壁龛宽0.72、进深0.75、高1.53米，内置包括佛塔、舍利棺在内的22件银质文物，舍利1宗。本文即专题介绍其中的四级六面银质佛塔（图版六，1）。

一、神奇四六

佛教是在两汉间传入中国的异国宗教，也是世界三大宗教之一。佛教在初传入中国的汉魏时期只在上层活动，远没有打开局面形成规模。到南北朝及以后，战乱使掌权者需要有效管理民众，而民众在磨难中也极需要精神上的抚慰。这样，以生死轮回、扬善惩恶、因果报应为主要教义的佛教得以迅猛发展。但是佛教要在中国发展必须要与汉地文化、习俗结合，并且要适应统治者的政治需求，这就是佛教的汉化，其最终结果是形成中国的佛教。这是源于印度而在内容和形式上迥异于印度的中国化佛教或称汉地佛教。

佛教在逐步汉化过程中接受了汉地文化和哲学，阴阳五行便是其中的一项主要内容。中国古代思想家看到包括人类在内的一切现象都有正反两方面，就用阴阳这个概念来解释自然界两种对立和相互消长的物质势力。《老子》说“万物负阴而抱阳”，肯定阴阳的矛盾势力是事物本身所固有的。《易传》则进一步提出“一阴一阳之谓道”，把阴阳交替看做宇宙的根本规律。“五行”是中国古代思想家对世上物质的基本构成的认识，说明世上万物都起源和统一于金、木、水、火、土五种基本物质。到春秋战国时，阴阳五行已成为当时汉民族主要认识观。佛塔作为体现佛祖存在的佛教主要构建，传入中土后，很快由古印度的窣堵波形式（圆形坟堆上插幡杆）转化为以楼阁式木构建筑为主流的汉塔形式。中国传统建筑的木构楼阁式构建其平面主要是方形和矩形两种形式。迄至唐代为止，中国早期佛塔的主流形制为方形楼阁式，从北魏开始以砖或其他材料取代易燃易朽的木材后，佛塔的形制也逐渐变为以八边形和六边形为主流的平面形制。金乡县的光善寺塔和塔中发现的鎏金银塔分别是八边形和六边形的平面形制。

在中国的阴阳概念中，奇数（单数）属阳，偶数（双数）属阴，因此金乡县的光善寺塔和其中发现的鎏金银塔在平面形式上都属阴的。在中国的传统建构中，除了亭有三角和五角的特例外，其余包括佛塔在内的古代建构都是平面边数呈偶数即双数的。如存留最早的嵩岳寺塔为十二边形，西安的大雁塔、小雁塔都是四边形（即方形），苏州的虎丘塔（云岩寺塔），杭州的六和塔，北京的天宁寺塔平面都是八边形的。除了嵩岳寺塔的十二边形为孤例外，四边形和八边形是前后不同时期的主流形式，因此保留至今的古代佛塔也数这两种平面形式为最多。

六是偶数（双数），在中国古代六也是一种吉祥数字，因此中国佛塔中六边形塔构建也较早，现在存留的六边形塔以山西五台县佛光寺东大殿左侧的六角形砖塔为最早。佛光寺创建于北魏孝文帝时（471～499年），隋唐之际已是五台山名刹，寺名屡见于传说，见于敦煌壁画中唐中叶绘制的五台山图，佛光寺居于显要位置。现今佛光寺内外还保留墓塔7座，其中东大殿左侧六角形砖墓名祖师塔，是创建佛寺时主持禅师的墓塔。塔两层，总高12米余，塔形为国内罕见，底层空心，内置六角小室，门洞外作莲瓣及火焰形券门。塔檐叠涩砌筑，上层塔身作假券门及破子棂窗，塔刹设仰覆莲座和宝珠，形制和构造与敦煌壁画上魏齐间古塔多同，当是寺宇创建时的遗物，这也是当时存留至今最早的六边形佛塔实物。佛光寺东山坡上尚有佛塔3座，皆单层，其中1座为唐大德方便和尚塔，平面六边形，唐贞元十一年（795年）建。寺西北里许亦有墓塔3座，除1座方形为唐解脱和尚塔外，另2座均为六边形墓塔，雕饰式样相同，其中1座有铭文，金泰和五年（1205年）建。以上佛光寺内外，共保有自北魏至金的六边形墓塔共4座，实为我国保留较早的且有较高价值的一批六边形塔的组合群体。纵观唐以后的佛塔平面形制，六边形还属少数。如《中国大百科全书·文物博物馆》卷中，列古塔目录近40处，加上佛寺条目中含古塔者，约有古塔百余座，其平面多为方形和八边形，平面为六边形者除上述佛光寺者4座外，亦有广东南雄之三影塔，北京银山塔林处有4座，湖北襄樊广德寺多宝佛塔上的四角小塔等寥寥数座，确属少数。《苏州古塔》中列出今存塔共21处26座。其中六边形塔只5座，也可证实六边形塔确属少数之状况。但也有反常情况，如四川南充地区在1985年9月编印的内部材料《南充地区文物保护单位介绍》中共介绍塔13座，其方形4座，八边形1座，而六边形者竟有8座，占了绝对多数，这恐与当地宗教信仰习俗及匠师技艺有关。

根据阴阳和谐及相互配赋的道理，中国的佛塔层数多为奇数，即单数。奇数属阳，成为多数佛塔的层数，其中以单层的和尚墓塔和七层的古塔为多数。“救人一命，胜造七级浮屠”的佛教用语便说出了此一状况。异于七的五、九、十一、十三和十五等奇数层级的古塔虽有存留，如福建开元寺石塔和山西应县木塔（释迦塔）为五层，苏州北寺塔（报恩寺塔）和光善寺塔同为九层，西安小雁塔和登封嵩岳寺塔同为十五层，陕西泾阳崇文宝塔和开封铁塔（佑国寺塔）及兖州兴隆寺塔同为十三层塔等，但属比较少见的。而七层的古塔遍及各地，占了古塔的绝大多数当是不争的事实。如果追根溯源，印度的佛塔制度规定，其塔的层数与塔顶相轮数相同，印度塔的相轮数是双数的，故塔的层数也应是双数。但传到中国后，由于前述“阴阳五行说”的关系等，佛塔层数多不采用双数而采用单数了，这是佛教汉化的标志和效应之一。

然而光善寺塔内发现的银塔却独创了四层这个属于偶数的层级。在现实存在的古塔中，也只有极个别的孤例，如最近于 2012 年 7 月初报道的西安市明代万寿塔即是六级六面的砖木结构的佛塔。这座塔总高 22 米，却已向西北方向倾斜 2. 64 米，显出岌岌可危的状态。这种重阴的古塔的建造除了遗存古印度佛教制度规定的返祖现象外，是否还有别的原因还有待考证。

总之，塔的平面边数与层数双双显出属阴的偶数在中国是属于较为罕见的状况，它会显示出重阴的神奇效果，它的出现也必有其具体原因。在中国古代风靡阴阳五行的文化习俗氛围中，这当是有着特别意义的，但这特别意义尚待深入考证和求教于方家。

二、天 工 银 艺

光善寺塔发现的银质鎏金佛塔（以下称银塔）通高 54 厘米，底部直径（指六边形的外接圆直径）为 17 厘米，银塔重 1592. 6 克，银塔壁面装饰图案以鸟兽纹为主，除正面辟一火焰式门洞外，其余五面各以鎏金饰出一佛像和四大天王像。银塔的形制为四级六面的楼阁式佛塔，其底座为平截的斜六面体台，每层台面下部为平正排列向上伸展的五片莲瓣图案。每个莲瓣中展现向上展开羽翅的鸟兽图纹，突显了佛教信仰的宗教氛围。

基座以上的四层塔体，每层下部有平座围栏，均仿木制作，每一面围栏均在相邻两塔角及中间作五柱状，其间嵌制矩形中空的栏板两块，形式简洁古朴，为早期木构佛塔平座围栏的标准样式。

每层塔体正面辟火焰顶式门洞，这也是早期佛塔门洞的常见形式，敦煌壁画中就多这种形式。门洞背面正中壁面饰佛像一尊，加饰鎏金使之凸出于壁面以突出佛像的主尊地位。佛像与门洞之间两边的两个壁面分别饰一尊天王像，也饰鎏金凸出于壁面，以突出仅次于佛像的辅尊地位。佛像和天王像造型庄严灵动，栩栩如生，这是银塔最主要的艺术内容和形式，也证实为佛塔的主要证据。塔体上部仿作瓦楞状的腰檐瓦顶。瓦顶在六边形转角处上翘，外端高处悬挂椭圆形体铃铎 1 枚，四层塔体共计有铃铎 24 枚。

塔体以上是塔刹部分，这部分由一根由下向上、由粗变细的刹柱和刹杆支撑于四层塔体的顶部中心，自下而上贯穿着仰莲、仿作二层刹柱形基座、宝珠，三层相轮，四瓣状的仰花及花下联结链条的开孔圆盘，最上端略成葫芦形的刹顶，有两个鎏金圆形球体（其一为顶端向上作尖顶的锥形半球体）。此二球表面鎏金，金光辉煌，令人注目。其中仰花下的圆盘边缘处开六个圆孔悬挂六根银质链条连接至四层顶部腰檐戗角的顶端，与此处的铃铎连接在一起。

纵观此银塔，基座、塔体和塔刹三部分一应俱全，当是一座比较规范的佛塔，与在中国现存同时代佛塔的基本构成并无二致，且其三部分的高宽比例均十分恰当匀称。全塔总高54厘米，基座高近4、宽17厘米，似依托地面承载塔体和塔刹，这种比例极为合适。四层塔体其高度和宽度见表一：

表一 四层塔体高度与宽度 （单位：厘米）

层数／尺寸	一层	二层	三层	四层	塔顶
高	9.5	6.8	5.8	5	2.7
宽	14.8	12.7	11.4	10.8	4.3

其尺度递减适当，显示塔体十分匀称和谐，令人觉得这是一座按实际佛塔缩小的塔范，尤其复杂精巧的是塔刹部分高约24厘米的刹杆自下而上贯穿了仰莲、二层柱台、宝珠、相轮、圆盘、仰花、葫芦状刹顶，一气呵成，天工组合，毫无一点拖泥带水的人工痕迹，真是一座巧夺天工的珍贵艺术品。这件精品银塔与其余的21件同时发现的银器一样，均银质构成，经古代匠师锤揲成型。银塔表面有明显的錾刻阻纹，特别腰檐瓦楞处锤揲成瓦楞，十分生动。主体壁面在装饰的佛像和四天王像饰有鎏金，以突出佛塔的主体内容。基座和塔体当是由银质薄皮整体锤揲而成的主体，其余平座、围栏、腰檐、铃铎、仰莲、宝珠、相轮、圆盘、仰花以及鎏金的葫芦状刹顶均由银质材料锤揲而成，然后安装于主体的相关部位之上。无论从整体和细节上看，都比例恰当，形象逼真，栩栩如生。从同时发现的《大般涅槃经》封底上有“大唐贞观”阴刻年款可知这银塔亦是大唐贞观（627～649年）年间制作的珍贵文化遗产，可以想象唐代初期的匠师具有何等的智慧和付出了多么艰辛的劳动。

贞观是唐太宗李世民登基的唯一年号，因此光善寺塔发现的这批文物是属于唐代金银器。这22件文物中有佛塔1座，舍利棺1座（图版六，2），《大般涅槃经》册1函，藏经幢1件，荷叶盖三足莲形盐器1件；茶碾1套，方体箩子1套，复莲托盏1件，凤首执壶1件以及杯、盘、碗、罐共计22件。其种类繁多，内涵丰富，工艺精美，且有“大唐贞观”年号呈现（图版六，3），是最与陕西法门寺塔地宫出土的唐代金银器相类的一批珍贵文物。唐代金银器考古专家韩伟先生曾经将唐代的金银分为四期，初唐至高宗时期（618～683年）为第一期。时属贞观年间的光善寺塔发现的包括这座银塔在内的鎏金金银器确实属于唐代第一期的文物是确定无疑的。属于第一期的唐代金银器以往只有出土于内蒙古敖汉旗李家营子 1 号墓和西安沙坡、何家村的窑藏，种类单纯，仅有饮食器且数量较少，二者相比较，光善寺塔这批金银器种类和内涵要丰富、复杂得多，品位和等级也要高乘得多，而制作年代上又较时属咸通年间（860 ~ 874 年）的法门寺地宫金银器早了 200 多年。

唐代金银器具有很高的艺术价值，是当时重要的手工艺品。其制造部门分“行作”和“官作”两类。“行作”即为民间金银行工匠制作，质量较官营手工艺差。“官作”即指中央机构少府监中尚署所管辖的金银作坊院。中晚唐时又设文思院，掌造宫廷所需金银犀玉工巧之物。光善寺塔发现的这批鎏金银器因其艺术上乘显然极可能是少府监下的金银作坊院制作。据韩伟先生介绍，唐代金银器造型精美，结构复杂、工艺灵巧，经鉴定证实，当时已普遍采用了鎏金、浇铸、焊接、切削、抛光、铆、镀等工艺，使制造工艺达到很高的水平。光善寺塔发现的包括这座银塔在内的文物虽以锤揲为主，但也在不同器物以及器物的表面及细节处采用了鎏金、焊接、切削、抛光、铆、镀等这些在唐代业已成熟的工艺当是不争的事实。正是唐代初期匠师们巧夺天工的高超智慧和技艺成就了光善寺塔的这批珍贵文化瑰宝。2010 年经故宫博物院和山东省文物专业人员鉴定这批共计 22 件的唐代鎏金银器全部被定为一级文物。

参 考 书 目

中国大百科全书总编辑委员会：《中国大百科全书（文物 博物馆）》，中国大百科全书出版社，1993 年。

徐文涛：《苏州古塔》，上海文化出版社，1998 年。

《南充地区文物保护单位介绍》，四川省南充地区文化局编印，1985 年。

《山东金乡光善寺塔出土 22 件唐代珍贵文物专家初步鉴定为国家一级文物》，《中国文物报》2010 年 12 月 3 日。

韩金科、赵申祥：《法门寺》，五洲传播出版社，1998 年。

张驭寰：《中国塔》，山西人民出版社，2000 年。

济宁市文物局：《济宁文物古迹》，文物出版社，2009 年。

扶风法门寺地宫的年代及其研究意义

高继习
（济南市文物考古研究所）

一、唐塔下的地宫

中世纪时期，中国佛寺塔下地宫的主要功能是瘗埋舍利。正如笔者在以前的研究中指出的那样，在为瘗埋舍利的塔下建筑结构排序时，我们会注意到它们在初唐时期（618～713年）发生过一次突变：初唐之前的舍利瘗埋方式都是在竖穴式土坑内放置石函，佛舍利纳于石函之中；而之后的塔下空间布局，则是仿横穴墓室式地宫占据主流[1]。位于甘肃泾川贾家庄的唐代大云寺塔地宫，以往通常被认为是后者的肇始[2]，该地宫中佛舍利被供养于一套中国传统样式的金棺银椁之内。然而，根据笔者研究，陕西扶风法门寺塔唐代地宫才是仿横穴墓室式地宫的最早案例，是包括泾川大云寺唐代地宫在内的同类佛教地宫的原型。本文将论证法门寺塔地宫始建于唐高宗龙朔二年（662年），而不是通常认为的咸通十五年（874年），并深入探讨此年代的历史背景以及这座建筑在佛教发展史上的意义。

迄今所见，在初唐之前以竖穴坑瘗埋舍利的旧方式的最后案例，是一件河北正定北白店村出土的隋代石函，瘗埋年代是605年[3]。该石函应系隋文帝于仁寿年间颁赐舍利于诸州并令建塔供养时的遗物之一[4]。根据相关铭文推断，1964年发掘的泾川大云寺塔地宫建造于延载元年（694年）[5]，比北白店舍利石函的年代约晚90年。正是在这个时间段内，舍利瘗埋的建筑形式由石函（或砖函）演变为仿横穴墓室地宫。假如中国仿横穴墓室式地宫的原型始自泾川大云寺，那么该寺理应在当时的佛教界拥有特殊的地位和影响力，然而依据我们的知识，事实并非如此[6]。该次舍利塔营造的主要赞助人是当地的官员和僧尼，其中最重要的两个人物是泾州刺史源修业和著名文学家孟诜，并没有皇室成员或著名高僧参加，可见该寺的地位和影响力有限。该碑未提到“地宫”或相关语句，暗示在修建者看来，该地宫形制并无特殊之处。综合上述各种因素，与其认为该地宫的建筑形式为模式的初创者，不如认为其仿自某种固定模式。因此，我推测必有另一座享有盛望的寺院，能为唐代佛教界提供建造塔基地宫的新模式。扶风法门寺，最终成为此类寺院的最佳候选者。

当然，唐代并不缺少其他重要的皇家寺院，如都城长安的慈恩寺、荐福寺、安国寺、弘福寺、章敬寺等[7]，它们因各具特色而闻名，比如有的因规模庞大，能占“一坊之地”；有的是因为曾是玄奘等高僧译经处，但要说到其中以礼敬舍利而最为闻名的寺院，则非法门寺莫属。法门寺不但拥有一枚罕见的佛骨舍利，而且其礼敬舍利的方式也尤为独特，这些特点让它在佛教舍利瘗埋方式的演变方面，有条件扮演一种重要的、甚至是决定性的角色。

迄今我们并不能确证法门寺最早得到佛骨舍利的时间，但依据地方史志上记录的一则唐中宗时期张彧撰写的碑铭《大唐圣朝无有死大圣真身宝塔铭并序》，该佛骨在唐代以前已经至少现身两次，即北魏普泰二年（532 年）和隋仁寿二年（602 年）[8]。有唐一代，法门寺佛骨舍利共被诸皇帝、僧众取出七次以充敬养（不包括唐武宗在会昌灭法期间命人开地宫毁舍利的那次）。

1987 ~ 1988 年，因法门寺唐代塔基上的明代佛塔毁于地震，唐代地宫被考古部门重新发现并发掘，从此之后便成为多个学术领域的重要研究对象[9]。不过，学者们的研究重点大都放在地宫中出土的文物上，尤其是在传说中的释迦牟尼佛骨、供养舍利的金银器皿、丝织品、伊斯兰玻璃器、秘色瓷、茶具以及密教曼陀罗仪式等方面，但对佛教地宫本身的意义却论述不多，对其建设年代也并未予以充分关注。通常，该地宫被认为是咸通十五年（874 年）的遗物，因为地宫内摆放的两件石碑铭文都明确记载，该年法门寺塔地宫被重新填充众多珍贵的供物并被填埋[10]。然而这是否就是该地宫的初次建设年代呢？

与其他很多寺塔不同，法门寺唐塔地宫中并未保留下带有建塔相关铭文的石碑，因此要确定其建设年代，只能依赖于考古和文献的分析。下文将通过实例分析，先否定法门寺塔地宫的初建年代为 874 年，而后将此年份论证为龙朔年间。

二、对 874 年之说的否定

一般来说，唐代地宫应位于塔下中心位置，但考古发掘表明，法门寺塔地宫南部比唐代塔基南端长出 7.4 米。该地宫主要以石料砌筑，用砖极少。它由七部分组成，自南向北依次是台阶状入口（墓道）、平台、甬道、前室、中室、后室、后室下方秘龛。其全长为 21.1 米，整个内部的面积为 32.5 平方米；其各部分的宽度并不一致，前部比后部狭窄（图一）。在初建时，人们先是挖了一座敞口的长方形基槽，基槽的上部周围是塔基夯土，基槽的下部打破生土。地宫基槽呈长方形，长约 14、宽 2.2 ~ 2.55 米，最深处不小于 6 米。基槽的东西两壁各有六个凹槽，发掘报告认为这是当初挖坑时为防止周围土壤坍塌而搭建木质架构留下的遗存[11]。这是一座迄今为止发现的最为豪华和复杂的佛教地宫。从报告描述内容看，该地宫的修建曾有过细致地设计，其七部分构成一个统一的整体，换句话说，整个地宫是同一时间构建的，其后未再增减过

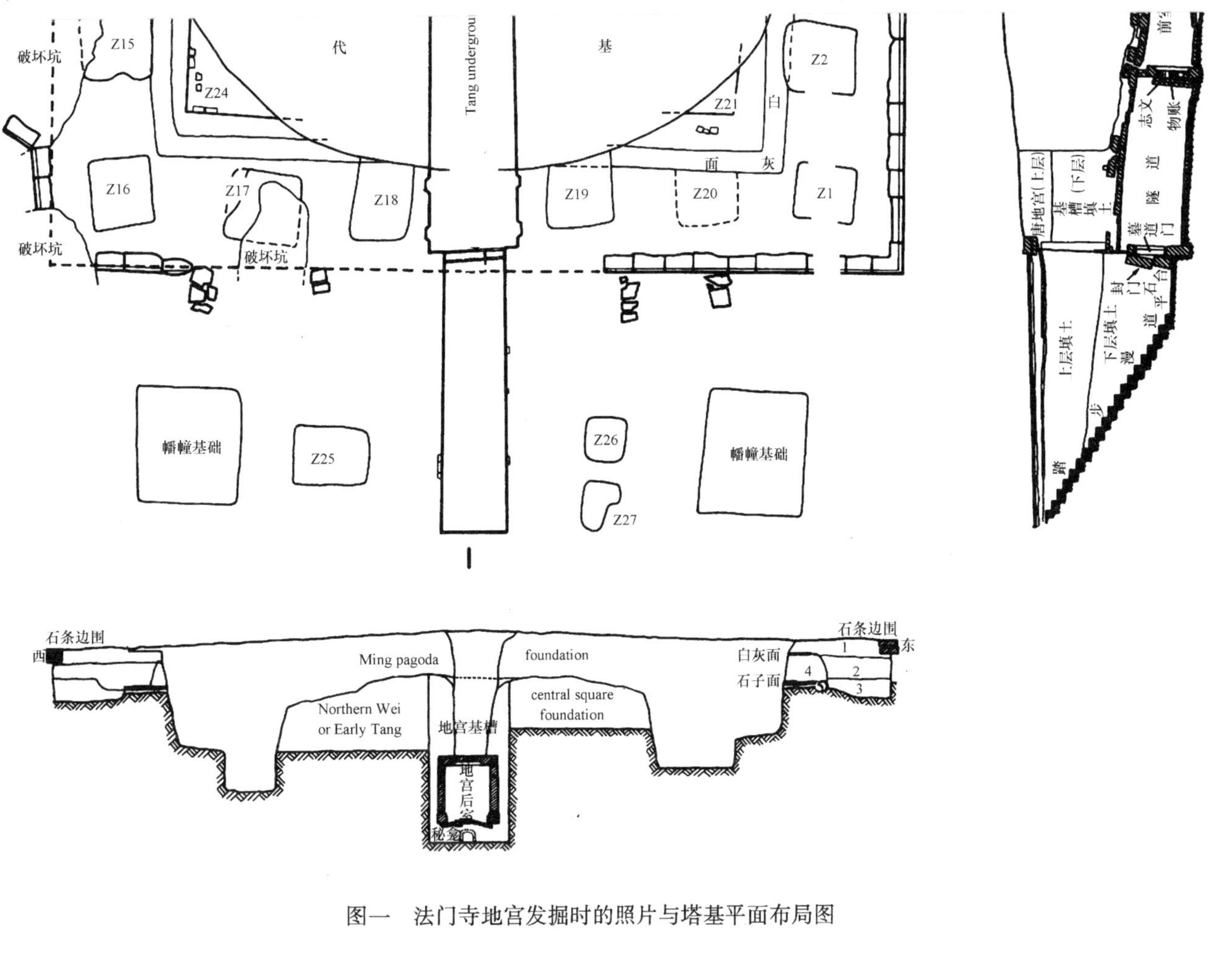

图一　法门寺地宫发掘时的照片与塔基平面布局图

设施。

问题是，地宫的初建发生于何时？前文已提到，笔者怀疑其为咸通年间的可能性，下面列举有众多的考古学和历史文献的证据。

考古学上的证据，首先是该地宫规模颇大，以至于很难在一座已经矗立着的塔下建筑它。根据文献记载，法门寺曾在662年建过一座佛塔[12]，此后在整个唐代该寺再也没有建塔的记录（同时，没有考古报告表明该寺内还有其他唐塔），因此874年时矗立于该寺的佛塔，很可能就是662年所建的那座。地宫的前端超出了唐塔塔基范围，而且地宫本身体量颇大，如果其系在塔下施工，则极易破坏塔基的稳固性。从考古报告公布的平面布局看，法门寺唐塔与地宫应该也是统一设计并作为一个整体同时施工的。

其次，法门寺考古发掘简报详细公布了该地宫内部一些早期破坏痕迹，既然该地宫在874年以后至考古发掘以前未曾再打开过，那么这些破坏痕迹必然早于874年，则地宫初建年代也早于874年。比如，中室西侧石门上的浮雕损坏严重，部分遗失[13]，考古简报、报告中没有提及其碎片的去向，也未有碎片被修复到该浮雕上，所以很可能在发掘前，包括在874年以前，这些碎片就已经不在地宫内了。对于浮雕的损坏年代的最合理解释，是其曾在会昌年间唐武宗命人开塔基毁佛骨时遭到连累。

图二 地宫中、后室的四扇石门

第三，地宫中一些彩绘装饰的风格不属于晚唐。中室两扇门扉上的装饰就表现出迥然不同的风格：其西扇上是一身彩绘的高浮雕毗沙门天王形象，施白色的底色；其东扇则不同，虽然发掘报告上称其为“表面涂成黑色，而后在高浮雕上施以白、红和绿彩”[14]，但从同书公布的彩色图版看，该门扇上并无浮雕，而是在平面石板上彩绘一身天王的形象。很明显，这两扇石门并非同期制作的一对，其西扇上的高浮雕毗沙门天王的风格，与后室两扇石门上的高浮雕天王形象一致；该三身天王脚下都有踩踏夜叉的形象，然而中室东扇上彩绘天王的脚下并无夜叉，而是一块岩石[15]（图二）。种种迹象表明，中室东门扇时代要晚于中、后室其他门扇，推测是原先该位置的门扇遭到损坏，不能再使用，所以在维修地宫时，便临时另做了一扇，但因时间仓促，来不及做浮雕，便以平面彩绘代替。该平面彩绘天王的形象，模仿了后室东门扇上浮雕天王的形象[16]，然而形似神不似，与其他三身天王形象比，新绘天王不但体态要丰腴一些，而且表情温和，服饰、盔翅、身旁云朵等皆线条柔和，表现出浓厚的晚唐风气。从时间上推断，该门扇很可能是 874 年为瘗埋舍利而修补地宫时仓促补做的，而其他门扇上三身天王像则颇具高宗、武则天时期至盛唐时期艺术的气度。与此相应的是，法门寺考古发掘报告指出，地宫前室门东侧石板上阴线刻的忍冬纹，其风格也属于盛唐[17]；同样具备盛唐风格的作品，还有甬道门上方拱圈内所嵌石板上的双朱雀浮雕（图三）。

图三　地宫甬道上方的双朱雀浮雕

第四，地宫甬道门槛石断裂，空缺处以三块上下叠压的残砖填补[18]。无疑，以残砖填补在如此显眼处，这种潦草的现象应该不会发生在新建的皇家佛寺地宫中，此临时性措施产生的历史环境将在后文解释。

第五，上文提到，有两块咸通十五年的石碑被随意地放置在甬道的尽头。但是按照常理，如果地宫是该年建筑的，两块石碑应被嵌入到地宫内墙体内部，而不是挡在甬道内部。

综上，考古证据表明该地宫不可能初建于 874 年。

不论是传世的文献，还是地宫中出土的两块咸通年间的碑刻，都可佐证这个观点。两块石碑之一的《大唐咸通启送岐阳真身志文》，记录了 871 年和 874 年皇室迎送法门寺佛骨舍利的仪式[19]。该碑称，法门寺曾于会昌年间被毁[20]，之后重修过。咸通十二年（871 年）农历八月十九日，佛骨舍利被重新发现于“旧隧道之西北角”。陈景富先生认为此“旧隧道”指被毁坏的旧地宫，并推测咸通年间曾建设一个新地宫（即 1987 年考古发现的地宫），用以盛纳新颁赐的丰富供养品[21]，然而此说的论据并不充分。本文认为，“旧隧道”就是指“旧地宫”的前部甬道，而不是地宫本身，因为“隧”字在中国古籍中本就指狭窄的地下通道[22]。

另外，《大唐咸通启送岐阳真身志文》载咸通十五年正月四日佛指舍利“归安于塔下之石室”。按照汉字的一般用法，既言“归”安，则石室应为旧日已有，而非新建。同碑记载662年曾“共下舍利于石室掩之”，则两处“石室”应指同一建筑物。

综上，考古学与文献学的证据都表明，咸通十二年重新找到佛骨舍利时，法门寺塔地宫已然存在。

咸通十四年三月二十二日，受皇帝诏令，佛骨由众多官员和僧众迎请入国都。七月，懿宗生病驾崩。第二年的正月初四，佛骨被送回法门寺，并于15天内完成重新瘗埋的仪式。舍利送还和重新瘗埋仪式的赞助人，是新即位的年仅11岁的唐僖宗。此次仪式较为低调，远没有八个月前迎请时那般铺张。《唐阙史》记载：“明年，懿宗升遐，今上即位，诏归本寺，肩舁陌上，粗备香梵。去岁徒众，万无一来，循路见者，顶别而已。”[23]《杜阳杂编》也称：“僖宗皇帝即位，诏归佛骨于法门。其道从威仪，十无其一，具体而已。”[24]或许唐懿宗有过同样高调送还舍利的计划，但该计划因他的驾崩戛然而止。送还仪式的低调，或许因为受到懿宗葬礼的影响[25]，但更重要的应是众人对佛骨舍利“神性”的质疑。朝廷和民众曾以近于疯狂的供养方式迎请舍利，希望它能够给大唐帝国、给皇帝、给自己带来奇迹，但奇迹却并未发生且懿宗突然晏驾。奇迹幻灭后，供养者热情大减，各种仪式从简，送还后数日即瘗埋，应该来不及新修地宫，甚至修补旧地宫的工作都有些潦草。前文所述的几处潦草的修补痕迹，可能正是这种历史条件下的产物。

地宫出土的一些供养物中，其自身铭文表明其制作于871年[26]，即佛骨舍利被重新发现的那年。这证明佛骨在入宫前就已吸引不少僧众赴法门寺供养，但塔和地宫不一定在当时修复。874年，唐僖宗“诏凤翔节度使令狐绹、监军使王景珣充修塔寺”[27]，然而显然此次维修对地宫本身影响很少，其主要维修对象应是地宫封闭后寺内的地上建筑物。

总之，以上所有的论据，都否认了法门寺塔地宫初建于874年，该年仅对地宫局部进行过简单的修复工作，地宫主体早已存在。

三、唐代七次供养佛骨舍利事件

在懿宗之前，唐代帝王已经有过6次开启并供养法门寺佛骨舍利的事件。每次的开启和迎送舍利，都得到皇室的许可或授意，这就决定了法门寺地宫的初创，必然是其中某次供养舍利的产物。然而究竟是哪一次呢？让我们逐一分析：

第一次发生于贞观五年（631年），唐太宗接受岐州刺史张德亮的奏请，首次开启法门寺地宫，展示舍利，一时轰动朝野。但据有关记载，此次法事都在法门寺举行，未将舍利迎到长安皇宫中，开启两个月后重新瘗埋。经太宗同意，以望云宫旧材（应指木料与砖、石、瓦料等）为佛骨舍利营造了一座佛塔。该塔应系木塔，可能因为用材陈旧而不甚坚固，所以当三十年后有人奏请高宗重建法门寺塔时，称该塔“旧材多杂朽”[28]。塔下舍利的埋藏条件也很简陋，所以当 659 年舍利重新出现时，道宣感叹：“在石臼中如何狭陋若此！”[29]这说明在 631 年年底重新瘗埋舍利时，张德亮等人仍是将舍利置于石函中埋入塔基，延续了北魏以来的传统方式。

第二次恭请舍利是在高宗显庆四年（659 年）九月。先迎入长安宫中，次年送入东都洛阳，由武则天供奉，两年后才送返法门寺地宫。送还时高宗和武后命工匠雕造了一套包括金棺银椁在内的九重宝函作为舍利容器，他们的捐赠还包括一座雄伟的新佛塔。龙朔二年（662 年）二月二十五日，佛骨舍利被埋于新塔下的一座“石室”[30]。

第三次在武后长安四年（704 年），武则天生病，或许是预感到自己即将失去皇位与生命，她将希望寄托到了迎请佛骨事件上。值得注意的是武则天此次对待舍利的供养方式有了革命性的变化，她“敕令王公以降，洛城近事之众，精事幡华幢盖，仍命太常具乐奏迎，置于明堂”。把佛骨安置在洛阳明堂之中，用相当于祭天、祭祖的仪式来供养佛，足见其虔诚。然而，供养仪式开始后不久，武则天就在一场宫廷政变中被迫退位，并于次年逝世[31]，唐中宗将舍利继续留在宫中两年。景龙二年（708 年），中宗与韦后亲自将佛骨送还法门寺。他们还与其他五位皇室成员一起，各剪己发，放入石函，以供养舍利。710 年，中宗下诏将法门寺更名为“圣朝无忧王寺”，将塔更名为“大圣真身宝塔”，并刻石留念[32]。

第四次是在上元五年（760 年），肃宗迎请佛骨入长安，但因适逢安史之乱，国库亏空，此次迎请规模较小，两个月后送还。

第五次在贞元六年（790 年）春，德宗又请佛骨入长安，两个月后送还[33]。

第六次在元和十四年（819 年），“宪宗启塔，亲捧香灯”[34]，先迎舍利到长安宫中供奉，再送到其他寺院。此事当时极轰动，致“王公士庶，奔走舍施，唯恐在后，百姓有废业破产、烧顶灼臂而求供养者”。由于极其劳民伤财，引起了时任刑部侍郎韩愈的谏奏，结果宪宗怒贬韩愈出朝。韩愈在诗中自嘲：“一封朝奏九重天，夕贬潮阳路八千。”[35]此即历史上有名的韩愈谏迎佛骨事件。

第七次也是最后的一次皇帝恭迎舍利发生在懿宗咸通十四年（873 年）。如前文所述，这次迎请规模宏大、耗财颇多。最后在将真身舍利送返法门寺地宫时，皇帝、皇后、王公贵族及士庶供奉的大量金银器、琉璃器、丝织品、法器等，也一起送入地宫供养。咸通十五年（874 年）正月，新登帝位年仅 11 岁的唐僖宗令人将舍利送回原塔。此后，真身舍利和数以千计的珍宝在地下沉睡了一千一百多年。

我们已然否定了地宫的初建时间在 874 年，但理论上说，另外六次供养舍利，每次重新瘗埋，都有可能建造这座地宫。但很显然，第一次供养时并未取得统治者的充分重视，根据《集神州三宝感通录》记载，该次仅就塔所“通现道俗”，并未入宫供养；而且如上文所述，其瘗埋方式应是塔基下埋石函的传统方式，无建设地宫的可能性。760 年和 790 年的两次供养，每次仅有两个月时间，不足以建筑地宫和塔。704 ~

708 年的供养，虽然时间充裕而且帝王也足够重视，但没有任何证据表明当时曾在法门寺建造过塔或地宫，仅是寺、塔改名，并可能对地宫做过一点小型施工（详见后文关于地宫中室灵帐的推测）。819 年的供养，不但史志中无修建塔或地宫的记录，在韩愈毫不留情揭露佞佛之灾的奏表中也未曾提及。因此，在七次供养事件中，如下文所分析的那样，既有充分时间，又有帝王支持，且有文献记载可依据证明曾建塔与地宫的，只有 659 ~ 662 年的那次。

四、为何是 662 年？

与高宗时期法门寺建塔密切相关的文献有两种。

第一种是上文提到的曾参与过该次舍利供养事件的唐僧道宣撰写的《集神州三宝感通录》。该书提到：“……（高宗）即给钱五千，绢五十匹，以充供养……敕使常侍王君德等送绢三千匹，令造朕等身阿育王像，余者修补故塔……僧以旧材多杂朽故，遂总换以柏，编石为基，庄严轮奂，制置殊丽。”又说：“以龙朔二年（622 年）送还本塔。至二月十五日奉敕，令僧智琮、弘静，京师诸僧与塔寺僧及官人等无数千人，共藏舍利于石室掩之。”可见，该工程最初只是打算“修补故塔”，但因旧塔之“旧材多杂朽”，所以“总换以柏”及重建了塔身；于重建塔身同时，还“编石为基”，即以石材构筑塔基。“石室”应该正是此“编石为基”的重要组成部分，因为 1987 年考古发现的法门寺地宫，恰为石筑，在建筑材料上与该记载相符；而且，“室”字在中国古代恰恰又是指封闭性的可供人居住或埋葬的房屋状空间，法门寺地宫，无疑恰好符合“石室”这一概念的定义。迄今所见文献中，《集神州三宝感通录》是最早记载法门寺塔下有“石室”的。在此之前，文献只用“塔下”、“灵趾”、“塔基”来指称舍利瘗埋处，却从来未曾用过“室”字来描述，因为那时流行的石函是不具备称为“室”的条件的。综合推断，法门寺唐代塔基与塔体皆是该次工程中同时修建，一座石室地宫也包括于其中。

第二种是成文于唐中宗时期的《大唐圣朝无忧王寺大圣真身宝塔碑铭并序》，载：“二圣亲造九重宝函……复益令增修。有禅师惠恭、惠方等，遵睿旨，购宏材，征窝县之工，写逢壶之妙，咨□匠而葳制，献金摹以运斤，不日不月，载营载葺，且叙瞰□谷，左偎□□□□□□，襟带八川……”这些记载中，“尊睿旨，购宏材，征窝县之工”说明当时工程量的浩大，而且系奉皇帝旨意施工；“不日不月”说明工程持续时间很长。

《真身宝塔铭并序》还说明高宗年间法门寺塔的修造，虽全力经营，仍耗时长达数月。这可以解释为何佛骨舍利长期供养于宫中，原因之一应是为新塔和地宫的设计与营造留出充分的时间。该塔的营建，始于显庆五年（660 年），竣工之日不明确。塔下的石室，初次使用是在 662 年初，故本文以 662 年作为其初建年代。

能够而且愿意改变舍利瘞埋模式的人，在我看来，最可能是武则天，她以在多个领域勇于革新而闻名。如前文所述 704 年迎佛骨时，她还曾将佛骨供奉于祭天祭祖的明堂之中，该明堂为武则天仿照先秦礼制而建。不但恢复明堂本身为一创举，而且将佛舍利置于明堂中供养，更是体现了她将佛教供养仪式与中国传统礼法的祭天祭祖仪式结合的意图，是其改造佛教礼仪的一次尝试。

舍利造九重金银棺椁的新样式，虽然《真身宝塔铭并序》称是尊“二圣”（高宗与武后）睿旨，但成书更早的《集神州三宝感通录》却将此殊荣独归于武则天，即“皇后舍所寝衣帐直绢一千疋，为舍利造金棺银椁，数有九重，雕镂穷奇”。同样，塔下地宫的新样式，应该也是武则天的创意。既然最早为舍利作金棺银椁的现象是 660 年武则天为法门寺佛骨舍利首创，那么泾川大云寺以中国式棺椁形葬具瘞埋舍利的行为，无疑是对法门寺舍利容器的模仿，杨泓先生对此已有精到论述[36]。所谓“上行而下效之”，与效仿法门寺金棺银椁制一样，泾川大云寺的地宫形制也是对法门寺地宫的模仿。

金棺银椁与仿横穴墓室式地宫用于舍利瘞埋，二者同时出现，是因为它们反映的是同一种信息，这就是舍利瘞埋方式的世俗化和本土化。法门寺地宫为多室布局，实际上像是微缩版的唐皇室成员陵墓地宫，或许也只有武则天敢发此奇想并付诸实践吧。此后不久，武则天已大权在握，成为唐帝国的实际主人，她的一些创新举措被更加迅速地推广和执行，有些举措影响到整个唐代甚至更远，舍利瘞埋方式即是其中之一，于是，泾川大云寺塔地宫（694 年）、周至仙游寺塔地宫（725 年）、河南登封嵩岳寺塔地宫（约开元年间）、临潼庆山寺塔地宫（741 年）等皆采用了“法门寺模式”。

按照我对中国佛教地宫的调查结果，法门寺地宫是唯一有定期开启制度的地宫。其他地宫或许有重新瘞埋舍利的现象，但原因多是偶然发现了原先的舍利因而才重埋，与法门寺地宫舍利的定期开启重埋性质截然不同。舍利的埋藏意义，从来都是具有墓葬性质的，纵使如印度的平头制也是如此[37]。中国早期的舍利石函、百济的舍利龛和日本的舍利孔制度，都是将舍利深埋或者置于永久性最强的佛塔刹柱之下，其与追求永存和安全的墓葬目的是一样的。在古代中国，将舍利石函直接瘞埋于塔下的制度至隋代尚高度统一，但进入初唐，却突然变化成仿横穴墓室结构，这种突变有什么深层社会原因呢？

以仿横穴墓室结构的地宫取代舍利函，便于放置更多的供养品，而且便于经常开启，这对于供养物丰富而且每隔三十年就需重新开启的法门寺舍利塔是切合实际的需要，但对其他绝大部分舍利塔基却没有实际的需要[38]。明知这种形制无必要，却仍去模仿，其原因应是该种舍利瘞埋方式已经“制度化”或“模式化”。但无论如何，佛教舍利的瘞埋方式，从此又向中国传统的世俗葬礼靠近了一大步，其背后的社会背景，乃是佛教的整体世俗化。

五、相关讨论及问题

本文并不止于一个简单的断代问题，在揭示法门寺塔地宫初建年代的同时，我们着重分析其背后的历史意义。

首先，由石函到仿横穴墓室式地宫，是中国佛教舍利瘗埋制度史上的重要转折点，从此，佛教舍利的瘗埋方式与中国传统葬仪紧密结合起来。从更深的文化层面说，这是佛教的圣物崇拜与中国固有的祖先崇拜相结合的产物。这种变化与结合拉近了佛教信徒和普通民众的距离，也拉近了作为外来文化的佛教与本土世俗文化的距离。这种新模式的创立者是武则天，一个锐意改革的政治家，舍利瘗埋方式变化的背后，带有她一定的政治意图。

其二，仿横穴墓室式佛教地宫与金棺银椁式的舍利容器系同时出现，二者有紧密的联系，表达同样的理念。由于政治力量的推动作用，它们在被首创后曾经一度成为全国的统一模式，到北宋时，此模式才南北分野。

其三，在具体规模和布局方面，仿横穴墓室式佛教地宫遵守了政治等级规制。作为皇室供养的法门寺塔地宫，规制高于州级或其他级寺院的地宫，反映了唐代佛教的世俗化以及政府对佛教力量管理的加强。唐代墓葬除皇室一般采用多室、二品官以上有简单前室外，一般官僚都采用“甲”字形单室砖墓，这和由唐皇室供养的法门寺地宫为多室而唐代普通地宫多为单室的统计结果相符合。可以看出，虽然规模较小，但法门寺地宫整体形制却直接借用了唐代帝王陵墓地宫的模式，与唐懿德太子墓、章怀太子墓以及永泰公主墓的地宫构造极其相似，都是采用了多室的格局，墓室方形，有长隧道。说明世俗的等级制度，也影响了佛教地宫的建造方式[39]。正如杨泓先生指出的：“目前在陕西发掘的唐代墓葬，一般为单室，只有具有王或公主身份的人才能用前、后两室，可见法门寺塔基安放舍利的地宫，是模拟人间埋葬皇帝的最高规格的墓室构筑的。”[40]又说：“中国古代以金棺、银椁为主要容器且构筑模拟中国式墓室的舍利瘗埋制度的形成，表明随着佛教在中国的传播，许多与之有关的文物制度改变了在印度次大陆时的原貌，出现了适合中国传统习俗的新形式。”[41]

最后，笔者读《法门寺考古发掘报告》，有几个尚不成熟的看法和几个疑问，也写在这里请方家赐教：

(1) 地宫中一共出土四枚佛骨舍利，其中三枚“影骨”，而真身舍利则被秘密放置于后室后壁下秘龛中（图四）。密龛之制，意义如同“疑冢”，是一种非常隐秘的保护措施。从历史成因角度分析，这个密龛应该不是最先修建的石室就具备的，而是根据社会形势发展需要加入的。促使这种保护措施形成的历史原因，除了中国固有的“疑冢”之制外，直接的原因可能还是“会昌法难”。修缮地宫的人为了避免类似灾难再次发生，不得不引入了连世俗墓葬都很少采用的防护办法，用心可谓良苦。由此推断，

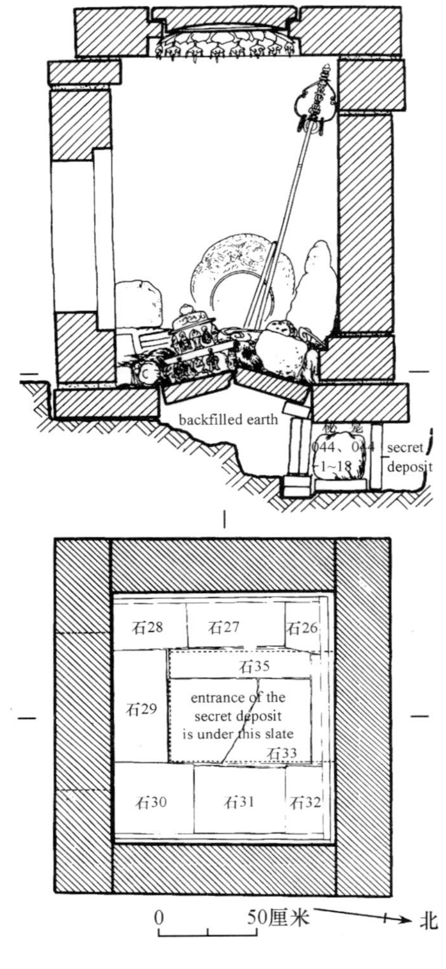

图四　地宫后室墙下的秘龛

密龛的营造，应该也在 874 年。

（2）根据史料，高宗显庆四年曾“敕僧智琮初开舍利，二十余人同共下鉴”，其下鉴的场所应该是太宗时期构建的塔基。若该文含义果真指 20 多人共同入内而不是轮流，则此塔基下空间必定足够大，非地宫不能容纳。但这条记载又与道宣关于舍利“在石臼中，如何狭陋若此”的记载相矛盾，何解？

（3）1987 年发掘时所见到的地宫，可能并非一次成型，中间经过了几次小范围的修整。“会昌法难”对法门寺冲击很大，以至于僧众不得不冒险用“碎殄影骨，上以塞君命”的从权之计。地宫中几处大的破坏最可能就是因为法难事件。《大唐咸通启送岐阳真身志文》载：“乃有九陇山禅僧师益……以咸通十二年八月十九日得舍利于旧隧道之西北角”，似乎该地宫还有过局部的坍塌。

（4）地宫中室中心的汉白玉灵帐，形制与前室出土的一件小型阿育王塔相似。灵帐体量很大，由五部分组成，即上檐、下檐、主体、须弥座和基台（图五）。各部分有的为整石，有的为拼制。问题是，整石雕成的方形下檐，其边长为 0. 88 米、中空形状的主体，其边长为 0. 72 米，然而，即使是把灵帐拆成最小单元，这几块石料也不能通过各个门道（甬道高 0. 81、宽 0. 64 米，前室石门高 0. 72、宽 0. 64 米，中室石门高 0. 8、宽 0. 64 米）运入地宫。此灵帐是中宗景龙二年（708 年）所造，则其放入地宫的时间，定然是在第三次送还舍利之时，即 708 年。所以，该灵帐应是揭开 662 年建成的地宫中室顶部，从上方垂放进去的。这种置入方式也可从灵帐的安放方式上反映出来，正如发掘报告指出：为了能够容纳这座庞大的灵帐，该位置原先的铺地石板被去除了，以增加下方空间；灵帐顶部高挑的部分也被卸下了，因为地宫的高度远小于该灵帐的高度。

（5）会昌灭法时，庞大的石灵帐遭到一些损坏，但因为过于沉重不易搬运而被留在了地宫中。然而唐中宗、韦后等人舍发入塔时所用的石函，却被运出地宫，1978 年石函盖被发现于明代塔西南方 8 米处，函身却未找见。

（6）地宫前室中发现一件汉白玉石函，制作于开元二十九年（741 年）。开元年间

图五 地宫中室内的汉白玉灵帐线图

并未有过法门寺舍利迎请事件，那么该石函是何时放入地宫的，其最初的功能又是什么呢？

（7）唐代佛塔下有一个“中心方座”，由边长10.5米的夯土筑成，位于唐塔和明塔下的中心位置。该中心方座局部被唐代塔基和明代塔基所损坏，故其时代被认为早于唐代。既然该寺范围内没有发现早于唐代的佛塔，那么唐代以前舍利塔的位置在哪里呢？有没有一种可能性，就是法门寺舍利塔从北魏起就一直在唐、明时期塔的位置被反复重建？“中心方座”是531年、602年、631年某期修建佛塔时留下的基座？当660～662年建设新佛塔时，新塔基将此旧塔基作为核心包围起来，却又因二者体量相差过大而未过多打破“中心方座”？一座新式的仿横穴墓室式地宫被建筑到新塔基中，佛骨舍利本来应位于此中心方座内部中心部位，直到会昌灭法以后，才被迫转移到后室下的秘龛之中。

注　释

[1] 高继习：《济南县西巷佛教地宫初论》，香港大学饶宗颐学术馆，2010 年，103 ~ 124 页。

[2] 徐苹芳：《中国舍利塔基考述》，《中国历史考古学论丛》，台湾允晨文化出版社，1995 年，417 ~ 437 页；杨泓：《中国隋唐时期佛教舍利容器》，《中国历史文物》2004 年第 4 期，22 ~ 35 页。

[3] 赵永平、王兰庆：《河北正定县出土舍利石函》，《文物》1995 年第 3 期，92 ~ 95 页。

[4] 游自勇：《隋文帝仁寿颁天下舍利考》，《世界宗教研究》2003 年第 1 期，24 ~ 30 页。

[5] 甘肃省文物工作队：《甘肃省泾川县出土的唐代舍利石函》，《文物》1996 年第 3 期，8 ~ 15 页。

[6] 杜斗成：《〈泾州大云寺舍利石函铭并序〉跋》，《敦煌学辑刊》2005 年第 4 期，38 ~ 45 页。

[7] 宿白：《试论唐代长安佛教寺院的等级问题》，《文物》2009 年第 1 期，27 ~ 40 页。

[8] 宋世荦：《扶风县志》卷六，成文出版社，1970 年，128 ~ 135 页。该志书称该次供养舍利是在普泰二年，应系扶风在该年之初仍处于尔朱氏控制之下的缘故。

[9] 陕西省法门寺考古队：《扶风法门寺塔唐代地宫发掘简报》，《文物》1988 年第 10 期，1 ~ 28 页；陕西省考古研究院等：《法门寺考古发掘报告》，文物出版社，2007 年。

[10] 见陕西省考古研究院等：《法门寺考古发掘报告》（上），文物出版社，2007 年，227 ~ 231 页。地宫中出土的《监送真身使应从重真寺随真身供养道具及恩赐金银器物宝函等并新恩赐到金银宝器衣物如后》碑和《大唐咸通启送岐阳真身志文》碑，都自铭为咸通十五年正月初四。

[11] 陕西省考古研究院等：《法门寺考古发掘报告》（上），文物出版社，2007 年，8 ~ 11 页。

[12] （唐）释道宣：《集神州三宝感通录》，《大正新修大藏经》第 2106 部，第 52 册，407 页。

[13] 同 [11]，29 页。

[14] 同 [11]，29 页。

[15] 陕西省考古研究院等：《法门寺考古发掘报告》（下），文物出版社，2007 年，21 页。

[16] 同 [15]，26 页第 3 幅。

[17] 同 [11]，23 页。需要注意的是，似乎不少人都将高宗、武周时期也默认为“盛唐”时期，而不是仅指玄宗朝。

[18] 《扶风法门寺塔唐代地宫发掘简报》，6 页；此事在新发表的《法门寺考古发掘报告》中未提及。

[19] 同 [11]，229 ~ 231 页。

[20] 有唐一代，法门寺作为皇家供养的寺院是享有诸多特权的，只有在会昌法难中，这些特权才被部分取消。地宫中出土的《大唐咸通启送岐阳真身志文》载：“自武皇帝荡灭真教，坑焚贝多，御□□宪者，碎殄影骨，上以塞君命，盖君子从权之道也”。明确指出唐武宗曾敕令毁碎佛指舍利，受命者（或许是寺僧，或许是同情佛教的受命官员与寺僧合谋）冒险用“影骨”取代真骨塞责武宗。佛骨虽逃过一劫，但既然能够塞责成功，无疑要演一出逼真的好戏才成，所以地宫在当时无疑被打开过，而且在破坏影骨的同时，按照武宗处理长生殿内道场等处“焚烧经教、毁拆佛像”的惯例，地宫中雕刻甚至阴线刻的偶像也都遭到破坏。

[21] 陈景富:《法门寺史略》,陕西人民教育出版社,1990 年,49、50 页。这个观点很牵强,因为作者说通往新地宫的还有一条“新隧道”,似又指代“通道”,所以其对隧道一词的定义前后相矛盾。

[22] 《左传·禧公二十五年》载有“请隧,弗许”之事,可作为对“隧”字解释的典型文献。见阮元《十三经注疏》,中华书局,1982 年,1820 页。

[23] (唐)高彦休:《唐阙史》卷下《迎佛骨事》。

[24] (唐)苏鹗:《杜阳杂编》卷下。另据《新唐书》,唐僖宗即位后,宠信宦官田令孜,呼为“阿父”,政事一以委之。故送还佛骨的仪式安排,或许也出自田令孜或其党羽。此次送还,似乎仅为应付一件先皇遗留的任务。

[25] 《旧唐书·懿宗本纪》称唐懿宗死后,直到次年二月才葬:“十五年二月,葬于简陵。”因此佛骨回归法门寺时,懿宗还未下葬。

[26] 如智慧轮供养的金函自铭为该年八月十日,又如智英的银鎏金宝函、澄衣的鎏金银质捧真身菩萨像等,皆造于该年,同 [11],142、143、165、174 页。

[27] 《大唐咸通启送岐阳真身志文》,同 [11],229 ~ 231 页。

[28] (唐)道宣:《集神州三宝感通录》,《大正藏》2106,第 52 册,407 页。

[29] (唐)道宣:《道宣律师感通录·宣律师感天侍传》,《大正藏》2107,第 52 册,439 页。

[30] (唐)张彧:《大唐圣朝无忧王寺大圣真身宝塔铭并序》。

[31] 《旧唐书·则天皇后本纪》,中华书局,1987 年,第 6 册,88 页。

[32] (唐)张彧:《大唐圣朝无忧王寺大圣真身宝塔铭并序》。

[33] 《旧唐书·德宗下》载:“岐州无忧王寺有佛指骨寸余,先是取来禁中供养,乙亥,诏送还本寺。”虽然没有记载取到宫中的明确日期,但结合其他文献推断,应该也是在该年春季,则至乙亥归还,日期不会超过两个月。

[34] 见《大唐咸通启送岐阳真身志文》碑。

[35] (唐)韩愈:《左迁至蓝关示侄孙湘》,《韩愈全集》,上海古籍出版社,1997 年,98 页。

[36] 杨泓:《中国佛教舍利容器艺术造型的变迁》,《艺术史研究》(2),中山大学出版社,231 ~ 262 页。另外在《文物》1988 年第 10 期《法门寺塔基发掘与中国古代舍利瘗埋制度》一文中,杨先生也曾论述说:“瘗埋舍利的容器从函盒改为金棺银椁这一变化,发生于隋仁寿四年(604 年)至唐延载元年(694 年)之间。这一变化还是与法门寺的佛骨舍利有关。据道宣《集神州塔寺三宝感通录》记载,显庆五年(660 年)春三月,敕取法门寺舍利往洛阳宫中供养,‘皇后舍所寝衣帐直绢一千匹,为舍利造金棺银椁,数有九重,雕镂穷奇’。这应是以金棺银椁作为舍利容器的开始,而倡导者是武则天。大约武则天于显庆年间为法门寺佛骨舍利造金银棺椁后,各地竞相仿效,大云寺的金棺银椁就是目前所见于之年代最接近的标本。以后直至唐末,此风未衰”。此风流传不仅在京城附近,也流行于江南地区(如镇江甘露寺唐李德裕瘗藏舍利的金棺银椁)甚至影响到日本(如滋贺县大津市滋贺里町奈良时代崇福寺塔遗址出土的舍利容器)。

[37] 袁泉:《舍利安置制度的东亚化》,《敦煌研究》2003 年第 4 期,55 ~ 63 页。

[38] 一般来说,舍利瘗埋是永久性的,法门寺佛骨舍利是个特例。中国古代的合葬制度,也常有一次或多次打开已经封闭的墓葬的举动,但其理念与法门寺佛骨舍利的开启远不相同:①开启目的不是为了供养,而是埋入新的尸骨。②每次开启埋入的是新的尸骨和随葬品,而法门

寺地宫的开启，每次都是重新埋入同一枚佛骨舍利。

[39] 唐代对建筑等级的规定非常严格，各种建筑形制规格都要遵守《营缮令》的规定，并有相应的惩罚措施："诸营造舍宅，于令有违者，杖一百。"见《唐会要·舆服上》，上海古籍出版社，1991 年，第 31 册，691 页。

[40] 杨泓：《中国隋唐时期佛教舍利容器》，《中国历史文物》2004 年第 41 期，22 ~ 35 页。

[41] 杨泓：《法门寺塔基发掘与中国古代舍利瘗埋制度》，《文物》1988 年第 10 期，31 页。

日僧圆仁所游历山东寺院考述

刘海宇[1]　刘　东[2]

（1. 山东大学历史文化学院考古系；2. 青岛中国旅行社）

日僧圆仁于唐文宗开成三年（838年）随遣唐使的船舶以请益僧的身份入唐求法，自扬州登陆，先从宗叡和尚学习梵语，本欲赴天台山国清寺寻师决疑，未被允许。圆仁在被迫回国途中，船舶经赤山浦时，遂留在赤山。期间，听说五台山多有佛家圣迹，而且天台宗志远和尚亦于此修法华三昧，遂决定巡礼五台。于开成五年（840年）经登州、青州、齐州等地，北上五台，西出长安，先后师从大兴善寺元政、青龙寺义真学习密教，师从青龙寺天竺僧宝月学习悉昙正音。会昌五年（845年），圆仁在长安遭遇"会昌法难"之后，历经周折，于大中元年（847年）回到日本。在游历大唐十年期间，他以日记体裁写成《入唐求法巡礼行记》[1]（下文简称《行记》），比较详细地记录了当时的所见所闻。《行记》是一个外国僧人耳闻目睹的第一手材料，在研究中唐时代的宗教政治、社会生活等方面具有重要的史料价值。本文首先对《行记》所记录山东寺院的具体情况详细梳理，结合我们实地考察所得的资料[2]，对这些寺院进行分析研究并尽可能参考县志等资料追溯相关寺院的沿革情况，在一定程度上揭示"会昌法难"之前山东佛教寺院的状况和特点，最后剖析形成这些特点的深层社会背景，恳请各位方家给予批评指导。

一、圆仁所游历山东寺院的情况

圆仁于开成四年（839年）六月七日抵达赤山浦，当时为登州府文登县清宁乡赤山村，住在新罗人张宝高[3]所建的赤山法华院。为了取得游历所需的公验，圆仁在赤山法华院滞留近九个月，于开成五年（840年）二月二十日离开赤山，经文登县、牟平县、登州府、莱州府、北海县、寿光县、青州府、长山县、章丘县、禹城县等，于四月十一日过黄河渡口，十三日抵达贝州城（今河北清河县）。圆仁此次在山东境内游历几近一年，《行记》于途中所经寺院有比较详尽的描述，本文以这部分资料为中心展开论述（图一）。虽然圆仁后来在归国途中，于会昌五年（845年）、大中元年（847年）两次经过山东境内，但那时他已经归心似箭，完全没有记录寺院的情况。

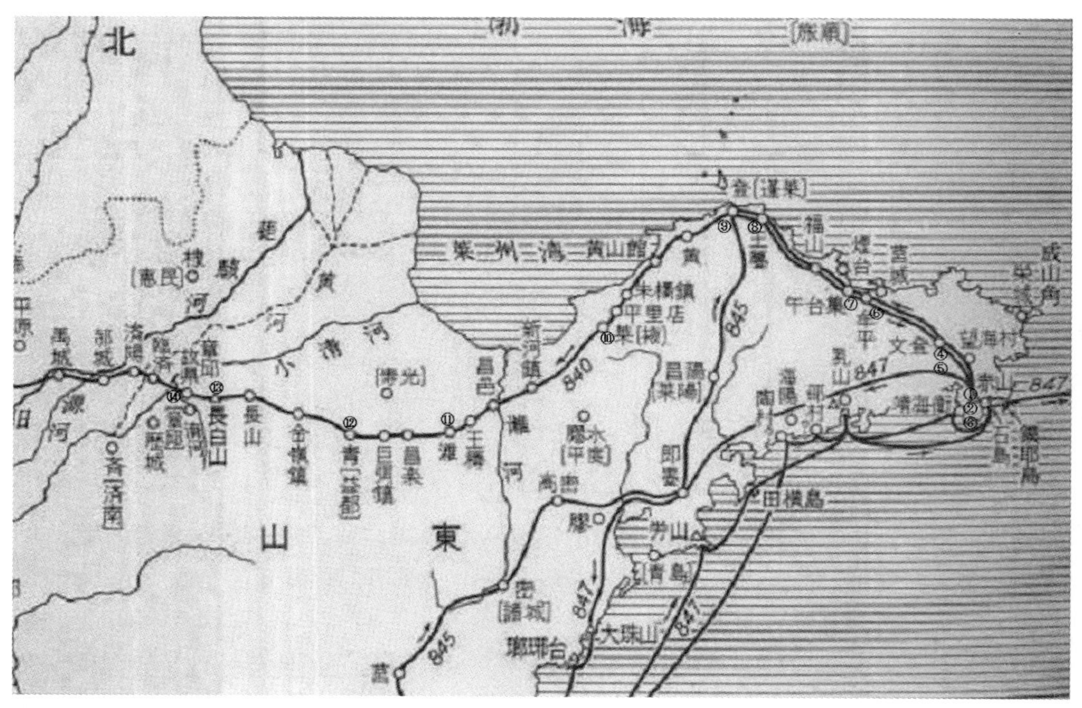

图一　圆仁在山东游历路线和所巡礼的寺院

（图取自小野胜年《入唐求法巡礼行记の研究》卷二，表示寺院位置的序号为我们所加：①赤山法华院　②真庄天门院　③刘村古佛堂　④文登惠海寺　⑤文登惠聚寺　⑥牟平庐山寺　⑦法云寺　⑧王村寺　⑨登州开元寺　⑩莱州龙兴寺　⑪北海县法云寺　⑫青州龙兴寺　⑬长白山醴泉寺　⑭临邑古佛寺遗址）

1. 赤山法华院

赤山法华院，《行记》又称之为赤山新罗院、赤山县新罗寺院、清宁乡赤山寺院、赤山院、山院等。法华院为新罗人张保高所建，其信众僧俗亦均为新罗人。法华院遗址位于今荣成市石岛镇赤山南麓赤山风景名胜区内，1988 年重建。

圆仁自开成四年（839 年）六月七日至开成五年（840 年）二月二十日第一次在赤山法华院滞留近九个月，归国途中圆仁为等待回国船只，自会昌五年（845 年）九月二十二日至大中元年（847 年）润三月十二日又在赤山滞留六个多月。之后赴楚州寻归国船，到楚州后听说船舶在牢山（今青岛崂山）相待，赶到崂山后又听说船只在赤山等待，于是第三次赶往赤山，七月二十日终于追赶上归国船只，最终于九月二日从赤山浦出发渡海回国。

圆仁第一次在赤山法华院期间，心情较为平和，对法华院的情况及讲经仪式等的描述比较详尽。可知法华院有寺庄，庄田一年得米五百石，有僧人三十余。关于“赤山院讲经仪式”、“新罗一日讲仪式”、“新罗诵经仪式”，《行记》有大段详尽的记录。《行记》强调法华院“讲经礼忏皆据新罗风俗。但黄昏寅朝二时礼忏且依唐风，自余并依新罗语音。其集会道俗老少尊卑总是新罗人"，说明此寺为新罗寺院，行事习惯基本依新罗规矩，偶见唐人风俗。《行记》中又列出法华院常住僧众及沙弥二十四人的姓名，另外尚有"尼三人，老婆二人。"

2. 真庄村天门院

真庄村天门院，《行记》又称之为南山法空阇梨院、南院等，位于赤山法华院的南面，距离不远。田正祥先生考证天门院位于南天门峰上，与法华院直线距离约有 2.5 公里，其间山高谷深，来往交通很不容易。天门院自金代大定年间被称为佛人院，现已不存，真庄村可能是现在的石岛镇玄镇村[4]。

《行记》载天门院的法空和尚二十年前去过日本，估计粗通日语。在遣唐使归国船只出发之前，圆仁师徒告别相关人员，赴较为偏僻的天门院住宿两日，在法空和尚的帮助下，造成"被抛却"的假象，获得法华院众僧的同情，终于顺利地留了下来。但此事也引起了一些法华院僧人的怀疑与不满，以至于圆仁第二次去天门院时，法华院不许留宿于彼。圆仁坚持请假十五日，勉强被允许。圆仁终觉不妥，仅住六日就提前回到法华院[5]。

3. 刘村古佛堂

开成五年（840 年）二月十四日，圆仁应新罗僧人的邀请去刘村，看见一尊出土的白石弥勒像。刘村有一古佛堂，古塔尚存，知情人说村中新罗人王宪梦见文殊师利告诉他说古塔旁有佛菩萨埋没土中，于是掘地得"弥勒佛像一体，文殊师利菩萨一体，普贤菩萨一躯，观世音菩萨两躯，大师子菩萨一体，罗睺罗一躯，佛骨铁阁廿斤以上。"当地人礼佛很有热情，"道俗会集。施舍通夜。"[6]古佛堂佛像的出土与法会均与新罗人有关，这是值得注意的。

当时此佛堂已经破落，仅余佛塔与石佛像，没有寺号，依照《行记》中的记录，我们暂且名之为"刘村古佛堂"。在赤山偏西南约 6 公里处有佛堂村，现属于荣成市人和镇。据其与赤山的距离来推测，有可能与刘村古佛堂有关。

4. 文登县惠海寺

惠海寺位于文登县城内，寺内有极乐阇梨院，圆仁在此止宿一晚，其他情况不明。不见于后世史志的记载。

5. 文登县惠聚寺

惠聚寺位于文登县城内南部，《行记》中的描述亦简略，说佛寺得名是由于秦始皇东巡至此而立佛寺，如此看来，惠聚大概就是始皇恩惠汇聚的意思。

从《行记》的记述看，上文惠海寺似规模很小，二十日只能暂住一宿，圆仁为取得公验要多住几日，所以二十一日一早只得去惠聚寺另觅住处。惠聚寺的规模则应大些，圆仁一行被安置到北院居住，说明寺院还应有南院。惠聚寺应与惠海寺相距不远，圆仁二十一日早上在惠聚寺住下之后，又回到惠海寺吃斋饭。圆仁在惠聚寺住五日，取得公验后，于二十五日离开，惠聚寺三纲相送至县西旷野中。

惠聚寺亦不见于后世文献的记载，难以考证其沿革，亦有可能在会昌法难中被彻底摧毁。日本学者齐藤圆真认为惠聚寺有可能位于文登城南万古山附近[7]。查文登县志（民国 11 年及 22 年）并无万古山，而有万石山，万古山当为万石山之误。万石山在文登城西南十里处，在现文登市环山街道办事处八里张家村附近。

6. 牟平城东庐山寺

庐山寺位于牟平城东半里，破败不堪，只有僧人五人，僧房皆安置俗家。圆仁对于庐山寺所设登州刺史乌君斋的描述非常细致，是关于当时县级寺院法事的具体写照。斋事时，有村民二十余人参加，各自从家带斋饭来，除供僧之外，不与他人分食，以至于寺主僧一行感慨叹息[8]。

查后代的牟平县志，并无庐山寺。日本学者齐藤圆真认为庐山寺在牟平区北莒城一带[9]。据民国 25 年《牟平县志》载，自唐代麟德二年于东牟故城置牟平县，县治至今未变[10]。可知，唐代的牟平与目前的牟平城区基本没有大的变化。在今牟平东偏南约 8 公里处有山名曰芦（庐）山，这与民国 25 年《牟平县志》记载的庐山在县东十五里基本一致。清同治版《宁海州志》载城东南里许有弥勒寺，始建于唐初[11]。根据以上内容，我们推测庐山寺应该为志书所记载弥勒寺的所在地，而非北莒城附近。

7. 仵台村法云寺

法云寺，已经破落，变为乡村驿站的房舍，被称为“仵台馆”。（唐）杜佑《通典》云“三十里置一驿，其非通途大路则曰馆。”[12]尚余石塔、铁塔、石碑等，《行记》抄录碑文曰：“王行则者，奉敕征伐东藩没落。同船一百余人俱被贼擒，送之倭国。一身逃窜，有遇还归。麟德二年九月十五日造此宝塔。”所记征伐东藩事为高宗龙朔三年（663 年）的白江口之战，正史仅记唐朝水军大破百济与日本联军，焚敌船四百余艘，海水尽赤[13]。《行记》所录碑文则为此战做了另一注脚。

关于仵台村法云寺的位置，日本学者齐藤圆真认为有可能在松椒山附近[14]。然民国 25 年版《牟平县志》载松椒山位于牟平县西南八十余里的地方[15]，这与《行记》的“（庐山寺斋）后发，西北行十五里。路边有王府君墓……傍北海浦行廿余里，到仵台村法云寺”[16]的记载在方向上不相吻合。我们根据《行记》的上述记载，推测法云寺的位置当为从牟平前往烟台的路上，具体位置不可考。

8. 王庭村寺

王庭村寺，是无寺号的村级小寺，隶属于当时的蓬莱县望仙乡。《行记》记述简略："斋后，望西北行卅里到蓬莱县管内望仙乡王庭村寺宿。"

关于王庭村寺的具体位置，日本国学院大学酒寄雅志教授提到王庭村寺在今望珠沟一带[17]。而望珠曾是蓬莱刘家沟镇下的一个村，1992 年成为了蓬莱园艺场的一部分[18]。王庭村寺的具体位置难以确考。

9. 登州开元寺

登州开元寺，位于城内西南部。为取得登州府的公验，圆仁在此住十日。《行记》载开元寺僧房较多，但都安置官客，无处安置外来僧侣。又记三月四日为国忌之日，登州刺史等人来开元寺行香。开元寺佛殿西廊外僧伽堂内壁佛画乃日本遣唐使发愿所画，圆仁云"不知何年朝贡使到此州下"，木下宫彦与小野胜年均认为与日本天平宝字三年（759 年）的迎入唐大使有关[19]。

另，《行记》又提到登州城东北有法照寺、东南有龙兴寺，加上开元寺，城内共有寺院三座[20]。从《行记》的记述看，因圆仁似未巡礼过法照寺与龙兴寺，故本文不予涉及。

康熙版《登州府志》谓蓬莱县开元寺位于府城西南隅，始建于唐开元年间，明永乐八年（1410 年）重建[21]。1947 年国民政府为修筑城防，拆除部分殿宇，其他建筑建国后陆续拆除，现已不存[22]。

10. 莱州城外龙兴寺

龙兴寺位于莱州城外东南，当时已是满目疮痍，仅存佛殿与十三级砖塔，只有僧人两人。圆仁评价寺主心性平庸，不知待客之礼[23]。

查史志资料，莱州龙兴寺无载。地理位置基本吻合的有稽古寺和妙觉寺，稽古寺，乾隆版《掖县志》云稽古寺在城东南三里，始建于北齐天保六年（555 年），原名普照寺[24]。乾隆版《莱州府志》载妙觉寺在城东南二里，元中统五年（1264 年）建，明万历十六年（1588 年）邑人董用威重修[25]。但不可确证两寺与唐代龙兴寺有何关系，从始建年代看，稽古寺与龙兴寺的关系似乎更大。

11. 北海县观法寺

观法寺，位于北海县城内，佛殿僧舍亦破败凌乱，僧人十二人尽在俗家，只有典座僧一人[26]。

观海寺在清康熙之前已经毁废，据康熙版《潍县志》，观法寺位于县城内东北隅，"汉明帝十年（67 年）建，景泰二年（1451 年）僧宗保重修，今废。"[27]民国版《潍县志稿》云观法寺不应建于汉明帝时，而当建于南北朝时[28]。

12. 青州龙兴寺

青州龙兴寺是大寺，有僧人五十余人，寺内有新罗院，当时渤海王子寄宿于此，则亦可能有渤海院。淄青节度使的公子生日，在此设长命斋。圆仁为得青州公验，于此寺寄宿十二日[29]。

清光绪《益都县图志》云龙兴寺始建于南朝宋元嘉二年（425年），北齐武平四年（573年）赐额南阳寺，隋开皇元年（581年）改名长乐，又改道藏，武则天天授二年（691年）改名大云，玄宗开元十八年（730年）始号龙兴，宋元以来代为释家名刹[30]。青州偶园内尚存国家一级文物、刻于北齐武平四年的《司空公青州刺史临淮王像碑》，记述了青州刺史娄定远在南阳寺敬造佛像事。另，众所周知的是1996年在龙兴寺遗址发现了世所罕见的佛像窖藏[31]。

13. 长白山醴泉寺

醴泉寺，位于长白山北麓，虽陵夷衰颓，尚有僧人三十余人，寺内有新罗院。《行记》于醴泉寺的描述甚为详尽：佛殿阶砌楹柱均以碧石为之，琉璃屋顶，殿内宝幡奇彩，寺内有醴泉井、志公和尚碑等，有寺庄、果园等十五处。不难想象其在全盛时的辉煌。又抄录志公和尚碑文曰："和尚朱氏，金城人也，降灵于此长白山灭度。其后肉身不知所向，但作影像，举国敬重。"并记过去醴泉水甘甜馨香，饮之可以除病增寿，志公和尚灭后已经干涸。寺院先前皇帝敕名龙台寺，后因出泉，改名为醴泉寺。原有僧人百余人，后随缘散去，只剩三十余人[32]。

醴泉，班固《白虎通义》曰："醴泉者，美泉也。状若醴酒，可以养老也。"[33]（唐）韦述《两京新记》云隋开皇初年在长安城内筑坊时突闻金石之声，掘地出甘泉七处，饮之者疾遂愈，因此以醴泉名坊与寺[34]。长白山醴泉寺应是依前朝故事上奏唐中宗而赐名的。

民国《邹平县志》等均云醴泉寺为南朝宋齐间高僧庄严法师所创，唐中宗时僧仁万重建，寺成之日东岩出醴泉，赐名醴泉寺[35]。圆仁《行记》所录寺号原为龙台后改醴泉的记载可补史志之缺。醴泉寺先于1939年遭日军烧毁，后1952年修建南陈水库和浒山大坝时又遭拆除，主殿大佛亦于1955年破四旧时炸毁[36]，唯有圆仁目睹过的志公和尚碑尚存于世。笔者2004年4月18日考察醴泉寺时，瓦砾遍地的寺院遗址中有佛殿基址、醴泉遗址、志公和尚碑等遗存。当地县政府2004年5月于遗址上重建醴泉寺，笔者于2006年6月1日重访醴泉寺时，已经建成了流光溢彩的伽蓝精舍。

14. 临邑县古寺遗址

古寺无名，位于已经废弃的临邑故城内，佛殿建筑毁坏殆尽，佛像曝露，弃为田畴。圆仁称之为"先代寺舍"，并对寺院的毁废感慨痛惜[37]。

临邑故城遗址位于今济阳县西，道光版《临邑县志》云："今济阳城西有临邑废城。遗址并有宝志砖塔，可证。"[38]

二、从《行记》看中晚唐时代的山东佛教寺院

《行记》所记录的山东寺院情况均为圆仁第一次游历山东时的所见所闻，具体时间是开成四年（839 年）六月七日至开成五年（840 年）四月九日，距会昌五年（845 年）四月唐武宗下令灭佛的会昌法难有五年时间。我们可以根据圆仁的记述对相关寺院进行适当分类，进而研究会昌法难之前山东寺院的状况与特点，分析深层的社会原因和政治背景。

1. 圆仁所游历寺院的分类

如前文所述，圆仁在山东共游历寺院十四处，从寺院所处的位置、规模等方面看，既有像青州龙兴寺那样位于州县的大型寺院，又有连寺号都没有的村级小寺院，也有像醴泉寺那样的山林寺院。十四处寺院中，有寺号的十一处，无寺号的三处。有的寺院与圆仁的求法关系至深，僧人们积极地帮助圆仁取得公验，为圆仁提供各种各样的帮助，有的寺院只是圆仁在求法巡礼途中休息与止宿的。小野胜年按寺院所处的位置，把圆仁所游历的寺院分为城内寺院、郊外寺院与村落寺院[39]。《行记》所载唐代祠部牒中有这样的记述："今欲往诸山巡礼及寻医疗疾，恐所在关戍、城门、街铺、村坊、佛堂、山林兰若、州县寺舍等不练行由，请给公验者。"[40]我们按寺院的位置，参照唐代祠部牒的说法，把相关寺院分为州县寺舍、山林兰若、村寺佛堂等三种类别。

（1）州县寺舍

上述十四处寺院中属于这一类的有文登县惠海寺与惠聚寺、牟平城东庐山寺、登州开元寺、莱州城外龙兴寺、北海县观法寺、青州龙兴寺等七处，正好占总数的一半。

位于州郡的寺院有登州开元寺、莱州城外龙兴寺、青州龙兴寺等三处，从《行记》的描述看登州开元寺、青州龙兴寺非常兴旺，莱州城外龙兴寺则颓坏破败。《旧唐书》载唐中宗李显神龙元年（705 年）二月复国号"唐"，敕令全国各州置"中兴"寺、观各一所，三年（707 年）二月诏令改中兴寺为龙兴寺，内外不得复言中兴[41]。唐玄宗开元二十六年（738 年）敕令全国各州郡置开元寺。自此以后，龙兴、开元二寺成为天下各州郡的代表性寺院，圆仁在《行记》中记载登州刺史国忌日去开元寺行香、淄青节度使在青州龙兴寺设长命斋[42]，足以说明这两个寺院的重要性。莱州龙兴寺位于城外东南，仅剩颓垣败壁，只有两僧，则与青州龙兴寺呈现不同的景象。

县城的寺院有文登县惠海寺与惠聚寺、牟平城东庐山寺、北海县观法寺等四处，只有庐山寺位于城外，其余三寺均位于县城内。圆仁虽没有记述文登惠海寺、惠聚寺的规模等具体情况，从惠聚寺有南院、北院以及文登县令等去此寺看望过圆仁等情况看，惠聚寺可能比惠海寺规模要大一些。牟平庐山寺、北海县观法寺则佛殿破败颓坏，僧侣稀少，一派凄凉景象。

（2）山林兰若

兰若是梵语阿兰若的简称，原意为寂静无苦恼烦乱之处，后泛指寺院。圆仁所游历的山林兰若有赤山法华院、真庄村天门院、长白山醴泉寺等三处，均位于山林幽静之处。虽然赤山法华院位于清宁乡赤山村、天门院位于真庄村，但两处寺院均在丛山秀丽之处，所以我们认为归之于山林兰若更为稳妥，而不是村寺佛堂。圆仁记述说"其赤山纯是岩石高秀处……山里有寺，名赤山法华院。"[43]据田正祥先生考证天门院位于斥山山脉最南端的天门峰，山高谷深，峰峦叠嶂[44]。

长白山醴泉寺位于唐代长山县长白山北麓，《行记》曰："东西南方嵩峰连塞，北方开豁无山阜矣。"又云："寺之南峰名龙台，独出群岫。地图所载。曾有群龙舞其巅，以此奏闻，奉敕改名龙台寺。后因泉涌，改名醴泉寺。"可见醴泉寺三面环山，位于山腹之中、苍翠环绕之处。

（3）村寺佛堂

村寺佛堂是最小规模的寺院，有的连寺号都没有。圆仁在山东游历的村寺佛堂有刘村古佛堂、作台村法云寺、王庭村寺等三处。其中刘村古佛堂与王庭村寺两处没有寺号，法云寺虽有寺号，但已经没有僧人，完全变成了驿馆，被称为作台馆。刘村古佛堂虽没有寺号，因为从古寺院出土了不少佛像，被附会了文殊菩萨托梦灵验的故事，香火很盛，当地人礼佛时，"道俗会集，施舍通夜"[45]。可见当时的村寺佛堂出现两极分化的趋势，有的极寥落，有的则是极繁荣。

另外，还有一处不易归类的寺院是临邑故县古寺遗址，位于已经废弃的临邑旧县城，圆仁称之为"先代寺舍"。古寺佛殿房舍已荡然无存，变为田畴。

2. 从《行记》看会昌法难之前山东寺院的状况与特点

根据圆仁《行记》所载各地寺院的描述，我们总结一下会昌法难之前山东佛教寺院的状况与特点。

首先各州敕立的龙兴寺或开元寺等官方大寺院与当地政府关系密切，承担官府的礼佛与斋事活动。唐朝政府设三级僧官，僧录统领全国寺院，僧正负责一州的寺院，监寺管领一处寺院，僧正一般常住在州郡的代表性寺院开元寺中[46]。州郡的官方寺院一般规模较大，僧侣人数多，佛殿僧舍也多，止宿官吏俗客。《行记》载登州开元寺"僧房稍多，尽安置官客，无闲房。"但莱州龙兴寺是个例外，虽说是官方寺院，但已经衰落颓废，只有僧侣两人，不供斋饭，只能各自求食。

其次，山东位于新罗赴长安朝贡的交通要道上，新罗人有较大的社会势力，大型寺院中有新罗院，新罗人聚集的港口建有新罗寺院。寺院中的新罗院不仅安置新罗僧人，亦可止宿他国僧人，例如青州龙兴寺、长白山醴泉寺即安置圆仁止宿各自的新罗院。赤山浦建有新罗寺院——赤山法华院，僧侣信众尽是新罗人。刘村古佛堂及其法会亦与新罗人相关，刘村亦有可能是新罗人村落。天门院法空和尚、法华院新罗僧信惠和尚均到过日本，其中信惠在日本住六年，说明唐、新罗、日本的僧侣之间特别是唐与新罗的僧人之间的往来还是比较频繁的。唐开元年间，对番僧实行怀柔政策，据《唐大和尚东征传》记载天宝二年（743 年）曾下优待番僧的诏令："既是番僧，入朝学问，每年赐绢二十五匹，四季给时服。"[47]

即使在会昌法难之前，州郡官办寺院之外的城外寺院以及村寺佛堂大多已是满目疮痍。例如，牟平城外庐山寺佛殿毁坏，僧人只有五人，僧房尽安置俗客；件台村法云寺则完全变成了用作驿站的件台馆；北海县观法寺亦僧房破落，佛像曝露；醴泉寺也寺舍损坏、圣迹陵夷，无人修治。

3. 深层社会原因的分析

如上所述，圆仁游历山东的开成年间，山东寺院的突出特点有二：一是本地寺院中与新罗人相关的新罗院以及新罗人自己创立的新罗寺院较多；二是大多寺院开始呈现破败荒凉的景象。这些特点的形成均有其深层的政治背景和社会原因，我们试做如下分析。

（1）新罗人在山东半岛势力的发展

安史之乱后期，辽东营州（今辽宁朝阳）的平卢节度使侯希逸为史朝义所迫，率平卢军横渡渤海占据青州，进击山东北部的安史叛军。宝应元年（762 年）二月，侯希逸因平叛有功被正式任命为平卢、淄青节度使，统领青州、淄州、齐州、沂州、密州、海州等地。安史之乱被剿灭后，侯希逸遂成为割据淄青数州的强大势力，永泰元年（765 年）为其表弟李正己所逐。李正己之父为高丽人，其母为侯希逸之姑，原名李怀玉，有勇力，善征战，被任命为平卢淄青节度使时赐名李正己，后上书加入唐籍。大历年间，李正己乘河北诸镇反乱之机，相继占领登州、莱州、德州、棣州、曹州、濮州、兖州、郓州、徐州等州，共统领十五州，拥兵 10 余万，成为当时实力最强的节度藩镇。李正己同时兼任海运押新罗渤海两藩使，货市渤海名马，管辖唐与新罗、渤海等国的口岸贸易、海道交通等。李正己死后，其子李讷、其孙李师古、李师道相继接任节度使的官职，"职贡不入，法令不加"，割据山东达六十年之久。期间自由任用官吏，不受唐朝政府控制，可以想见大批新罗人在淄青藩镇为官。再加上新罗国内屡发内乱和自然灾害，大量的新罗人作为奴婢被卖到山东各地。长庆元年（821 年），新任淄青节度使薛平上书说"海贼掠卖新罗人口于缘海郡县，请严加禁绝，俾异俗怀恩"[48]，朝廷才下令禁止买卖新罗奴婢。同时，大批新罗人以山东沿海为根据地从事唐、新罗、日本三国间的国际贸易以及唐朝的国内贸易，在山东沿海就形成了很多的新罗人村落。新罗作为唐的属国，奉大唐正朔，遣使不绝，派遣大批的留学生和留学僧人。正值圆仁游历山东期间的开成五年（840 年）四月，唐朝放还新罗"质子及年满合归国学生等一百五人"[49]。这些现实的需要，便在新罗通往长安的沿途各地出现了大批接待官客的新罗馆和安置僧人的新罗院。

（2）安史之乱以及淄青镇的反叛

山东寺院的荒废破败当与唐王朝中后期的战乱有关，包括朝廷平定安史之乱以及淄青镇反叛的战争。安史之乱爆发前，平原太守颜真卿在得知安禄山阴谋发动叛乱后，修城池，募壮丁，治械储粮，积极战备。天宝十四年（755 年）安史之乱爆发后，颜真卿积极抵抗。在其影响下，山东众多郡县皆不降从安禄山，以至河北、山东十七郡合兵 20 万共推颜真卿为盟主抵抗安禄山。其后经过半年的血战，在至德元年（756 年）十月，颜真卿所部因寡不敌众战败。颜真卿率数百将士渡过黄河，觐见唐肃宗后随其回朝。颜真卿回朝后，山东军民继续坚持与叛军斗争，直到广德二年（764 年）史朝义兵败自杀[50]。

其后数十年内紧接着又发生了朝廷平定淄青节度使李师道反叛的战争。李正己祖孙三代四世割据淄青藩镇期间，对朝廷叛服无常。建中二年（781 年）五月李正己与魏博镇、承德镇联合反叛，李正己死后，其子李讷自称齐王，建置百官，后德宗下诏降罪于己，淄青等藩镇始名义上归附朝廷。最为严重的是元和十年（815 年），李师道助淮西镇反叛朝廷，朝廷下令魏博、宣武、义成等五镇联合举兵讨伐，至元和十四年（819 年）二月李师道为诸军讨平[51]。

安史之乱以及淄青镇叛乱期间，山东各地沦为战场，百姓逃生走死，生灵惨遭涂炭。圆仁在数十年后游历山东时，尚是满目疮痍。

（3）连年的自然灾害

山东寺院的荒废破败亦应与连年的自然灾害有关。与青、淄、齐、登、莱州有关的严重自然灾害主要有：元和二年（817 年）秋，黄河南北大雨，发生水灾，百谷几乎颗粒无收；太和二年（828 年）夏，黄河大堤决口，青、淄、齐、德等州均发洪水，城郭民舍几乎毁坏殆尽；开成二年（837 年）六月，淄、青、兖等数州发生严重的蝗灾，庄稼几近绝收；开成三年至四年，自登州至青州等数州发生更为严重的蝗灾，蝗虫吃尽五谷[52]。这些自然灾害再加上政府的严酷税赋，使百姓生活极为困苦，这也是寺院破败荒凉的原因之一。

三、结　　语

日僧圆仁《行记》记录下了游历山东期间所见山东佛教寺院的状况，这些寺院共有十四处，包括州县寺舍、山林兰若以及村寺佛堂等，有些情况为我国的正史及其他文献所不载，具有极高的史料价值。除新罗的遣使朝贡等大事之外，中国的传世文献亦大多不载普通新罗人在唐朝境内的活动情况，《行记》则比较详细地记载了新罗僧人、侨民的活动状况，可补史志之缺。根据《行记》的记载，我们看到即使早在会昌法难之前的开成年间，山东佛教寺院大多已经显现出荒凉颓败的景象，这应与安史之乱、淄青藩镇叛乱以及连年的严重自然灾害有关。

附记：本文写作过程中，山东工艺美术学院张从军教授曾给予指导并提出修改意见，我们在此谨表谢意。

附录　圆仁所游历山东寺院统计

寺院名称	圆仁《行记》中的具体描述	巡礼时间
赤山法华院，又称赤山新罗院、赤山院、山院等	其赤山纯是岩石高秀处，即文登县清宁乡赤山村。山里有寺，名赤山法花院，本张宝高初所建也。长有庄田，以宛（充）粥饭。其庄田一年得五百石米。冬夏讲说：冬讲《法花经》，夏讲八卷《金光明经》，长年讲之。南北有岩岑，水通院庭，从西而东流。东方望海。远开南西。北方连峰作壁，但坤隅斜下耳……诸僧等卅有余	开成四年（839 年）六月七日至开成五年二月廿日
真庄村天门院，又称南山法空阇梨院、南院等	（七月）十四日　……往真庄村天门院相看法空阇梨。此师曾至本国，归来二十年。夜宿其院。十五日　山院吃斋。便吃新粟米饭。十六日　早朝，从山院下。（十一月）十七日　……遽且出寺，往南山法空阇梨院。赤山院纲维驰书请归，不许住南院。更修状请十五日暇，纲维仅许。廿二日　缘事不稳，归于本院	开成四年（839 年）七月十四日、十一月十七日
刘村古佛堂（无寺号）	依新罗僧常寂请，往刘村。到彼，便见白石弥勒像体上着土。问事由，答云："于此有新罗人王宪，夜梦有一僧来语云：'我是文殊师利，古佛堂坠坏积年，无人修缉，佛菩萨埋没土中，见汝信志，故来告报。若欲知实，掘冢东南宝图边便得见者。'寤且惊怪，以梦中事语诸道俗。遂赴古图边，锄掘地，深至胸上，寻得佛菩萨像。今见掘得弥勒佛像一体，文殊师利菩萨一体，普贤菩萨一躯，观世音菩萨两躯，大师子菩萨一体，罗睺罗一躯，佛骨铁阁廿斤以上。"夜头，礼佛。道俗会集，施舍通夜	开成五年（840 年）二月十四日
文登县惠海寺	夜到文登县，入惠海寺极乐阇梨院宿……斋时，赴惠海寺极乐阇梨院断中	开成五年（840 年）二月廿日至廿一日
文登县惠聚寺	廿一日　早朝，入惠聚寺，权觅住处，北院安置……文登县者，渤澥之西根，唐国之东境。秦皇御宇，驾幸此地游赏，因立佛寺，号之"惠聚"，今在县南……纲维、典座等到县西野中辞别	开成五年（840 年）二月廿一日至廿五日
牟平城东庐山寺	城东去半里有庐山寺。未时，入寺宿。只有三纲、典座、直岁五人，更无僧人。佛殿破败。僧房皆安置俗人，变为俗家……庐山寺设登州刺史乌君斋。当寺僧二人：寺主僧一行，直岁僧常表。日本僧三人。都有五人。村人廿有余。各于自宅随力所办，修理饭食，擎将来。寺主僧一行表叹。村人于堂前同斋。各自所将饭食各自吃，不分与人。各割自食分以供僧也	开成五年（840 年）二月廿七日至廿八日

续表

寺院名称	圆仁《行记》中的具体描述	巡礼时间
乍台村法云寺	傍北海浦行廿余里，到乍台村法云寺宿。知馆人了事。乍台馆本是佛寺，向后为馆。时人唤之为乍台馆。馆前有二塔：一高二丈，五层，镌石构作；一高一丈，铸铁作之，有七层。其碑文云："王行则者，奉敕征伐东藩没落。同船一百余人俱被贼擒，送之倭国。一身逃窜，有遇还归。麟德二年九月十五日造此宝塔。"云云	开成五年（840年）二月廿八日
王庭村寺（无寺号）	斋后，望西北行卅里到蓬莱县管内望仙乡王庭村寺宿。	开成五年（840年）三月一日
登州开元寺	（三月）二日 ……行廿里到登州，入开元寺宿……城西南界有开元寺，城东北有法照寺，东南有龙兴寺，更无别寺……开元寺僧房稍多，尽安置官客，无闲房。有僧人来，无处安置……（三月）四日 国忌。使君、判官、录事、县司等总入开元寺行香。使君判官等库头吃茶，唤求法僧等赐茶，问本国风俗……此开元寺佛殿西廊外僧伽和尚堂内北壁上画西方净土及补陀落净土，是日本国使之愿	开成五年（840年）三月二日至三月十二日
莱州城外龙兴寺	出城外东南龙兴寺宿。佛殿前有十三级砖塔。基阶颓坏，周廊破落。寺无众僧，仅有二僧。寺主典座，心性凡庸，不知主客之礼……寺家无饭，各自求食	开成五年（840年）三月十五日至十七日
北海县观法寺	斋后行卅五里，到北海县观法寺宿。佛殿僧房破落，佛像露坐。寺中十二来僧尽在俗家，寺内有典座僧一人	开成五年（840年）三月十九日至廿日
青州龙兴寺	（三月）廿一日 ……行卅里到青州府龙兴寺宿……廿四日……晚头，直岁典座引向新罗院安置……廿八日……便闻渤海王子先日来到，拟归本乡。待敕使来发去。于当寺夏供，院有斋。普请。赴彼断中。众僧五十来……（四月）一日……斋时当寺有斋。今日尚书郎君生日，因设长命斋	开成五年（840年）三月廿一日至四月三日
长白山醴泉寺	到醴泉寺断中。斋后巡礼寺院，礼拜志公和上影，在琉璃殿内安置。户柱阶砌皆用碧石构作。宝幡奇彩，尽世珍奇，铺列殿里。志公和上是十一面菩萨之化身，其本缘镌着碑上："和尚朱氏，金城人也，降灵于此长白山灭度。其后肉身不知所向，但作影像，举国敬重。"堂西谷边有醴泉井，向前泉涌，香气甘味。有吃之者除病增寿，尔来名为醴泉寺。和尚灭后，泉水涸尽，但空井。如今泉井之上建一小堂，更作和上影。影前堂内有石井，深五尺余，今见无水也。寺之南峰名为龙台，独出群岫。地图所载。曾有龙舞其巅，以此奏闻，奉敕改名龙台寺。后因泉涌，改名醴泉寺。东西南方嵩峰连塞，北方开豁无山阜矣。寺舍破落，不多净吃。圣迹陵夷，无人修治。寺庄园十五所，于今不少。僧徒本有百来僧，如今随缘散去，现住寺者，三十向上也。典座僧引向新罗院安置	开成五年（840年）四月六日至四月七日
临邑故县古寺（无寺号）	到古县，是前临邑县。城郭颓夷，无一官舍。先代寺舍破灭，佛像露坐，还为耕畴，甚可忧叹	开成五年（840年）四月九日

注　释

［1］〔日〕圆仁原著、小野胜年校注、白化文等修订校注：《入唐求法巡礼行记校注》，花山文艺出版社，2007 年。本文有关《行记》的内容均来自此书，下文脚注仅注明书名和页数。

［2］我们曾陪同以日本国学院大学铃木靖民教授为代表的研究小组分两次考察了圆仁在山东的游历路线。

［3］张宝高，又作张保皋，当时新罗的实权人物，年轻时在唐从军，后承新罗王命，肃清新罗海路。常活动于中国山东沿海一带，从事唐与新罗、日本之间的国际贸易等。参见（唐）杜牧：《樊川文集》，上海古籍出版社，1978 年，101～103 页；（宋）欧阳修等：《新唐书·新罗列传》，中华书局，1975 年，6206 页。

［4］田正祥：《圆仁三赴赤山》，山东友谊出版社，1998 年，92 页。

［5］《入唐求法巡礼行记校注》，167、187 页。

［6］《入唐求法巡礼行记校注》，203、204 页。

［7］〔日〕齐藤圆真：《赤山法華院の現況等について》，天台学報 38 册，1996 年，28～33 页。

［8］《入唐求法巡礼行记校注》，213、214 页。

［9］〔日〕齐藤圆真：《赤山法華院の現況等について》，天台学報 38 册，1996 年，28～33 页。

［10］（民国）王昭旭等：《牟平县志》卷二，民国二十五年（1936 年）铅印本，16 页。

［11］（清）舒孔安等：《宁海州志》卷九，同治三年刻本（1864 年），2 页。

［12］（唐）杜佑撰：《通典》，中华书局，1988 年，924 页。

［13］（宋）欧阳修等：《新唐书·新罗列传》，中华书局，1975 年，4083、6201 页。

［14］〔日〕齐藤圆真：《赤山法華院の現況等について》，天台学報 38 册，1996 年，28～33 页。

［15］（民国）王昭旭等：《牟平县志》卷一，民国二十五年（1936 年）铅印本，14 页。

［16］《入唐求法巡礼行记校注》，214 页。

［17］〔日〕酒寄雅志：《円仁の足跡を訪ねて—山東半島》、《 < 入唐求法巡礼行記 > に関する文献校訂及び基礎的研究—平成 13～16 年度科学研究費補助金［基盤研究 C（2）］研究成果報告書》，2005 年，29 页。

［18］参见蓬莱市政府网站：http：//www. penglai. gov. cn/cn/news/index_ show. jsp？ id =50588。

［19］〔日〕木下宫彦著、胡锡年译：《日中文化交流史》，商务印书馆，1980 年，170 页；小野胜年：《入唐求法巡礼行记の研究》第二卷，法藏馆，平成元年（1989 年），280、281 页。

［20］《入唐求法巡礼行记校注》，217～225 页。

［21］（清）施闰章等：《登州府志》卷七，康熙三十三年（1694 年）刻本，6 页。

［22］参见蓬莱市政府网站：http：//www. penglai. gov. cn/cn/news/index_ show. jsp？ id =10019。

［23］《入唐求法巡礼行记校注》，232 页。

［24］（清）张思勉等：《掖县志》卷五，乾隆二十三年（1758 年）刻本，40 页。

［25］（清）严有禧等：《莱州府志》卷八，乾隆五年（1740 年）刻本，1 页。

［26］《入唐求法巡礼行记校注》，234 页。

［27］（清）王珍修等：《潍县志》卷二，康熙十一年（1672 年）刻本，63 页。

［28］ （民国）常之英等：《潍县志稿》卷九，民国三十年（1941 年）铅印本，13 页。
［29］ 《入唐求法巡礼行记校注》，235 ~ 242 页。
［30］ （清）张承燮等：《益都县图志》卷十三，光绪三十三年（1907 年）刻本，23、24 页。
［31］ 山东省青州市博物馆：《青州龙兴寺佛教造像窖藏清理简报》，《文物》1998 年第 2 期，4 ~ 15 页。
［32］ 《入唐求法巡礼行记校注》，245、246 页。
［33］ （清）陈立撰：《白虎通疏证》，中华书局，1994 年，287 页。
［34］ （唐）韦述撰、陈子怡校正：《校正两京新记》，西安和记印书馆，民国二十五年，13 页。
［35］ （民国）乐钟尧等：《邹平县志》卷十一，民国三年（1914 年）刻本，1 ~ 10 页。
［36］ 郭蒸晨：《邹平轶事缀英》，中国文史出版社，2003 年，37 页。
［37］ 《入唐求法巡礼行记校注》，248 页。
［38］ （清）沈淮：《临邑县志》卷二，道光十七年（1837 年）刻本，1 页。
［39］ 〔日〕小野胜年：《入唐求法巡礼行记の研究》第四卷，法藏馆，平成元年（1989 年），452 ~ 462 页。
［40］ 《入唐求法巡礼行记校注》，180 页。
［41］ （后晋）刘昫等撰：《旧唐书》，中华书局，1975 年，137 ~ 144 页。
［42］ 《入唐求法巡礼行记校注》，219、242 页。
［43］ 《入唐求法巡礼行记校注》，163 页。
［44］ 田正祥：《圆仁三赴赤山》，山东友谊出版社，1998 年，92、93 页。
［45］ 《入唐求法巡礼行记校注》，163 页。
［46］ 《入唐求法巡礼行记校注》，100、101 页。
［47］ 〔日〕真人元开著、汪向荣校注：《唐大和尚东征传》，中华书局，1979 年，46 页。
［48］ （后晋）刘昫等撰：《旧唐书》，中华书局，1975 年，486、487 页。
［49］ （后晋）刘昫等撰：《旧唐书》，中华书局，1975 年，5339 页。
［50］ 安作璋主编、高凤林著：《山东通史隋唐五代卷》，山东人民出版社，1994 年，39 ~ 41 页。
［51］ （后晋）刘昫等撰：《旧唐书》，中华书局，1975 年，3533 ~ 3543 页。
［52］ 邢仁忠：《黄巢起义在山东》，《秦汉至隋唐时期山东重要历史事件》，山东人民出版社，2004 年，393、394 页。

《金陵长干寺真身塔藏舍利石函记》考释及相关问题

龚巨平　祁海宁

（南京市博物馆）

2007 年 12 月，南京市博物馆考古队在明代大报恩寺遗址考古发掘中发现一处塔基遗迹。2008 年 7 月，考古队对该遗迹进行发掘。考古发掘证实这是北宋长干寺真身塔（后改称圣感塔）的地宫。地宫中出土一块长方形石碑，上有题为《金陵长干寺真身塔藏舍利石函记》的长篇铭文（图版七，1），对于研究北宋长干寺的历史沿革和宋初修造长干寺真身塔的详细情况，皆具有重要的史学价值。今不揣浅陋，试作考释，敬祈方家指正。

一、碑 铭 概 况

该石碑原为地宫石函的一部分。地宫出土的石函由底座、四块壁板、顶盖共六块构件拼合组装而成，北壁板即为此碑，长 150、宽 72、厚 12.5 厘米，下端有榫头，两侧边框宽 12 厘米，边框未经打磨，表面略显粗糙，略低于刻辞平面。刻辞部分打磨光滑，通体涂墨，出土之初因石函内铁函锈蚀而成土黄色。上端因铁腐蚀，有数字被磨泐不可辨。碑铭楷书，首题“金陵长干寺真身塔藏舍利石函记”，首题下空 3 字为撰文、书丹者名讳，题曰“法主承天院住持圆觉大师赐紫德明述并书”，正文十五行，满行 40 字，全碑共 621 字，兹据碑铭录文如下：

金陵长干寺真身塔藏舍利石函记□□□法主承天院住持圆觉大师赐紫德明述并书/我大牟尼师，嗣贤劫第四之大宝也，总法界为化封，以教理为命令，垂衣利物四十九年。大事记周，提河/示寂，碎黄金相为设利罗，育王铸塔以缄藏耶。舍手光而分布，总有八万四千所，而我中夏得一十九焉。/金陵长干寺塔，即第二所也。东晋出现，梁武再营。宝塔参空，群生受赐。洎平陈之日，兵火废焉。旧基空列/于榛芜，嵬级孰兴于佛事。每观藏录，空积感伤。□□□圣宋之有天下，封禅礼周，汾阴祀毕，乃有讲律演/化大师可政，塔就蒲津，愿兴坠典，言告□□中贵，以事闻□□□天，寻奉

□□□纶言，赐崇寺、塔。同将仕／郎、守滑州助教王文，共为导首。率彼众缘，于先现光之地，选彼名匠，载建砖塔，高二百尺，八角九层，又造／寺宇。■■进呈感应舍利十颗，并佛顶真骨洎诸圣舍利，内用金棺，周以银椁，并七宝造成阿育王塔，■／以铁■■函安置。即以大中祥符四年太岁辛亥六月癸卯朔十八日庚申，备礼式设阖郭大斋，閟于皋／际，庶■名数，永镇坤维。上愿□□□崇文广武仪天尊道宝应章感圣明仁孝皇帝天基永固，圣寿遐延，／太子诸王，福昌万叶，宰辅文武，赞国忠贞，三军兆民，乐时清泰，同缘众信，利集无疆，举事诸贤，功彰不朽，／陵迁谷变，此善长存，地久天长，斯文永振。谨记。口塔主演化大师可政。助缘管勾赐紫善来、□小师普伦。／□道首将仕郎守滑州助教王文，□妻史氏十四娘，男凝、熙、规、拯，孙男同缘、同会、三哥、四哥、五哥、七哥、八／□哥、九哥，孙女大娘、二娘、三娘、四娘、五娘、六娘，新妇蔡氏、许氏、杨氏、杨氏，出嫁一娘、三娘、亡女四娘，先考／□二郎，□妣程氏，继母陈氏，寄东京王廷旭。僧正赐紫守邈宣慧大师齐吉，赐紫文仲，僧仁相，绍之。舍舍／□利施护、守正、重航、绍赟、智悟、重霸、守愿、尼妙善、宝性。砌塔都料应承裕并男德兴、王仁规。施石函陆仁贞、仁恭。

（□表示空格，／表示换行，■字迹不清，□内填字为根据上下文考定。）

二、碑铭中相关词句释义

真身塔：即供奉佛祖舍利的佛塔。真身，指佛祖释迦牟尼之身。真身舍利，指佛祖之舍利。凡瘗藏佛祖舍利之塔可称真身塔。《法苑珠林》记载，真身舍利分白色的骨舍利、黑色的发舍利、红色的肉舍利等[1]。相对于真身，还有法身舍利，指佛教经典。

法主：（1）意谓佛法之主。原系对佛之敬称，后转为说法之主。《中阿含经》卷四十九《大空经》："世尊为法本，世尊为法主，法由世尊。"日本近代称各佛教宗派首领为法主（或管长、门主）。（2）南北朝时的僧官之一。一般仅管某一寺院之事务。如宋孝武帝召沙门道猷入内殿说法，敕为新安寺法主；又敕法瑗为湘宫寺法主。（3）法会之主持人[2]。碑铭中法主，应该是指一种官职。

承天院：位于南京城南。刘宋元嘉中，文帝建造，名报恩寺。唐会昌中废。杨吴时期改称报先院。南唐升元中，该兴慈院。宋开宝中废，太平兴国间改名承天寺，政和中改名能仁寺[3]。

德明，律师。至道中为宋太宗召见，赐御容及罗汉像以归。曾为升州法主，承天院住持。宋真宗有赐诗："精勤演律达真风，释子南禅道少同。奥旨筌蹄悟佛理，慧灯广布九围中。"[4]

嗣贤劫第四之大宝：贤劫，或称善劫，全称现在贤劫，与"过去庄严劫"、"未来星宿劫”合称三劫。据《贤劫经》、《现在贤劫千佛名经》、《千佛因缘经》等载，拘留孙、拘那含牟尼、迦叶、释迦、弥勒以下千佛，次第于贤劫中兴出。大牟尼师，即释迦牟尼，为贤劫千佛中第四佛，故称“贤劫第四之大宝”。释迦牟尼30岁成道，弘法49年。

设利罗：即舍利，或译为室利罗。

育王：即阿育王。印度孔雀王朝第三任皇帝。在位期间统一印度，后皈依佛教，并将分散在八国的佛舍利集中再分建塔瘗藏，其所造塔成为阿育王塔。

封禅礼周，汾阴祀毕：指大中祥符元年（1008年）十月宋真宗封禅泰山事和大中祥符四年正月宋真宗在山西汾阳“祭祀后土”事。

崇文广武仪天尊道宝应章感圣明仁孝皇帝，为宋真宗赵恒当时之尊号。

三、相关问题的讨论

（一）阿育王塔与宋代长干寺的历史渊源

舍利是梵文Sarira的音译，或称舍利罗、设利罗、室利罗，意译为体、身、身骨或遗身。最初专指佛陀之遗骨，称为佛骨、佛舍利；后亦用来指高僧死后焚烧所遗留下的坚固骨头。据《长阿含经》卷四《游行经》记述，释尊于拘尸城双树间般涅槃后，得舍利八斛四斗，其中包括一块头顶骨、两块骨、四颗牙齿、一节中指指骨舍利和众多珠状真身舍利子。这些佛舍利被分成八份，由八个国家各自起塔供养。佛灭度百年后，印度孔雀王朝的第三代国王阿育王统一了分裂的印度，他将分散在八个国家供奉的佛舍利重新收集起来，分成84000份，役使鬼神一夜之间在赡部提洲建塔84000座以供养。因塔为阿育王所建造，一般将这些塔称之为“阿育王塔”。

西晋时期安法钦译出的《阿育王传》，是中国佛教史上第一部关于阿育王传记的经典。东晋时期法显西行求法，其所著《佛国记》（即《法显传》）为人们了解阿育王的事迹提供了真实而详细的记载，其中即有阿育王建塔供奉舍利的细节。东晋以后至唐代，阿育王及佛塔舍利在中国佛教典籍中的记载日趋丰富。

魏晋南北朝时期逐渐兴盛起来的舍利崇拜，让人们相信：中国是赡部提洲的一部分，故在中国境内也应该有阿育王塔和佛舍利的存在，并由此开始了最早的寻找佛舍利的“考古”活动。不同的佛教经典对中国境内发现的阿育王塔有不同的记载。唐法琳《破邪论》卷上云：“有阿育王，以神力分佛舍利，使于诸鬼神造八万四千宝塔，今洛阳、彭城（今徐州）、扶风、蜀郡（今成都）、姑臧（今武威）、临淄等，皆有塔焉，并有神异也。”[5]这里法琳明确列出6个地方有阿育王塔。唐道宣《广弘明集》卷一五，则举出鄮县塔等凡十六塔，并以之为阿育王八万四千塔内之数[6]。唐道世《法苑珠林》卷五十一更列出中国的阿育王塔地点，即西晋会稽鄮县塔、东晋金陵长干塔、石赵青州东城塔、姚秦河东蒲坂塔、周岐州岐山南塔、周瓜州城东古塔、周沙州城内大乘寺塔、周洛州故都西塔、周凉州姑臧古塔、周甘州删丹县古塔、周晋州霍山南塔、齐代州城东古塔、隋益州福感寺塔、隋益州晋源县塔、隋郑州超化寺塔、隋怀州妙乐寺塔、隋并州净明寺塔、隋并州榆杜县塔、隋魏州临黄县塔[7]。这十九处佛塔，是按照塔中佛舍利被世人所发现的年代来列序的。所谓“东晋金陵长干塔”，即指长干塔中舍利是在东晋时期被首次发现的，出土碑铭中云“东晋出现”，即指此意。

据梁代慧皎《高僧传》记载，长干寺舍利为刘萨诃（出家后法名慧达）所发现。传载刘萨诃在病中受观音大士的指点，病愈后到吴郡寻找阿育王塔像及遗迹，用以消除他的罪业。他到达建业长干寺，发现塔刹放出奇异的光芒，于是在塔下掘出佛舍利：“掘入丈许，得三石碑。中央碑覆中有一铁函，函中又有银函，银函里金函，金函里有三舍利，又有一爪甲及一发。发申长数尺，卷则成螺，光色炫耀。乃周敬王时阿育王起八万四千塔，此其一也。既道俗叹异，乃于旧塔之西，更竖一刹，施安舍利。晋太元十六年，孝武更加为三层。”[8]及至梁大同三年，梁武帝改造长干寺塔，佛舍利再次出现。成书于唐代的《南史》卷 78《扶南国传》记载，梁武帝所改造的长干寺塔为慧达所新建的西塔。《梁书》记载：初穿土四尺，得龙窟及昔人所舍金银环钗镊等诸杂宝物。可深九尺许，方至石磉，磉下有石函，函内有铁壶，一盛银坩，坩内有金镂罂，盛三舍利，如粟粒大，圆正光洁。函内又有琉璃碗，内得四舍利及发爪，爪有四枚，并为沉香色。梁武帝在发掘出舍利后，在长干寺多次设立无碍大会，迎请舍利入台城供奉。大同四年九月，梁武帝“又至寺设无碍大会，竖二刹，各以金罂、次玉罂，重盛舍利及爪发内七宝塔内。又以石函盛宝塔，分入两刹刹下，及王后妃主百姓富室所舍金银环钏等珍宝充积。”[9]根据这段文字可知，梁武帝对东晋塔进行了改造，并重新瘗藏舍利及爪发，梁武帝时代是长干寺一个重要的发展时期。碑铭中“梁武再营”，即指梁武帝建造佛寺之举。

梁武帝重新瘗埋舍利后，过了约六十年后，长干寺塔舍利又被发掘，并被迁置在京都长安日严寺供奉。589 年，隋文帝耕垦荡平建康，长干寺亦渐荒废，“洎平陈之日兵火废焉”即指此言。隋开皇十二年，时晋王杨广坐镇扬州，他在长安青龙坊西南隅修建日严寺，“京寺有塔，未安舍利，乃发长干寺塔下取之入京，埋于日严塔下。”日严寺在唐贞观六年（632 年）被废。武德七年道宣师徒乃发掘日严塔下所瘗藏的舍利：“塔下得舍利三枚，白色光明，大如粟米；并爪一枚，少有黄色；并白发数十余；有杂宝、琉璃、古器等。总以大铜函盛之。检无螺发，又疑爪黄而小如人者。寻佛（爪）倍人爪，赤铜色，今则不尔。乃将至崇义寺佛堂塔下，依旧以大石函盛之，本铭覆上，埋于地府。余问隋初南僧，咸曰：‘爪发，梁武帝时者；舍利，则有疑也。’”[10]道宣发掘出的舍利后被供奉在长安崇义寺佛堂下。

隋代之后，长干寺舍利尚有一次被发掘，唐长庆四年，润州（今镇江）刺史李德裕打开长干寺地宫，将部分舍利瘗藏于镇江甘露寺塔下。此事不见于文献史料记载。1960 年镇江甘露寺铁塔考古发掘出土的碑记明载此事，始为世人知晓。《重瘗长干寺阿育王塔舍利记》云："上元县长干寺阿育王/塔舍利二十一粒，缘寺久荒/废，以长庆甲辰岁十一月/甲子移置建初寺，分十一粒/置北固山依长干旧制造/石塔永护城镇与此山俱。"[11]地宫中出土的舍利容器据赐碑铭知乃仿长干寺旧制所造，对研究南朝舍利瘗藏方式有重要意义。

地宫出土碑铭中升州法主德明对宋代长干寺历史渊源的追溯，选取的中土十九座阿育王塔、东晋慧达发现舍利、梁武帝改造佛寺等重大事件，其无疑来源于《梁书》、《高僧传》、《广弘明集》、《法苑珠林》等史籍的记载。德明的记述，代表了宋代僧人对长干寺历史的认识和态度。而在宋代以前和宋代之后的一些史料中，对长干寺历史的记述，尚有不同的记载，这里略申于后。

长干寺得名于其所在位置长干里。"干"是江南对山陇之间平地的称谓。长干里就是南京城南众多丘陵山地中的一片相对较为平坦的区域。这里是江南地区最早的佛教传播地。早在孙吴赤乌十年，康居国僧人康僧会到达南京弘传佛法，因致如来舍利，为吴主孙权所信任，为之建塔造寺，因是江南第一座寺院，号曰"建初寺"，并名其地为"佛陀里"，由是江左大法遂兴[12]。正是在这一大的历史背景下，长干寺兴起于秦淮河畔。"吴时有尼居其地，为小精舍，孙綝寻毁除之，塔亦同泯。吴平后，诸道人复于旧处建立焉。"[13]这应是六朝时期长干寺最直接的渊源，最初为尼居的小精舍，吴末孙綝毁寺塔，西晋重建寺院。寺始名长干，时间应当在东晋时期。

宋代之后，文献逐渐将长干寺和建初寺相混淆。如明嘉靖《南畿志》明确将建初寺、长干寺、天禧寺、大报恩寺看做是一脉相承的传承关系："大报恩寺在聚宝门外，吴赤乌四年有康居国僧来会，居长干里。大帝命致佛舍利，为建塔寺，曰建初。梁天监初，改名长干。宋天禧中改名天禧，元末兵毁。"[14]而主修嘉靖《南畿志》的陈沂，则在其《报恩寺琉璃浮图记》记载："南都之南有大佛宇，孙吴时云神僧所居，南朝始有寺，因地长干，曰长干寺。赵宋改名天禧寺。"[15]万历年间南京礼部祭祀郎中葛寅亮所著《金陵梵刹志》，则采用了嘉靖《南畿志》的观点。他对大报恩寺的前身天禧寺的历史渊源作了如下的叙述："在都城外南城地，离聚宝门一里许，即古长干里。吴赤乌间，康僧会致舍利，吴大帝神其事，置建初寺及阿育王塔，实江南塔寺之始。后孙皓毁废，旋复。晋太康间，刘萨诃又掘得舍利于长干里，复建长干寺。晋简文帝咸安间，敕长干造三级塔。梁武帝大同间，诏修长干塔。南唐时废。宋天禧间，改天禧寺。祥符中，建圣感塔。政和中，建法堂。元至元间，改元兴天禧慈恩旌忠寺。至顺初，重修塔。元末毁于兵。"[16]是书《凡例》又指出："归并旧寺，惟灵谷、报恩二寺，而灵谷为多……报恩即长干寺，建初寺与长干相望，地皆名佛陀里。建初废，掌故自宜入长干，以征江南塔寺之始。"从葛寅亮的记述看，他应该知道建初寺与长干寺是两座不同的寺院，不存在继承关系。

实际上，在清代的《乾隆江宁新志》中，修志者对长干寺的历史渊源做了详细的考定，通过文献的梳理，明确指出了长干寺和建初寺各自的渊源流变。

（二）可政与宋代长干寺的兴复

宋代初年，长干寺在僧俗两界的帮助下得到兴复。兴复之由，源于僧人可政于长干寺故址数感灵迹，并得感应舍利。宋代李之仪《新建法堂记》记载，“久之，舍利数表见感应。祥符中，僧可政状其迹并感应舍利投进，有诏复为寺。政即其表见之地建塔，赐号‘圣感舍利宝塔’。”[17] 此记载与碑铭相合，而碑铭记述更为详细。可政通过宫廷宦官（中贵）将其所感应舍利事报告给了真宗皇帝，经过皇帝的批许，可政乃于其感应到的“现光之地”新建佛塔和寺院。塔八角九层，高二百尺，碑铭称作“真身塔”，当为其原名，后被赐号“圣感舍利宝塔”，简称“圣感塔”。天禧二年（1018年），宋真宗赐长干寺改名“天禧寺”。此塔自宋代初年建好后，一直沿用到明代，中经元文宗拨内帑修缮，一直是长干寺（天禧寺）内最重要的建筑，宋、元、明三代文人墨客凡有登临，多有咏颂，留下众多的斐采诗章。洪武十三年，胡惟庸等乱政，明太祖朱元璋将之归结于“虎方坤位，浮图太耸之故”，即指此圣感塔太高大，影响大明朝的风水，于是下令拆除，移建于钟山之左。后经工部左侍郎黄立恭发愿修复[18]。永乐六年，寺僧“潜于僧室放火，将寺焚毁。崇殿修廊，寸木不存，黄金之地，悉为瓦砾。浮屠煨烬，颓裂倾敝。”[19] 永乐十年，明成祖朱棣下令重造浮图，“高坚壮丽，度越前代”。永乐于长干塔旧址新建的佛塔就是名耀中外的大报恩寺琉璃塔。从考古发掘的成果看，明代大报恩寺琉璃塔就是建筑在宋代长干寺“圣感舍利宝塔”旧址上的[20]。

主持修塔者可政，不见于僧传记载，在扬州和南京的方志中有零星记载[21]。这次地宫出土文物中有 2 件丝织品上的题记，与可政生平事迹有关。根据这些文献记载，可政俗姓高，生身父高洪，母禹氏十一娘，幼从南京升元寺玄月和尚出家，为律宗和尚，后得赐紫，并封号“演化大师”，为长干塔塔主，有些文献称“塔主大律师可政”。端拱元年（988 年），可政在终南山紫阁寺得玄奘顶骨舍利，带回南京，并于天圣五年建塔供奉于长干寺之东岗，俗称白塔。可政在建成玄奘顶骨舍利塔后，撰有《天禧寺白塔记》[22]。惜碑刻不存，文字亦不见著录，止存其目。明洪武十九年，天禧寺住持守仁等人将之迁葬于南岗，并建三藏塔、三藏殿。此座玄奘顶骨舍利塔在 1942 年被侵华日军发掘，后分顶骨舍利，并在南京九华山建塔供奉。景德年间可政曾在扬州大明寺建有栖灵塔，塔中亦供奉佛舍利。大中祥符年间，可政在长干寺的感应舍利，经皇帝准许，重建长干寺。重建工作得到滑州助教王文一家的帮助，南京、扬州等地的信众和各寺高僧共襄盛举，使得数年之间长干寺即建成。

砌塔都料应承裕及其子德兴，俱是当时名匠。应德兴在咸平年间参与了安徽亳州咸平寺塔的建造。1965年咸平寺出土的宋代天圣五年舍利石棺上刻有“宣补苏州昆山镇将造塔应德兴”的铭文，出土的《释迦如来砖塔记》中亦载有“宣补苏州昆山镇□应德兴”[23]。此为我们了解应氏父子之职掌提供了重要的资料，可见应氏父子是造塔名匠。应氏所造长干塔，后来还成为开封大善塔的蓝本，应德兴亦成为大善塔的主要建造师[24]。

（三）长干寺地宫舍利的来源

据碑铭，地宫中瘞藏有感应舍利、佛顶真骨、诸圣舍利，这些实物在后续的清理中均得到验证。

1. 感应舍利

感应舍利，是指感应而得到的舍利，最早出现在康僧会的传记中。在此后的佛典中，多有感应舍利的记载。《广弘明集》卷十五、卷十七，《集神州三宝感通录》卷上，《法苑珠林》卷三十八、卷四十还收录了隋代以前、汉魏两晋南北朝有关舍利及舍利塔的神异事迹。特别是在《法苑珠林》卷四十内有“舍利篇”，专门说明佛舍利的来历与价值，而在该篇的“感应缘”部分，略述隋代以前十六则舍利感应故事。通过感应而得到的舍利，有的可能是佛舍利，有的则不是佛舍利。这些感应得到的舍利，其之所以被感应，一个重要的媒介就是舍利放射出来的舍利光。“光”在佛教里象征着一种智慧，舍利既代表佛身，自然会有神光。前述慧达就是看到地下舍利放射出来的光芒而掘得。可政得到的感应舍利，也当是在长干寺故址“现光之地”而得到。这十颗感应舍利，是否就是六朝长干寺遗留下来的舍利，颇值得探究。

如前述，慧达得到的舍利，经过梁武帝、隋炀帝、李德裕等多次重新瘞藏。根据文献记载，每一次重新瘞藏，瘞藏的方式和瘞藏物品均不尽相同。去大中祥符四年最近的一次，李德裕在打开长干寺地宫时，得舍利二十一颗，他将其中的十一颗安置于镇江甘露寺铁塔下。根据镇江出土的碑铭记载，剩下的十颗，被移置建初寺供奉。这一重要记载，对于长干寺而言，有两个重要意义：第一，李德裕所掘得的梁武帝时代的二十一颗舍利，经移置后，剩下的十一颗舍利被安置在建初寺，而非留存在长干寺；第二，至唐长庆四年，始建于孙吴时期的建初寺仍然存在，长干寺与建初寺并不是先后承继的关系。可政在大中祥符四年瘞藏于长干塔地宫中的十颗感应舍利据此可以明确非梁代长干寺地宫遗存。

2. 佛顶骨

佛顶骨，梵文 usnisa，音译“乌率腻沙”，本指佛陀之三十二相之一佛顶肉髻，“顶骨涌起自然成髻是也”（见《无上依经》）；佛涅槃后特指顶骨舍利，“顶骨坚实，穷劫不坏”（《大般若波罗蜜多经》卷五百三十一），是“八十随形好”之七十八好。

中国佛教经典对于佛顶骨形状特征，多有记述，如《洛阳伽蓝记》卷五记载佛顶骨“方圆四寸，黄白色，下有孔”[25]；《续高僧传》卷三记载“周尺二寸，其相仰平，形如天盖”[26]；《集神州三宝感通录》卷上记载“高五寸、阔四寸许，黄紫色”[27]；《法苑珠林》卷二十九记载“广二寸余，色黄白，发孔分明”[28]等。这些记载反映出不同尺寸大小的佛顶骨，形状、色泽也不尽相同，可见佛顶骨不止一片。

目前中国境内文献记载和考古发现所证实的佛顶骨舍利除长干寺之外，主要有河南邓州市福胜寺塔地宫[29]、银川西夏承天寺塔[30]、山东兖州兴隆寺塔[31]、山西临猗双塔寺西塔地宫[32]、河北涿州云居寺释迦佛舍利塔[33]、四川蓬溪县鹫峰寺白塔[34]等六处。这六处佛塔都是宋辽时期所修建。这从一个侧面也反映出宋辽时期舍利崇拜之盛。这些佛顶骨舍利，除兖州兴隆塔寺有明确来源之外，其余均未详所出。南京长干寺地宫顶骨舍利是上述所发现宋辽时期年代最早的一例，其来源又是如何呢？

翻检相关史籍，我们发现：宋代初年，由于太祖、太宗朝对佛教的崇信，有相当一批天竺僧人和使节来华，带来了佛舍利、梵经、贝叶经等物。其中，进贡佛顶骨舍利的记载有：太平兴国八年沙门法遇自西天来，献佛顶舍利、贝叶梵经。至道元年，中天竺沙门迦罗扇帝来朝，进佛顶舍利、贝叶梵经[35]。这两件佛顶骨舍利最终安置于何处，史籍未详不得而知。

据碑铭，舍舍利的人中有施护之名。在随后的清理过程中，我们在瘗藏佛顶骨的银椁的底部发现有镌刻的铭文，兹录如后：“大宋大中祥符四年辛亥四月八日金陵长干寺奉真身舍利大卿施护佛顶骨首座守正通悟大师重航尼宝性比丘绍赟各奉舍利赐紫守愿普定银各五两”（图版七，2）。这条铭文更是明确指出顶骨舍利来源于大卿施护。卿，在宋代九寺长官皆称卿，即太常寺卿、宗正寺卿、光禄寺卿、卫尉寺卿、鸿胪寺卿、大理寺卿、太仆寺卿、司农寺卿、太仆寺卿。大卿，为正卿的通称[36]。又据《资治通鉴长编》卷 309，丁卯：“译经僧官有授试光禄、鸿胪卿少者，今除阶、散已罢外，其带卿少官名实有妨碍，欲乞以授试卿者，改赐译经三藏大法师，试少卿者，改赐译经三藏法师。”[37]据此记载，不禁让人联想起宋初来华翻译佛经的天竺僧人施护，二者是否就是同一人呢？

依《佛祖通纪》、《续高僧传》等典籍记载，施护是乌填囊国人（今阿富汗境内），太平兴国五年与天息灾同来开封，获赐紫衣。太平兴国七年六月，译经院建成，召入院，赐号显教大师，充译经三藏，与天息灾、法天轮替译经。雍熙二年因新译佛经妙得翻译之体，诏除朝奉大夫、试鸿胪卿。天禧元年十二月卒，谥“明悟”[38]。在这些有限的记载中，并未有施护贡佛顶舍利的记载，但这并不能说明施护没有向宋廷贡佛顶舍利的可能。尤其是，银椁底部的铭文中“大卿”与施护连称，与译经施护的经历相合，可以明确肯定碑铭和银椁上记载的施护就是宋代译经大师施护。我们可以据此确知，金陵长干寺地宫中出土的佛顶骨舍利，是由宋初来华的乌填囊国僧人施护所献。至于这枚珍贵的顶骨舍利是如何被施护所得，最终传到南京并被瘗藏在长干寺地宫中的历史细节，由于史料的缺乏，暂付阙如。

3. 诸圣舍利

诸圣舍利，当是一些高僧大德的舍利。其来源于碑铭中提到的守正、重航、绍赟、智悟、重霸、守愿、尼妙善、宝性等人。这些僧尼多不可考。夏竦《文庄集》卷27《大安塔碑铭》中记述妙善之事迹，颇疑二人为同一人。据《大安塔碑铭》所记，妙善，俗姓胡，长沙人，幼年即有志事佛，曾为楚国马氏掠为姬侍。入宋后在洛阳天女寺出家，宋太宗以其曾为马氏姬，赐以懿名，被之华服。宋真宗念其老，为建大安塔，塔仿金陵长干寺圣感塔形制，并由同一建筑师应德兴建造。妙善与宋皇室关系颇为密切，建塔得到皇室的大力支持，大安塔下瘗藏有妙善所收藏的佛骨舍利。妙善自身有极高的佛教修养，加之与皇室和当时佛教界的紧密关系，她完全有可能与可政、施护等有交往，因此在长干寺建塔之时，将自己所得的佛骨舍利的一部分瘗藏供奉于长干寺地宫内[39]。可能正是妙善在看到长干塔后，对塔的造型和建筑质量存有好感，其后在修大安塔时，亦延请应德兴主持修造。

（四）独特的瘗藏舍利方式

碑铭记载，宋代长干寺地宫内“内用金棺，周以银椁，并七宝造成阿育王塔，□以铁□□函安置”感应舍利、佛顶真骨及诸圣舍利。如前述，地宫为竖穴深井式地宫，舍利石函直接放置于地宫中，并用夯土加以封护。这种埋藏方式与考古习见的唐宋时代的构筑砖室的埋藏方式大相径庭。

目前国内考古发掘的地宫总数超过80座，徐苹芳、杨泓等先生对舍利塔基和舍利瘗藏等问题做过专门的研究[40]。就整体而言，将石函直接埋于土中，是中国早期佛塔瘗藏舍利的形式，“隋代开始以砖石构筑简单的墓室状建筑，不再把放置舍利的石函直接埋入土中”[41]。大量的宋代、辽代、金代的佛塔地宫，形式多样，南北方差别明显。北方一以贯之的是仿墓室的结构，南方则呈现出不同的多样性。就南京宋代长干寺地宫而言，其独特的形制，应该受到两个方面的影响。第一，如前述，升州法主德明在撰写碑铭时，对寺史的记述，参考的是《梁书》、《高僧传》、《广弘明集》、《法苑珠林》等史籍的记载，且一如继之的认为六朝时期长干寺塔是中土十九座阿育王塔之一。因此，对于宋代新建地宫形制的选择，其更多的依据并继承梁武帝大同四年重瘗舍利的地宫建筑特点，并结合新的时代特点而略有改易。第二，南京长干寺地宫以七宝阿育王塔瘗藏舍利的做法，受到吴越国的影响。五代时期阿育王塔作为一种极具地方特色的宗教遗物，是吴越国国王钱俶崇佛的重要表现。目前发现的五代、宋代的阿育王塔实物，多出土于吴越国统辖的江浙地带[42]。宋代长干寺地宫中出土的阿育王塔，从形制、画面表现的佛教题材均与吴越国钱俶所铸造的阿育王塔如出一辙，显然受吴越的影响颇深。

注释

[1] 释道世：《法苑珠林》卷五十三《舍利篇》第三十七《引证部》，《大正藏》卷五十三。

[2] 丁福保：《佛学大辞典》之“法主”条，上海书店，1991年。

[3] 葛寅亮撰、何孝荣点校：《金陵梵刹志》卷三十二《天竺山能仁寺》，天津人民出版社，2007年。

[4] 明河：《补续高僧传》卷第十七《明律篇》，《高僧传合集》，上海古籍出版社，1991年；葛寅亮撰、何孝荣点校：《金陵梵刹志》卷三十二《天竺山能仁寺》，天津人民出版社，2007年。

[5] 法琳：《破邪论》卷上，《大正藏》卷五十二。

[6] 释道宣：《广弘明集》卷十五，《大正藏》卷五十二。

[7] 释道世：《法苑珠林》卷五十一《故塔部》，《大正藏》卷五十三。

[8] 释慧皎：《高僧传》第十三卷《晋并州竺慧达》，中华书局，1992年。

[9] 姚思廉：《梁书》卷五十四，中华书局，1973年。

[10] 释道宣：《集神州三宝感通录》卷上，《大正藏》卷五十二。

[11] 江苏省文物工作队镇江分队、镇江市博物馆：《江苏镇江甘露寺铁塔塔基发掘记》，《考古》1961年第6期。

[12] 释慧皎：《高僧传》第一卷《魏吴建业建初寺康僧会》，中华书局，1992年。

[13] 姚思廉：《梁书》卷五十四，中华书局，1973年。

[14] 闻人诠、陈沂纂修：《南畿志》卷七《郡县志·方外》，《北京图书馆古籍珍本丛刊》第24册，书目文献出版社。

[15] 陈沂：《报恩寺琉璃浮图记》，葛寅亮撰、何孝荣点校：《金陵梵刹志》卷三十一《聚宝山报恩寺》，天津人民出版社，2007年。

[16] 葛寅亮撰、何孝荣点校：《金陵梵刹志》卷三十一《聚宝山报恩寺》，天津人民出版社，2007年。

[17] 李之仪：《天禧寺新建法堂记》，《姑溪居士前集》卷三十七，四库全书本。

[18] 朱元璋：《御制黄侍郎立恭完塔记》，《金陵大报恩寺塔志》之《碑记》，南京出版社，2007年。

[19] 朱棣：《重修报恩寺敕》、《御制大报恩寺左碑》，《金陵梵刹志》卷三十一《聚宝山报恩寺》，天津人民出版社，2007年。

[20] 南京市博物馆：《南京大报恩寺遗址北区考古发掘》，《2010年中国重要考古发现》，文物出版社，2010年。

[21] 可政行迹史载极少，《扬州府志》中有可政于景德元年建多宝塔的记载。《景定建康志》、《至正金陵新志》、《南畿志》、《江南通志》、《江宁府志》等志书中有关大报恩寺的历史沿革中略有提及。

[22] 倪涛：《六艺之一录》卷九十五，四库全书本。

[23] 韩自强：《安徽亳县咸平寺发现北齐石刻造像碑》，《文物》1980年第9期。

[24] 夏竦:《大安塔碑铭》,《文庄集》卷二十七，四库全书本。
[25] 杨衒之撰、周祖谟校释:《洛阳伽蓝记校释》卷五，中华书局，2010 年。
[26] 释道宣:《续高僧传》卷三,《高僧传合集》，上海古籍出版社，1991 年。
[27] 释道宣:《集神州三宝感通录》卷上,《大正藏》卷五十二。
[28] 释道世:《法苑珠林》卷二十九,《大正藏》卷五十三。
[29] 河南省古代建筑保护研究所、河南省文物研究所:《河南邓州市福胜寺塔地宫》,《文物》1991 年第 6 期。
[30] 赵涛:《承天寺西夏断（残）碑新证》,《宁夏社会科学》2010 年第 9 期。
[31] 山东省博物馆、山东省文物考古研究所、兖州市博物馆:《兖州兴隆塔北宋地宫发掘简报》,《文物》2009 年第 11 期；肖贵田、杨波:《兖州兴隆寺沿革及相关问题》,《文物》2009 年第 11 期。
[32] 乔正安:《山西临猗双塔寺北宋塔基地宫清理简报》,《文物》1997 年第 3 期。
[33] 杨卫东:《涿州云居寺初考》,《文物春秋》2007 年第 3 期。
[34] 李全民:《蓬溪县鹫峰寺》,《四川文物》1995 年第 1 期。
[35] 志磐:《佛祖统纪》卷四十三《法运通塞志》,《大正藏》卷四十九。
[36] 龚延明:《宋代官职辞典》之《九卿》条，中华书局，1997 年。
[37] 李焘:《续资治通鉴长编》卷三百九“丁卯详定官制”条，四库全书本。
[38] 明河:《补续高僧传》卷第一《译经篇第一》《天息灾法天施护三师》,《高僧传合集》，上海古籍出版社，1991 年。
[39] 夏竦:《大安塔碑铭》,《文庄集》卷二十七，四库全书本。
[40] 徐苹芳:《中国舍利塔基考述》,《传统文化与现代化》1994 年第 4 期。
[41] 杨泓:《法门寺塔基发掘与中国古代舍利瘗埋制度》,《法门寺塔地宫出土文物笔谈》,《文物》1988 年第 10 期。
[42] 黎毓馨:《阿育王塔实物的发现与初步整理》,《东方博物》第三十一辑。

北宋长干寺圣感塔地宫形制成因初探

祁海宁　龚巨平

（南京市博物馆）

引　言

从2007年至2010年，南京市博物馆考古人员对位于南京城南古长干里地区的大报恩寺遗址进行了全面、系统的考古发掘。在此过程中，考古队发现并成功发掘了建于北宋大中祥符年间的长干寺圣感塔塔基与地宫。经过近千年的历史沧桑，该地宫极为幸运地未遭盗扰。从地宫之中，出土了“佛顶真骨”、“感应舍利”、“诸圣舍利”等多份佛门圣物，出土了以七宝阿育王塔为代表的一整套材质多样、工艺精湛的宋代舍利瘗藏容器，出土了百余幅种类丰富、保存完好的宋代丝织品，出土了大量的宋代香料实物和各式香具。经初步统计，地宫中出土的各类供养器物多达12000余件，是继陕西扶风法门寺地宫、浙江杭州雷峰塔地宫之后，又一座举世瞩目的佛门宝库，在海内外引起了巨大的反响。

圣感塔地宫出土的宋代佛教珍宝群为今后多个领域的研究提供了珍贵的实物资料。但是作为该地宫考古发掘工作的亲历者，我们更想指出的是，地宫自身即是一座非常重要的文化遗存，包含了丰富而复杂的历史信息，同样需要学界给予应有的重视。该地宫深达6.74米，是目前国内发现的最深的舍利塔地宫。更有意思的是，它采用的形制非常独特：圆形竖穴土圹，圹室内无砖、石宫室，石函直接埋藏于圹室内的夯土和石块之中。这种形制特征和埋藏方式在宋代地宫中极为罕见，目前仅此一例，打破了我国舍利塔地宫发展的一般规律，体现出很强的原始性和特殊性，其成因值得深入探讨。笔者拟对这一问题提出初步的看法，希望能抛砖引玉，让更多的学者有兴趣对圣感塔地宫展开研究。

一、圣感塔地宫形制概况

由于塔基与地宫的发掘报告正在整理之中，尚未发表，因此我们首先对圣感塔的考古发掘收获进行简要的介绍。

圣感塔的塔基位于整个大报恩寺遗址的最高处，原始地名称为“宝塔顶”。塔基与地宫直接开口于表土层下。塔基平面呈正八边形，从外至内由五层结构环绕而成，除了中心处的地宫外，其余四环的平面形状皆为八边形（图版八，1）。

最外环是一圈基槽。破坏较严重，目前仅正北、东北和正东三边的局部得以保存。其中正北和东北部基槽保存状况较好，分别保存了7.9米和6.4米。基槽的宽度为1.1米，现存的深度为0.8米。基槽边壁和底部皆用石灰浆涂抹，槽内原先砌砖。在正北部基槽底部还残存数块青砖，其中完整的一块长38、宽17、厚7厘米。正北和东北两基槽交汇处保存完整，这是目前唯一保存的塔基最外层夹角。从地宫中心到基槽（外侧）的垂线距离为14.7米，到塔基外角的直线距离为15.9米；由此推算出每边基槽完整的长度应为12.1米，塔基的最大径应为31.8米。第二环和第四环为两圈山体土，平面宽度分别为6米和2.8米。第三环内部包含上、下两层：上层以大小不等、形状不规则的石块与山体土混合夯筑而成，我们将其称为“夹石夯筑层”，深度为1.5米；其下为山体土层，表面经过夯打。第三环的平面宽度为3.9米，从该环在塔基中所处的位置以及独特的内部结构判断，其功能为承重，塔身应该建造在该环之上。第五环即塔基中心，为圆形的地宫开口，直径2.2米（图一）。地宫表面虽遭多个晚期坑破坏，但皆未深入底部。地宫因此未遭盗掘，保存较好。

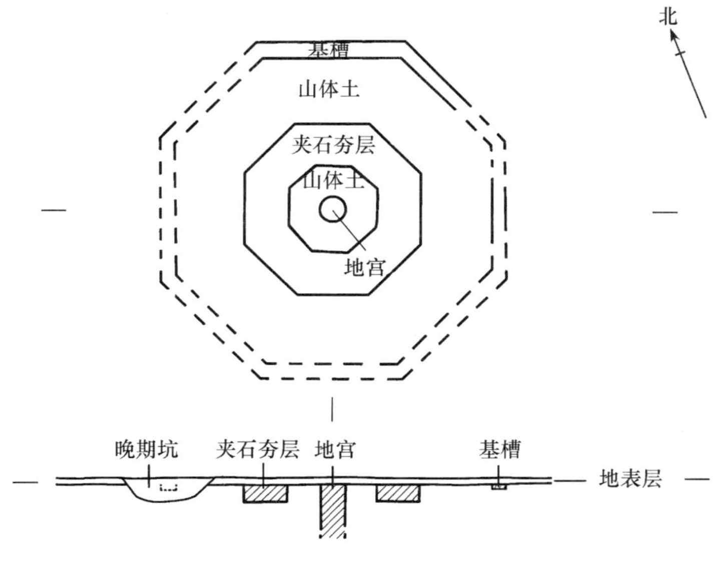

图一　塔基平、剖面示意图

地宫主体为圆形竖井式的土圹室，从山体土中垂直下挖而成。地宫之内，共有40层堆积。除了第37～39层为两层夯土、中间夹一层平铺的铜钱外，其余的堆积从上至下皆以一层土、一层石块的方式有规律地填充、夯筑（图版八，2）。在第25层下、距离地表4.28米的地宫中心部位，发现一块边长0.9米×0.92米、厚0.2米的近方形覆石（图二）。与覆石近乎同深度、紧贴地宫壁，用一层青砖围砌一圈，呈箍状，砖箍下为圆形的生土二层台。覆石直接叠压在下层的方柱状石函之上。石函高1.6米，内藏铁函。石函的周围同样被以一层夯土、一层石块的方式填埋。在石函下，还有一个类似于腰坑的小型埋藏坑，其内出土白瓷、青瓷碗各1件，青瓷壶1件。地宫从现存地表开口至埋藏坑底部，深6.74米，这是目前国内发现的最深的舍利塔地宫（图三）。

图二　距离地表4.28米处出现的覆石以及周边的二层台

地宫中绝大多数的供养品皆放置于石函内。石函由顶部盖板、底部垫板和四周四块壁板拼合而成。其中北壁石板上镌刻了题为《金陵长干寺真身塔藏舍利石函记》的长篇铭文，详细介绍了北宋大中祥符四年（1011年）前后，僧人可政和守滑州助教王文等人，在宋真宗的支持下，于旧址重建长干寺，并兴建高达“二百尺”的九级砖塔。在塔下瘗藏“感应舍利十颗，并佛顶真骨，洎诸圣舍利”，“内用金棺，周以银椁，并七宝造成阿育王塔，以铁函安置”。除了石函碑文，地宫中另外还发现了多种文字材料，内容丰富、纪年准确，可以相互印证。比如在七宝阿育王塔、银椁等器物上就带有錾刻铭文，其中七宝阿育王塔上的铭文多达20条、300余字；而出土的近百幅丝织品中，约有20余幅带有当年施主题写的墨书铭文。根据这些文字材料以及地宫出土的各式供养器物的时代特征，我们非常明确地得知，该塔和地宫建于北宋真宗大中祥符初年——碑文提及的大中祥符四年是地宫基本建成的年代，考虑到建设周期，我们推测塔与地宫的始建年代应比其年稍早一至两年。至于该塔最终建成的年代，据《景定建康志》记载，天禧二年（1018年），宋真宗正式下诏将重建后的长干寺改名为“天禧寺”，又为该塔赐名为“圣感舍利宝塔”[1]。我们推测，其时寺、塔应该基本完工。

在石函碑文中，塔名为“真身塔”。而地宫出土的丝织品墨书铭文中，有的称其为“释迦宝塔”，说明建塔初期塔名并未确定。后因真宗赐名，“圣感”成为该塔正式的名称。

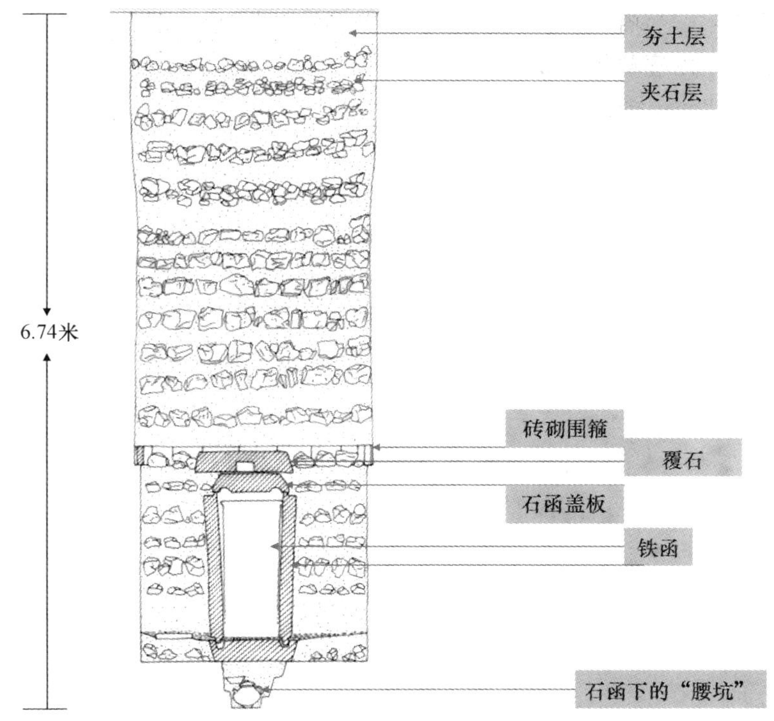

图三 圣感塔地宫剖面示意图

二、从我国舍利塔地宫发展过程看圣感塔地宫形制的原始性

新中国成立以来，全国各地陆续发现并得到不同程度清理的舍利塔地宫已达80余座。其建造年代上自北魏，下迄明清，涵盖了各个不同的历史时期。通过全面、系统地整理这批考古学材料，就能够比较清楚地了解我国舍利塔地宫发展的基本脉络。著名考古学家徐苹芳先生是这一研究领域的奠基人。他先后撰写的“中国舍利塔基”条目和《中国舍利塔基考述》一文[2]，对我国舍利塔地宫的发展规律进行了重要探索。徐先生从塔基的角度入手，将我国舍利塔地宫的发展过程归纳为北魏、隋至初唐和唐代武则天以后三个主要阶段。他认为，第一阶段没有地宫，舍利石函直接埋入塔基夯土内；第二阶段地宫仍未出现，但是在石函外出现了砖、石护墙；到第三阶段地宫正式出现，并且发展成为定式。本人完全同意徐先生提出的三阶段论，但是对于他将舍利塔地宫的概念限定为塔基内用砖石砌筑的宫室，则持不同看法。本人认为徐先生忽略了地宫土圹的存在及其发挥的重要作用。如果按照徐先生的观点，圣感塔下发现的这一圆形竖穴土圹就不能被看做地宫，只能被看做瘗藏有石函的塔基。这一作法将塔

基内瘗藏舍利的圹室与塔基的其他部分混为一谈，明显欠妥。

舍利塔地宫是以瘗藏佛舍利为目的的，开挖圹室是修建地宫的第一步，也是最为关键的一步。建成圹室使塔基拥有了瘗藏舍利的基本条件，而在圹室内修建砖、石宫室，只是使瘗藏条件更为完善而已，是地宫建筑的更高形态。因此本人认为，应该将塔基内圹室的建成看做地宫形成的标志，而不应以砖石宫室作为地宫存在的唯一标准。进一步而言，本人认为我国舍利塔地宫的概念应该区分为狭义和广义两种：狭义的地宫专指建筑于塔基内的砖、石宫室；而广义的地宫则泛指在塔基内为瘗藏舍利而构建出的空间，它既可以是砖石宫室，也可以是其他形式。根据这一理念，我们将长干寺圣感塔下发现的这一圆形竖穴土圹确定为地宫，并从广义地宫的概念出发，在徐先生研究的基础上，结合新发现的考古材料，对我国舍利塔地宫的发展规律进行重新梳理。

我国目前发现的纪年明确、时代最早的舍利塔地宫出现于北魏时期，以河北定县太和五年（481年）五层塔地宫和洛阳熙平元年（516年）永宁寺塔地宫为代表。其中，洛阳永宁寺塔基遗址经过较细致的清理。地宫发现于塔基的中央部位，是一个方形竖穴土圹，边长1.7米，深度超过5米。圹壁平整，圹内未发现修建砖、石宫室的痕迹。由于早年盗扰，地宫中瘗藏舍利的石函已不存[3]。而河北定县太和五年塔基遗址，发掘时未进行较细致的清理。从塔基的夯土层中，直接将石函取出，塔基和地宫的形制皆不明。虽然如此，从简报介绍的发掘情况分析，石函很可能同样埋置于一个竖穴土坑中，坑内没有使用砖、石[4]。从这两座地宫反映的情况可以了解到，我国早期舍利塔地宫的形制特点是：竖穴土圹、圹内无砖、石砌筑的宫室建筑，石函直接放置于圹室之内，这种类型可以称为“竖穴土圹室地宫”。从它采用的技术途径来看，无疑是在模仿中国传统的竖穴土圹墓。这种地宫形制在南北朝以后采用的极少，此前仅有山西省长治市残塔中发现的两座唐代地宫与其相似[5]。

至少从北朝末期开始，地宫形制产生了新变化，砖石宫室开始在土圹室中逐步出现。2002年，在河北临漳县邺城遗址中发掘了一座东魏至北齐时代的舍利塔，在塔基的中心部位设有地宫，虽然早年被盗，但是地宫土圹室的底部发现了一座正方体的砖砌宫室，长、宽、高皆为0.7米[6]。与之形制类似的是西安发现的隋开皇九年（589年）清禅寺地宫（根据地宫出土的墨书铭文记载，该塔可能名为“阿育王普妙塔”）。该地宫也在土圹内用青砖砌建了长0.89、宽0.37、高0.36米的小型砖室，舍利瓶和其他供养器物放置于砖室中[7]。不过，这两座地宫中的砖砌宫室内部空间皆较小，而且宫室内可能都没有放置石函，是以砖室替代石函的功能。与后期的砖砌宫室相比，它们形制简单、过渡性质明显，应看做砖砌宫室地宫的滥觞。1969年，陕西耀县发现的隋仁寿四年（604年）神德寺地宫，形制上比上述两座地宫有了明显进步。它在竖穴土圹内用青砖砌建了四壁，顶部以长条形和方形石块封护，实际上建成了一座砖石宫室，从而将石函保护于砖石宫室之内[8]。该地宫的出现标志着我国舍利塔地宫的新类型——“竖穴砖石室地宫”基本定型，其形制特点就是在竖穴土圹室中，再以砖石材料修建宫室，将舍利石函保护在宫室之中。

竖穴砖石室地宫一旦出现，就发展成为我国舍利塔地宫的一种主流形制，被历代所沿用。隋代采用这种形制的地宫还有河北正定县北白店村隋大业元年（605年）地宫[9]；唐代采用这种形制的地宫有初唐时期的陕西蓝田法池寺地宫[10]、中唐时期的江苏镇江句容行香公社唐塔地宫[11]、晚唐时期的镇江甘露寺铁塔地宫[12]以及在黑龙江省宁安县发现的渤海国上京城唐代地宫等[13]。五代、宋、辽、金时期，佛教文化在中国的传播更为广泛和深入，全国发现的舍利塔地宫数量激增，其中有相当数量采用了这种形制。比如五代吴越国兴建的杭州雷峰塔地宫[14]，北宋时期的江西南丰大圣舍利塔地宫[15]、上海松江兴教寺塔地宫[16]、江苏江阴泗州大圣塔地宫[17]、南京浦口定山寺地宫[18]，南宋时期的浙江宁波天封塔地宫[19]、浙江海宁智标塔地宫[20]，辽代兴建的辽宁朝阳北塔地宫[21]、北京顺义净光塔地宫[22]、河北易县净觉寺塔地宫[23]以及金代兴建的河北固安宝严寺塔地宫[24]、河北正定天宁寺凌霄塔地宫等[25]。

不过从唐代武则天时期开始，又有一种新的地宫形制闪亮登场。这种新形制模仿当时普遍流行的横穴砖室墓，不仅在塔基土圹内修建砖、石宫室，而且要为宫室开设门与甬道，有的还在甬道外设置竖穴式或斜坡式的入口。这种地宫便于反复开启，人们可以通过预先设置的通道多次进入地宫，以迎送舍利、放置供养物品。这种新形制可以称为“横穴砖石室地宫”。其最早的实例为甘肃泾川县延载元年（694年）大云寺地宫和山西太原龙泉寺地宫。大云寺地宫主要用青砖在圹室内修建了平面呈方形、券顶的宫室，并于南侧开门，接砖砌甬道。甬道内建有通向地面的石台阶[26]。而龙泉寺地宫在圹室内完全用石条和石块垒砌出平面为六边形的宫室和长方形的甬道。根据地宫出土石碑记载，该地宫同样建于武周时期[27]。

横穴砖石室地宫一经出现，很快发展成为我国舍利塔地宫的另一主流形制，与竖穴砖石室地宫长期并存。唐代采用这种形制的还有河南登封嵩岳寺地宫[28]、陕西临潼庆山寺地宫[29]、甘肃天水永安寺地宫等[30]，而陕西扶风法门寺地宫无疑是该类型地宫最杰出的代表[31]。宋、辽、金时期，采用这种形制的地宫也已发现多例，如河南郑州开元寺地宫[32]、河北定县静志寺地宫[33]、定县净众院地宫[34]、江苏涟水妙通塔地宫[35]、河南邓县福胜寺地宫[36]、山东兖州兴隆塔地宫[37]、山东汶上宝相寺太子灵踪塔地宫[38]、山东长清真相院释迦舍利塔地宫[39]、山西临猗县双塔寺西塔地宫[40]、辽宁沈阳崇寿寺白塔地宫[41]、吉林农安县万金塔地宫等[42]。

通过对已发掘地宫资料的系统整理可以看出，我国舍利塔地宫的发展过程实际上非常清晰：竖穴土圹室地宫→竖穴砖石室地宫→横穴砖石室地宫。竖穴土圹室地宫最早出现，可能是南北朝时期的主流形制；但是北朝末期砖石室地宫出现以后，它很快退出了历史舞台，唐代以后几乎绝迹。唐代武则天以后，砖石室地宫分为竖穴和横穴两大类型，长期并存，我国舍利塔地宫的形制至此进入稳定期，定型化。

以往发掘的40余座宋代（含基本同时期的辽、金）舍利塔地宫，皆为竖穴砖石室地宫和横穴砖石室地宫，这与上述发展规律是完全契合的，是我国舍利塔地宫发展定型化之后的正常现象。而2008年7月发掘的长干寺圣感塔地宫，一下子打破了这一局面。它采用的竖穴土圹室的形制，不仅在宋代地宫中独树一帜、仅此一例，也与隋以后出现的绝大多数舍利塔地宫形制有别。与其形制最为接近的，除了山西长治残塔发现的唐代地宫外，就是两座北魏时期的早期地宫。为什么在地宫形制高度成熟、砖石室地宫已然一统天下的宋代，会出现一座原始特征非常明显的竖穴土圹室地宫？圣感塔地宫的“返祖”现象是否蕴含着特殊的历史信息？这些问题需要我们深入探究，给予合理的解答。

三、从长干寺建寺、建塔史管窥圣感塔地宫形制的成因

根据地宫碑文所记，大中祥符年间，在僧人可政的请求下，宋真宗为长干寺“赐崇寺、塔”，这是北宋长干寺和圣感塔得以兴建的由来。但是长干寺建寺、建塔的历史绝非起源于北宋，而是要一直追溯至东吴时期。它与著名的建初寺一样，是佛教传播至中国南方之后在江南地区诞生的首批寺院之一。对于长干寺早期历史的记载，李延寿所撰之《南史》最为重要。

根据《南史》卷78《扶南国传》，长干寺最早为东吴时期比丘尼所建的一座小精舍，寺内建有阿育王塔。但是寺、塔皆在吴末孙綝之乱中被毁。西晋平吴之后，一些僧人于旧址重建了寺院。东晋初期，长干寺有了一定程度的发展。简文帝主政期间，下令为长干寺重建阿育王塔，至孝武帝太元九年（384年），新塔建成。

孝武帝宁康年间（373～375年），长干寺发生了一起重大事件。北方离石胡人刘萨诃（慧达）为礼拜古阿育王塔来到建康。他登城见“长干里有异气”，于是“集众就掘，入一丈，得三石碑，并长六尺。中一碑有铁函，函中有银函，函中又有金函，盛三舍利及发、爪各一枚，发长数尺。”此事不仅见于《南史》，《高僧传》在记载此事时，明确指出刘萨诃掘出舍利的地点就在简文帝所造塔之下[43]。从我们现代人的观点来看，刘萨诃应是一位对阿育王塔地下结构非常了解的人。所谓登城望气不过是故作神秘的托词，他应是事先了解到简文帝所造塔位于东吴阿育王塔原址之上，知道旧塔之下原有地宫和舍利，从而聚众发掘，最终找到了东吴时期瘗藏的佛舍利。刘萨诃在长干寺发现佛舍利和发爪之事，在我国佛教史上影响深远。唐代高僧道世在撰写《法苑珠林》时，由此将“东晋金陵长干塔”列为东土十九座舍利塔之一[44]。刘萨诃发现舍利后，在简文帝所造塔的西北部新造了一座阿育王塔，将舍利重新瘗藏于该塔之下。此塔初为一层，太元十六年（391年），加为三层。长干寺因此出现了两座阿育王塔并峙的繁荣局面。

约150年之后的梁大同三年（537年），笃信佛教的梁武帝下令改造长干寺阿育王塔，重新掘出塔下瘗藏的佛舍利和发爪。《南史》对此次发掘舍利的过程，记载得颇为翔实：“初穿土四尺，得龙窟及昔人所舍金银环、钏、钗、镊等诸杂宝物。可深九尺许

至石磉，磉下有石函，函内有铁壶，以盛银坩，坩内有金镂罂，盛三舍利，如粟粒大，圆正光洁。函内有琉璃碗，碗内得四舍利及发爪。爪有四枚，并为沈香色。”阿育王塔的改造工程于次年结束。当年九月十五日，梁武帝在长干寺举办无碍大会。“以金罂，次玉罂，重盛舍利及爪发，内七宝塔内。又以石函盛宝塔，分入两刹刹下，及王侯妃主百姓富室所舍金银环钏等珍宝充积。”经过这次改造和重瘗，原先藏于一塔之下的佛舍利和发爪，被分别放入了两塔之下的地宫之中。

本人认为这段记录非常重要，因为它在不经意间向我们介绍了长干寺阿育王塔地宫的真实状况——这座地宫是东晋时期由刘萨诃主持修建的，是了解我国早期地宫形制极为难得的史料。根据这段记录我们可以得知，阿育王塔下垫有厚达四尺的土层，应为夯土。夯土层之下是“龙窟”的开口。窟者，圆形洞穴也。“龙窟”应是当时人们对于塔下地宫的称谓。这座地宫中没有砖、石宫室，在深约九尺的地方放置了一块“石磉”，即厚重的石板，在石板下放置石函，函内再依次套置铁壶、银坩、金镂罂和琉璃碗等多重舍利容器。梁武帝改建重瘗后，又增置了七宝塔。特别值得关注的是，这段史料记录的古长干寺地宫的一些重要特点——“龙窟”、石磉、铁壶、七宝塔等，与我们在北宋圣感塔地宫中发现的一些重要特征——圆形竖穴土圹、距离地表 4.28 米的方形覆石、铁函、七宝阿育王塔等具有惊人的相似性。

《南史》记录了长干寺在六朝时期不断发展，最终成为南朝大刹的历史过程，可惜这一进程随着南朝的失败而中断。589 年隋灭陈之后，为了打压金陵王气，下令将建康城邑、宫殿等重要建筑全部夷为平地，长干寺亦毁于兵火。两塔地宫更不能幸免，先后被打开。第一次在隋开皇十二年（592 年），时晋王杨广坐镇扬州，因长安日严寺“有塔，未安舍利，乃发长干寺塔下，取之入京，埋于日严塔下”。唐武德七年，道宣师徒再发日严塔，“塔下得舍利三枚，白色光明，大如粟米；并爪一枚，少有黄色；并白发数十余；有杂宝、琉璃、古器等”[45]，正为《南史》所记长干寺旧物。1960 年，镇江考古队在甘露寺铁塔地宫中，出土了“李德裕重瘗长干寺阿育王塔舍利记”石刻一合，上刻：“上元县长干寺阿育王塔舍利二十一粒。缘寺久荒废，以长庆甲辰岁十一月甲子，移置建初寺。分十一粒置北固山，依长干旧制造石塔，永护城镇，与此山俱。”[46]该铭文记载了晚唐重臣李德裕在担任润州刺史期间，于长庆四年（824 年）将长干寺另一座阿育王塔地宫打开，取出舍利进行分供的经过。目前，这十枚出自长干寺古阿育王塔地宫的舍利，历尽劫波，珍藏于镇江市博物馆。长干寺到南唐时已废为营房，“庐舍杂比，汗秽蹂践，无复伽蓝绪余[47]”。宋初太祖、太宗时期，仍未有改观。

直至宋真宗时期，在僧人可政等人的努力下，长干寺得以起死回生，走向复兴。关于这一过程，政和年间李之仪所撰《天禧寺新建法堂记》叙述详细：“国初营废，鞠为榛莽。久之，舍利数表见感应。祥符中，僧可政状其迹，并感应舍利投进，有诏复为寺。政即其表见之地建塔，赐号圣感舍利宝塔。”[48]地宫碑文对此记曰：“乃有讲律演化大师可政，塔就蒲津，愿兴坠典，言告中贵，以事闻天。寻奉纶言，赐崇寺、塔。

同将仕郎守滑州助教王文共为导首，率彼众缘，于先现光之地，选彼名匠，载建砖塔。”综合这两条记载可以发现，可政当时是以长干寺旧址舍利放光，数表见感应为理由，并将感应舍利投进，才取得宋真宗的支持，获得重建寺、塔的宝贵机会。需要重视的是，两条史料都指出，新塔所建之地即是表见感应舍利的“现先光之地”。那么在六朝长干寺的废墟中，这个神奇的“现先光之地”会是什么地方呢？我们认为，原先瘗藏舍利的旧塔塔基和地宫无疑可能性最大。

通过梳理长干寺建寺、建塔的历史，我们清理出以下几条重要线索：第一，长干寺自东吴时起就建有阿育王塔，塔下建有地宫，瘗藏舍利。到了东晋、南朝时期，长干寺建有双塔，塔下皆有地宫；第二，根据《南史》的记载，东晋至南朝时期长干寺阿育王塔地宫的形制和埋藏特点包括：圆形竖穴土圹，圹内没有砖砌宫室，有一块石磉、石磉下有石函，石函内有一重特殊的瘗藏容器——七宝塔。这些特征与考古发现的圣感塔地宫在形制、瘗藏方式上存在高度的相似性。第三，“感应舍利”是宋真宗时期长干寺得以复兴的重要力量，而长干寺获得“感应舍利”的地点很可能为六朝阿育王塔的旧基。

根据上述线索，我们推测北宋圣感塔地宫之所以采用竖穴土圹室的古老形制，大概有两种可能性：

第一种可能，由于宋真宗时期在长干寺古阿育王塔旧址发生了舍利感应的情况，于是决定在旧塔原址兴建圣感塔。旧塔地宫虽然在隋唐时期被打开过，瘗藏物品几乎无存，但是地宫的基本形制和主体结构可能仍然得到一定程度的保留。因此重建圣感塔之时，虽然可能对旧地宫进行了一些必要的改建，以放置新的舍利函和供养物品，但是其基本结构未做大的改动。也就是说，北宋圣感塔很可能沿用、或是部分利用了六朝长干寺两座阿育王塔地宫中的一座，从而使其旧有的形制得以保留下来。

第二种可能，圣感塔并非建于古阿育王塔旧址之上，所谓“先现光之地”与旧塔并无关系，北宋地宫全为新建。可政等人出于对古长干寺和阿育王塔历史的尊重，在规划新塔地宫时详细参考了《南史》等史料对古地宫形制的记载，在实际建造过程中有意识地加以模仿。也就是说，圣感塔地宫原始、特殊的形制，很有可能是可政等人刻意拟古的结果。

注　释

[1]　（宋）周应合：《景定建康志》卷四十六，南京出版社，2009 年。

[2]　参见徐苹芳：“中国舍利塔基”条目，《中国大百科全书·考古学》卷，中国大百科全书出版社，1986 年；《中国舍利塔基考述》，《传统文化与现代化》1994 年第 4 期。

[3]　中国社会科学院考古研究所洛阳工作队：《北魏永宁寺塔基发掘简报》，《考古》1981 年第 3 期。

[4]　河北省文化局文物工作队：《河北定县出土北魏石函》，《考古》1966 年第 5 期。

[5]　山西省文物管理委员会、考古研究所：《山西长治唐代舍利棺的发现》，《考古》1961 年第

5 期。
[6] 中国社会科学院考古研究所邺城考古队：《河北临漳县邺城遗址东魏北齐佛寺塔基遗迹的发现与发掘》，《考古》2003 年第 10 期。
[7] 郑洪春：《西安东郊隋舍利墓清理简报》，《考古与文物》1988 年第 1 期。
[8] 朱捷元、秦波：《陕西长安和耀县发现的波斯萨珊朝银币》，《考古》1974 年第 2 期。
[9] 赵永平、王兰庆、陈银凤：《河北省正定县出土隋代舍利石函》，《文物》1995 年第 3 期。
[10] 樊维岳：《蓝田出土盝顶舍利石函》，《考古与文物》1991 年第 2 期。
[11] 刘建国、杨再年：《江苏句容行香发现唐代铜棺银椁》，《考古》1985 年第 2 期。
[12] 甘露寺铁塔虽为宋代所建，但是根据地宫出土铭文记载，地宫本为李德裕担任润州刺史时，于长庆五年（829 年）所建石塔的地宫。宋代重建时虽然在地宫中增加了不少供养物品，但是地宫本体完全沿用，因此它是一座唐代地宫。参见江苏省文物工作队镇江分队、镇江市博物馆：《江苏镇江甘露寺铁塔塔基发掘记》，《考古》1961 年第 6 期。
[13] 宁安县文物管理所等：《黑龙江省宁安县出土的舍利函》，《文物参考资料丛刊》（2），文物出版社，1978 年。
[14] 浙江省文物考古研究所：《雷峰塔遗址》，文物出版社，2005 年。
[15] 南丰县博物馆：《南丰大圣舍利塔地宫清理简报》，《江西文物》1989 年第 2 期。
[16] 上海博物馆：《上海市松江县兴教寺塔地宫发掘简报》，《考古》1983 年第 12 期。
[17] 陆建方、唐汉章、高振威：《江苏江阴发掘北宋泗州大圣宝塔塔基》，《江阴文博》2004 年第 1 期。
[18] 2008 年由南京市博物馆发掘，目前发掘资料正在整理中。
[19] 林士民：《浙江宁波天封塔地宫发掘报告》，《文物》1991 年第 6 期。
[20] 浙江省文物考古研究所等：《海宁智标塔》，科学出版社，2006 年。
[21] 辽宁省文物考古研究所等：《朝阳北塔考古发掘与维修工程报告》，文物出版社，2007 年。
[22] 北京市文物工作队：《顺义县辽净光舍利塔基清理简报》，《文物》1964 年第 8 期。
[23] 河北省文物管理处：《河北易县净觉寺舍利塔地宫清理记》，《文物》1986 年第 9 期。
[24] 河北省文物研究所等：《河北固安于沿村金宝严寺塔基地宫出土文物》，《文物》1993 年第 4 期。
[25] 刘友恒、樊子林：《河北正定天宁寺凌霄塔地宫出土文物》，《文物》1991 年第 6 期。
[26] 甘肃省文物工作队：《甘肃省泾川县出土的唐代舍利石函》，《文物》1966 年第 3 期。
[27] 龙真、裴静蓉：《太原晋阳古城太山龙泉寺唐塔基遗址发掘》，《2008 中国重要考古发现》，文物出版社，2009 年。
[28] 河南省古代建筑保护研究所：《登峰嵩岳寺塔地宫清理简报》，《文物》1992 年第 1 期。
[29] 临潼县博物馆：《临潼唐庆山寺舍利塔基精室清理记》，《文博》1985 年第 5 期。
[30] 莎柳：《甘肃天水市发现唐代永安寺舍利塔地宫》，《考古与文物》1992 年第 3 期。
[31] 陕西省法门寺考古队：《扶风法门寺塔唐代地宫发掘简报》，《文物》1988 年第 10 期。
[32] 郑州市博物馆：《郑州开元寺宋代塔基清理简报》，《中原文物》1983 年第 1 期。
[33] 定县博物馆：《河北定县发现两座宋代塔基》，《文物》1972 年第 8 期。
[34] 同［33］。
[35] 淮安市博物馆、涟水县图书馆：《江苏涟水妙通塔宋代地宫》，《文物》2008 年第 8 期。

[36] 河南省古建保护研究所、河南省文物研究所：《河南邓州市福胜寺塔地宫》，《文物》1991 年第 6 期。

[37] 山东省博物馆等：《兖州兴隆塔北宋地宫发掘简报》，《文物》2009 年第 11 期。

[38] 资料尚未发表，实际探访了解。

[39] 济南市文化局文物处等：《山东长清宋代真相院释迦舍利地宫》，《考古》1991 年第 3 期。

[40] 乔正安：《山西临猗双塔寺北宋塔基地宫清理简报》，《文物》1997 年第 3 期。

[41] 胡醇、丁军：《沈阳白塔地宫发掘工作》，《文物参考资料》1957 年第 8 期。

[42] 刘振华：《农安万金塔基出土文物》，《文物》1973 年第 8 期。

[43] （梁）释慧皎《高僧传》卷第十三，中华书局，1992 年。

[44] （唐）道世《法苑珠林》卷三十八，《大正新修大正藏经》Vol. 53，No. 2122。

[45] （唐）释道宣：《集神州三宝感通录》卷上，《大正藏》卷五十二。

[46] 江苏省文物工作队镇江分队、镇江市博物馆：《江苏镇江甘露寺铁塔塔基发掘记》，《考古》1961 年第 6 期。

[47] （宋）李之仪：《天禧寺新建法堂记》，《姑溪居士前集》卷三十七，四库全书本。

[48] 同［47］。

两宋时期的定光佛舍利与定光佛信仰

杭 侃
（北京大学中国考古学研究中心）

两宋时期包括了与两宋对峙的辽、金两个王朝。北宋、南宋与辽、金境内都有定光佛信仰的存在。徐苹芳先生在《中国舍利塔基考述》一文中已经涉及这个时期定光佛信仰的一些问题[1]，徐先生论及了两处北宋的定光佛舍利和辽、金各一处定光佛舍利，其中两处宋代定光佛舍利为：

> 在已发掘的塔基中，宋代以前都瘗埋释迦佛舍利，宋代才有瘗埋定光佛舍利的，目前所知有两处：一是镇江甘露寺铁塔，元丰元年（1078 年）重瘗唐代舍利时，许巽舍入定光佛舍利三颗，见该塔地宫所出大石函盖阴苏鸿题记。另一处是山东惠民县归化镇出土的“定光佛舍利棺”，石棺长 66、宽 42、高 46 厘米，前档门楣中央刻朱雀，两旁刻“定光佛舍利棺”六字，后档刻玄武，左侧刻青龙，右侧刻白虎。棺盖上刻“沧州乐陵县归化镇罗汉院葬定光佛舍利记”，有院主僧义信等诸僧尼和施主题名，其中有“前横海军押衙李遇”的题名，铭记无纪年。石棺内有铁棺，并有丝织品残片和开元通宝钱五十余枚。按《元丰九域志》所记，沧州景成郡，有横海军节度，下有乐陵县和归化镇。当时辽境未至惠民，舍利石棺上刻四神图像始见于天圣四年（1026 年）连云港海清寺塔，故李遇曾任横海军押衙乃北宋时事，则此石棺当为北宋时所瘗埋，故知辽代所盛行之定光佛舍利，盖滥觞于北宋。

按：镇江甘露寺铁塔是元丰元年（1078 年）铸造完成的，重瘗唐代舍利时，加入了一批宋代的东西。这些东西均放置在宋代的一个大石函内（图一），大石函“为一整块的青石凿成，连盖长 89、宽 61.5、高 60.2 厘米。无花纹装饰。函盖作盝顶状，厚 16 厘米。盖阴竖刻楷书 8 行，共 158 字”。唐代的舍利函等放置在这个大石函当中。在宋代舍入的供奉物种，有许巽舍入定光佛舍利三颗，见该塔地宫所出大石函盖阴苏鸿题记[2]（图二）。

山东惠民县归化镇出土的“定光佛舍利棺”为青石质，分棺盖与棺身两部分，盖上部呈梯形，盖下凿凹槽作为与棺身套合的子母口。里面的铁棺用生铁浇铸而成，也分棺盖与棺身两部分，造型与石棺基本相同。石棺盖正中刻八行“沧州乐陵县归化镇罗

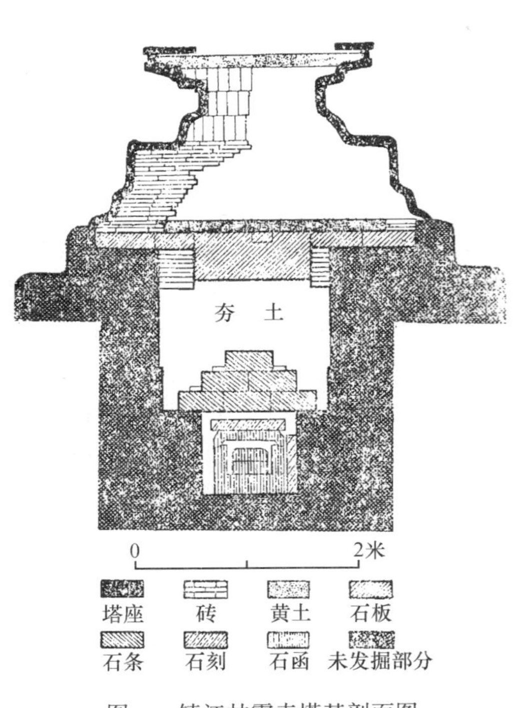

图一 镇江甘露寺塔基剖面图

唐大和己酉年衛公得上元縣長干寺阿育王塔舍
利十一粒於禪衆寺舊塔基下舍利仍古石函用金
棺二銀槨二重瘞藏于甘露寺之東塔至宋熙寧己
酉歲凡二百四十年因治地復得之元豐元年四月
初八日住持傳法沙門應夫蒙緣就舊基建鐵塔一
座謹重納於地宮内并衛公手記大小三片附焉丹
徒蘇滿題 句當塔主僧守嚴 劉顯刊
弟子許天錫捨佛骨銀函弟子許巽捨定光佛舍利三顆瑠璃瓶内

图二 镇江甘露寺塔基大石函盖阴题记

汉院葬定光佛舍利记”[3]，后刻“院主僧”、“铁棺施主”、“讲百法论僧”、“药师院主尼”、“乡贡生”、“女弟子”、“刊石匠人”等诸僧尼和施主七十余人题名（图三）。

徐先生所举辽代定光佛舍利为北京顺义县开泰二年（1013年）净光舍利塔所出：

> 辽代塔基时代稍早的是北京顺义县开泰二年（1013年）净光舍利塔基。地宫中央立石幢，北部正中置银盒，盒内的葫芦形玻璃瓶内装舍利：另有银座水晶塔、白瓷净瓶、水注、盘罐等。据石幢上所记，此塔所瘗为“定光佛舍利五尊、单灰舍利十尊、螺髻舍利四尊”。

按：顺义县开泰二年（1013年）净光舍利塔基中央1.2米深处，用长沟纹砖砌出长2.7、宽2.65、高2.4米的地宫（原简报称为“舍利函”），当中放置经幢，通高109厘米，经幢上记载了地宫所瘗的内容。在经幢南面，有一块长60.5、宽14.5、厚6厘米的石志，两面皆刻建塔的经过和布施人的姓名。经幢周围还放置了诵经童子白瓷壶，银座水晶覆钵式塔等物品（图四）。

从石刻上我们知道这座塔叫净光舍利塔。辽代境内建造了多座无垢净光舍利塔，其中一些无垢净光舍利塔中瘗藏了定光佛舍利[4]。另，此塔所出《净光舍利塔经幢记》在向南先生《辽代石刻文续编》中有录文，作“定光佛舍利五尊、大利菩萨舍利一尊，土墱舍利十四尊，单灰舍利十尊、螺髻舍利四尊”[5]。

图三　惠民定光佛舍利棺
1. 舍利棺盖顶铭文局部　2. 舍利棺前档铭文
3. 舍利石棺

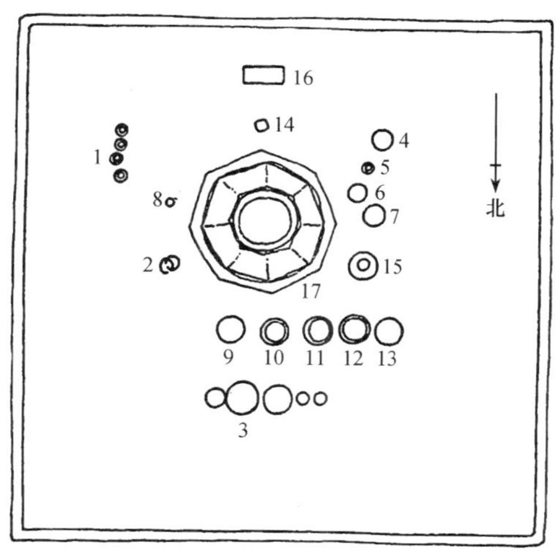

图四　顺义净光塔塔基平面图
1～13、15. 供养器具　14. 水晶塔
16. 石志　17. 石经幢

徐先生所举金代定光佛舍利为河北固安宝严寺塔所出：

金代塔基可以建于天眷元年（1138 年）的河北固安宝严寺塔基为代表。在八角形塔基中心有正方形地宫（1.3 米×1.2 米×0.9 米），内置汉白玉石函（90×72 厘米），函盖上题“士诲幢佛牙真舍利，维天眷元年三月十一日庚辛时建，大金国燕京涿州固安县宝严寺”，函身四周皆刻施主题名。石函内置鎏金银佛舍利柜（函），柜下有叠涩束腰带栏杆的鎏金银须弥座；柜内有鎏金舍利盒，内装珊瑚，代替舍利。另有金银菩萨立像、银幡、银熏炉、金钵、鎏金银法轮、银碗、银碟、铜镜、铜钱等。在塔基出土的一块题名砖上说，此塔所瘗为定光佛舍利。

辽金瘗埋舍利的制度，基本上继承了唐宋以来的制度，没有大的变化。由于辽代密宗盛行，塔基中特别流行供养塔幢，刻陀罗尼经，以塔来装舍利和以金棺银椁瘗舍利同样流行。定光佛舍利的流行，也为考古发现所证实。

按：从宝严寺塔基中石函刻铭与墨书题记上得知，舍利塔的兴建，布施者除了固安境内的佛教徒之外，还有燕京著名寺院的僧人及汴京的邑众，可以从一个侧面说明，定光佛舍利是金境内较广的一种崇拜对象。

徐先生的文章发表于 1994 年，文章按时代论述了“塔基地宫，包括塔身和‘天宫’的形制变化，以及瘗藏和供养舍利之仪俗的变化，在这些变化中，实际上反映了中国社会历史发展的不同阶段，也反映着中国佛教史发展的不同阶段”。现将近年来有关定光佛舍利及定光佛信仰的部分内容补充如下：

2004 年，辽宁朝阳南塔附近“仿古一条街”进行地下管网施工时，发现一处辽代地宫，地宫中出土了彩绘舍利石函和鎏金银棺等文物，地宫中的“佛舍利铭记”碑中记载“大契丹国霸州居第东南，上兴塔庙，下置石宫，藏释迦佛舍利一尊，锭光佛舍利一十八粒”等内容，时间是辽统和二年（984 年），时代较北京顺义县开泰二年（1013 年）净光舍利塔基所出的定光佛舍利早[6]。

河南开封繁塔位于北宋东京外城的东南隅，是当时四大名寺天清寺中著名的佛塔。这里地势较高，周围居民多姓繁，故名繁台。后梁高祖朱温曾经在台上阅武，所以有个时期又称“讲武台”。后周显德二年在此台上建寺，并且在柴荣的诞辰天清节落成，寺称为柴荣的功德院。

陈桥兵变之后，柴荣之子柴宗训被迁到天清寺。开宝年间重修天清寺，并在寺内建塔，名“兴慈塔”，又称天清寺塔，繁塔的修建由官僚倡导，用多年募捐的资金修建，营建时间长达二三十年，助修时间最晚的是淳化元年，参与施工的有太康县、西华县等地的“修塔会人”。

地宫位于第一层塔心室的地坪之下约 1.7 米深处，已被盗，只留下盖地宫的青石板。青石板乃是修建繁塔时所勒刻的“塔铭”。其上的字迹已残损难辨，记载道：“大宋开宝年岁次甲戌四月己卯朔八日　收藏定光佛舍利，比丘　鸿彻有愿，亲下手造砖塔一座”。地宫所藏东西，“塔铭”也记载详尽，有水晶瓶、水晶函、水晶瓮子、金棺、银椁等[7]。

《山左金石志》卷十五《资福寺舍利石椁题记》记载：“雍熙二年六月刻。正书。尺寸未详，在夏津县资福寺。右石椁为夏津县令蒋棣觅得，录以见贻云。石椁现存资福寺。内底尚完好，其前面刻定光佛舍利记六字，盖上题字前半已残阙，稽其全文，本云太平兴国八年正月，内有定州宝应塔院堂舍利功德主僧先有，愿诸处召化有缘，起塔五座，今于夏津县元应寺起塔第二座。雍熙二年六月内故记，凡六十四字，今只存‘院堂舍利功—塔五座，今于—年六月内故记’十六字，盖宋雍熙年间藏舍利之具也。记称元应寺当是资福旧名，今皆无考。”起塔五座，有可能都是定光佛舍利塔，由此可见当时宋境内北方地区定光佛信仰流行的情况。

《全宋文》卷一〇七六，嘉祐二年四月薄洙《汾州大中寺太子禅院坟塔园葬定光佛舍利塔记》，先叙释迦牟尼宣教四十九年，“大般若行，万法以宣”的情况，后来讲述释迦涅槃，“荼毗金身，灵气无漏。成设利罗，八斛四斗。十六大国，奔权恐后，或肩□□□（下缺）人间天上，各各分布。八万四千，宝塔隆构。有生感念，依归倾慕。福利求广，罪苦求（下缺）索响，不差报应。先佛定光，日月智慧。理行坚固，修证无替。缘终归寂，释迦无异。于郡之左，日有信士。服膺佛法，归心不贰。博访高僧，坚求舍利—维大宋嘉祐二年岁次丁酉，四月丙午朔，八日癸丑葬毕记。东京左街安定禅院奉宣住持、传法赐紫法远大师道一、前僧正赐紫（下缺）将仕郎、守西河县主簿贾惟孝，习明法学□□□。法远大师道一门（下缺）”。

从这篇塔记中可以看出，将释迦牟尼的舍利与定光佛舍利一起供养，在信徒看来顺理成章，只是这两者的逻辑关系，记中并没有明确交代。参与的人中有等级较高的从东京来的僧人[8]。

山东定陶县左山寺宋至和二年（1055 年）《曹州左山兴化禅院重修宝乘塔碑铭》记载："曹州左山塔藏定光佛舍利六颗。始隋仁寿壬戌（602 年），法源寺，建灵址五级，安其下，遣使送，刊石以瘗之。"

2003 年，济南市考古研究所在济南市古城内县西巷抢救性发掘一处北宋砖筑地宫，地宫中出土了一块《开元寺修杂宝藏经藏地宫记》，记中称"地宫下用金银打造须弥佛座卧佛、菩萨并罗汉等。如后人别生兴建，不得将此金银别将使用。愿天龙八部、药叉、神王常为守护定光佛灵感舍利，愿万万亿年永镇于此"[9]。说明这座塔基中藏有定光佛舍利，而且是两宋时期流行的灵感舍利。

辽代也有一些定光佛舍利的文献记载。《热河志》："铁舍利塔在县南，辽时建灵感寺。重熙中铸铁塔以藏佛舍利，后以定光佛舍利六百粒，释迦佛舍利一千三百余粒，改藏塔下塔宫，今塔已无存，土人尝于其处掘土丈余，见地宫一所，高八尺，广六尺五寸，八面相等，周遭嵌碑文，中有一碑，字大径二寸余"。

涿州超化寺建造有定光佛舍利塔，清宁二年《涿州超化寺诵法华经沙门法慈修建实录》记超化寺中有"定光佛舍利塔一座，三檐八角"[10]。

辽宁朝阳市南出土有天庆二年慧材所撰《释迦定光二佛舍利塔记》，记中称"重和十五年，陶冶甄铸铁塔一所，立十三檐"，后来在移建过程中，"拆至十檐，获定光佛舍利六百余颗。至地宫内，获释迦佛舍利一千三百余颗，再选定四月八日午时，依旧如法安葬"[11]。蓟县白塔中有清宁四年《蓟县白塔石函记》："中京留守兼侍中韩知白葬定光佛舍利一十四尊。[12]"

由上所述，两宋时期定光佛信仰流行于南北，但南北定光佛信仰有较大的差别。北宋的定光佛信仰与宋太祖受禅直接相关。这方面的论述较多。刘长东先生在《宋太祖受禅的佛教谶言与宋初政教关系的重建》一文中，对定光佛出世谶言与宋太祖和宋高宗的关系，及两宋定光佛信仰与之前定光佛信仰的不同做了阐述：

> 《曲洧旧闻》卷一有云："五代割据，干戈相侵，不胜其苦。有一僧虽佯狂，而言多奇中，尝谓人曰：'汝等望太平甚切，若要太平，须待定光佛出世始得。'至太祖一天下，皆以为定光佛后身者。"佛教中三世十方之佛本甚繁夥，但是《曲洧旧闻》为何以太祖为定光而非其他佛的出世呢？欲明乎此，则有必要先知定光佛信仰的特点。
>
> 所谓定光佛，又作锭光佛、然（燃）灯佛，他是为释迦牟尼前身之儒童授记的过去世佛。定光佛亦以此而于过去世佛中最为有名，诸经论多以之为中心，说其前后诸佛的出现。我国的定光佛信仰，最早见于南北朝时。在北朝的情况，据日本佐藤智水统计，龙门等地有九躯定光佛造像。而在南朝的情况，我们则只见得有三条材料：《善慧大士录》卷一载傅大士曾感见此佛，唐释道宣《续高僧传》卷五载梁钟山开善寺智藏曾以此佛之嗣胤自矜，同书

卷十七载隋天台山僧定光以此佛之名命名。这些应该说都含有定光佛信仰的成分。但是此时期定光佛信仰的宗教祈愿内容并无一定，其繁盛程度亦不如其他的佛菩萨信仰。隋唐以来，定光佛信仰仍在继续发展，其最显著的表现即是它的宗教祈愿内容的明确化，以及定光佛与动物猪的关联上。

……宋方勺《泊宅编》卷三有云：婺州有僧嗜猪头，俗号猪头和尚……予因阅师《辞世颂》，知是定光佛也。

……定光佛信仰的小史既明，则宋人独以定光佛出世目宋太祖受禅的原因，似乎也可从中寻之。其原因之一，盖与定光佛信仰的救世思想有关。正如前引《曲洧旧闻》卷一所言，五代之时，政权割据，干戈相侵，世人已不胜其苦，而其时又流行着“若要太平，须待定光佛出世始得”的定光佛救世思想，故当赵宋一兴，政民宁，世人自易把为其带来太平的太祖，与救世的定光佛相关联，而视之为此佛之后身。其原因之二，盖与宋太祖的属相有关。《曲洧旧闻》卷八有云：予书定光佛事，友人姓某者见而惊喜曰：“异哉！予之外兄赵，盖宗室也……日诵定光佛千声。予曰：‘世人诵名号多矣，未有诵此佛者，岂有说乎?’外兄曰：‘吾尝梦梵僧告予曰：“世且乱，定光佛再出世，子有难，能日诵千声，可以免矣。”’……今观公书此事，则再出世之语昭然矣……”予曰：“定光佛初出世，今再出世，流虹之瑞皆在丁亥年，此又一异也，君其识之。”

上引文中当格外措意者，在文末朱弁之言。清俞樾《茶香室丛钞》卷十三释之云：“所谓再出世者，盖谓宋高宗亦定光佛转世也。太祖生于后唐天成二年，岁在丁亥；高宗生于大观元年，岁亦在丁亥。”我们若据前文中号定光佛化身者与猪头、猪相之关系，而从十二属相的角度去看，则丁亥年生者的属相适为猪，故丁亥年生的宋太祖、宋高宗之所以为人目为定光佛之转世，似亦与其属相为猪有关。此殆宋太祖为人目为定光佛后身之另一原因[13]。”

河南开封原天清寺内繁塔塔基中的定光佛舍利，可能就是出现在这种社会语境之下的。山东定陶县左山寺的舍利出土后，曾经轰动京城，当朝曾经想把它们留在京城，而曹州的和尚坚持只能在曹州建塔，这种“坚持”，更多地不妨解读为是一种讨好政府的行为。

杨梅在《中国古代的定光佛信仰——兼论唐宋以来的民间“造佛运动”》一文中讨论了隋唐以来的定光佛信仰，指出“隋唐以来，被视为定光佛应身、且事迹较显者有天台定光禅师（隋初，大台）、西院大安（唐末）、行修（长耳和尚，唐末五代间）、岩俨和尚（五代中叶至北宋前期）、宋太祖、宋太宗、猪头和尚（宋初）、南宋高宗、蒙润（元代）、戴甲（元末），除了具有政治宣传目的的几例（宋太祖、宋太宗、宋高宗、戴甲），作为民俗信仰的定光佛信仰从时间来看，主要集中在唐末五代宋初这百年的时间。其中，以长耳和尚、猪头和尚、岩俨和尚为代表的定光佛信仰，成为两浙、闽西、江西民俗佛教的重要内容，元明以后在民间继续流传。”

杨梅认为：“唐末五代北宋是民间‘造佛运动’的鼎盛时期，众多的僧人被视为是佛、菩萨的化身，揭示了此时成佛的含义与途径都不同于前朝。这也是定光佛信仰流行时期，世间出现了一大批‘定光佛’化身。五代宋元时期的定光佛信仰由于资料比较集中，为我们提供了一个很好的案例，使我们可以清楚地了解民间的僧侣是怎样由一个‘人’上升到‘佛’的地位的，及这一‘成佛’过程显示出来的民众崇拜的力量。这是唐宋以来佛教的发展趋势，可以称之为民间‘造佛运动’。正由于‘佛在人间’思想的发展，在教义佛教衰落之后，佛教与中国民间的关系反而越来越密切，与中国民俗的结合更全面更深入，展示出中国佛教发展的新面貌[14]。”

在定光佛信仰中，较为特殊的是客家人崇奉的定光古佛。在闽西客家地区有较大影响的定光古佛，均不同于以上各说。现存最早的有关记载闽西定光古佛岩俨和尚生平的文献是南宋文人周必大（1126～1204 年）的《新创定光庵记》。宋释惠洪《林间录》卷下：

> 南安岩俨和尚，世传定光佛之应身也。异迹甚多，亦自有传……俨和尚多以揭示人。倡尾必题四字，曰：“赠以之中。”

后人为这一揭语给以神秘的解释，认为是岩俨和尚的徽语，用来说明自己的死日即是生日。这当然是后人的臆测之语，但此说传播很广，甚至成为他的标志。惠洪又作《南安岩主定光一占佛木刻像赞并序》：

> 僧彦殉自汀州来，出示定光佛化身木刻像、平生喝语百余首，皆称性之句，非智识所到之地，真云门诸孙也。殉求赞辞，力甚谨。再拜为之赞曰：“……汝语言：‘一切智畏，如月如水，如风行空，无所妨碍，赠以之中。’又复怜汝（下缺）。未识方其死时，谓是生日。如光照珠，如甜说蜜。”

关于岩俨和尚的事迹及民间对他的信仰，林国平、谢重光和温秋明等先生都曾进行过专题研究。林国平先生认为客家人的定光古佛“明确地指出中国人信仰佛教的另一个面貌，这是以往研究中国佛教的学者，所不重视或忽略的。‘定光古佛’这个案例，显示佛教在中国化、区域化的过程中的神异、俗民性，起了重要的推动作用[15]。”

综上所述，两宋时期南北政权的统治范围内，都流行过定光佛信仰，并建造有专门的定光佛舍利塔，或瘗藏有定光佛舍利。但南北的定光佛信仰上存在着较大的本质上的差异，即使在宋朝的疆域内，定光佛信仰的表现也不相同，其间的差异是值得进一步研究的，如果说宋朝的定光佛信仰与赵宋受禅还有一定的关系的话，那么用此解释辽、金境内定光佛信仰肯定就是不合适的，而客家人信仰的定光古佛，当与东南区域的民间信仰有更大的关系。

附记：本文获得教育部2010 年“新世纪优秀人才支持计划”的资助。

注　释

[1] 徐苹芳：《中国舍利塔基考述》，台湾允晨出版社，1995 年。

[2] 江苏省文物工作队镇江分队、镇江市博物馆：《江苏镇江甘露寺铁塔塔基发掘记》，《考古》1961 年第 6 期；丁淇、林元白：《镇江甘露寺铁塔塔基出土释迦佛舍利及唐宋文物考》，《现代佛学》1962 年第 1 期。

[3] 常叙政、来学山：《山东省惠民县出土定光佛舍利棺》，《文物》1987 年第 3 期。

[4] 《文物》1998 年第 11 期刊登的《浙江温州市瓯海区出土东晋铭文砖》报道了一座永和八年（352 年）墓中出土了一个石经函。经函盖上有“无垢净光陀罗尼经函”。《文物》1999 年第 5 期刊登了谷君《瓯海出土“无垢净光陀罗尼经函”不是东晋物》，认为“《无垢净光陀罗尼经》为唐代所译之经典，1 卷，收录于各《大藏经》中……该经始译于武周初期，故用于存放该经的石质经函不可能为东晋时期物，而只能是武周以后的遗物。由于文中没有详细介绍墓葬的清理情况，所以无法弄清石质经函何以混入晋墓中”。

[5] 向南：《辽代石刻文续编》，辽宁人民出版社，2010 年；北京市文物工作队：《顺义县辽净光舍利塔基清理简报》，《文物》1964 年第 8 期，50 页。

[6] 向南：《辽代石刻文续编》，辽宁人民出版社，2010 年。

[7] 刘春迎：《北宋东京城研究》，科学出版社，2004 年。

[8] 《山右石刻丛编》卷一三，又见刘琳校点《汾阳县金石录》卷五上。

[9] 高继习：《济南县西巷佛教地宫初论》，香港大学饶宗颐学术馆学术论文、报告系列（二十六）。

[10] 向南：《辽代石刻文编》，河北教育出版社，1995 年。

[11] 同［10］。

[12] 同［ 6 ］。

[13] 刘长东：《宋太祖受禅的佛教谶言与宋初政教关系的重建》，《四川大学学报》（哲学社会科学版）2002 年第 6 期。

[14] 杨梅：《中国古代的定光佛信仰——兼论唐宋以来的民间造佛运动》，《世界宗教研究》2006 年第 4 期。

[15] 林国平：《定光古佛探索》，《圆光佛学学报》1999 年第 3 期。

兖州历史上的佛教

樊英民[1]　樊孝聪[2]

（1. 兖州市博物馆；2. 济宁市高新区高级中学）

要了解佛教在兖州历史上的流传与发展情况，最大的困难在于可供参考的资料太少。我们现在所能做的只是把平时读书所得的材料加以汇总，略作评说，读者也许能从中获得某些启示，对进一步的探讨有所帮助。应该说明的是，兖州这个地名在历史上所包含的内容相当复杂。本文涉及的材料，重点在于今兖州（即古之瑕丘、瑕丘县、瑕县、嵫阳县、滋阳县），但也兼及今兖州周边地区。这是因为从东晋到隋的数百年中，并没有一个瑕丘县的建置；而且从南北朝到明清的一千多年中，这里始终又都是兖州的治所。与其斤斤计较于历史上复杂的沿革变迁，毋宁说本文是将兖州作为一个文化区域的概念看待的。共得30篇，限于篇幅，现选发从东晋到唐代部分，共14篇。

一、竺僧朗与瑕丘

笔者所见有关兖州历史上的佛教材料中，所涉及的人物最早者是活动于东晋十六国时的竺僧朗。

竺僧朗，《高僧传》卷五有传。他是西域高僧佛图澄的弟子，曾受到过前秦苻坚、前燕慕容德、后魏拓跋珪三国君主的礼遇，奉之为神圣，名重一时，是当时中国北方最有名的高僧大德。

唐段成式《酉阳杂俎》卷三有一条：

> 卢县有金榆山。昔朗法师令弟子来此采榆荚，诣瑕丘市易，皆化为金钱。

文中的卢县，《汉书·地理志》记属泰山郡，《后汉书·郡国志》记属济北国，《晋书·地理志》同。据考，其治地在今山东济南市长清县西南。金榆山，应与金舆谷有关，而金舆谷又与琨嵛山、琨瑞谷、琨瑞谿有关，都存在着同音相转的关系。《高僧传》云：

> 竺僧朗，京兆人也……以伪秦苻坚皇始元年移卜泰山……于金舆谷昆嵛山中别立精舍，犹是泰山西北一岩也。峰岫高险，水石宏壮。朗创筑房屋，制穷山美，内外屋宇数十余区，闻风而造者百余人……

又，《水经注》卷八济水“又东北过卢县”句下：

……泰山朗公谷，旧名琨瑞谿，有沙门竺僧朗……隐于此谷，因谓之朗公谷。

还有《魏书·释老志》也有“沙门僧朗与其徒隐于泰山之琨瑞谷”的记载。

这个朗公谷，一般认为在今济南柳埠镇，该地有神通寺遗址，据说此寺即朗公所创。又有人说在今长清县，灵岩寺中现在还有朗公石之类的古迹。

瑕丘县，是今兖州之前身，瑕丘这个地名出现很早，又叫负瑕，春秋时候是鲁桓公庶子的采邑。秦代实行郡县制，始设瑕丘县，属薛郡；两汉均有瑕丘县。《晋书·地理志》中已无瑕丘之名，是已经撤销，直到隋开皇年间才又割邹、汶阳、平原三县地重设瑕丘县。从晋到隋这三百多年中只有瑕丘城而无瑕丘县，此谓之“县省名存”。竺僧朗的时代正是县省名存的时期。

竺僧朗“皇始元年移卜泰山。”皇始元年为 351 年。他的“移卜泰山”是佛教在中国北方传播的较早记载。他有弟子百余人，其中当然是泰山周围地区的人为多。弟子们采了榆荚到瑕丘市易，说明了瑕丘在当时是交通畅达、贸易发达的城市。这也大概是为什么后来在刘宋元嘉三十年（453 年），北魏军队南侵时把兖州治所须昌（今东平）毁坏一空后，兖州要迁到瑕丘的原因。

榆荚化为金钱当然是神话传说，这类传说在佛教典籍中是很常见的。但竺僧朗的弟子经常到瑕丘市易却应是历史的真实。这至少可以说明，在 4 世纪 50 年代，今兖州一带已有佛教徒的踪迹了。

二、慧重和僧钟

西晋末年以迄十六国时期，因战乱而南迁的兖州人或者他们的后裔中，颇有虔心事佛而有所成就者。如《高僧传》中所记载的慧重和僧钟。

《高僧传》卷五十有《齐瓦官寺释慧重传》：

释慧重，姓闵，鲁国人。侨居金陵。早怀信悟，愿言未遂，已长斋菜食。每率众斋会，常自为唱导，如此累时，乃上闻于宋孝武。大明元年，敕为新安寺出家，于是专当唱说。禀性清敏，识悟深沉；言不经营，应时若泻。凡预闻者，皆留连信宿，增其恳诣。后移至瓦官寺禅房。永明五年卒，年七十三……

慧重是鲁国人，鲁国即今曲阜。慧重卒于南齐永明五年（487 年），年七十三，则生于东晋义熙十一年（415 年）。他的多半生是在刘宋时代，文中的宋孝武指孝武帝刘骏。慧重正式出家前已一心向佛，而且已经以善于唱导而闻名于世，因此皇帝亲自批准他剃度出家，此时他四十二岁。出家后，就“专当唱说”，成了职业的讲唱僧人。

所谓唱说，是佛教宣传的一种形式。即把佛经里的故事，用通俗的引人入胜的方式讲唱出来，从而诱导俗众，推广教义。慧重在《高僧传》中被编入“唱导”部十人之一，传后有论曰：“唱导者，盖以宣唱法理开导众心也……夫唱导所贵，共四事焉，谓声、辩、才、博。非声则无以警众，非辩则无以适时，非才则言无可采，非博则语无所据……”看起来，一个杰出的唱导者，其实是一个杰出的表演艺术家。他不仅要有很高的天赋条件如嗓子（声）、口才（辩），还要有出众的艺术才华（才）和广博的学识（博）。传中说慧重“言不经营，应时若泻”，可见他有极强的现场即兴发挥的能力。

敦煌石室发现的唐五代写本中，有一些被称为变文的，如《维摩诘经变文》、《目连救母变文》、《佛本行经变文》等，就是边讲边唱的形式，是后代讲唱文学的滥觞。慧重的讲唱比那要早数百年。

卷八有《齐京师中兴寺释僧钟传》：

> 释僧钟，姓孙，鲁郡人，十六岁出家。居贫履道，尝至寿春，导公见而奇之。谯郡王邺重其志操，供以四事。后请讲《百论》，导往听之，乃谓人曰：“后生可畏，真不虚矣！”钟妙善《成实》、《三论》、《涅槃》、《十地》等，后南游京师，止于中兴寺。永明初，魏使李道固来聘，会于寺内。帝以钟有德声，敕令酬对。往复移时，言无失厝。日影小晚，钟不食，固曰：“何以不食?”钟曰：“古佛道法过中不餐。”固曰：“何为声闻耶?”钟曰：“应以声闻，得度者故现声闻”。时人以为名答。尔后盘桓讲说，禀听成群。齐文惠太子、竟陵文宣王数请南面。齐永明六年卒，春秋六十……

传中说僧钟永明六年（488年）六十岁卒，则其生当在宋元嘉六年（429年）。鲁郡人，当时兖州属下有六郡，其中鲁郡下辖邹、鲁、汶阳等六县，治曲阜。

僧钟是北方人，但传中所叙其活动地区主要在江淮一带。大概他是早期南迁者的后裔，也许是出家后因战乱而南迁，现已不可考。他“尝至寿春”，寿春即今安徽寿县；“导公见而奇之”，导公是寿春石涧寺的著名高僧僧导。谯郡为今天安徽亳州。王邺大概是一个有钱的施主，钦佩僧钟的才学，所以“供以四事”。佛家以房舍（一说卧具）、衣服、饮食、汤药为四事，是一个僧人维持生存的基本条件。

僧导在听了僧钟讲《百论》以后，发出了由衷赞叹，这是对他学术水平的高度肯定。僧导不是等闲之辈，他是佛学大师西域人鸠摩罗什的入室弟子，其事见《高僧传》卷七。《百论》为古印度提婆所著，与《中论》、《十二门论》合称《三论》，此经曾由鸠摩罗什两度译为中文。僧导卒于刘宋大明元年（457年），九十五岁，他听僧钟讲《百论》时已是八十岁的老者，而僧钟当时只有二十多岁，故有“后生可畏”之叹。

僧钟后来到了首都建康（今南京）中兴寺，此时他已是名声很大的高僧，因此南齐武帝萧赜敕命他在寺内会见北魏大使李道固。《资治通鉴》卷一三六记：“永明二年五月甲申，魏遣使员外散骑常侍李彪等来聘。”此年十月还有一次，不知与僧钟的相会是哪一次。这年僧钟五十六岁。李道固即李彪，顿丘卫国人，《魏书》卷六三有传。传中说他自幼读书，“笃学不倦”、“手抄口诵，不暇寝食”，是一个有着很高学养的人。僧钟与他“往交移时”的“酬对”，既是文化学术的交流，更具有国际间政治谈判的意味，僧钟“言无失厝（厝即错）”充分表现出他学识的高深、思维的睿智和口才的出众。

传中的“齐惠文太子”指武帝长子萧长懋，竟陵文宣王指萧子良，他们对他“数请南面”，可谓极度尊崇，奉若神明了。

僧钟在《高僧传》中列于“义解”门，表示他的成就主要在于佛学理论的研究方面。因此可以说，他是南朝时的一个著名学问僧。

三、释法力的故事

南齐陆杲撰《系观世音应验记》中有一条《释法力道人》：

> 释法力道人，精苦有崇行。欲于鲁郡立精舍而钱物不足。与沙弥明琛往上谷，乞得一车麻。载行空泽，遂遇野火；车在风下，无得免理。于时法力倦眠，比觉，而火势已及。因举声称“观”，未得言“世音”，便自应声风转火灭，无他而归。

念观世音可以立刻得消灾弭祸之效，是这条文字的核心内容。《观世音应验记（三种）》一书中近百条故事都是讲这一点的。这在今天看来实在是荒诞不经，但在当时却是相当多人坚信不疑的事，这也是当时社会意识形态的真实反映。

据《观世音应验记（三种）》一书后附日本学者小南一郎的文章，《系观世音应验记》一书编于南齐中兴元年（501 年），其时为北魏景明二年。因此，这个故事所反映的现实应是北魏中期的事情。

《法苑珠林》卷十七亦收有这段故事，文字略有不同。开头为：“魏末鲁郡释法力，未详何许人，勤营塔寺……”将法力坐实为魏末人。其实北魏亡于永熙三年（534 年），而由北魏分裂而成的西魏和东魏亡的时间更晚，因此称法力为魏末人并不确切。

北魏特别是其中晚期，佛教十分发达。前文说过，魏道武帝拓跋珪（386 ~ 408 年在位）曾礼敬竺僧朗，奉为神圣；他之后的明元帝拓跋嗣（409 ~ 423 年在位）亦崇佛教。除了曾经灭佛的太武帝拓跋焘外，此后的诸帝基本上都是信佛的。在当时，创建佛教寺院，兴塔造窟是最流行的事情。上到皇帝官宦，下到平民百姓，全民动员，遍地开花，把社会财力的相当大部分都用到建佛寺上去了。正如《魏书 · 释老志》所说：“今之僧寺，无处不有，或比满城邑之中，或连溢屠沽之肆。”据记载，孝明帝神龟元年（518 年），首都洛阳有佛寺五百所。到北魏灭亡的孝武帝永熙三年，各郡佛寺竟达到三万多所，僧尼有二百万人之多。当时兖州领有六郡三十一县，治瑕丘。可以想见，瑕丘及整个兖州的佛寺和僧尼都将是一个相当大的数量。释法力师徒为创建佛寺而远到河北上谷去化缘，正是这段历史的真实反映。

四、兖州尼寺和沙丘城碑

《北齐书》卷四十三《羊烈传》载：

> ……烈家传素业，闺门修饰为世所称，一门女不再醮。魏太和中，于兖州造一尼寺，女寡居无子者，出家为尼，咸有戒行。

按，泰山羊氏是自晋以迄南北朝时的名门巨族。其中羊秀为晋太仆卿，羊晢为济南相，羊规之为宋营州刺史，羊祉为魏兖州、梁州、徐州刺史，羊灵珍为魏兖州别驾，羊深为魏中书令，羊烈为北齐义州刺史、兖州大中正等，不可遍举。文中的太和为北魏孝文帝元宏年号，为477~495年间。北魏兖州治瑕丘，故羊氏在兖州所建尼寺应在瑕丘。《比丘尼传》卷一的《洛阳城东寺道馨尼传》和卷四的《禅林寺僧念尼传》，就分别记述了羊氏家族的两位高尼，但她们并非在瑕丘修行。赖非先生著《山东北朝佛教摩崖刻经调查与研究》一书第四章《刻经周围的寺院、僧人、经主》，引此则时径直称为“瑕丘尼寺”。尼寺即比丘尼之寺，是女性僧人修行的地方。无独有偶，在1993年从兖州泗河南大桥下出土的一件残碑上，也提到了“比丘尼之寺”：

> ……若夫邑义人等……以大齐河清三年，岁次实沉，于沙丘东城之内，优婆夷、比丘尼之寺，率彼四众，奉为太上皇帝陛下、师僧父母、俾闰含灵一切有识。于是法堂巍巍，廊庑赫奕，磊硌而重叠，峨峨以连属。又乃敬造阿弥陀连座三佛……

从上引这段碑文看，这是在修造一座尼寺并造佛像后所刊的纪功德之碑。文中的邑义是北朝时候民间佛教信徒以村舍为单位结成的组织，从事修窟造像、诵经礼拜等活动。其负责者称邑义主，成员称邑义。河清三年为564年。沙丘城应即为瑕丘城。优婆夷指在家修行的女性佛徒，比丘尼指受过具足戒的女性佛徒。四众指比丘、比丘尼、优婆塞、优婆夷，泛指出家在家的奉佛之人。太上皇指北齐武成帝高湛。按《北齐书·帝纪第七》载：“河清四年夏四月……太史奏天文有变，其占当有易王。丙子，乃使太宰段韶兼太尉，持节奉皇帝玺绶，传位于皇太子。大赦，改元天统元年……于是群臣上尊号为太上皇帝。”可见，高湛是在河清四年因“天文有变”才禅位给其子高纬的，河清三年是还没有“太上皇帝”之称的。所以此石的刊刻时间并非河清三年，而应在天统元年（565年）之后。

从北魏太和年间到北齐河清、天统年间大约有80年的时间。这个尼寺是羊氏所造的那个尼寺吗？很值得研究。赖非先生说：“一州治中有两处尼寺可能性不大。此题记中的比丘尼寺很可能就是羊氏当年所造的瑕丘尼寺，其位置在沙丘东城之内，距今金口坝不远。”其说很有道理。

附带提及，赖非先生书中还有慈云寺，云：“在兖州西。孙星衍《寰宇访碑录》北朝卷载（兖州）晋阳山上有摩崖刻经，正书，无年月，上书‘慈云寺薛子岫等人’。

今晋阳山已夷为平地，慈云寺遗址也无处找寻。”按，兖州城西之山为嵫阳山而非晋阳山。笔者所见《寰宇访碑录》滋阳部分似无此条，现手头无书，无法复按。但查万历二十四年《兖州府志·寺观志》，济宁州有：“慈云寺，在州西晋阳山上。”先生殆将济宁州误为兖州欤？

五、泗河金口坝残石·嵫山摩崖

北朝时候佛教发达的另一表现，是大规模地雕造石窟造像和刊刻佛经，出现了以大同云冈石窟为代表的石窟寺造像和以泰山经石峪为代表的摩崖刻经。

兖州州治瑕丘地处平原，无法开凿窟寺和摩崖，但周围邹县、曲阜等地均有山，不仅可以向州城提供刊碑造像的石材，州城的信徒善士也可以到各地去施舍功德。历经千百年自然和人为的破坏，遗迹仍留有一些。例如：邹县有峄山刻经，冈山、铁山、尖山、葛山四山刻经；汶上有水牛山刻经，还有《文殊般若经》碑；宁阳有凤凰山刻经；曲阜有胜果寺《金刚经》碑；泗水有《维摩诘经》碑。再远一些的如东平有洪顶山、司里山刻经和造像；泰山有经石峪刻经、徂徕山刻经等。这些刻经，赖非先生称为“泰峄山区北朝摩崖刻经”，认为大多为北齐到北周时刻。僧安道一是重要的组织者和书丹者之一。

1993年春夏之交，流经兖州城东的泗河因干旱而断流。当地群众在金口坝一带挖沙取土时，陆续发现了一批残石，待文物部门发觉时已有不少流失，后来经过努力，追回了一部分，现藏于兖州市博物馆中。这些残石中，有碑刻、造像，还有建筑构件、经幢等，大部分残毁严重，很少能拼合者。有的碑刻或造像的发愿文中有纪年，如北魏的延昌、东魏的武定、北齐的天保、天统及唐代的开元等。

残石中亦有刻经碑。据赖非先生的研究，其中有《文殊般若波罗蜜经》、《思益梵天所问经》、《波罗蜜多心经》、《摩诃般若大明经》、《佛在金棺上属累造经像经》及不详经名的佛经等十余件。赖非先生认为这些残石反映的兖州早期寺院刻经造像活动，大致可分为北魏至隋和唐初至唐中期两个时期。他认为金口坝残石应是唐武宗会昌年间的灭佛中被损坏的。赖非先生在深入研究后指出：“兖州是北朝佛经刻经的中心地区之一”（见《泰峄山区刻经新资料及相关问题》，打印本）。他说：

> 北朝泰峄山区的刻经，是以瑕丘为中心，分布于整个兖州辖区的……北朝时期，刻经是兖州一带事佛的一大特点。虽然这里造像也不少，但与刻经相比，其规模数量却远远不及。它地处泰山西麓，隔华北平原中腰地带西与太行山东麓的邺都遥相互应，形成了北朝刻经的两大中心区。

清光绪十四年《滋阳县志》卷六《古迹·金石》中，载有本县唯一的一座山——嵫阳山上的北朝刻经两处：

> 嵫山摩崖二种，在嵫山中峰石上。隶二行，字大五六寸不等。其上列云，

“佛主耿绍宗妻高，佛主僧苌、僧凤，佛主道怀。”此外尚有数行，惜被凿石者划去，无年月可考。旁刻莲花、鹿、象，隶法肥满，鉴别家拟为唐以前书。一在东峰顶上，刻“天水山人书”五字。

冯云鹏、冯云鹓编《金石索》中亦著录此二种，并且有缩摹拓片。并题识云：

此题名二行，横列嵫阳山南岭之顶面，俗名张国老坑。字大五六寸，此外尚有佛主姓名，俱被凿石者伤残，无年月可考。周刻莲花，其隶似邹县之冈山、尖山摩崖。纪秋水明府云：僧取单名者在唐以前，此北朝时刻石也。

“天水山人书”下题：

此题在嵫阳山之凤凰顶。此外尚有幽山字，顶字、钜字，俱极磨泐难辨。

以上刻石，20世纪50年代尚存，现已毁灭无痕。

另外，光绪十二年《滋阳县志》卷六、法伟堂《山左访碑录》卷六、段松林《山左碑目》卷二等都记有“北齐邑义主造塔记”，“藏汤氏，武平三年十二月刻石，正书。”可惜未录下文字。

六、隋文帝敕建舍利塔

隋仁寿年间诏各州建塔瘗藏佛舍利，是隋文帝杨坚振兴佛教的一大手笔。对于兖州来说，也堪称历史上的一件大事。

隋文帝自幼生长在一个佛教气氛很浓的环境里。他出生后就由一个被称为神尼智仙的比丘尼抚养。智仙曾告诉他：“佛法将灭，一切神明今已西去。儿当为天下慈父，重兴佛法”，以后果然发生了后周武帝灭佛的事。据《广弘明集》卷十七王邵的《舍利感应记》的记载，文帝称帝前，曾有一西域僧给了他一包舍利，说“檀越好心，故留与供养。”于是他“置七宝箱以置之。”这就是他后来诏全国建塔瘗藏的舍利的来历。

杨坚在历史上是一个有作为的皇帝。他不仅结束了从东晋十六国到南北朝近三百年的分裂与战乱，统一了全中国；而且他在位期间政治清明，社会安定，经济发展。但他把这一切都认为是佛祖对他护佑的结果，因此一直把振兴佛法作为自己终生的目标。

仁寿元年（601年）六月十三日是杨坚的六十岁生日。《十弘明集》卷十七记载，这天他发布《隋国立舍利塔诏》，要求全国三十个州起塔供养舍利。诏书中说：

朕归依三宝，重兴圣教，思与四海之内一切人民俱发菩提，共修福业。使当今现在，爰及来世，永作善因，同登妙果。宜请沙门三十人，谙解法相兼堪宣导者，各将侍者二人，并散官各一人，薰陆香一百二十斤，马五匹，分道送舍利……为朕、皇后、太子广、诸王子孙等及内外宫人、一切庶民、幽显生灵，各七日行道并忏悔……

但这一次建塔的三十个州中并不包括兖州。兖州为第二批建塔的五十一州之一。《舍利感应记》载：

> 仁寿二年正月二十三日，复分布五十一州建立灵塔。令总管刺史以下，县尉以上，废常务七日，请僧行道，教化打刹，施钱……期用四月八日午时，合同化内，同下舍利，封入石函……

《广弘明集》卷十七载兖州的表章说：

> 敕书分送起塔，以瑕丘县普乐寺最为清净，即于其所奉安。以去三月二十五日，谨即经营，以为函盖，初磨之时，体唯青质，及其功就，变同玛瑙；五色相杂，文采焕然。复于其里，间生白玉，内外通彻，照物如水，表里洞朗，鉴人等镜……

来兖州护送舍利的高僧是兖州人法性，关于他将另文介绍。在《续高僧传》他的传中有在瑕丘奉安舍利时的灵异，除上边表章所记之外，还有：

> 当入函时，正当基上，白鸟一双，翱翔缓飞，绕塔而转。塔西柰树并变为金色……

皇帝的大力提倡和全国上下的总动员，使整个社会都如癫如狂，如痴如醉。各种各样无法验证也无需验证的“祥瑞”和灵异事件，层出不穷，推波助澜，把崇佛的热潮推向了一个高度。

七、隋代兖州普乐寺

隋文帝时建塔的兖州普乐寺到底在什么地方，是一个值得探讨的问题。

《广弘明集》卷十七兖州所上表章中的“敕书分送起塔，以瑕丘县普乐寺最为清净，即于其所奉安”，和《续高僧传》卷十六《法性传》中的“仁寿元年敕诏送舍利于本州普乐寺”，是现知有关兖州普乐寺在瑕丘的最早的明确记载。但问题是，普乐寺在瑕丘的什么地方呢？

明代以后，人们普遍认为普乐寺就是后来的兴隆寺的前身，今兴隆塔就是隋文帝所建的舍利塔。此说最早见于明万历元年的《兖州府志》卷四十八《寺观志》：

> 兴隆寺，在府治东北。按，本寺旧名普乐，隋文帝仁寿二年建，宋太平兴国七年改为兴隆。

同书卷四十五《古迹志》：

> 兴隆寺塔，在府治东北隅，隋开皇间建，高十三层，中虚，可登顶巅。有尉迟公修建年月。

按开皇为隋文帝使用的第一个年号，开皇间可理解为 581 ~ 600 年间。后改仁寿，仁寿二年为 602 年，两者其实相差无多。但如前文所述，隋文帝诏令五十一州建塔藏舍利，为仁寿二年之事，怎么能在其之前的“开皇间”就建了塔呢？并且，从《广弘明集》所载兖州所上表章中的话看，是当时已先有寺（“以瑕丘县普乐寺最为清净”），那寺怎能是“仁寿二年建”呢？无疑这两条记载都不很正确。因此，万历二十四年于慎行重修《兖州府志》时，在卷二十五《寺观志》中对此二说作了综合和修正，作：

> 兴隆寺，在北门内大东街，旧名普乐，隋文帝仁寿二年建，宋太平兴国七年改为兴隆……古塔十三级，高峻入云，隋时物也……

注意：于慎行删去了其中“有尉迟公修建年月”这很关键的一句话！此后的各种府志、县志、地名志、乡土志，均持此说。

但是，明万历时距隋代已近千年，这么长的时间中，能确切证明此塔建于隋代的记载只有一件所谓“尉迟公修建年月”，却又被于慎行的重修府志删去，这就不能不令人进而怀疑，上述兴隆寺“旧名普乐”的说法，是果真如此吗？

笔者认为，形成隋普乐寺即后来的兴隆寺这种认识的关键在于兴隆塔。因为人们一直确信兴隆塔就是隋仁寿二年所奉敕建的舍利塔。既然《广弘明集》所载兖州表章明文记载兖州舍利塔在普乐寺，那么塔所在的兴隆塔当然就是隋代的普乐寺了。由塔而证寺，再以寺来证塔，其实是逻辑上所忌讳的循环论证，但数百年中，并无人怀疑。

而万历元年本府志“有尉迟公修建年月”一语，正是人们认为兴隆寺建于隋代的重要根据，虽然谁也不知道这个尉迟公是什么人，这个修建年月是刻石还是墨书，所记是何年何月，以及这句话的来源；但可以想象，如果在万历元年时塔上确实有这件题刻，二十年后于慎行重修府志时不会看不到。要知道这句话并不是可有可无的闲文，而是有关兴隆塔年代的最直接、最重要的证据，其重要性不言而喻。但他删掉了这句话，这就意味着他认为此事为无稽之谈，不足传信。

认真核对两本府志的古迹志，可以看出还有类似的例子。如：元年本有“三国魏贾使君碑”一条，二十四年本删去“三国”二字。这是因为贾使君碑实为北朝之魏（元魏）而非三国之魏（曹魏）。又如：元年本有“汉韩信路”一条：“在滋阳县东北三十里，相传韩信袭齐故道”，二十四年本也将此条删去，应是认为其说牵强附会，不足为据（康熙十一年《滋阳县志》亦有此条，而光绪十四年本删去）。这都说明二十四年本较元年本要审慎严谨很多，因此其结论是比较可信的。

遗憾的是，“有尉迟公修建年月”这句话，并不因为于慎行的不认可而不被人们引用。例如清初人仲宏道作滋阳八景诗，其中的《兴隆塔影》一首中有“碧苔渐蚀开皇字，黄绢犹留学士题”一联，上联所谓“开皇字”，即开皇年间题字，也就是所谓“尉迟公修建年月”；又如20世纪50年代出版的《中国地震资料年表》，据康熙版《兖州府志》说兴隆塔“相传为尉迟敬德重修”，可见是康熙府志又将“尉迟公”坐实为唐初名将尉迟恭（字敬德）。这两例都是于慎行删掉那句话以后出现的。真是以讹传讹，而且愈传愈广。

也许可以认为，由于人们确信兴隆塔就是隋仁寿二年建的舍利塔，才有好事者为了坐实这一点而编造了这一记载；而由于这条记载，使数百年来的人们更确信兴隆塔所在之处就是隋代的普乐寺。于慎行删掉那句话，只是删去了一条证据，并没有改变塔建于隋代的结论。因此在清代人的笔下，普乐寺和兴隆寺是可以互授通称的。

例如：冯云鹏兄弟编《金石索》中有一件《唐普乐寺僧九定等造像石刻》。题识说，“此石在滋阳县之大寺，旧嵌在大殿壁间……鹏至滋时，遍寻不得，询之寺僧，方知其售与孙渊如观察……”这里的孙渊如即清代学者孙星衍。大寺指兴隆寺，这个称呼直到近代仍有，《兖州县地名志》有大寺门街，即在此寺之附近。在《金石索》一书所缩摹的这件石刻的拓片上，并没有普乐寺三字。冯云鹏之所以这样命名，只是源于他认为兴隆寺“旧称普乐”，而且此石上有“先天二年”的年款，所以称唐普乐寺。而孙星衍在《寰宇访碑录》中，就称此石为“兴隆寺僧九定等造像”。

直到最近，通过对兴隆塔地宫的考古发掘，人们才确切发现，兴隆塔并不是隋代所建，而是北宋嘉祐八年建；地宫所藏也不是隋文帝所颁舍利，而是于阗僧人法藏从西域取回的舍利。虽然对地宫碑的解读也许还有不同看法，但至少从已经发现的文物看，无法证明兴隆塔与隋代所建的塔有关。因此可以说自明万历元年起就流传的说法并不对，而梁思诚、罗哲文诸先生根据塔上题名和塔的形制所作出的建于宋代的推断才是正确的。

那么，隋代的普乐寺到底在哪里呢？

当然，也不能排除就在现塔附近的可能性。明清以来，人们一直认为普乐寺、龙兴寺、甚至还出现了兴龙寺（见光绪县志《古迹志 · 金石》：“唐兴龙寺残石，藏李氏”。疑为龙兴寺或兴隆寺讹）都是兴隆寺的前身（关于龙兴寺，将在下文讨论），也许有我们所未知的根据；但更有可能与此地毫无关系。

关于隋普乐寺何在，光绪十四年《滋阳县志》卷六《古迹 · 金石》上的一条记载，似乎提供了一条线索：

> 普乐寺残碑，在文昌阁。武后天授二年，正书，高尺许。道光中得之西关土中，移置于此。

（周元英《滋阳县乡土志》“兴隆塔”下全抄此条，但误天授为天寿。）

按，称“普乐寺残碑”，不会是像前引《金石索》中那样将兴隆寺称作普乐寺，因为兴隆寺不在西关，那就是因为残碑上有“普乐寺”三字。天授二年为 691 年，这说明唐代时仍有普乐寺。“得之西关土中”，可能是普乐寺就在西关某地，可能残碑为唐代修葺普乐寺的功德碑，后普乐寺毁于兵燹，碑亦残毁入土，于道光中偶然被发现，然后作为古物移于文昌阁。文昌阁在今中御桥南路以东的鼓楼街路南，新中国成立后在其址建起了酱菜厂。据老文物工作者孙华铎先生说，其地解放初期还有不少古碑。当然现在是踪影全无了。

要想真正解决隋普乐寺何在的问题，只能寄希望于将来有新的材料尤其是考古发掘材料的出现。据《续高僧传》所记，当时分得舍利的仅山东地区就有十处，而这十处中，现已知有三处被出土遗物证实。一是青州的胜福寺舍利塔，清代出土，舍利塔下铭现藏青州市博物馆，阮元《山左金石志》著录；二是济南南郊神通寺四门塔，

1972年维修该塔时发现了舍利函，现藏于济南市历城区博物馆；三是平阴县洪范镇的崇梵寺塔，1982年修公路时发现了“大隋皇帝舍利宝塔石函”，发掘报告载《考古》1986年4期（以上见赖非先生《齐鲁碑刻墓志研究》）。

我们期待着兖州的隋舍利塔地宫或石函有朝一日会被发现，到那时候普乐寺在哪里的问题便迎刃而解；自然，也期待着文昌阁的那件残碑有朝一日被再次发现，那至少可以对普乐寺是否在西关的推测证实或证伪。

八、隋代两高僧——宝安与法性

《续高僧传》卷二十六载有宝安和法性的传。宝安和法性均为兖州人，年代相近，且都曾奉敕护送舍利，二人可谓兖州佛教史上双峰并峙的人物。下边摘要传中文字并略加疏解，以见其事迹。

隋京师净影寺释宝安传

释宝安，兖州人。安贫习学，见者敬之。初依慧远，听涉《涅槃》，博究宗领。周灭齐亡，南投陈国；大隋一统，还归乡壤。行次瀍洛，又从远焉。因仍故业，弥见深隐，开皇七年慕义入关，住净影寺。当远盛日，法轮之下听众将千，讲会制约，一付安掌……安随机接喻，匡救有仪……讲《十地》、《涅槃》，纯熟时匠，性存摄默，不好扬演，有间酬对，辩泻泉流。仁寿二年，奉敕置塔于营州梵幢寺……晚还京寺，不测其终。

按，传中所说的慧远，是隋代著名义学高僧，其传在《续高僧传》卷八。周武帝灭法时，慧远曾当面向武帝陈词，虽未起作用，但其护法勇气已使他名声远播。此后他隐居汲郡山中，一日不废佛事。后佛禁稍开，他讲经于少林寺。后来奉隋文帝敕入驻京师大兴禅寺，又移净影寺。当时名气极大，被称为隋代三大法师之一。宝安在开皇七年（587年）后住净影寺，正是慧远的名声如日中天之时。慧远讲经时，“法轮之下听众将千”，而“讲会制约一付安掌”，可见宝安不仅是慧远的入室弟子，还是慧远佛教活动的组织者。对于诸如协调关系、处理矛盾等，他能“随机喻接，匡救有仪”，说明宝安具有很强的组织协调能力。当然他还是一个出色的僧人，对佛学尤其是《涅槃经》有很深的研究。平时性格比较内敛，不善多言，但需要时也是辩才机智，滔滔不绝。

仁寿二年（602年）时，他奉敕护送舍利到营州，即今辽宁省朝阳市。他的传中写了两件安葬舍利时的灵异现象，一是安葬舍利的当夜塔上放白光，“明彻朗然，良久乃灭”，而且“前后三度。”二是用一个巨大的石龟改为盛放舍利的石函，原本为时间不够和搬运费力发愁，不料却“自然分析，不劳镌琢，宛尔成就”，而且虽然很大很重，安放时却“薄用拖曳”就行——这种种灵异自然当不得真，是当时各地均要上报朝廷，以此来说明安葬舍利的虔诚。

隋京师胜光寺释法性传

释法性，兖州人，少习禅学，精历行道。少欲头陀，孤游海曲，时复入俗。形骸所资，终潜林阜，沉隐为任。开皇十四年，文帝东巡，搜访岩穴，因召入京，住胜光寺。仁寿元年，敕召送舍利于本州普乐寺……文帝既崩，置大禅定延住供养，遂卒于寺，八十余矣。

按，这个传写得太简略，从中可以知道的是，法性虽然自幼年起就修习佛教（修头陀行），但他“时复入俗”，最终是“沈隐”于“林阜”，是一个默默无闻来往进退于僧俗之间的修行者。是开皇十四年文帝那次东巡时，搜访民间的高人隐士，他才被发现，其时他应已是古稀之年了。此后他住进了京城的胜光寺，接着，又荣膺了到故乡护送舍利的重任。据隋文帝的诏书所要求，护送舍利的僧人都是“谙解法相兼堪宣导者”，即既有佛法修养又擅长于宣扬佛法的人。他们“各将侍者二人，散官一人，薰陆香百二十斤”。护送舍利的专使走到州境时，会受到高规格的欢迎接待。这对于大半生都沉隐林阜默默无闻的法性来说，真可谓衣锦还乡了。

元释昙噩编的《新修科分六学僧传》卷十七也有法性的小传，基本上与上引相同而略简。但最后一句却说：“大禅定者，帝于末年特为性造也，后果终于此寺。”不知其说根据是什么。按《续高僧传》卷十八《昙迁传》中有“献后之丧，创禅定寺荐冥福……即以迁为寺主”的话，是说大禅定寺是为献后（隋文帝文献独孤皇后）所造，此却说“特为性造”，恐未必是事实。

九、著名孝僧——慧斌

《缁门崇行录》之《孝亲至行》篇有《凿井报父》条，云：

唐慧斌，兖州人。父朗在朝，年迫期颐，爱敬无繇。乃于汶水之阴，九逵之会，建义井一区，以报父恩。立碑铭之，有“殷忧暮景，见子无期；百年几日，对此长悲”之句。

按，慧斌在《续高僧传》卷二十有传，题为《唐京师弘福寺释慧斌传》。文近千言，叙其一生事颇详。上引其实是传之结尾处的一段内容摘要。下边略引此文，介绍其事迹：

释慧斌，姓何氏，兖州人也。博览经艺，文义洞开……年十九岁，乡党所崇，为州助教。而情厌梗烦，怀慕出世。年二十三方预剪落，寻即听经律，相沿两载。睹讲习喧挠，惟论声势，便入台山，修诸静虑。一入八载，备行观法，乃往泰山灵岩诸寺，以行道务为先。年三十四方隶官名，住秦州梁父甑山存道寺，更寻律部，博听经论，而性狎禅林，誉彰遐迩。及献后云背，禅定修兴，下敕征延，乃旋京邑……下诏征为弘福寺主……贞观十九年十月六日遘疾终寺，时年七十有二……

按：从慧斌贞观十九年卒时年七十二岁，可推知他生于北齐武平五年（574 年）。本传后文有说："初，斌父朗有子七人，家世儒宗，斌第二也"，可知他是生在一个世代读儒书的家庭里。他书读得不错，十九岁做了州助教，但一直有宗教情结，终于在二十三岁出家，时为隋开皇十七年（597 年）。但对寻常寺院的教育不满意（"讲习喧挠，惟论声势"），便到台山去静修。台山，未详在何处，大概在泰山附近。八年后，到"泰山灵岩诸寺"；"三十四岁方隶官名"，应是指他取得了朝廷的度牒。此时为隋炀帝大业四年（608 年）。

传中说他"隶官名"后住秦州梁父甑山存道寺。这里的秦州二字费解。历史上的秦州皆在今甘肃省，而慧斌早期的活动范围未出今山东中部一带，何况甘肃也没有梁父和甑山。怀疑这里的"秦州"是"泰山"二字因字形相近而致讹。泰山脚下有梁父山是尽人皆知的，而在西汉时又置有梁父县，在今新泰市西南。东汉时梁父县改为梁父国，西晋时复为梁父县，隋开皇二年移置于今宁阳县东北，唐贞观初废。甑山见《北史·张华原传》，张华原为兖州刺史，"州东北七十里有甑山……"。而据乾隆版《曲阜县志》卷三十六，今曲阜城北四十五里的九仙山即甑山。因此，传中所说的甑山存道寺，应在今九仙山一带，其地在隋代正为梁父县。

传中说"及献后云背，禅定修兴，下敕征延，乃旋京邑。"所说的献后即隋文帝的文献独孤皇后，她于仁寿二年八月卒。禅定即大禅定寺，是独孤皇后死后文帝为其荐冥福而建。《续高僧传·昙迁传》载："及献后云崩，于京邑西南置禅定寺……敕曰……宜于海内名德禅师百二十人，各二侍者，并委迁禅师搜扬……即以迁为寺主"。可见慧斌（及前文的法性）就是当时新建大禅定寺后入住的一百二十名大德之一。

慧斌后来又被下诏征为弘福寺主，应该是隋灭唐兴以后的事了。弘福寺为长安著名寺院，贞观十五年唐太宗李世民曾在此寺皈依三宝，自称菩萨戒弟子，而慧斌在贞观十九年圆寂，则太宗皈依三宝时慧斌正为该寺寺主。于此可见慧斌在佛界地位之高。

另外，传中还提到了"魏王以下，内外懿亲及梁宋诸公皆承戒素。"魏王指唐太宗第四子李泰，贞观十年徙封魏王；梁公指房玄龄，贞观十一年封梁国公；宋公或许指萧瑀。他们都是显赫一时的人物，都对慧斌十分崇拜。

传的最后才提到他凿井报父的事，如文前所引。值得注意的是，凿井的地点："汶水之阴，九逵之会"（逵即大路，九逵之会指交通畅达之地）和碑铭中的"玉检之南，峄阳之北，获麟之野，秉礼之国"，玉检指代泰山，峄阳指峄山，获麟之野在今嘉祥，秉礼之国指鲁国即曲阜，这些地名均在今兖州一带。

一〇、楞伽名家——法冲

唐代初年，兖州法集寺著名僧人法冲是一个有鲜明性格和高深佛学造诣的人物，其事见《续高僧传》卷三十五：

> 释法冲字孝敦，姓李，陇西成纪人。父祖历仕魏齐，故生于兖部。冲幼而秀异，傲岸时俗。弱冠与仆射房玄龄善，相谓曰："大丈夫不登五品者，则共不仕，为逸人矣！"冲年二十四，果为鹰扬郎将。

按：传最后说法冲"至今麟德七十九矣"，麟德为 664 ~ 665 年，可知他约生在隋文帝开皇六年（586 年）。二十四岁为鹰扬郎将，是大业五年（609 年）。据《隋书·百官志》载，大业三年，改骠骑将军府为鹰扬将军府；改骠骑将军为鹰扬郎将。鹰扬郎将为正五品阶。

> 遭母忧，读《涅槃经》，见"居家迫迮"之文，遂发出家心……又至安州暠法师下，听《大品》、《三论》、《楞伽经》，即入武都山修业……贞观初年，下敕有私剃度者处以极刑，冲誓亡身，便即剃落。

按：法冲因母亲去世时听讲《涅槃经》而萌生出家念头。所谓"居家迫迮之文"，见该经《圣行品第七》："……居家迫迮犹如牢狱，一切烦恼由之而生；出家宽旷犹如虚空，一切善法因之生长……"。安州即今湖北安陆，暠法师指慧暠，是一位大传教师，《续高僧传》卷十五有传。武都山在四川绵竹县。

法冲为了对佛教的信仰而违反禁令私自剃度，甘愿冒处死之罪，其信仰之虔诚坚决可谓达极致。法冲的性格，就是这么敢作敢为，毫无妥协。这种性格在以下几个事例中表现得很充分：

——和蔡子晃的论辩。蔡子晃又叫蔡晃，是一个道士，曾多次参加朝廷组织的三教论辩。法冲在安州，蔡欲与法冲论辩，尚未开始，便被法冲斥为"汝形同外道，邪述缠怀……早可识机，无悔于后！"结果蔡子晃被法冲的气概所震慑，"默然逡巡而退"，自己打退堂鼓了。于是法冲被佛徒称为："护法菩萨，斯其人矣！"

——和宰相房玄龄的关系。法冲和房玄龄自幼相善，房玄龄后来有信给法冲，法冲在信后题曰："我与三界无所须，卿至三槐位亦极。"按三界即欲界、色界和无色界，指生死流转；三槐典出《周礼》，指三公一类的高官。法冲这两句话表明了对自己所拥有的最高智慧的自豪和自信。

——有一次法冲看见万年县县令郑钦泰在寺院打人，便上前制止。郑钦泰说，"打人罪我自当"，言外之意是嫌法冲多管闲事。可是法冲却义正词严："国家立寺，本欲安宁社稷，惟善行之。公今于寺打人，岂名为国祈福？"把郑说得哑口无言，只好放下架子向法冲道歉。

——当时最著名的高僧唐三藏玄奘，正在翻译从西域取回的经典。他曾对人说过，不要讲以前所翻之经，意思是以后讲经就讲我新译之经。法冲得知后却放出话来，说你玄奘大师就是读着旧译经出家的。如果真的此后不许读旧译经，那请你现在先还了俗，然后再依新经重新出家。玄奘听到这些话，竟也无话可说，不再坚持。

法冲是违反禁令私自剃度的和尚，没有官籍；后来曾有过几次机会入籍，他却"高让不受"。到快五十岁时，兖州官府强迫他"入度"，从此他才成为兖州法集寺的在籍僧人。但他是独来独往，难以拘束，甘愿做一个栖止无定的头陀僧。所谓头陀僧，即修头陀行的僧人。此派僧人在衣食住行诸方面均极力节俭刻苦，穿很少的衣服；乞食，还不能多吃；住在远离人家的地方，甚至荒坟野冢之间；休息时要趺坐，不准横卧，以对自己身体的苦行来求得灵魂的解脱与智慧的升华。《法冲传》中说他“一生游定为务，曾无栖泊”，“此法师乃法界头陀僧也!”这种为了弘扬佛法而摩顶放踵、身践力行的人格力量，也是很感人的。

《法冲传》记载了他与长安弘福寺润法师的一次对话：

弘福润法师初未相识，曰:“何处老大德?”答:“兖州小老僧耳!”又问:“何为远至?”答曰:“闻此少一乘，欲宣一乘教纲，漉信地鱼龙，故至。”润曰:“斯实大心开士也!”

从“兖州小老僧”的回答，不难想象法冲当时的豪迈和自负的气度，文中所说的“一乘”，即“南天竺一乘宗”，是起于《楞伽经》的佛教宗派。此派又叫楞伽宗，后来发展为禅宗，成为真正中国化了的佛教宗派，其最早起源即菩提达摩禅师。

法冲在佛学史上最重要贡献，就在于《楞伽经》的研究和传承上。传中说：

冲以《楞伽经》奥典沉沦日久，所在追访，不惮夷险。会可师后裔盛习此经，即依师学，屡击大节，便合徒众，任冲转教。即相续讲三十余遍；又遇可师亲传授者，依南天竺一乘宗讲之，又得百遍……

文中的可师即慧可，是菩提达摩的弟子，《续高僧传》卷十六有传。慧可是后来禅宗所排谱系中的二祖，地位很高。法冲曾得过慧可再传弟子的真传，再加上自己的努力，因此成为一代高僧。《法冲传》在详细地叙述了《楞伽经》的传承源流后，叙到法冲时说：

冲公自从经术，又以《楞伽》名家。前后敷弘将二百遍，须便为引，曾未涉文，而通便适缘，寄势陶诱，得意加一，随缘便异。师学者苦请出义，乃告曰:“义者，道理也。言说已粗，况说在纸，粗中之粗矣!”事不获已，作疏五卷，题为私记，今盛行之。

法冲认为《楞伽经》的深微精妙处是只可意会难以言传的，因此他并不愿著书立说。只是在徒众的苦请下，无奈才作了《楞伽经疏》五卷。

《续高僧传》中的这篇《法冲传》，不仅使我们得以了解了1500多年前兖州一位高僧的情况，更是宗教史、思想史上的重要文献。20世纪30年代胡适先生作《楞伽宗考》时，曾反复引用。释法冲在初期禅宗的形成和流传以及思想发展史上都是很受瞩目的人物。

一一、降魔藏禅师

《宋高僧传》卷八有《唐兖州东岳降魔藏师传》：

> 释藏师，姓王氏。赵郡人也。父为亳州掾。稚齿寻师，居然慕法，而性好独处。谯多厉鬼，持魅于人。藏七岁，只影闲房，孤形迥野，尝无少畏。至年长，弥见挺拔，故号降魔藏欤。请列青衿于广福院明赞禅师，师意其法器，乃发擿之。应对辩给，答出问表。因留执事，服勤受法。俾诵《法华》，逾月彻部，登即剃落，受具习律焉。次讲南宗论，大机将发，俄投麈尾，九州灵迹罕不登升。后往遇北州鼎盛，便誓依栖。秀问曰："汝名降魔，我此无山精木怪，汝翻作魔邪?"曰："有佛有魔"。秀云："汝若是魔。必住不思议境界也"。曰："是佛亦空，何不思议之有?"时众莫不异而钦之。先是，秀师悬记之："汝与少皞之墟有缘"。寻入泰山数年，学者臻萃，供亿克周。为金舆谷朗公行化之亚也。一日，告门人曰："吾今老朽，物极有归，正是其时"。言讫而终，春秋九十一矣。

传中说藏禅师是赵郡人，唐代赵郡即今河北赵县一带。他的父亲为亳州掾，掾即掾属，指官员的属吏。看来藏禅师自幼随父生活在亳州，因为下文的"谯多厉鬼"中的谯就是亳州的别称。他颇具燕赵男子的风范，七岁幼童就不相信恶鬼邪魅，可以只身孤影于空房旷野而无所畏惧，因此得了个降魔藏禅师的名字。他很小时就对佛法有兴趣，稍长以读书人的身份求教于广福院的明赞法师。广福院及明赞法师无考，估计应在亳地。明赞法师对他很欣赏，他于是在寺中一边服务，一边学习，尤其下工夫研读《法华经》。按《法华经》即《妙法莲华经》，七卷二十八品近七千言，是释迦牟尼晚年所说教法，此经明示不分贫富贵贱，人人皆可成佛，在佛教诸经中地位很高，有"经中之王"之称。藏法师"诵《法华》逾月彻部"，是说他用一个多月的时间透彻了解了此经奥义，因此他很快被正式剃度，受具足戒，成为真正的僧人。

藏禅师受具足戒后，努力修习，并到各名山宝刹拜访游历。当时他所修习的是以顿悟为特点的南宗禅。藏禅师见"北州鼎盛，便誓依栖"，转而修习北宗。北宗禅的特点是强调循序渐进而达觉悟，与强调偶然触发而达到觉悟的顿悟不同。藏禅师"讲南宗论大机将发"，是说他已经到将要悟的临界点了。而他在礼拜"九州灵迹"的过程中，还是下了皈依北宗的决心，到荆州当阳山度门寺去投入神秀门下。神秀见到藏禅师，二人的对话从藏禅师的名号"伏魔"两字开始。神秀的问和藏禅师的答都充满了机锋和智慧，而最后藏禅师的反问："是佛亦空，何不思议之有?"可以说直捣神秀的软肋，竟令他无话可答。神秀说藏禅师"与少皞之墟有缘"，少皞之墟即曲阜，所以藏禅师来到了兖州。在泰山一带数年，和当年的竺僧朗一样，学者云集，影响深远，形成了北方禅学的一个中心。

由于后世多以南宗为传灯主脉，所以在禅宗的授受谱系中，称北宗为"旁出"。《五灯会元》卷二把神秀列为"五祖大满禅师旁出法嗣"，兖州东岳降魔藏禅师则被列为"五祖下二世"、"北宗秀禅师法嗣"，是神秀的四个法嗣之一。

传中未记藏禅师生卒年月，只说他活了91岁。神秀卒于中宗神龙二年（706年），藏禅师与神秀同时代而低了一辈，并享如此高寿，则有可能活到开元天宝以后。

一二、崇明寺·道宗·府河残石·叶和尚

李白《李太白集》卷二十九有《崇明寺佛顶尊胜陀罗尼经幢颂并序》。其中有：

> 鲁郡崇明寺南门佛顶尊胜陀罗尼幢者，盖天下之壮观……以天下所立兹幢，多临诸旗亭，喧嚣湫溢，本非经行网绕之所，乃颁下明诏，令移于宝坊……

按：《新唐书·地理志》载“天宝元年，改兖州为鲁郡……领县十一”，治所在瑕丘县。且此颂序中有“其录事参军，六曹英寮，及十一县官署”之语，可见崇明寺必在鲁郡治瑕丘县。

清末陆增祥编《八琼室金石补正》卷七十八记有一件石刻：

> 崇明寺造像题名。高一寸五分，广五寸六分；七行，行二字，六分，正书：“兖州瑕丘县崇明寺沙门宝玉□□”。

亦可证崇明寺在瑕丘。

李白的经幢序中写到了当时鲁郡都督李辅：

> 我太官广武伯陇西李公，先名琬，奉诏书改为辅。其从政也，素而宽，仁而惠，五方镇牧，声闻于天。帝乃加剖竹于鲁，鲁道粲然可观……乃再宠厥功，发挥象教……

按，李辅本姓独孤氏，开元中上表请改李氏，奉诏改名辅。曾历任郢、海、唐、陈五州刺史，鲁郡都督，广平太守，袭广武伯，是当时鲁郡所属十一县的最高行政长官。由他来主持崇明寺经幢工程，也可见得崇明寺规格之高。

兖州市博物馆现收藏有一件从城内少陵台下府河中出土的唐代残石。石上残存字中说到了一个寺院：

> ……寺建德年废，隋开皇……大业十年，寺废……

按，建德为北周武帝宇文邕年号。这个周武帝就是历史上曾经灭佛的“三武一宗”之一。他于建德三年（574年）“禁佛道二教，经像皆毁；罢沙门、道士，并令还俗。”（《资治通鉴》卷一百七十一）。周武帝死后，佛禁又开，不久隋文帝灭周，佛教又兴，残石上的“周建德年废”是指建德三年禁佛时此寺荒废，“隋开皇……”后的文字应是开皇某年又重建；大业为隋炀帝杨广年号，十年为590年，距开皇间并不久，此次寺废，应是毁于火灾之类。此残石上还有“讲，下淮沂而麇至，名匠持斤……”明显是叙工程兴建事，又有“鲁侯”字样，使人想到前引李白颂中的鲁郡都督李辅。

李白那篇《崇明寺陀罗尼经幢颂》中，又写到了崇明寺中的僧人律师道宗：

> 有律师道宗，心总群妙，量包大千。日何莹而常明，天不言而自运。识岸浪注，玄机清发。每口演金偈，舌摇电光，开关延敌，罕有当者。由万窍

通号于一风，众流俱纳于冥海。若乃严饰佛事，规矩梵天，法堂郁以雾开，香楼岌乎岛峙，皆我公之缔构也。以天宝八载五月一日，示灭大寺。百城号天，四众泣血，焚香散花，扶榇卧辙。仙鹤数十，飞鸣中绝。非至德动天，深仁感物者，其孰能于此乎？

按，《涅槃经》有云："如是能知佛法所作，善能解说，是名律师。"可见律师就是讲经说法的僧人。文中的"口演金偈，舌摇电光，开关延敌，罕有当者，"正是形象地写出了道宗"善言解说"、舌辩无敌的神态。只是李白此文沿袭了六朝以来的骈俪文风，词华铺张而叙事甚少，使我们除了知道道宗律师于天宝八载（749 年）示灭大寺外，他的生平竟无可考见。

而值得注意的是，府河残石上的文字中也有个道宗：

……道宗在，洎上座慧琳，寺主崇梵……

而且石上的其他文字中又有"大众围绕，知吒王之若灭……""辩才无碍""讲堂"等，似乎与"善言解说"的律师有关。使人有理由认为，这个残碑上所说的寺就是崇明寺，这个道宗有可能就是崇明寺的道宗——当然这还需要更多的证据。

又，《李太白集》卷二十八还有《鲁郡叶和尚像赞》，云：

海岳英灵，诞彼开士。了身皆空，观月在水。
如薪传火，朗彻生死。如云开天，廓然万里。
寂灭为乐，江河而闲。逆旅形内，虚舟世间。
邈彼昆阆，谁云可攀？

这一篇赞，黄锡珪《李太白年谱》谓作于天宝八载，詹锳《李白诗文系年》谓作于开元二十五年，后来詹锳主编的《李白全集校注汇释集评》又系于开元二十七年，安旗《李白全集编年注释》系于天宝四、五载，各家颇有不同。但到 1993 年，安旗发表《李白有关佛教行文系年选笺》一文，提出了不仅否认前人，而且推翻自己前说的新观点：

此赞与颂（按指《崇明寺陀罗尼经幢颂》）联系而观，赞中之叶和尚，当即颂中之律师道宗。二人同是鲁郡高僧，同是受戒之师，且同在示灭以后……似此则二人为一人。

既为同一人，则其文之系年应改为天宝八载。

道宗与鲁郡叶和尚同为一人，此虽为一家之言，尚待更有力之证明，但亦值得注意。

一三、寺院——精神的家园

前文提到了唐代及以前的兖州寺院，有瑕丘尼寺、普乐寺、法集寺、崇明寺、龙兴寺、甑山存道寺等。此外，见之于记载的还有：

开元寺：《旧五代史》卷一二九《慕容彦超传》中提到了开元寺。慕容彦超在后汉、后周时任泰宁军节度使，驻瑕丘。后周广顺二年（951年）叛，周太祖郭威派曹英大军征讨彦超，兖州形势危殆：

……先是，填星初至角亢，占者曰：角郑分，兖州属焉。彦超即率军府宾佐，步出西门三十里致祭。迎于开元寺，塑像以祀之，谓之菩萨。日至祈祷，又令民家竖黄幡以禳之……

按，兖州西门外三十里，其地应为嵫山。“迎于开元寺，塑像以祀之”，所迎的应是填星。填星即土星，“填”又作“镇”。土星大约二十八年绕太阳一周，大致和二十八宿数目相符，故有“岁镇一宿”的说法。填行至角亢，象征着进入了慕容彦超所在的兖州地区，因此他要去迎，并塑像祀之。至于称之为菩萨，大概是因为将其供奉于佛寺并且塑成菩萨形状之故。这里的开元寺，似应在瑕丘城内。

另外，《唐会要》卷四十七，开元二十六年，“诏天下诸郡立龙兴、开元二寺”，并要求千秋节时在开元寺祝寿，也可见兖州是有开元寺的。

封岳寺、非烟寺，重轮寺：皆见于《唐会要》卷四十一：

乾封元年正月十七日，兖州置观寺各三座。观以紫云、仙鹤、万岁为称；寺以封岳、非烟、重轮为名。各度二七人。

这里的封岳寺，也许在泰山附近。非烟、重轮二寺不知所在，总之都在当时兖州辖区，是敕建寺院。

以上所列举的大都是有官方色彩的有名的寺院，而民间自创或规模不大的寺院，从城市到乡村，不知有多少，只是早已湮没在历史的尘埃中，不为人知了。

佛教教义中的生死轮回、因果报应以及天堂地狱等说法，对于社会中的大多数人来说，都有很强的吸引力，整个社会形成了十分浓厚的宗教氛围。不管其社会地位、经济状况如何，很多人都要尽其所能地去舍财施物以刊经造像，斋僧奉佛。下边引几条金口坝残石上的文字，以见一斑：

大齐天保八年……东兖州任城郡平原县□束灵晖为□□□□女造像一躯并两菩萨，复为国王帝主、师僧父母、法界众生、有形之类，生生世世值佛闻法，早成菩提……

按：天保八年为557年。当时兖州又叫东兖州（相对于定陶的西兖州而言），辖任城、东平、高平三郡，治瑕丘，但并无瑕丘县。平原县即后来的龚丘县，今宁阳县。因此这个功德主束灵晖大概是今兖州西北乡一带的人。他施财造像，当是为其□□□□女祈福，至于后文的国王帝主、师僧父母之类，不过是陪衬。

维大唐开元廿二年岁次辛巳……原夫天□大如来居四大……道尊德尊法处二尊之上，故得迥超三界，独拔四流，为品物之……女弟子赵大娘……为本饥馑，将儿……

按，开元廿二年为734年。此为女施主赵大娘造功德之后的题记。从文中“为本饥馑将儿”儿字可以知道她并非是很富裕的施主，是不是因为荒歉之年，而将儿子送人或舍入寺院？这里很有想象的空间。

……九年，岁次辛未九月丁未朔……志撰文……今有功德主乃淹中……深时□久婴床枕，顺方医疗，转加困剧。误……乃炉焚薰陆，启告慈尊，愿救灾危，敬修功德……敬造石浮图九级并石像一铺，四面……相好圆备，乃梓匠镌珉……

按，这个“……九年”当为开元十九年（731 年），其年正是辛末。此为造九级石塔及佛像后刊以记功的，造塔的缘由是某人的疾病。看得出来，功德主地位较高，比较富有。碑侧文字中还有“……昌黎上姓疾病……”等，也许功德主姓韩。

……敬造无量寿佛乙躯，愿亡父母托生西方妙乐国土，恒遇诸佛，有缘属眷，现在安隐，生生世世……

按，这是为死去的父母造像。

冯云鹏兄弟编的《金石索》中录有《唐范洪恩造塔记》一件，并摹刻其文字，云：

大唐神龙二年岁次丙午，九月壬寅朔，廿五日丙寅，范洪恩内外眷属等，敬造七级浮图一所，石像三躯；女大娘又造十佛，上为天龙八部，自皇帝至师僧父母七代先亡见存内外眷属及法界众生，共同斯福……

按，神龙二年为 706 年。此石清代时在今新兖镇马青村天齐庙，后不知所在。上录文字很典型地表现了古代民众热心佛事的心理动机。他要为包括“七代先亡”和“现存”的“内外眷属”祈福。

一四、从唐宋龙兴寺到明清兴隆寺

关于兖州龙兴寺最早的文献记载，应是《太平广记》卷三五四《杨瑊》条：

兖州龙兴寺西南廊第一院有经藏。有法宝大师者，常于灵神佛堂前见一白衣叟。如此者数日，怪而诘之。叟曰：“余非人，乃杨书记宅之土地。”僧曰：“何为至此?”叟曰：“彼公愎戾，兴造不辍，致其无容身之处。”僧曰：“何不祸之?”答曰：“彼福寿未衰，无奈之何。”言毕不见。后数年，朱瑾弃城而遁，军乱，一家皆遇害。杨名瑊，累举不第，为朱瑾书记。

按，《太平广记》注此条出自《玉堂闲话》。《玉堂闲话》为唐末五代人王仁裕著，此条写的是唐末事，可说是当时人写当时事了，可信度较高。文中提到了朱瑾，朱瑾是晚唐时的泰宁军节度使，驻兖州瑕丘，其事见两《五代史》本传及相关传记。朱瑾弃兖州城而逃的事，《资治通鉴》卷二百六十一列于乾宁四年（897 年）。

清代光绪十四年县志古迹志金石栏中有以唐龙兴寺命名的碑刻，如：

唐龙兴寺陀罗尼经幢，在龙兴寺大殿后，咸通六年四月立，凡八面。

关于兖州龙兴寺最早的实物，则是现藏于市博物馆的五代后梁乾化二年（912 年）

的一件残碑，其碑阴文字中有“……请俸于龙兴寺”语。此碑残损严重，大致可以看出是佛寺修葺后所立。其次就是最近兴隆塔地宫所出宋嘉祐八年的碑刻，上有“龙兴寺泗州院”。

龙兴寺这个寺名是有特殊历史背景的。《唐会要》卷四十七记载，在唐中宗李显复位后，曾经在全国广置中兴寺，来标榜自己重新做皇帝是大唐的中兴。但是后来有右补阙张景源上疏指出，中兴之说不妥：强调中兴，等于是说武则天的十九年当政不是正统。为了“前后君亲，俱承正统；周唐宝历，共协神聪”，于是决定天下所有中兴寺观都改名为龙兴寺观。另外，据记载，玄宗开元年间，曾敕令天下各州置龙兴、开元二寺，敕天下僧尼于国祭日在龙兴寺行道散斋，在千秋节在开元寺祝寿。可见在唐代，龙兴、开元二寺是各州郡都有的。

至少从清代起，人们就认为，今兴隆塔所在的地方，隋代为普乐寺，唐代为龙兴寺，宋代及以后为兴隆寺。关于普乐寺，前文已作辨正，此不赘；龙兴寺和兴隆寺，在人们心目中几乎是可以互授通称的。例如清光绪十二年《滋阳县志》卷六《古迹·金石》所记的碑刻，有：

> 宋龙兴寺三门记，在东鲁书院，王禹偁撰文，司徒俨书，向在龙兴寺，今移于此……

（东鲁书院在今少陵台下，距兴隆塔尚远。）

王禹偁的此文，在明万历元年《兖州府志》卷四十八和二十四年《兖州府志》卷四十以及清光绪《滋阳县志》卷十二中都有收录，却分别题为《王禹偁记》、《王禹偁兴隆寺记》和《重修兴隆寺三门记》。文中说：

> 兴隆寺者（二十四年府志夺“寺”字），东兖招提之甲也。先是，三门建于大中年间，兖海沂密等州连帅刘公莒之所立也。位历数朝，时逾百纪，风雨所寇，楹檐不完……公乃革其旧址，立以新基……

（文中的刘莒又作刘苢，大中为唐宣宗年号，847～858年间。“公”指京兆杜公，是太平兴国时这次重修的捐资人。）

然而，据《山左金石志》所录此碑文字，“兴隆寺者”四字却作“龙兴寺者”，而且，元年府志的录文还删去了文末年款“皇宋太平兴国七年十三月廿三日记”中的“皇”字；二十四年府志则删去“皇宋”二字；县志则索性把年款全部删去。

可见明清地方志的编撰者都是以当时之名而擅自倒改了碑上的文字，也可见今兴隆塔所在的寺院，至少在太平兴国时还是叫龙兴寺的（太平兴国七年为982年。另外，关于“十三月”，《寰宇访碑录》说：“按是年闰十二月，故云十三月也”）。

正是根据王禹偁文章的这条年款，万历元年《兖州府志》记滋阳兴隆寺，说“旧名普乐……宋太祖太平兴国七年改为兴隆。”注意：这条记载中没有提普乐寺和兴隆寺中间还曾有过龙兴寺这个名称。

明万历元年《兖州府志》所录王禹偁此记，是目前所见文献中“兴隆寺”三字出现最早的一件。也就是说，兴隆寺的名称，很可能是明代才有的。

兴隆塔地宫碑上说法藏在“龙兴寺泗州院”。碑刊于嘉祐八年（1063年），这可以说明，至少在嘉祐八年时，这里还是龙兴寺。

另外，光绪十四县志之《古迹·金石》又记有：

宋龙兴寺佛经碑，在寺内。熙宁五年九月立，正书。

熙宁五年为1072年。这也是现知龙兴寺之名出现最晚的记载。

这里值得注意的是，王禹偁文中说太平兴国时是“革其旧址，立以新基”，也就是说当时的兴隆寺对大中年间的三门而言已经不在同一地址。上文说的龙兴寺残碑，据孙华铎先生回忆，碑原来并不在兴隆寺，而是在文昌阁。这也很耐人寻味。但是下文所引清代县志所记的唐代陀罗尼经幢“在龙兴寺大殿后”、“在龙兴寺塔前”，则又似乎此地在唐代就是龙兴寺。或许所革之旧址与所立之新基相距并不远？

从宋熙宁年间到明万历年间有将近六百年的时间，其间金元之际是长期的战争动乱，估计是龙兴寺在此期间大部毁圮，仅存残塔；应该是明代社会安定后，重新修葺，易名为兴隆寺。

清代人的著作中十分喜欢称兴隆寺为龙兴寺，而很少称兴隆寺。例如光绪十二年《滋阳县志·古迹·金石》所载：

唐龙兴寺陀罗尼经幢，在龙兴寺大殿后，咸通六年四月立，凡八面

唐陀罗尼经幢，在龙兴寺大殿后，咸通十年十月……

唐朱长庆等造陀罗尼经幢，在龙兴寺塔前，咸通十一年十月……

宋龙兴寺佛经碑，在寺内，熙宁五年九月……

上举几例中，如果说第一例可能是因为经幢上确有龙兴寺三字而如此命名，那么其后几例中的“在龙兴寺大殿后”，“在龙兴寺塔前”等叙述再称为龙兴寺就很不准确了。因为清代时那里已不是龙兴寺，而是兴隆寺、兴隆塔。

其实，县志金石志并非这种不严谨现象的始作俑者。县志的材料大部分抄自孙星衍《寰宇访碑录》及其他金石书。那些书里龙兴寺、兴隆寺以至普乐寺，都是随心所欲、毫无章法的使用，这大概是当时崇古风气的一种表现。

从上文所引几种不同版本的府志县志的文字异同也不难看出，地方志之材料，用起来确实应该小心谨慎！

浅谈烟台市墓塔墓及相关问题

闫　勇[1]　侯建业[2]　许盟刚[3]　李洪金[4]　阎　虹[5]

（1～4. 烟台市博物馆；5. 牟氏庄园管理处）

烟台市位于胶东半岛东部，多年来，通过考古调查及发掘，陆续发现和清理了一批墓塔墓，其主要分布在烟台市的芝罘区、牟平区、栖霞市、莱州市，此外，在威海市的荣成等地也有发现。

2008 年 4 月下旬，在烟台市芝罘区黄务夏家村东北约 1.5 公里处施工发现墓塔墓，博物馆闻讯前往进行抢救性考古发掘，现将发掘情况及墓塔墓相关问题简述如下。

一、夏家墓塔墓发掘情况

夏家墓塔墓群位于芝罘区黄务街道办事处夏家村东北约 1.5 公里处一处台地上，当地称其为“祠东崖”。墓群北为群山，当地称夏家北山，东面称“蛤蟆山”。墓群所处的台地下方有一条自北向南流小河，现已干枯，当地称其为“北寺河”。河西原有一座洪福寺，又称奇山寺，《福山县志》对此寺有记载。

本次共清理三座墓塔墓，分别编号 M1、M2、M3（图版九，1、2）。

M1、M2 为石室墓。由墓塔和墓室两部分组成。墓塔现仅存塔的下部分，塔下为墓室。墓室由略呈方形石板构筑而成。先东、西和北用石板侧立为墓的东、西和北三壁，自四壁又向上砌筑石板，石板上部内收形成墓口，墓门位于南侧，墓门的门垛为粗加工的长条石板，墓门先用石板封堵，后用青砖封堵。墓门外侧又砌筑短甬道。

M1，墓室用上下两层石板围成，下部石板较高，斜度较小，上层石板较短，斜度较大。各壁自下而上向内倾斜，内收，侧面观察，略呈梯形，上用石板盖住。墓向 194°。墓门东西两侧各有一块石板，组合成墓门门洞，门洞上部原有石板覆盖，形成门道，上层石板后被破坏，东西两侧石板上方叠压三根石条，形成门额。M1 封门砖为内外两层，南北向平砌。填土为黄褐色淤土。墓室底部用砖砌成凹字形棺床，三个盝顶石函（长方形）分别放置在墓室的东、西、北三壁下，墓室的中部靠近墓门处，有一堆骨灰（图版九，3）。在墓室上部四周填土出土一枚“熙宁重宝”铜钱。

M2，墓上部塔已被破坏，现仅余塔基。塔基现余四层，第一层为一略呈方形的石板，不十分规整。第二层为两个略呈长方形的石板。第三层为一圆形石磨盘，在侧面有 16 组花纹，似虎头纹，阴线刻，上面也雕刻有花纹。墓室部分由墓门、墓室两部分组成。墓室，四壁由石板组合而成，自底部而上，底部东、西、北为三块石板，单侧立，较直，此直壁上又砌筑四块石板，内收，略呈梯形。墓壁自上而下两块石板，下面的石板北侧有榫口，为长方形石板。墓室直壁上有四块石板，向内倾斜，扣合而成，略呈梯形。东壁上石板上有“阳具”图案，阴线刻。南壁上面的石板上有文字“犬子马沔”。墓门向南，门垛由乱石砌成，门顶部由两块石板组合而成。封门用砖，现内侧为单砖错缝东西向砌成，外侧用残砖无规律覆盖在内侧的封门砖上。墓室内的棺床上中部放置汉白玉质地的石函，为盝顶，内置骨灰。地面采集的石柱，为八棱形，题刻“时大安三年七月二十五日”。

M3，墓室为砖室。墓顶破坏，原有的石塔构件部分塌陷在墓室内。由墓门、墓室组成，仿生前地上居室建筑。墓门砖砌，仿居室门。门框用单砖窄端侧立，双层。内侧用砖南北单砖平铺 11 层后，砌筑券顶，有门簪。门框外侧用单砖错缝平铺门垛，原门上可能有门楼。现已不存。门内券顶上有砖雕。墓室内砌有棺床，其前立面用砖为砖雕，间隔用砖雕为半圆形立柱，或者竹棱状，间隔成八个区域。棺床东西向，用砖南北向，单砖齐缝，南北向平铺 5 行，边角用残砖填充。棺床上用砖砌筑平台三处，棺床前侧也用砖铺筑，单砖南北向。墓室平面八角形，每个立面宽约 100 厘米。墓壁自底部先砌筑直壁，直壁上有斗拱，顶部逐渐内收形成穹隆顶，顶部现已破坏。最上一层斗拱为 8 个圆拱，第二、三层各有 16 个，圆形与尖形斗拱交替出现，壁龛上层每壁之间各有 2 个斗拱，将壁分为三部分。北壁下部做成门状，东壁下部做成条案状，南壁下部为墓门，其余各壁下部中间各有一壁龛（5 个）。壁龛高 33、宽约 23 厘米。壁龛内有骨灰。棺床南侧有乱骨，内还出土数枚铁质棺钉。

二、墓塔墓的形制

烟台市发现的墓塔墓一般由地上与地下两部分组成，地上部分为塔，地下部分为墓室。

在烟台市牟平区北头墓群发现的墓塔墓（图版一〇，1），其塔身以块石砌成，须弥座，单层或双层束腰，塔身为往上收分的圆球形，塔身顶部有六角形笠顶、柱式相轮和葫芦形宝瓶。石塔的底部（地面以下）为一斗形墓室，墓室的四壁用大石板竖起扣合而成，平面呈横长的长方形，底大口小，前面留有墓门；同时发现的石圹墓是单纯的斗形石室墓，无地面以上的石塔建筑，但随葬品与墓塔墓一致，可见是同一时代的墓葬，其墓主身份当较有塔者低。

在烟台市芝罘区夏家发现的墓塔墓，塔身由基座、八棱形石柱等组成。墓室可分为两种形制，一种为石室，一般为一斗形，平面呈横长的长方形，底大口小，前面留有墓门；墓室的四壁用大石板竖起扣合而成。另一种为砖室墓（图版一〇，2），墓室内砌有壁龛等。

墓室内人骨分布有两种情况，一种是埋有骨灰（夏家发现的墓塔墓），一种埋有人骨（北头墓群）。

此外，在烟台开发区岗嵛墓群、蓬莱市南吴家墓群等地发现一种墓葬，其墓室可分砖砌墓、砖石混砌墓、石砌墓三种形式。砖砌墓是仿木结构，由门楼、甬道、墓室三部分组成，门楼砌有仿制的门簪和锯齿状的屋檐，墓室为穹隆顶，墓壁分八边形和四边形，内壁砌有仿制的斗拱、门窗、桌椅、灯台等，俨然一派居室模样，一如生前人间。砖石混砌和石砌墓形制与砖砌墓类似，但较简陋。这些墓葬，地面无墓塔。这些墓中均用砖做成棺床，其上集中堆放的人骨，一般有2~4个人骨架。人骨架一般都比较整齐叠放，根据人骨架的排列看，是一种迁葬墓即二次葬，部分人骨的缺失也证明了这一判断。砖室墓排列较为紧密有序，方向一致，结构、葬俗、随葬品等均无明显的差别，应同属于一个家族墓地。

三、洪　福　寺

奇山寺，原名洪福寺，金大定十六年（1176年）僧人法常建。清中期左右，洪福寺为奇山所管理，更名为奇山寺。据《福山县志》记载，此寺历经金、元、明、清几个朝代。洪福寺在新中国成立前仍存在，占地约70亩，有前、中、后三进院落。寺东南有一座戏台，重大节日或赶山会的时候附近老百姓都在此聚集看戏。山门前空地有两棵粗大银杏树，四五个成人手拉手才能围过来，树冠占地约一亩。进了山门，中殿的门额上高悬一匾，蓝底上镌刻着“大千世界”四个鎏金大字。大殿门前两根柱子上有对联。寺院东西建有廊坊。据元代《重修洪福寺记》里记载，当时寺院里还有“钟楼经阁，外库厨房，仓敖殿舍”。寺里和尚除了诵经念佛，弘扬佛法，还“引渠快水，围垣作井，界畦植果，朝劳暮息，无一倦日”。元代重修洪福寺修建的一口深10多米的古井仍保留至今，现在已经埋没在杂草丛中。

四、相关问题

近几年来，烟台市博物馆考古工作者调查及发掘的墓塔墓中，有的于塔身上发现刻铭，载有墓主姓氏名讳和子孙及其配偶姓名，另有匠人题名，与后代的墓碑内容略似，父母姓名同列。目前我们收集到的墓塔墓的纪年题记有“皇庆元年”（元代，1312年；威海市博物馆藏）、“大元至正”（元代，1341年；蓬莱市龙口店出土）、“洪武十一年”（明代，1378年；牟平区北头村出土）、“成化二十二年”（明代，1465年；荣成市石棚闫家出土）等，这次发现的夏家墓塔墓，其M2题刻“大安三年七月二十五日”（金代，1210 年），可知这种墓葬主要流行于金元明时期。在胶东地区，当地老百姓对以上这些墓葬，均俗称其“模子坟”，或称“油篓坟”、“鸡窝坟”。同时，这些墓葬与胶东地区民间流传着“六十换甲子”的离奇故事联系在一起。故事讲的是古时候，因六十年是一个甲子，当老人到了六十岁，就要活埋到当地所说的“模子坟”内，孝顺的儿女在砌墓的时候，在墓的前面留一个小窗，给其父母送三天饭，不孝顺的儿女，在造墓的时候，将墓前的墓门砌死，将老人活活饿死。传说有一个十分孝顺的儿子，不忍心将风烛残年的老父活埋，就天天给其父送饭。恰好这年胶东半岛遭遇到了瘟疫，整个半岛地区陷入了一片恐慌之中。这个孝子将这事告诉了年老的父亲，老人将治疗瘟疫的方法告诉了儿子，儿子将方子呈送给地方官员，将瘟疫控制住，使半岛地区人民又重新过上了幸福的生活。地方官员将此事呈告国王，国王认识到老人的作用，自此后废除了这陋习。

中国自古以来就有“尊老爱幼”的传统，六十岁时，埋进“模子坟”内，只有传说故事，地方的史志、史书均无记载。在印度的佛经《弃老国缘》有这样的记载，古时候印度有一个弃老国，老人者，皆远驱弃，后来发生了老人为国解忧解难，才废除了这弃老的习俗。胶东半岛的“六十换甲子”故事是否是来自佛经，有待探讨。

胶东地区一系列的考古发掘，揭开了这段传说的神秘面纱。胶东半岛的“模子坟”，不是“一次葬”，都是“二次葬”，是当时的一种迁移葬俗。证明了这种传说故事并不存在。夏家墓塔墓，墓内埋葬的是骨灰；根据墓塔题刻，为大安三年七月二十五日（1210 年），与洪福寺时代一致，属于寺院僧侣墓。佛教在社会上发展的信徒，主要是不出家的成年男女，所谓“在家二众”，即在家修行的善男信女，统称“居士”。北头等地发现的墓塔墓，塔身上镶有刻石，载有墓主姓氏名讳和子孙及其配偶姓名，墓内埋葬的不是骨灰而是遗骸，显然不属于僧侣墓葬。根据题刻及墓内随葬品等，应为“居士”墓葬，或者深受佛家影响的平民百姓墓。

潍坊前埠下男性墓地的发现及其意义

王恩田

（山东博物馆）

1997年发掘的山东潍坊前埠下大汶口文化墓地共发现33座墓葬，其中有7座墓无人骨，属迁出墓。多人合葬墓2座。其中M3可鉴定性别的19人中，9人均为男性。M12可鉴定性别的14人中，13人为男性。经过性别鉴定的15座单人墓均为男性。1座单人墓（M14）是否女性不能肯定。负责人骨性别鉴定的是中国社会科学院考古研究所韩康信先生，鉴定结果具有一定的权威性[1]。而为什么墓地内的死者基本上都是男性？这点值得进一步讨论。

前埠下遗址位于潍河西岸的一个高埠顶上，与河东岸的另一个高埠遥遥相对。遗址高出前埠下村约16米。由于取土及自然冲刷，在遗址中部形成的一条大沟破坏了遗址的大部分。村民在村西挖土也开始破坏到遗址的东侧。从平面图上看，最东边的4排方内除M2外，已经没有其他的墓，显然已到了墓地的东界，而遗址的西部和西北部则是濒临断崖。那座疑似女性的M14就距离断崖不足3米。这样我们就有理由推断，遗址的东半部分是男性墓地，而西半部分原应是女性墓地，只是已被破坏罢了。换句话说，前埠下大汶口文化墓地是实行男女分别埋葬制度的。

20世纪50年代，陕西宝鸡北首岭半坡文化墓地曾经发现过“男女分别埋葬”的现象，由于《宝鸡北首岭》发掘报告的怀疑否定，成为新中国考古学史上的一桩悬案。前埠下考古发现表明对这桩悬案有必要重新予以审查。

宝鸡北首岭“男女分别埋葬”的理由是：

> “在47具人骨的鉴定中，有3具是女性，1具介乎女性和男性中间（暂定为女性），其余43具均属男性……这说明了人死后是男女分别埋葬的（有几座合葬墓都属男性）”[2]。

否定者的理由是：

> “经过了对1958～1960年发掘材料的查核、分析，并进行了1977～1978年的补充发掘之后，我们认为上述的说法是不正确的，应予以纠正。因为据颜誾同志生前鉴定的1958～1960年发掘的第Ⅵ区墓地的五十五具骨架中，有四十具属于男性，有十五具属于女性，都交错处于同一墓地里。而且，在

77M14 的五人合葬墓里，有三名属于女性（其中有一名有疑问），有二名属男性，男女同在一个墓穴里。无论同一墓地或同一墓穴都有男女错杂埋葬的情况，因而当时人们死后并不是‘男女分别埋葬的’。当然，有一部分合葬是男的与男的合葬，女的与女的合葬。”[3]

20 世纪 50 年代宝鸡北首岭墓地的人骨性别是颜誾先生鉴定的。颜誾先生是新中国人骨性别鉴定学科的奠基人，其鉴定水平毋庸置疑。为什么“经过了对 1958 ~ 1960 年发掘资料的核查、分析”，前后两次鉴定的结果会有出入呢？室内鉴定与考古工地现场鉴定会有误差，这是常识。颜誾先生当年对陕西境内几批半坡文化墓地的人骨性别鉴定基本上都是在考古发掘工地进行的。而 20 年后的“查核、分析”结果与当年颜誾先生的鉴定结果有出入，是预料中的事，不足为奇。仍应以颜誾先生当年的鉴定结果为准，以后者否定前者是不妥的。即使按照“查核、分析”的结果，男 40 人，女只有 15 人，男人数是女人数的 2. 66 倍。这么高的性比例失调，也应引起重视，也应作出合理的解释。而否定者对此现象未置一词。此外，“有一部分合葬墓是男的与男的合葬，女的与女的合葬”。这“一部分合葬墓”具体是多少座？情况如何？都没有交代。更谈不到讨论同性合葬产生的意义。因此，对“男女分别埋葬”现象的否定证据是不足的。此外，对于例举的同性合葬墓与非同性合葬墓共存的事实，也难以作为否定“男女分别埋葬”的证据。在实行男女分别埋葬的纳西族的墓地中“按辈分和性别安放骨灰袋。长辈在上，晚辈在下，女子在右，男子在左。如若迁葬，则不再讲年龄、辈分，统统放在合葬坑内”[4]。因此，男女合葬墓与非同性多人合葬墓共存，非但不能否定“男女分别埋葬”，相反，倒是“男女分别埋葬”习俗的合乎情理的正常现象。前埠下墓地的发现，证明宝鸡北首岭“男女分别埋葬”的考古发现是正确的，不容轻易否定。

“男女分别埋葬”是青年男女生前分片居住习俗的反应。我国西南地区景颇、彝族、撒尼、傈僳、苦聪等少数民族过去都曾实行过公房制度，青年男女分片居住。在彝族阿佃人的村寨中建有男女两座公房。男公房是小伙子的睡处，女公房是姑娘们的睡处。入夜，男青年到外村女公房拜访，本村女青年则在公房内接待外村来访的男青年。哈尼族的公房内则分为两部分，男女青年分片居住。也是在晚上男青年去外村寨出访，女青年则接待外村寨来访的男青年。这种生前男女分片居住，死后男女分别埋葬的制度，显然就是普那鲁亚婚制的反映，同性别合葬则是普那鲁亚婚制另外一种形式的反映。我们已经讨论过兖州王因多人同性合葬与普那鲁亚婚的关系，不赘述[5]。

唯物史观认为人类大体经历过血缘家庭、普那鲁亚家庭、对偶家庭、家长制家庭、一夫一妻制家庭等婚姻制度的不同发展阶段。宝鸡北首岭和潍坊前埠下男女分别埋葬和兖州王因等地多人同性合葬的考古发现，结合少数民族公房制度的民族学材料，证明我国古代确实实行过普那鲁亚婚姻制度。这证明唯物史观并不过时，所谓“不适合中国国情”的说法是错误的。相反，只有唯物史观才是认识和解决我国古史和考古学各种疑难问题唯一正确的理论。

注　释

[1] 山东省文物考古研究所等:《山东潍坊前埠下遗址发掘报告》,《山东省高速公路考古发掘报告集(1997年)》,科学出版社,2000年。

[2] 考古研究所渭水调查发掘队:《宝鸡新石器时代遗址第二、第三次发掘的主要收获》,《考古》1960年第2期。

[3] 中国社会科学院考古研究所:《宝鸡北首岭》,文物出版社,1983年。

[4] 王恩田:《王因同性合葬与普那鲁亚婚——兼谈大汶口文化的社会性质》,《齐鲁文博》,齐鲁书社,2002年,35~41页。

[5] 任寅虎:《中国古代的婚姻》,商务印书馆国际有限公司,1996年。

山东长清小屯商代遗址的几个问题

杨　波

（山东博物馆）

小屯遗址位于山东省济南市长清区城南15公里兴复河北岸，曾因20世纪五六十年代屡次出土商代青铜器而为学术界所重视。但因种种原因，目前学术界对该遗址及出土文物情况尚缺乏清楚的了解，甚至存在因报道原因而引发的一址多名现象，加之资料介绍不详，影响了相关研究工作的开展。本文根据过去有关报道及最近披露的书信资料，对此加以梳理，希望对学者们有所助益。

一、遗址及出土青铜器情况

长清小屯遗址发现于20世纪50年代，此后有若干篇相关报道。20世纪90年代出版的《山东省志·文物志》一书（以下简称《文物志》），根据全国第二次文物普查所获信息，对遗址做了如下描述：

遗址位于长清县归德镇小屯村东、前平村西南的高地上。地势西高东低，大沙河自东而西，至此转向北，将遗址分割为两部分：东部高地位于大沙河转弯处，西、北两侧受河水冲刷较严重；西部高地位于大沙河西岸，东侧受河水冲刷，南侧受自然冲沟侵蚀。小屯水库将大沙河拦腰截断，大堤东端即坐落在东部遗址上。遗址现存范围，西部高地东西约150米，南北约100米；东部高地东西约150米，南北约200米，总面积约4万平方米。1957年小屯水库修筑过程中，在东部高地发现一批青铜器，山东省文物管理处即派员前往调查、征集，获青铜器70余件。1961年冬，修建水库溢洪道时，在东部高地南端又发现青铜器20余件。两次共获99件，其中容器16件，兵器58件，车马器14件，生产工具11件，此外还有陶器和石器等。据村民反映，当时出土的青铜器有相当一部分被古董商人携走，下落不明。1964年，该村村民将匿存的第二次出土的5件青铜器出售给山东省文物总店。长清县文化馆又先后征集到10件。文物部门共得1957、1961年两次出土青铜器114件，器类有圆鼎、方鼎、爵、觚、觯、提梁卣、贯耳卣、罍、豆等，其中17件刻有铭文，除少数小件时代稍晚外，均为安阳殷墟商代晚期墓葬所常见[1]。

这是对长清小屯遗址的最新的描述。其中提到小屯遗址重要的发现有两次，即1957年修筑小屯水库和1961年冬修筑溢洪道时的两次发现，共发现青铜器等遗物99件，为山东省文物管理处所征集。1964年小屯村民出售给山东省文物总店5件青铜器。这两次相加，青铜器数量达104件。加上长清县文化馆先后征集的10件青铜器，总数达114件之多。

上述数据与现已发表的报告有出入。据唐士和执笔的《山东长清出土的青铜器》一文（以下简称唐文）介绍，1957年首次发现青铜器，“计有容器16件、兵器58件、生产工具11件、车马器14件，共计99件，并收集到陶罐、石器等多件”[2]，并非如上引《山东省志·文物志》一书所说的70余件。《文物志》一书所说1961年冬的那次发现，青铜器数量达20余件，大部分为古董商人所携走，剩下的5件青铜器先是为村民藏匿，1964年出售给山东省文物总店。这应该就是唐文中以附录形式报道的“最近”入藏山东省博物馆的长清出土的5件青铜器。据唐文，该附录写于1964年2月7日，其入藏时间应该距此不远，与《文物志》所记出售日期相吻合。也就是说，山东省博物馆入藏的长清新出5件青铜器，乃1961年冬小屯遗址第二次发现之部分遗物。《文物志》所说长清县文化馆后来所征集到的10件青铜器，是否就是被古董商人所携走青铜器中的一部分呢？因无任何证据，这里不敢妄下结论，但事实上存在这种可能。如此计算，小屯遗址在20世纪五六十年代两次出土青铜器，为山东省博物馆收藏的有104件，为长清县文化馆收藏的有10件。而在这114件之外，仍然有少量青铜器下落不明。

除此之外，小屯遗址青铜器还有第三次发现。此次发现时间是在1980年前后，青铜器出土地点位于前平村，距离小屯1.5公里，发现铜爵、铜斝和陶豆各1件，现收藏于济南市博物馆[3]。因为报道者用的是“前平村”，学术界一般称之为前平遗址。从《文物志》的介绍来看，小屯遗址位于小屯村东、前平村西南的高地上，该遗址横跨两个村，应属于同一处遗址。

这样算来，长清小屯遗址出土的青铜器，有案可查的计有116件，分藏于山东省博物馆、济南市博物馆和长清县博物馆。

还需指出的是，由于在1959年出版的《山东省文物选集》（以下简称《选集》）一书中，编者将1957年小屯出土的青铜器等遗物分在小屯、兴复河两个遗址名下[4]，对读者造成了误导，如不少学者至今仍认为二者属于不同的遗址[5]。实际上，唐文开头提到青铜器出自“长清县南30里兴复河北岸，在王玉庄同小屯村之间”。

总之，所谓兴复河、小屯与前平，实际上是同一处遗址。因其面积较大，跨越若干村子的耕地，加之报道者未加审视造成一些误判，引起不应有的混乱，应该引以为戒的。建议按照山东省省级文物保护单位中的称名，称之为小屯遗址为妥。

二、小屯青铜器的埋藏遗迹单位

小屯青铜器数量巨大，且许多器物带有铭文，一向深受学术界的重视。但由于青铜器三次出土均非出自科学发掘，使其学术价值受到一定影响，有必要根据新的研究成果及资料，对其出土遗迹单位加以复原，并对其年代予以基本判断。

1980 年前后发现的铜爵、铜斝和陶豆 3 件器物，爵、斝均为平底，陶豆带有 4 个十字镂孔，时代在小屯出土青铜器中是最早的。报道者判断其年代为早商晚期，相当于二里冈上层。有学者做出进一步推断，推断为二里冈上层晚段[6]或二期[7]，可从。而且，3 件器物组成了一个完整组合，应该出自同一座墓葬。与之同时期且规格相当的墓葬，可举出山东历城大辛庄 M107[8]、河北藁城台西 M35、M36、M85[9]和河南偃师商城 M1[10]等。这一时期的铜器墓在山东是极为少见的，应该引起足够的重视。

20 世纪五六十年代的两批青铜器出土情况，报道者未留下任何资料。学者据 1957 年出土的 16 件青铜器组合和铭文推测，“有可能是一座墓葬的随葬品”[11]；或认为两批器物分别属于不同的墓葬，即两座墓葬[12]。最近披露的陈梦家致王献唐的一封书信[13]，表明 1957 年小屯那批青铜器应出自 3 座墓葬。书信内容如下：

> 献老：你五月十二日手教，到底来了。在此时如此心情中，得你庄谐的教言，使我感激。上次写信时，仿佛是我妻子大病初愈，出院回家的几天，那时我尚觉安定一些。岂知病未好透，出院已一切照常，廿天，忽于前数日有重行爆发之势，积至昨日（即前日午夜），忽山崩海沸，令人惊愕。我只得黑夜重行送院急诊，候至昨晨八时，历经哀求，始得重入病房。病人多，床少，挤进去争一席之地，有如此之难。此是我第二次经历，化险为夷，此刻已较平静。然经此激动，我之心情，你当可想而知。我与她共甘苦已廿五载，昨日重送入院，抱头痛哭而别，才真正尝到了这种滋味。人生需为此而来，夫复何言。
>
> 不勉（免）仍要继续断代，并扩至东周，此意我于数月前已着手。无奈两个半月来，为病人之事着急，又已丢开。我自当以先生的教励，重行鼓足干劲作下去，并盼你常加督促。恐天下之大，我只有对先生寄如此的希望了。我前数月重写西周断代，曾经想彻底改动一下，好好大做一番，心中拟了个大纲。
>
> 以上还是十四日写的，后来病况又有恶化，至觉不安之极。我原拟将重编“西周铜器断代”的计划向你说一说，留待下次吧。《尚书通论》，闻西北有人要批评它，说书中“笑话”有十多处。我正等候看此评。但只有笑话十多处，未免太少，该考的错误实在不止此数也。
>
> 承告长清又出殷墓，是好消息。1919 年该县崮山驿出铜器七件（田告

铭），参见梅原《形态学》。我恍惚记得是殷代的，此次三墓大略同此。考古所今年派了几个人上山东调查，……是队长……向你请教一切。将来有什么好消息，你“走私”告诉我一些吧。

今早一大早即起，小小庭园中，太太心爱的月季业已放苞待放，令箭荷花射出了血红的几箭，最可痛心者是一群黄颜色的美人蕉全开了。美人蕉啊，何以名之为蕉？憔悴乎？心焦乎？

不多写了，下次还想请教你关于三礼如何着手的问题。

匆匆即请

撰安

五月十六日午前

晚陈梦家敬上

20 世纪 50 年代，像陈梦家与王献唐这样作为“改造对象”的老一辈知识分子，身心都不免面临有形与无形的摧残，内心深处的压抑、苦痛只能向最为知心的朋友倾诉。《王献唐师友书札》就收录了陈梦家写给王献唐的书信若干封，上面所引的这封书信即是其中之一。该信只注明“五月十六日”而没有写明所在的年份，但可以肯定的是应该距 1957 年小屯青铜器发现不久。信中提到与夫人“共甘苦已廿五载”，则写信应该是在 1958 年，因为陈梦家与夫人赵萝蕤成婚日期是 1932 年秋。另据《夏鼐日记》这一年 5 月 12 日有如下记载：“陈梦家同志来谈，谓其爱人精神病又发作，送入医院”[14]，与信中所描述的赵萝蕤发病情形正相吻合。值得注意的是，信中提到长清出土的三座殷墓，至关重要。无疑，陈梦家是从王献唐来信中获知的。可以推测，作为毕生对商周青铜器始终关注有加的王献唐先生，在他的信中对小屯青铜器的出土情况有所描述，应是研究这批器物的第一手资料。遗憾的是，由于“文革”初期发生在陈梦家先生身上的悲剧，后人可能永远无法得识这封信的内容了。值得庆幸的是，信中提到的殷墓为 3 座，为我们了解这批青铜器提供了重要线索。

那么，王献唐先生又是如何获知小屯 3 座殷墓的信息的？笔者认为，这要归功于唐文开头提到的路大荒先生。从文中可知，1957 年受山东省文管处委派前往小屯对出土青铜器进行调查的正是路大荒先生。路大荒（1895 ~ 1972 年）是著名的文学史家。1946 年抗战胜利之后被王献唐任命为山东省图书馆特藏部主任，建国初期任山东省古代文物管理委员会委员等职，在文物调查保护方面做出重要贡献[15]。1960 年 11 月 16 日王献唐病逝，葬于济南万灵山公墓，其碑文正是路大荒撰写的[16]。王献唐应该是从路大荒那里了解到 1957 年小屯青铜器出土情况的，因此他的说法是可信的。

至于小屯遗址 20 世纪 60 年代初出土的那一批 20 余件青铜器，因有些资料（主要是收藏于长清县博物馆的青铜器）尚未经报道，不敢遽断是否出自同一墓葬，但对于已经发表的 5 件器物，我们认为朱凤瀚先生的意见是对的，即它们属于同一座商墓的随葬品。

综上，目前所知的小屯出土的三批青铜器均属墓葬中的随葬品，而且，至少出自 5 座墓葬之中。

三、小屯青铜器的年代及学术价值

小屯出土的青铜器，除了 20 世纪 80 年代初出土的两件属于二里冈上层二期之外，早年出土的两批，论者均认为属于商代晚期即殷墟期。具体而言，有学者认为“大体相当于殷墟文化第四期”，即帝乙、帝辛时代[17]。或认为相当于殷墟铜器分期第三期并略有早晚，相当于传统分期的殷墟三、四期[18]。总之属于殷墟文化晚期。

因为这两批铜器上多署有铭文，其史料价值便尤为重要。有学者指出：16 件青铜礼器，“其中 12 件铜器上署有该族（即龚——引者）与另一族的复合族徽[19]。”也有学者认为：“两组铜器皆有同样的铭文，疑当出于同墓或同一墓地。铭文表明作器者属商人强宗龚氏”[20]。但据王献唐文和《山东省文物选集》统计，这两批铜器除了占据绝对多数的“龚”之外，至少还有京、眉、戈、剢（?）等数种。这些铭文在至少 4 座墓葬中是如何分布的？是交叉分布还是相对分散地分布？尚未公布的那 10 件青铜器有无铭文？这些都需要进一步进行研究。当下比较稳妥的意见是否可以这样认为：长清小屯商代墓地上限为二里冈上层晚段，下限为殷墟四期。商代晚期这里是一处由若干宗族组成的墓地，其族群以强宗“龚”为主，同时还包括若干其他宗族的人群。

长清地处泰沂山脉西北缘，遏控东西、南北交通要道。其在交通上地位之确立，不但可验之于《春秋》经传，如襄公十八年（前 555 年）晋、齐广里之役，也可证之以战国时代的“𠫑羌钟”铭文[21]。从中可知，东周时期中原各国欲行东进，长清为必经之地，战争也往往因此而在这里展开。这种情形可上溯至商代，商王朝在向鲁北、鲁南开拓的过程中，平阴、长清一线也是不能绕开的通道，它是连接郑州商城、安阳洹北商城和殷墟等不同时期商王都与广大东方地区的纽带。验之考古发现，由长清小屯向东，济南刘家庄、大辛庄等重要商代遗址呈线性分布；由此向南，则与陈梦家信中所提到的长清崮山驿构成交通通道。崮山是古代驿站所在地，故有崮山驿之称。

商代末年的征夷方，越来越多的学者认为与东方、尤其是与鲁北地区的东夷有关。若然，长清、济南一线的商文化遗址应该是征战的途经之地。值得注意的是，长清崮山出土的“田告”铭青铜器，据《殷周金文集成》共 6 件，即“田父甲簋”、“田父甲卣”、“田父甲爵”、“田父甲斝”、“田父辛方鼎”和“田父甲罍”，应是一墓所出。“田”既是族徽，又当为氏名，可能是以官职而得氏者。

总之，长清小屯是一处十分重要的商代遗址。虽然残存面积只有四万平方米，但实际面积要大得多，且遗址商文化延续时间长，出土铜器等级较高，应该予以高度重视。

注　释

[1] 山东省地方志编纂委员会:《山东省志·文物志》,山东人民出版社,1996年,66、67页。
[2] 山东省博物馆:《山东长清出土的青铜器》,《文物》1964年第4期,41~47页。
[3] 韩明祥:《山东长清、桓台发现商代青铜器》,《文物》1982年第1期,86、87页。
[4] 山东省文物管理处、山东省博物馆:《山东省文物选集》(普查部分),科学出版社,1959年。
[5] 如蔡鸿江:《二十世纪以前山东省青铜器出土之概说》,《齐鲁文化研究》(第十辑),泰山出版社,2011年,311~315页。
[6] 陈淑卿:《山东地区商文化编年与类型研究》,《华夏考古》2003年第1期。
[7] 朱凤瀚:《中国青铜器综论》(中),上海古籍出版社,2009年,1049页。
[8] 山东大学东方考古研究中心等:《济南市大辛庄商代居址与墓葬》,《考古》2004年第7期。
[9] 河北省文物研究所:《藁城台西商代遗址》,文物出版社,1985年。
[10] 中国社会科学院考古研究所河南第二工作队:《1983年秋季河南偃师商城发掘简报》,《考古》1984年第10期;杜金鹏、王学荣、张良仁:《偃师商城小城的发现及其意义》,《考古》1999年第2期。
[11] 李伯谦:《㠱族族系考》,《考古与文物》1987年第1期。
[12] 朱凤瀚:《中国青铜器综论》(中),上海古籍出版社,2009年,1049页。
[13] 《王献唐师友书札》,1842~1844页。
[14] 夏鼐:《夏鼐日记》卷五,华东师范大学出版社,2011年,370页。
[15] 路士湘:《路大荒老人传记》,《山东图书馆学刊》2009年第3期。
[16] 李勇慧:《王献唐先生年谱》,《山东图书馆季刊》1994年第2期。
[17] 邹衡:《试论殷墟文化分期》,《夏商周考古学论文集》,文物出版社,1980年,73页注①。
[18] 朱凤瀚:《中国青铜器综论》(中),上海古籍出版社,2009年,985~1008、1049页。
[19] 李伯谦:《㠱族族系考》,《考古与文物》1987年第1期。
[20] 朱凤瀚:《中国青铜器综论》(中),上海古籍出版社,2009年,1049页。
[21] 孙稚雏:《骉羌钟铭文汇释》,《古文字研究》第十九辑,中华书局,1992年。

洛庄汉墓11号陪葬坑残存木质车马构件小识

崔大庸

（济南市文物局）

洛庄汉墓11号陪葬坑是一座埋葬车马的大型陪葬坑，共发现3辆大车，每车驷马，均为实用车马。马匹驾于车辕两侧，车具马饰均按使用时放置，车马器具比较齐全。其中，1号车为立车，2号车为前后车厢的安车，3号车为前后车厢的加长安车，它们的发现对于研究汉初车马制度提供了重要实物资料[1]。其中较为难得的是，在部分金属车马器具的銎腔内还保留下来了一些木质构件，从中可以看出对这些木质车马构件的加工和安装方式，这对于了解当时的车马制造技术提供了可窥豹斑的窗口。本文拟对这些木质车马构件作初步梳理，供同行参考。需要说明的是，这些木质构件尚未进行木质种属鉴定，这里只能就事而论之[2]。

《考工记》云："一器而工聚焉者，车为多"，在这本古代的技术著作中关于制造马车的记载既多且详，其中关于揉木的记载也较详尽，知其在制车选料时非常考究。11号坑的马车构件基本朽蚀殆尽，也看不出诸如车辕、车轮等大型构件的揉制技术了，但从出土的一些小型木质构件中还是可以看出一些迹象。

一、描　述

下面以车为单位对出土的木质构件作些介绍，为了描述方便，以下所及木质构件重新予以编号，以标本号的形式表述。另外需要说明的是，以下所介绍的木质构件，由于脱水、变形等原因，已无法获得原始尺寸，所列数据均为现状测得。

1.1号车木质构件

1号车为一立车，出土时车轴以下部分因较早被泥土淤积，故而车轮未倒下，车舆部分虽因挤压变形较严重，但整体框架尚较清楚。从整体来看，其车马器具仍保存在原位，这对研究当时的车马形制是相当重要的，为此，我们也得出初步结论，认为1号车与秦陵出土的1号铜车马是基本相同的[3]。1号车共有残存的木质构件14件（套）。

标本1（图一）：一号车左衡内木，圆柱形，露在衡末外的部分残留有红漆痕迹，其上残存有部分用于安装车轙的凹槽，木质较硬。残长12、直径2.4厘米。

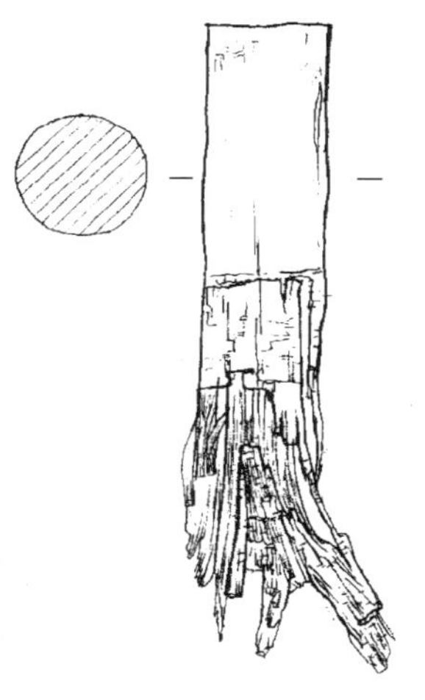
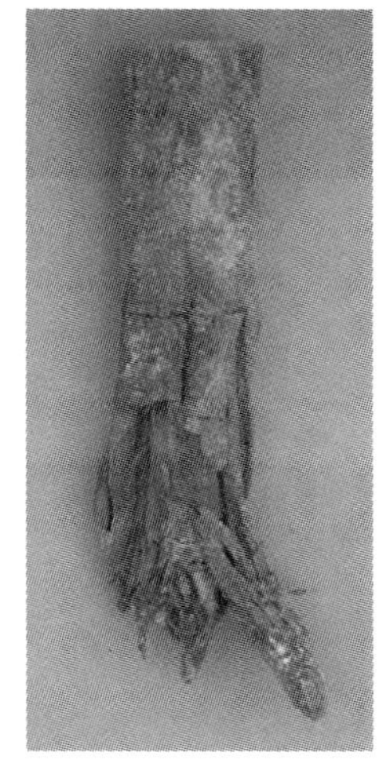

图一 标本1

标本2~5（图二~图五）：在1号车的轭肢脚内发现残存的4件木质构件，保存状况各有差别，其整体形状为卷舌状，断面基本为方形圆角，其大小基本与铜肢脚的内腔相同，个别上面残存有缠绕的麻线，以使两者结合牢固，露在外面的部分有漆的痕迹。从保存情况观察，构件上仍可看出刀削的痕迹，推测这些构件均是先削成舌形后，再经人工弯曲而成的，即古文献中所说的揉制而成的。标本2，残高8、残宽2.2、厚1厘米。

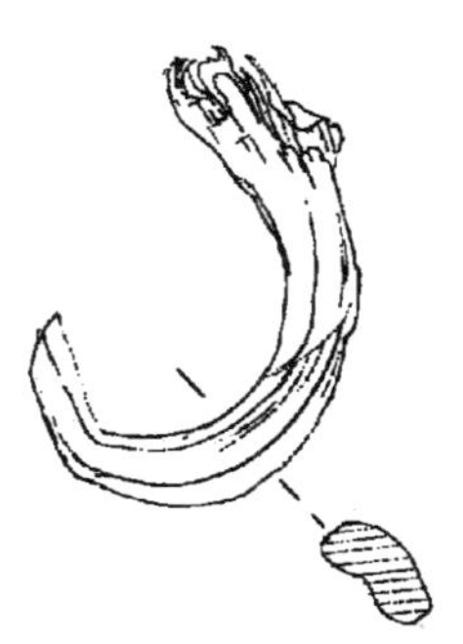
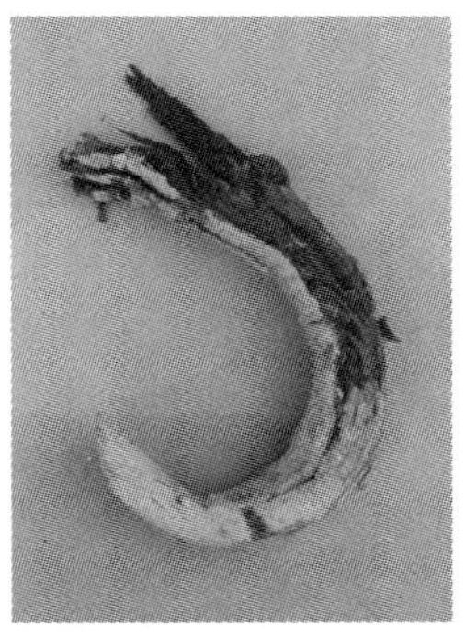

图二 标本2

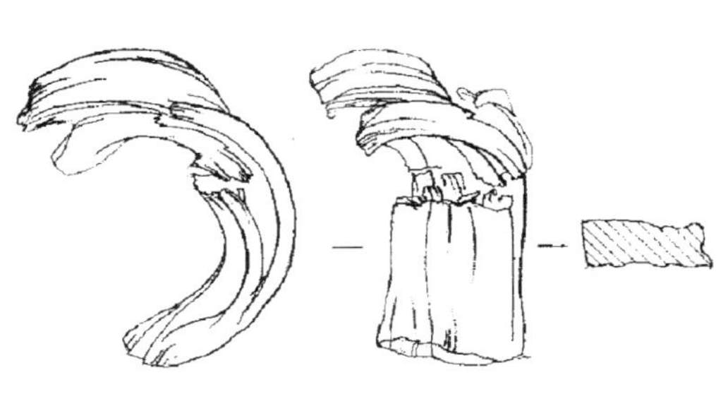

图三 标本3

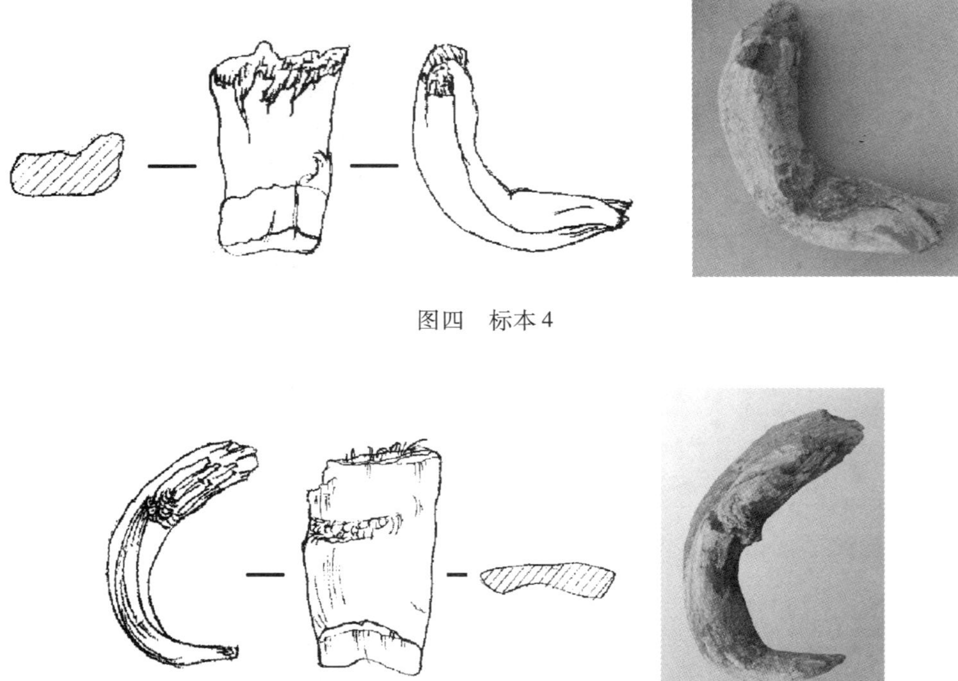

图四　标本4

图五　标本5

标本6、7：均属胁驱上的构件，整体呈“山”字形，惜连接处朽蚀严重，已无法看出其具体结构。从保存的两套胁驱观察，其形制是根据其外套的铜构件加工而成的。1号车出土两种形制的胁驱，标本6为右胁驱的构件（图六），由三个较细圆的棒状件与一个断面呈三角形的木件构成，局部残留红地白彩的图案，其外套铜构件，由3个圆铜冒和1个兽头冒组成。其中，断面为三角形构件残长5.8、底边宽1.3厘米。

标本7为左侧胁驱构件（图七），形体稍大，其中2件为抹角扁铲形，2件为断面呈三角形的棒状构件，插入铜构件腔内的部分残存有麻线，外部残存有红底蓝白彩的三角纹图案。值得注意的是，在1件构件上残存有一段榫头，据此推测，这组构件是由榫卯结构连接在一起，从其出土状也可以看出这种特点。这种两端为抹角扁铲形的胁驱，不仅在洛庄2号车和3号车上存在，秦陵铜车马上也有同类构件。其中，抹角扁铲形木件保存较好者，长9.1、最宽处2.3、最厚处0.6厘米，断面为三角形木件保存较好者，长11.8、最宽处1.9厘米。

1号车为立车，故有伞杠和伞盖等，其中伞杠中部和上部各有青铜䡛䡕一套，均由上下两段组成。标本8为中段内的木质构件，保存较好，其外圈为一木筒，内为实心木柱，外圈的外侧缠有大量的麻线，以便与其外侧的铜䡛䡕牢固地结合在一起，木筒内为圆形木柱，应是活动的，以便拆卸安装伞杠。标本8通高17.5、最大直径3.7厘

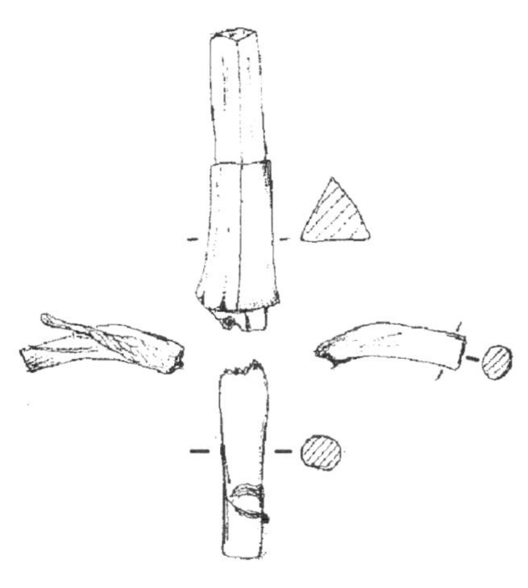
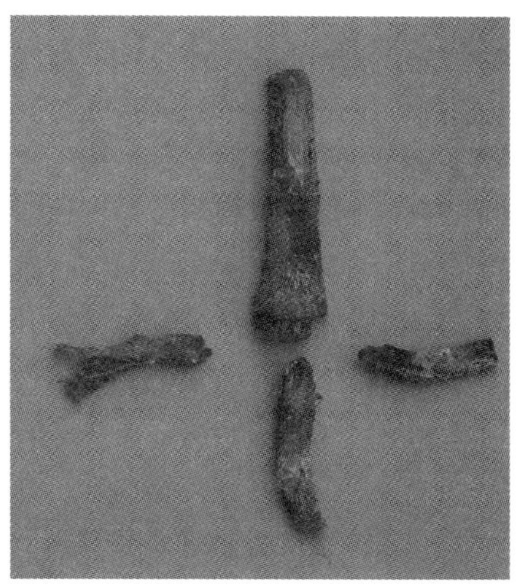

图六　标本6

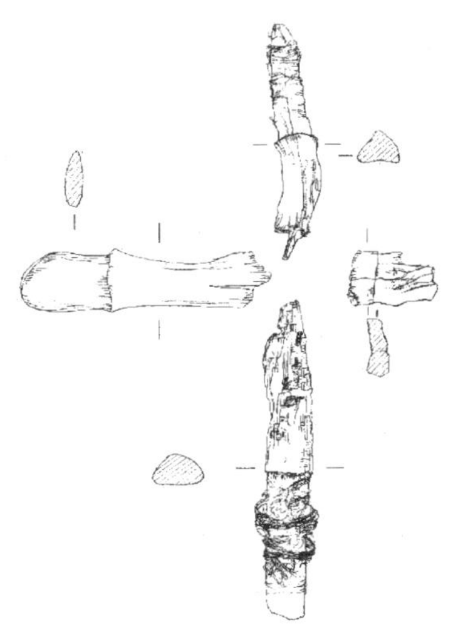
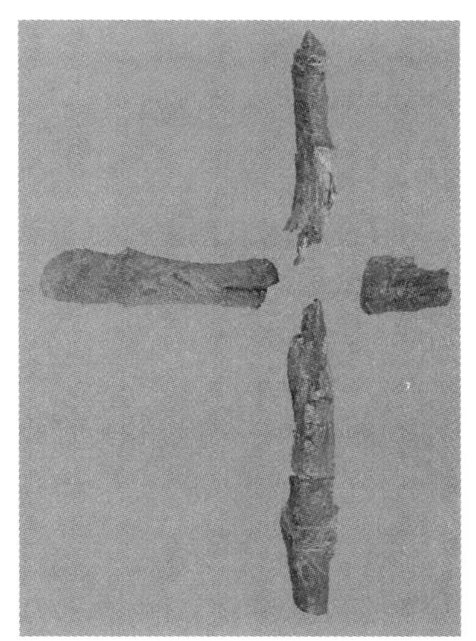

图七　标本7

米（图版一一，1、2）。标本9为另一件木质构件，保存较差，只能看出是筒状形的木构件。

标本10为一组盖弓（图版一一，3），共计20件。1号车的盖弓帽为圆筒状，较细长，其内大多保住了一些木质盖弓的残段，虽然青铜的盖弓直径长短都相同，但从保留下来的盖弓看，其插入盖弓帽内的木件并不一般长。为了克服因插入盖弓帽内的木质盖弓长短不一的缺点，在加工时均在等长的部位上留出了一圈台面，形成榫状与盖弓帽结成子母扣形，不因使盖弓的收缩导致其不等齐影响伞面的撑力。插入盖弓帽内的盖弓末端部分均被削成非正圆的锥体状，并可以清晰地看出刀削的棱线，然后，根据粗细均缠绕上适当的麻线，这样插入青铜盖弓帽后两者会结合得十分牢固。从残存的盖弓帽可以看出，其暴露在伞内的部分均被涂成了红色。残长12.5～16.5、最大直径1厘米。

标本11为车舆左后角柱上的残件（图版一一，4），在铜箍内套着的木质构件由两部分组成，首先是一个木制封底的圆筒套在铜箍内，为了使之紧密还在圆筒外壁加垫了一个小木片，然后将圆立柱加工成瓶塞状插入到圆筒内形成一个整体，其方法令人不解，为何不直接将木柱插入到铜箍内？仔细观察，立柱较铜箍的直径小一大圈，即立柱较细，可能是为了与车舆的整体构件相适应，才把立柱加工得较细，如此就必须在铜箍内再加套一个木筒，使之形成一紧凑的整体。但也不能排除有其他用意。

标本12为车舆右后角的残件（图八），其结构与形制与标本11相同，不再赘述。

图八 标本12

标本13是插入安装在车舆左前方车辄内的两组木构件（图九），从整个形制看两者基本一致，均呈长方体状，前部挖削成一弧形，其中一件还附加了一段尖状的木臂，以便深入到铜车辄内的相应空腔内，整体形状与铜车辄的外形相同，其后部因腐烂已看不出其具体是如何与车舆相连接的。但这次发现，由于其位置未有大的变化，在其与车舆相连接的地方发现有一段铁条与车辄垂直相接，推测应该是起加固作用的，只有这样，车舆与车辄在承重张弩时其反作用力才能达到平衡，不使车舆损坏或变形。通长10.5～16、宽3.3～3.7、厚1.5厘米。

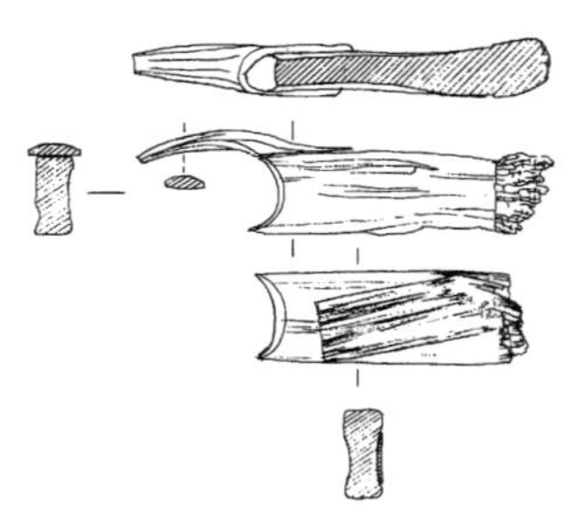

图九 标本13

标本14是弩机上的构件（图一〇），呈圆柱形，具体部位是弩机内扳机的轴。高2.7、直径1厘米。

2.2号车木质构件

2号车是一辆安车，出土时保存较差，但经仔细清理，还是可以判断出其整体结构与形制的。2号车由前后车舆组成，前室较小，应是御者所在部位，后室是一封闭的车厢，彩绘花纹异常漂亮，整体形制应与秦陵2号铜车马相同。共发现残存木质构件9件（套）。

图一〇　标本14

标本15是车衡上靠近衡末的一段残木（图一一），恰好是一段车轙安装的部位，衡上凿出两个凹槽，用于放置轙脚。从保存下来的这段衡木来看，其断面应该是椭圆形的。残长11、宽2.6、厚1.2~2厘米。

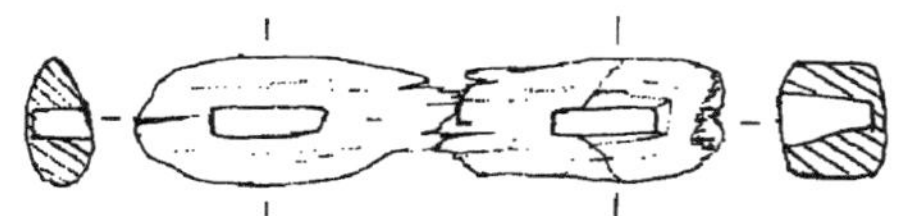

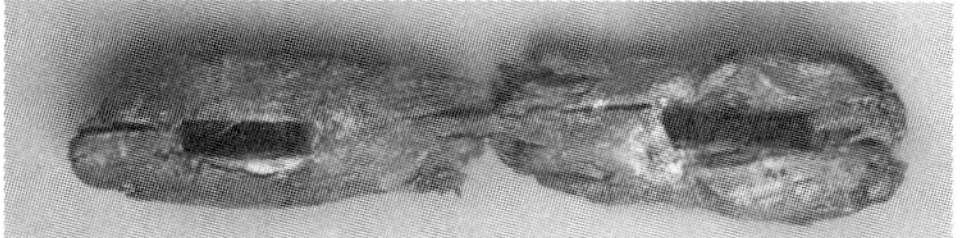

图一一　标本15

标本16是轭首内保存的一段残木（图一二），呈正圆形，外侧还缠绕着麻线。这段木构件非常重要，轭的整体形状呈“人”字形，其下脚还要弯曲上翘，这在选材上就显得非常重要，因为我们还不太清楚轭是用整木加工而成的还是分段合成的，但从这件轭首内的木件可以看出，至少其上端部分是一个整体，也就是说，在制作轭的时候应该选择了天然呈“人”字的木材进行加工揉曲。残高5.7、直径2.3厘米。

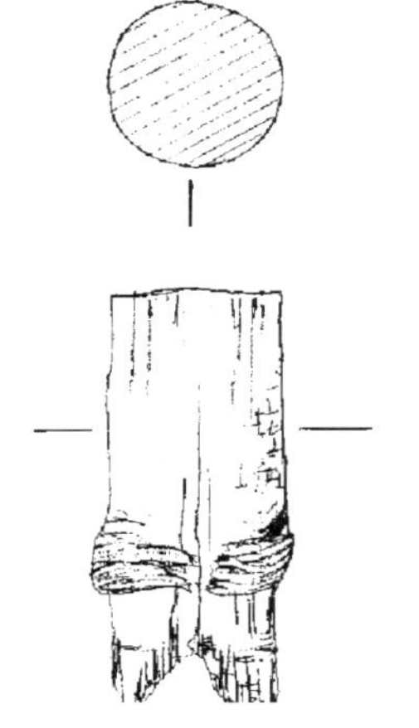

图一二　标本16

标本17、18是轭脚内残留的木构件（图一三、图一四），从其形制看，其弯曲的程度不如1号车的大，也即揉曲度较小。标本17残高7.5、宽3.5、厚1.6厘米。

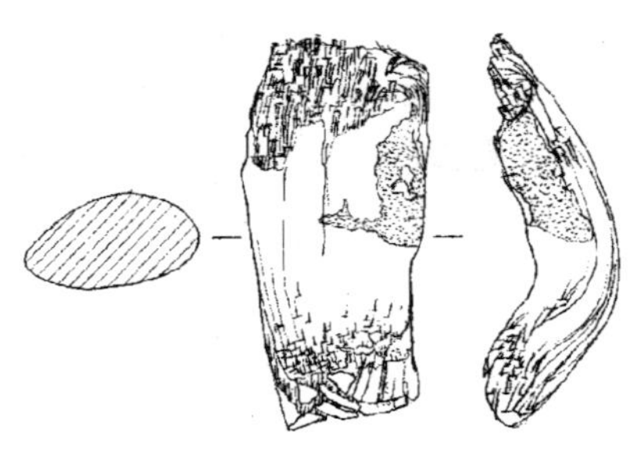

图一三　标本17

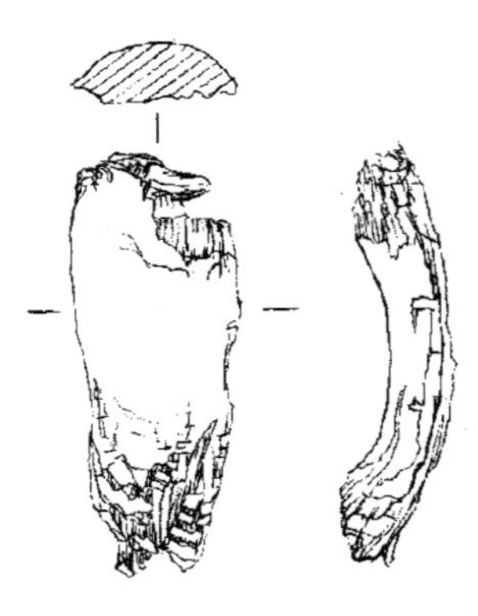
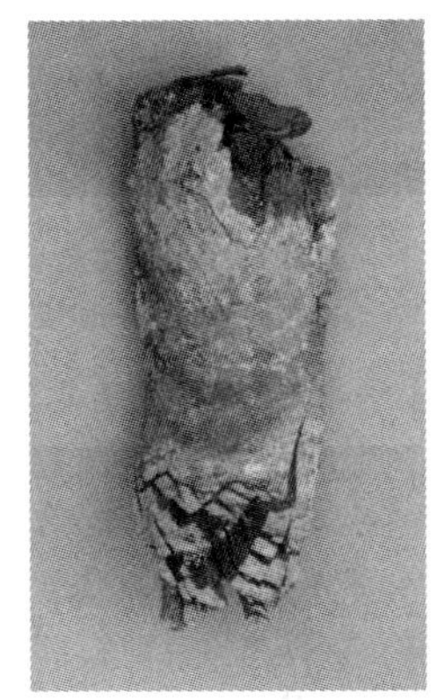

图一四　标本18

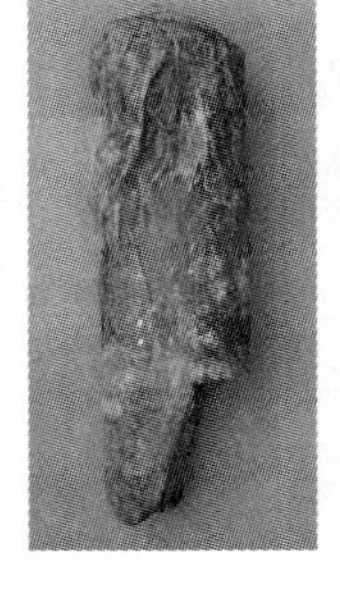

图一五　标本19

标本19是2号车前室的角柱残段（图一五），整体为正圆柱体，上面残留了较多的麻线。此处应该注意的是，这件角柱的加工安装方法与1号车的完全不同，其具体原因是什么还需进一步研究。残高9.5、直径2.5厘米。

标本20是2号车南服马上的胁驱，标本21是2号车北服马上的胁驱，两者形制完全相同（图一六、图一七），均由抹角铲形木和断面分别为圆形、三角形的木构件组成，部分木构件上残留了麻线、露在铜构件外面的部分施以彩绘图案。对抹角铲形部分的加工十分仔细，仍可看出刀削的棱线。

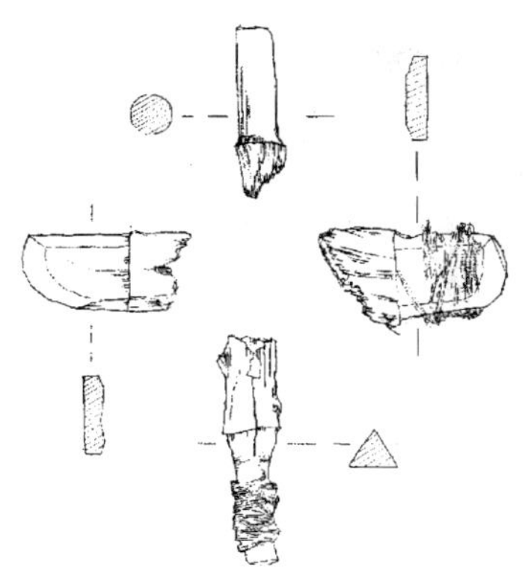
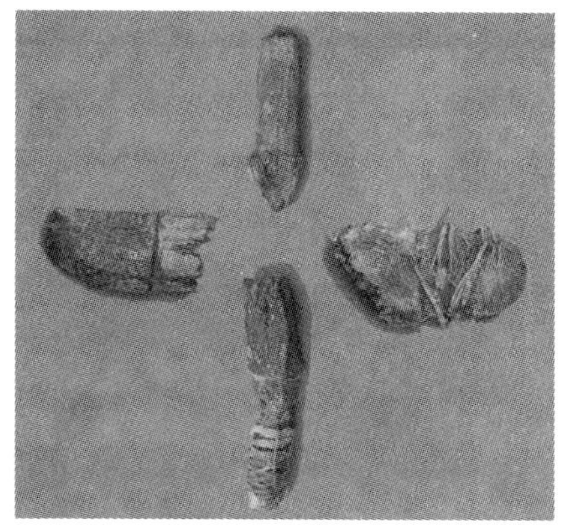

图一六　标本20

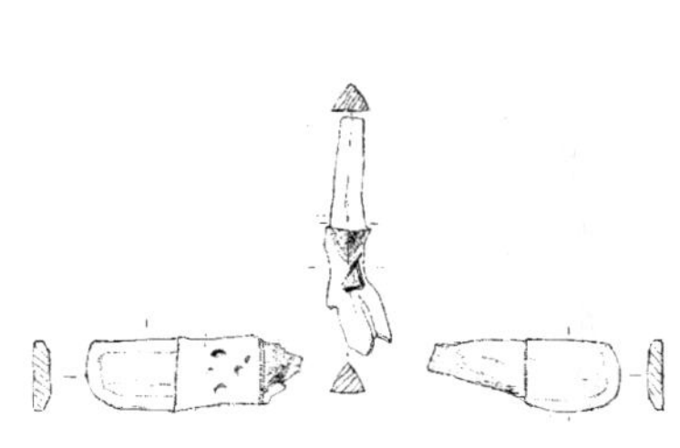
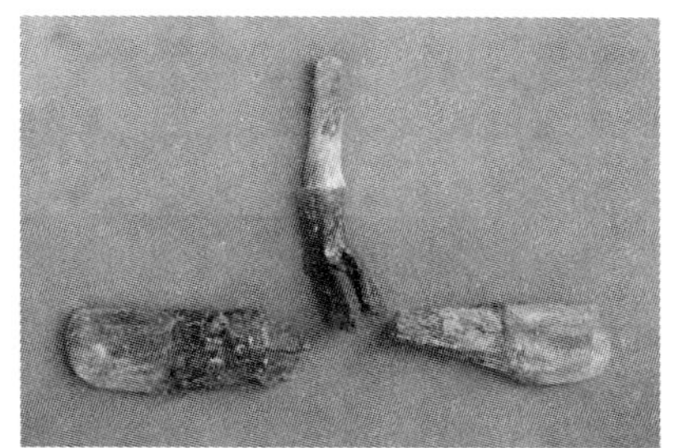

图一七　标本21

标本22为2号车的盖弓木残件（图一八），其形制与1号车的相似，即插入盖弓帽内的部分长短不一，均有圆台面，均缠绕麻线，盖弓均涂以红彩。残长6.8~10、直径1~1.3厘米。

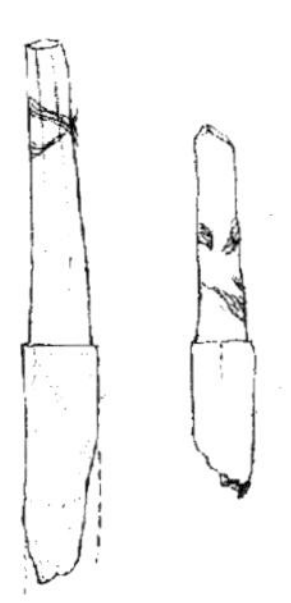
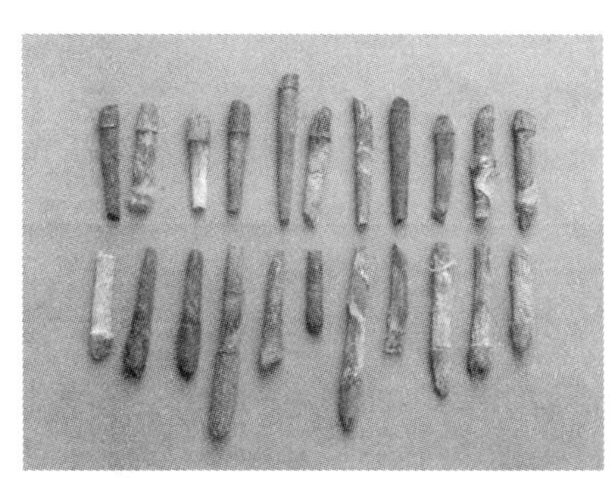

图一八　标本22

标本23为2号车两骖马的木橛（图一九），这两件橛由三部分组成，即两端的铜冒、中间用圆木连接，再在圆木上镶嵌骨质乳钉。这种橛在秦陵铜车马上也有。短木

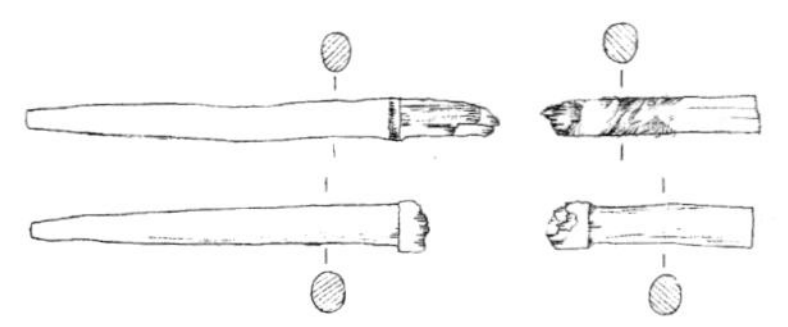

图一九　标本 23

部分残长 5.2 ~5.7、直径 1 ~1.3 厘米，长木部分残长 10.5 ~12.5、直径 1.2 ~1.4 厘米。

3.3 号车木质构件

3 号车也是一辆安车，其结构与 2 号车相同，由前后室组成，最大的不同点是 3 号车的后室比 2 号车的后室大得多，相当于现在的普通双人床大小，因此我们推测这辆为应为可睡卧的“辒辌车”。共发现不同木构件 10 件（套）。

标本 24 和 25 为 3 号车衡的两端（图版一二，1、2），断面均为正圆形，保存一个放置轙脚的凹槽，其中标本 24 缠绕的麻线较多。标本 25 残长 8.7、直径 2.7 厘米。

标本 26 为 3 号车左轭首内木件残段（图版一二，3），其上缠绕有较多的麻线，从其顶端观察为一整木。残高 8.5、直径 2.7 厘米。

标本 27 至标本 30 为 4 件轭脚内的残木件，其中 2 件弯曲较缓，2 件弯曲较甚（图版一二，4 ~7）。均加工成舌形，靠内一侧较平，靠外一侧为弧形，与青铜轭脚的结构特点相符，仍可看出刮削的痕迹。标本 29 残高 5.2、宽 2.7、厚 1.2 厘米。

标本 31 为 3 号车左胁驱内的木质构件残段（图版一二，8），由 2 件抹角铲形木和 2 件断面为三角形的木构件组成，其中 1 件的上面残存着较多麻线。缠绕麻线较多的木件残长 7.8、底边最宽处 1.5 厘米。

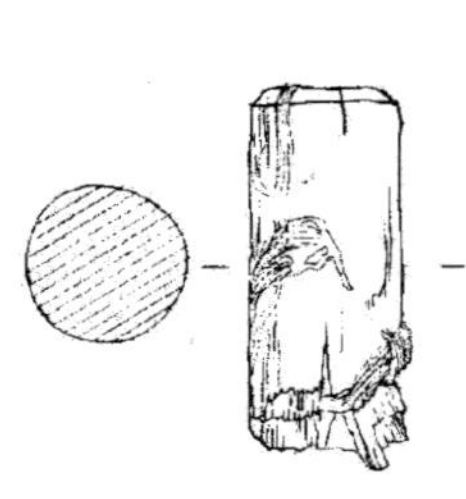
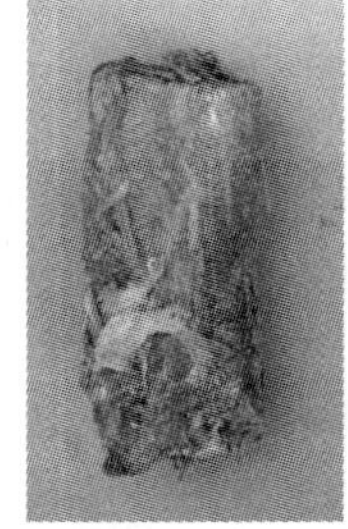

图二〇　标本 32

标本 32 为 3 号车前室右后角柱的残件（图二〇），出土时套有铜冒，整体呈圆柱形，套入铜冒内的顶部边缘被削成了抹角，其上残存少量麻线。残高 6.5、直径 2.6 厘米。

标本 33 为 3 号车骖马上的两套橛的残件（图版一二，9），其结构形制与 2 号车上的相同。短木残长 6.4、直径 1.2 厘米，长木残长 8.5 ~11、直径 1.3 厘米。

二、讨　　论

以上对出土的各类木质残构件进行了简单介绍，仅木件本身观察，从形制看，大体可分为圆柱形、长方形、舌形和不规则形等几种类型，分别如圆柱、辄内木、轭脚内木、胁驱内木等；从结构看，大体可分为单体结构和组合结构两大类，前者如圆柱和盖弓等，后者如胁驱和𨏥輗内木等；从加工程序分析，可以分为弯曲（揉）、刮削、榫卯连接等，分别如轭脚内木、盖弓、胁驱和车衡等。这些木质构件有两个共同特点，一是均与青铜构件相组合，二是安装时均缠绕一些数量不等的麻线。现就几个相关问题作一些讨论。

1. 关于车舆的角柱

3辆车上共发现角柱4根，其中1号车的两后角各一根，2号车和3号车的前室右后角各1柱，从它们柱顶安装的铜冒来看其形制基本相同，现在的问题是，为什么1号车的两根角柱与其他两辆车的安装方法不同？我们推测可能与车的形制和功用不同有些关系。2号车和3号车都是安车，且只在前室的右后角有，如前所述，其安装方法是用一根整圆木与铜冒套在一起，看样子是个一劳永逸的做法。相对于立车来讲，安车的使用频率应该较低一些，所去的场合和道路也应该好一些，这就需要这种豪华车辆经常保持良好的运行状态。而像1号车之类的立车，在使用方面则应更加频繁一些，其所去的环境也更加复杂。1号车上配备有辄和弩机及箭箙，可以说是一辆武装的战车，这样就至少有两种情况要应对，一是随时保护好车辆的每一个构件，二是由于环境复杂车辆极易损坏，对于不易制作的铜构件要倍加珍惜。据此推测，之所以把1号车的后立柱上与铜冒连接的部分做成套筒状的，极有可能与便于拆卸铜冒有关。

2. 关于轭的制作

前文在谈到轭首和轭脚内的木质构件时曾推测，这种木制的轭可能是用“人”字形的整木经人工揉制弯曲而成。从出土情况看，由于轭肢部分已腐朽成灰，无法准确判断其中间的连接部分是何种结构，但从轭首内残存的木件和轭脚内残存的木件纹理观察，应该是一个整体。在今后资料整理研究过程中，如果能通过木材种属的鉴定证明是同体，那么这一推测即成为定论。实际上，在自然界中的各类树木上，这种分叉的“人”字形木材还是较为普遍的存在的，只是选择好合适的材形后需进一步进行人工加工而已。奇怪的是，《考工记》一书关于制造车的内容很多，但是只字未提轭的加工制造事项。不过在輈人、轮人中涉及一些选木揉木的要领，可见相对于这些重要构件来看，轭的制作并不算什么要事了。

3. 关于𨏥輗连接

汉代诸侯王墓发现的立车已属不少，一般都有一辆立车，或轺车，这种车上往往都有成套的伞具，其中伞杠上的青铜𨏥輗即发现的不少，秦陵1号铜车上也可显见，按照公认的说法，𨏥輗是伞柄上下部分的连接构件，可知伞盖是根据情况随时可以拆装的，秦陵1号铜车上的实物证明了这一点。但在现实的考古发现中，这种𨏥輗内腔很难保存下来里面的木质构件，前述1号车上的残件已属难得。从整套榫鞔结构来看，是由外表的铜制榫鞔、内圈木制套筒和中心的圆形木柱组成的。榫鞔由上下两部分组成，连接处呈子母扣状，且有一处凹凸节点扣合，以防止旋转。秦陵1号车在介绍这部分时只详细介绍了纹样的特点和可拆装的复杂工艺，未对其相连接的束带状纹样做进一步的说明[4]。洛庄1号车的上段铜榫鞔出土时，其表面留有大量织物带状缠绕的痕迹，且有上下相连接的迹象，我们认为这是为了拴牢榫鞔上下两部分留下的痕迹。可以这样认为，当榫鞔上下穿插在一起固定好后，为了防止在行车时因风力气流的上顶，防止伞盖脱落而采取的一种加固连接办法，安装后用此带拴牢，解开后可使伞盖分离。因此，秦陵1号铜车上伞杠上的束带状纹样就是表现这种织物带的（图二一、图二二）。

图二一　秦陵1号车榫鞔上的束带纹

图二二　洛庄1号车榫鞔上的织物带痕迹

4. 关于胁驱的结构

洛庄发现的3辆马车上均配置有胁驱这一马具，每车各两套，出土于服骖之间，结构基本相同，形制上除1号车上有另外一种形体较小的外，其他基本一致。以1号车的两种形制为例：一种四端皆为铜件，上端为龙首形、朝骖马的外端为一卧牛形、前后两端为抹角铲形，中间以木构件相连接，上饰黑漆三角形红彩；另一种形状相似，四端亦为铜件，除朝骖马的一端为虎头形外，另外三端为圆柱筒形箍，中间也以木构件相连[5]。《秦始皇陵铜车马发掘报告》中曾对古文献中记载胁驱为皮质提出质疑，但因铜车马全为金属质无法证明究竟为何种材料制成，洛庄发现的三辆车上均有此装置，证明了胁驱为铜木结构。秦陵1、2号铜车上均有此种马具，形制与洛庄的基本相同（图二三、图二四），可见二者的年代相去不远，同时也证明在秦和汉初，这种器具应在高级马车上较为普遍地使用。这种胁驱到了汉代中期已绝少发现，在满城汉墓和双乳山汉墓中均未见到这种器具。

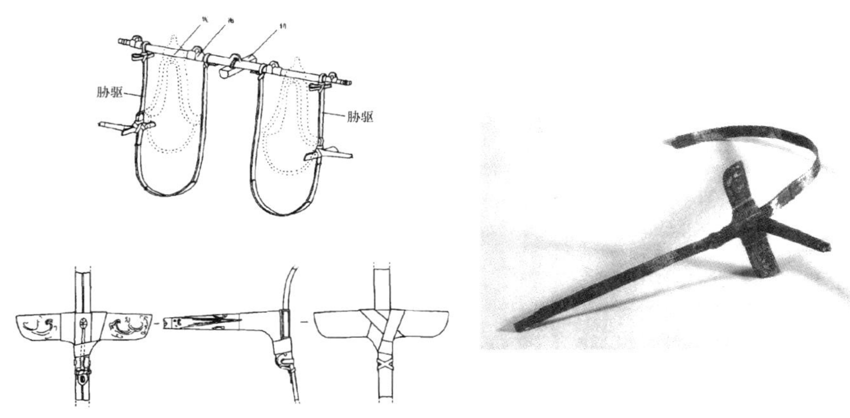

图二三　秦陵1号铜车马上的胁驱

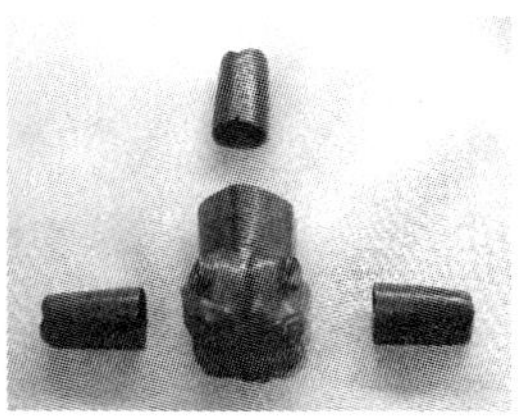

图二四　洛庄1号车上胁驱出土状及铜构件

关于胁驱的作用与证名各家已进行了不同程度的讨论，在此不再详述[6]。此处需强调的是，秦陵铜车马上的胁驱和洛庄发现的实用器可以互相印证，互补不足。洛庄实用胁驱的发现，证明了胁驱是由铜构件和木质构件组装而成的，弥补了秦陵铜车因质地所限与实用器之间差距的不足。同时，因洛庄发现的胁驱连接部分过于腐朽已不知具体的连接方式，尽管可以大体看出是由榫卯结构而成的，但细节仍不好估计。秦陵铜车上的细节因被皮带纹所覆盖，也看不出其具体结构，但有一点可以证明是应该存在的，即由于胁驱是由木质构件组成的，其连接部分因榫卯等结构特性，必然不如整体结实和牢固，因此，秦陵铜车上所反映的用皮带缠绕的现象，不仅可以起到与皮具连接的作用，而且也可以起到关键部位的加固作用，可谓巧作。

5. 关于橛的构造

橛这种马具在以前较少被人关注，在汉代中期的满城汉墓和双乳山汉墓中均发现过类似的铁制马具，只是因秦陵铜车马的发现，并有了相关学者的对此马具的讨论始引起一些学界的注意[7]。这种马具只有在驷马车上的骖马才使用，洛庄 3 辆马车的骖马均有此马具。洛庄的马橛在出土时仍衔在骖马嘴中，整体呈长柱状，两端为铜制管冒，形同盖弓冒，外侧附一小环，中间用木柱相连接，中部略鼓起，上镶嵌圆柱状骨珠，在其外端有一小段木痕与橛相交，总长约 40 厘米，其整体外形和位置与秦陵铜车马的铜橛基本相同，而洛庄的马橛在制作方面显得更为复杂一些（图二五、图二六）。洛庄铜、木、骨三种材料制作的马橛，至少为当时马橛的制作工艺和材料提供了一种新的例证。

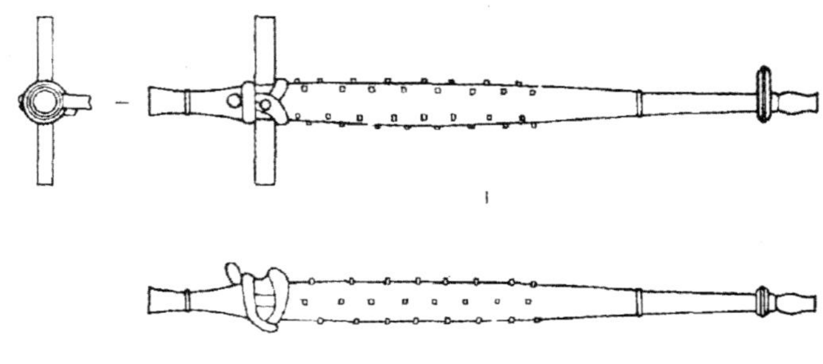

图二五　秦陵铜车马橛

图二六　洛庄马橛出土状况

6. 关于麻线的使用

麻，即大麻，在中国古代培植和使用应该很早，《诗经》中就有十多处提到了麻[8]。《植物古汉名图考》中解释：大麻又称汉麻、火麻、黄麻、枲麻、牡麻、苴麻、莩麻、山丝苗等，是一年生的草本，茎直立，高1～3米，茎皮纤维韧，可用于纺织和制绳，我国各地有栽培，属桑科。古代还有一种广泛使用的麻，叫苎麻，即苧麻、纻麻，苎麻纤维优良，根、叶等可入药[9]。前述木质构件上保留着的麻线应该属于长茎的大麻，这种使用方法在以前的考古发现中还较为少见，可能与不易保存有关。麻的纤维除可以成衣外，最常见的就是制成各种绳索，这也是最能体现麻的特性的产品。从洛庄木质构件上残存麻线来看，古人很会利用麻的坚韧和耐久特性，这种为了使木质构件和金属构件紧密结合加缠麻线的做法，让我们很容易想到今天的管道施工中，仍然把麻线作为加固密封的材料而广泛使用。看来，麻，真是个千古不衰的好物种。

注释

［1］济南市考古研究所等：《山东章丘水洛庄汉墓陪葬坑的清理》，《考古》2004年第8期。

［2］这些资料尚未作系统整理，现存于济南市考古研究所。

［3］崔大庸：《洛庄汉墓1号马车与秦陵1号铜车马的初步对比研究》，《汉唐考古文论》，山东大学出版社，2009年。

［4］秦始皇兵马俑博物馆、陕西省考古研究所：《秦始皇陵铜车马发掘报告》，文物出版社，1998年，44～47页。

［5］崔大庸：《洛庄汉墓1号马车与秦陵1号铜车马的初步对比研究》，《汉唐考古文论》，山东大学出版社，2009年。

［6］相关考辨较多，如：秦始皇兵马俑博物馆、陕西省考古研究所：《秦始皇陵铜车马发掘报告》，文物出版社，1998年；孙机：《中国古舆服论丛》，文物出版社，2011年；汪少华：《中国古车舆名物考辨》，商务印书馆，2005年；扬之水：《诗经名物新证》，北京古籍出版社，2000年。

［7］《秦始皇陵铜车马发掘报告》第356页有如下讨论：《史记·司马相如列传》："犹时有衔橛之变"，《索隐》："张辑曰：衔，马勒衔也；橛，騑马口长衔也。周迁舆服志云：钩逆上者为橛，橛在衔中，以铁为之，大如鸡子。盐铁论云：无衔橛而御悍马是也"。

［8］如："丘中有麻，彼留子嗟"（《丘中有麻》）。"东门之池，可以沤麻。彼美淑姬，可与晤歌。东门之池，可以沤纻。彼美淑姬，可与晤语"（《东门之池》）。

［9］高明乾：《植物古汉名图考》，大象出版社，2006年，69、345页。

二王启示录

陈梗桥

（山东博物馆）

千余年来，世代书家以宗法二王为荣。书法史，言必称二王。但是，当今书坛对二王的信念已经产生了很大的分化。二王的意义究竟如何？

一

王羲之的出现是历史的必然。

王羲之所处的时代，已经度过了汉字书体演变的漫长时期，各种书体均已成熟，以隶书为通行书体的时代已经过去，草书、真书、行书获得空前的发展。文字的广泛应用必然促进人们对应用方法逐渐重视，也使人们对书法审美的要求逐渐提高。真书自魏晋盛行，经六朝、隋而至初唐，“八法”已非常成熟。中唐以来，“法”越来越讲究，越来越经意，但反而束缚了艺术情趣的表现，审美价值已呈下降势态。正如姜夔所说：“真书以平正为善，此世俗之论，唐人之失也。”“唐人以书判取士，而士大夫字书，类有科举习气。”“故唐人下笔，应规入矩，无复魏晋飘逸之气。”[1]

王羲之之前，已经出现了很多杰出的书家，如蔡邕、锺繇、张芝、索靖等。这些书家达到了很高的艺术水平，得到了社会的尊敬。汉魏以来的若干书法群体，为高峰的出现奠定了基础。“时势造英雄”的命题，在这里得到了非常生动的印证。

另外，晋代官方重视书法，立书博士，也促使人们对书法更加重视。综上所述，那是一个必然出现大师的时代。

东晋名门望族首推王、谢。王、谢也均属书法世家。见于史籍的王氏人物几乎均有书名，其中，王导、王旷、王洽、王珣等，尤其显著。王羲之在这样的家庭环境中成长，终为书家是顺理成章的事。

王、谢之外，卫氏亦世代善书，卫瓘、卫恒、卫铄俱是名家。脍炙人口的羲之自述，未必十分确凿，但流传有序，情节大体可信。王羲之在学习过程中不断调整方向，并不意味着是对卫夫人的全盘否定。或者说，王羲之晚年的成就里边也包含着早期的启蒙教育，何况卫夫人本来便是一时高手。

总之，从他所处的历史时期到周围的具体环境，都对书家的成长极其有利。王羲之应运而生。

二

晋人善书，时代使然。但具体到王羲之个人，则另有他自身的特殊内因。

勤奋好学是一方面，天资出众是另一方面。王羲之之所以成为大师，是因为他很好地适应并掌握了艺术创作的规律。从王羲之的经验，我们体会到，艺术创作是有规律的，只有适应并掌握艺术创作的规律，才有可能成功，而违背艺术创作规律是不可能成功的。

前人对王羲之有很多论述，大多是赞颂之辞，有的比较泛泛，有的比较抽象。有的论述，涉及王羲之成功的经验。其中，颇中肯綮者，如："备精诸体，自成一家法"[2]，"兼撮众法，备成一家"[3]。

王羲之对各种书体都下过精深的功夫。凡大家，虽然在某种书体上尤为突出，但于其他书体也功力甚深。右军真行章草藳，无不精妙，厚积而薄发，自非一般书家可比。诸体、众家的另一层，是对各家、各流派的艺术技巧、艺术思想都做过深入的研究。"兼撮众法"与"备成一家"有因果关系。对"众法"毫无研究，如何能够成"家"呢？

王羲之对古法涉猎很广。他从时人入手，上追李斯、曹喜、梁鹄、蔡邕等，倾心于"众碑"。古人中，他在锺繇、张芝方面用功最深。学锺，势巧形密。"王工夫不及张，天然过之；天然不及锺，工夫过之。"[4]

他在精研古法的过程中，融合着继承与发展。他精研古法，却并不陈陈相因。他对古法恰当地进行"增损"。增损的前提是对古法深入的剖析。"剖析张公之草"，"损益锺君之隶"[5]。在剖析的基础上，予以损益，于是乃能裁成新体，备成一家。王羲之增损的原则有两方面，一是根据时代的需要，二是结合个人的特点。

"古质而今妍，数之常也；爱妍而薄质，人之情也。"[6]这反映了人们的审美情趣随着时代的发展而变化。艺术家必须顺应时代，适应人们不断变化的审美要求。其间，反映着艺术家的审美感的灵敏程度。晋人多善书，何以二王独能于群雄中更加出类拔萃？二王的技巧未必比他人高出多少，拔其萃的主要原因是艺术思维高人一筹。

"羲之书，在始未有奇，殊不胜庾翼、郗愔，迨其末年，乃造其极。"[7]

这说明，大师的成长有一个并不很短的过程。庾翼原与右军齐名，对人们喜欢右军书颇不以为然。于是才有家鸡野鹜之叹。其实，在审美情趣上已经显露出差异。自家子弟对右军的倾心不无道理。后来终于大势所趋。庾翼只是一例。当时在微观技巧上与右军不相上下者恐亦颇有人在。庾翼等只是在审美意识的深刻与灵敏方面略逊于右军，于是经过历史的大浪淘沙，右军终于成了时代的代表。

古代名家除了时代的影响以外，还有他们自身的因素。继承前人的长处并非能够随心所欲，这要看自身的条件。王羲之在继承的过程中，扬长避短，扬长补短，得其应归。他综合了历史的、时代的、个人的诸多因素，方成百代宗师。

王羲之由近人学起，上追古代众多大家，精研各体，取多用宏，用时代感指导腕下技巧，在继承与发展的过程中，有损减，有增益，有创造。他没有割断历史，没有停滞不前，既不脱离实际，又能站在时代的最前列。他的成功，完全符合艺术规律。

三

王献之是又一个成功的典型。

献之的背景，毋庸赘述。献之的资质、胆识与成就，在书法史上是第一流的。古代书法世家颇多。如崔瑗父子、锺繇父子、韦诞父子、张芝兄弟，卫觊四世皆有书名，杜畿三世俱善草书。王谢自不必说。但两代人均出类拔萃者，历史上实不多见。即以历史上著名的大小欧阳、大小米来说，也难与献之相提并论。欧阳通、米友仁始终没能达到其父的高度，更谈不上有所发展。王献之则实在无与伦比。

王献之在继承方面，条件十分优越。然而事物往往有利有弊。这样好的条件也会形成一种包袱，甚至使人终生难以有所创造。

但是，王献之幼学父书，次习张芝。他并没有满足于家学，尽管是第一流的家学。献之对于继承自有他的会心处。他的同辈很多，同样的历史条件，同样的家庭环境，为什么独独王献之拔其萃？这不单是因为他的腕下技巧比人高，更主要是因为他的艺术思维比人高。他站得高，看得远，有特别清醒的头脑，有特别博大的胸怀。他继承家学只是个起点，而绝不以此满足。他真书上追锺繇，草书上追张芝。锺、张本是羲之之所出。师其所师，自然是上策。这是真正理解王羲之，用王羲之的学习方法学习王羲之。怎是依样画葫芦者可比？王献之不但师父之所师，而且创造性地运用右军的成功经验，最为善学，这正是王献之成功的关键。

王献之推陈出新，在历史上十分杰出。

据张怀瓘《书议》载，子敬年十五、六时，建议其父“改体”，而且详细阐述了其中的道理。他认为古法未能弘逸，应当变革。变革自然会出现与古法相异的地方，但理应如此。法不应当是死的。他明确提出了“法既不定，事贵变通”的见解。献之的变，一是书体方面的充实与丰富，一是风格、创作手法方面的变化。这些变化都适应了社会发展的需要。《书议》载：“子敬才高识远，行草之外，更开一门。”“子敬之法，非草非行，流便于草，开张于行，草又处其中间。”“情驰神纵，超逸优游；临事制宜，从意适变。有若风行雨散，润色开花。笔法体势之中，最为风流者也。”[8]

王献之书，“骨势不及父，而媚趣过之”[9]。这是较有代表性的评价。但小王书却绝不仅仅是秀媚。子敬“神能独超，天姿特秀，流便简易，志在惊奇，峻险高深，起自此子。”[10]献之正是以前无古人的惊奇、峻险、高深，致使无数书家赞叹不已。他才情横溢，富有浓厚的抒情趣味。书多“逸气”，是大令（《晋书·王珉传》，世谓献之为“大令”）的又一特点。“逸气盖世，千古独立。[11]”此言不虚。

米芾是历史上学王的高手。世传王帖，有的即是米临。他说《十二月帖》是天下子敬第一帖。《十二月帖》，如不经意，但并非真的不经意。在练功的过程中，必定非常经意。众所周知的故事：“子敬七、八岁学书，王羲之从后掣其笔不脱，乃叹道：‘此儿书，后当有大名。’”[12]这则故事往往被解释成执笔越紧越好。其实，苏轼早已解释得明明白白：逸少之所以高兴，不过是“独以其小儿子用意精至”而已[13]。这“用意精至”便足以说明献之的学习过程。及至成长为书家，流于笔端的却是精心用功的效果：“如不经意”。由精心用功到如不经意，是一个艺术成熟的过程。“如不经意”，达到了艺术的化境。谓之“冥合天矩”不为过分。“谢安尝问子敬：‘君书何如右军?’答云：‘故当胜。’安云：‘物论殊不尔。’子敬答曰：‘世人那得知。’”[14]

“故当胜”，表现出新一代书家的豪爽的气概与坚强的自信心。这大概是大艺术家不可缺少的信念。“世人”晓与不晓，献之并不耿耿于怀。“才高识远”的艺术家能够灵敏地把握住时代的脉搏，走在时代的最前列。事实是，世人总得知。

四

历史上对二王的褒贬，情况不尽相同。有的是抱有个人的偏见，有的是艺术欣赏、审美情趣方面的差异。

一种，认为小王不及大王。李世民讥讽献之“如隆冬之枯树”，“若严家之饿隶”，显然过于偏颇。李煜说子敬俱得右军之体，而失于惊急，无蕴藉态度，则是审美情趣的问题。惊急自有它本身的审美价值，未必便是失。蕴藉是另一种风格的美，它含蓄、隽永、耐人寻味。惊急与蕴藉也是相对的。小王较之大王可能显得惊急，如若较之后世草书，可能又显得蕴藉得很了。

同样道理，质与妍也是相对的。锺繇、张芝相较有古质、今妍之别，张芝、羲之相较有古质、今妍之别，羲、献相较同样也有古质、今妍之别。古质、今妍各有各的审美价值。《书估》说：“子为神骏，父得灵和。”可以说是知者之言[15]。

沈尹默先生，一生致力于二王法书的学习与研究。他在《二王法书管窥》中道出了许多真知灼见。例如：“大凡笔致紧敛，是内擫所成。反是，必然是外拓。后人用内擫外拓来区别二王书迹，很有道理。说大王是内擫，小王则是外拓。试观大王之书，刚健中正，流美而静；小王之书，刚用柔显，华因实增……前人往往有用金玉之质来形容笔致的，以玉比锺繇字，以金比羲之字。我们现在可以用玉质来比大王，金质来比小王。美玉贞坚，宝光内蕴，纯金和柔，精彩外敷……内擫近古，外拓趋今，古质今妍，不言而喻……古今只是风尚不同之区分，不当用作优劣之标准。子敬耽精草法，故前人推崇，谓过其父，而真行则有逊色，此议颇为允切。”

尽管大小王的笔致、风采不尽相同，但历来人们还是二王并称。这并非单单因为父子关系，主要还是因为二王艺术不可分割。

二王的成长道路都是：由时人入手，上追古代大家，有继承，有发展，赋予强烈的时代精神。二王技巧的共同原则是“不为法缚，不与法脱”。二王境界的共同特点是气象超然，天人合一。

中国书法艺术的起源与发展，经历了相当长的历史时期。由纯实用的写字使人们逐渐感受到审美的需求，尔后使富有审美价值的书法与一般的写字拉开距离，使书法家堂而皇之地走上历史舞台，汇集了多少代人的努力！其间，二王功不可没。

五

二王书法在中国历史上影响深远，不仅仅因为书法本身，它还有一个不容忽视的问题是，书法审美受着哲学思想的深刻影响。一个国家、一个民族，对艺术的审美倾向是历史形成的。

中国古代文人（包括书家），兼受儒释道诸家影响，其中又以儒家影响最为深远。儒家思想一直影响着书法的审美思想，儒家思想对书法审美起作用最大的是中庸。儒家把中庸作为最高行为规范，不偏不倚，无过无不及。

书法美的实质是和谐。《礼记·乐记》：“其声和以柔。”书法亦然。《礼记·中庸》：“喜怒哀乐之未发谓之中，发而皆中节谓之和。”认为人的修养应当达到中和的境界，亦即“致中和”。古代书家对此十分虔诚。虞世南有一段精辟的论述：“欲书之时，当收视反听，绝虑凝神，心正气和，则契于妙。心神不正，书则欹斜；志气不和，字则颠仆。其道同鲁庙之器，虚则欹，满则覆，中则正，正者，冲和之谓也。”[16]这“冲和”是书法的一种高境界。喜怒哀乐的抒发皆转化为含蓄的艺术语言，而不屑剑拔弩张、赤裸裸。

书家的情性须是高雅的。高雅的情性须由诗文、书画、历史、哲学等多方面营养滋润而成。所以，自古以来，一些学者、贤达的墨迹，即使法度稍欠，但气息总有可观处。当然，这里说的不只是儒家。事实上正如黄庭坚所说：“书中有笔，如禅句有眼。”“右军笔法如孟子道性善，庄周谈自然，纵说横说，无不如意，非复可以常理拘之。”[17]古代书家一向重视修身养性。

书法艺术的审美价值在韵。韵，指气韵，即神采、风度、格调、韵味。黄庭坚说：“论人物要是韵胜，尤为难得。蓄书者能以韵观之，当得仿佛。”[18]

中国书法的韵，崇尚风流蕴藉，体现了宽和、涵容与适度。与韵相映生辉的是度。度是指具体的技巧、法度。只有韵而欠度，意境是空的，因为意境要靠艺术形象来实现。只有度而没有韵，可以是好字，但不会是上乘书法。所谓“有功无性，神采不生；

有性无功，神采不实。”晋人书以韵相胜，而二王书法韵度兼备，正所谓“右军父子拔其萃耳。”

中国历史上经历了诸子百家、独尊儒术、佛道之争、程朱理学等各类变革，书家的思想烙印不尽相同。所谓书家并非只是书家，他们是文学、历史或其他学科的专家兼以书法名世。有的书名盛极，几乎掩盖了主要成就。他们对世界与人生的认识并非来自书法，起码不是主要来自书法。相反，他们是用从其他方面学来的认识论来认识书法。也就是说，历代书家的审美观念都不过是从属于他的思想体系的一部分。历代书家无论释道或其他，也都融汇着一定的儒家思想。

在漫长的封建社会里，儒家思想根深蒂固。二十世纪初及“五四”运动，引进西方文化，欢迎德赛二先生，打倒孔家店，批判中庸之道，对书法审美的传统观念形成了冲击。但这一冲击与清末阮元、包世臣、康有为的北碑南帖论并非一辙。明清台阁体、馆阁体盛行，人们由厌恶馆阁体进而株连到晋唐。新文化运动以来的书家，既看清了馆阁体弊病，又分清了翻刻本与晋唐诸贤的区别。既看到尊碑说的客观意义，又指出了它的偏颇。特别是由于文化科学的发达，晋唐墨迹影印件的传播，人们对以二王为代表的书法传统有了更清楚的认识。于是，宗法二王重又蔚然成风。

二王书法体系之所以流传千古，技巧因素是次要的；主要原因是它的风流蕴藉的格调、气息，适合中国文人的大儒风度的审美倾向。这种倾向是整个文化艺术的审美观念的一部分，与完整的自成体系的东方文化密不可分。

今天，认真欣赏二王法书，已经受到很大局限。但总还有许多线索可以寻绎。《淳化阁帖》、《大观帖》、《宝晋斋法帖》、《十七帖》等，有两项缺点：一是所选未必完全可靠，二是摹勒、刀刻、传拓过程中的失真。但这些都瑕不掩瑜。即以王著鉴选不精而论，个别误收的资料也总与二王字十分切近。再说摹勒、刀刻。王帖汇刻的目的便是保存和流传书法，所以，各道工序都尽可能精细。而一般碑刻，最初的目的未必都是流传书法，所以刻工每每不佳。王帖旧拓的精美影印本可以算比较好的资料。

墨迹本，《奉橘》、《平安》、《何如》诸帖弥足珍贵，其余唐代临本、摹本、双钩廓填本也都相当珍贵。再退一步说，王帖米临本也是学习王字的重要资料。从版本鉴定的角度细加区别是另一回事。这里说的是探讨二王的书法艺术。唐人及米芾，临摹王帖相当纯熟，足资参考。

此外，二王之后，学王有大成就者，不乏其人。从王僧虔、智永到唐宋诸家，都承二王传统而各有发展。学习他们的作品，也能间接感受到二王的艺术魅力。他们的传世墨迹，有些是真迹，有的可能是稍后的临本、摹本。但对于学习二王书法来说，宋人临摹本也就很值得玩味了。

所以，今天即便难见王字的第一手资料，也还不能把学习王字视为虚无。学习王字，从技巧来说要得笔，书家的笔法是精到的。古代也有的名家写一手颇足观赏的好字，但未必得笔。试图得笔的途径有两条：最根本的乃是研究墨迹，从墨迹中把玩下笔与转折的手法，并付诸实践；另一方面，对墨迹的理解则要借助于古代文献资料。二王笔法振迅天真，妙于起倒，而没有固化的模式。二王书，似奇反正，若断还连，莫可端倪。二王书，尽管气象万千，但绝无习气。元明清学王者，或有习气，借鉴时不可不慎。习气是一种过分。才情的倾泻需要有一种理智，妙在有我、无我之间。此中奥妙，自然还须向二王书法中探寻。

学习王字，最难的是领略高雅的意境与书家的情操。其中，博大的胸怀、率真的性格、淡于名利的处世哲学，感人至深。二王书，草草似不经意，但细加品味，点画坚实，结构协调，尤其是作品的大效果，令人心远，令人陶然，令人感受到还有许多难以形容的魅力。说中国书法博大精深，实不过分。

随着经济的发展以及中外文化交流的加强，儒家思想，特别是中庸之道，再次受到冲击。依附于儒家思想的书法审美也毫不例外。这是历史发展的必然，不足为怪。时代在发展，人们的生活节奏在加快，对美的需求越来越多样化，有时希望清淡、宁静，有时需要刺激、热烈。二王书法已经不能满足更多人的需要。于是不少书家开辟新的天地，寻找另外的趣味。以二王笔法要求，从不故意模拟石刻的剥泐。因为思想的出发点是写，而不是制作。古人简牍、手稿、书札墨迹，都是在日常应用中产生的，既为用，就要提高效率，这便不可能、也没有必要加工制作。今天的情况已经有了翻天覆地的变化。由毛笔、钢笔而至电脑，毛笔的基本作用是书法创作。书家的创作意识空前强烈。这儿的“创作”便与古人的“写”大不一样。因此，创作所采用的工具、手段、手法，必然出现各种各样的探索与尝试。已经不能再以二王笔法为唯一标准来衡量所有的书法创作。

但是，任何艺术，都要追求意境。意境是状物与抒情的统一。二王书法，从技巧来说，不为法缚，不与法脱，有法而无定法；从意境来说，风神超迈，以韵相胜，达到了冥合天矩、天人合一的化境。二王的创作经验、艺术原理及典型意义则是永存的。

注　释

[1] 《历代书法论文选》，上海书画出版社，1979年，384页。

[2] 同[1]，180页。

[3] 同[1]，87页。

[4] 同[1]，87页。

[5] 同[1]，180页。

[6] 同[1]，50页。

[7] 同[1]，53页，句读有改动。

[8] 同[1]，148、149页。

[9] 同[1]，47页。
[10] 同[1]，151页。
[11] 同[1]，150页。
[12] 同[1]，54页。
[13] 同[1]，314页。
[14] 同[1]，50页。
[15] 同[1]，151页。
[16] 同[1]，113页。
[17] 《历代书法论文选续编》，上海书画出版社，1993年，61页。
[18] 同[17]，60页。

清雍乾时期珐琅器及其朝政作用探析

范菲菲

（山东博物馆）

关于清代珐琅器[1]，已有不少专家学者做过相关论述。朱家溍先生选编《养心殿造办处史料辑览》[2]、《清代画珐琅器制造考——〈工艺美术史料汇编〉之一》[3]，系统刊布了雍乾时期清宫珐琅作的档案文献史料，并对画珐琅史料进行了择要搜集和考证，为深入研究这一时期的造办处珐琅作与画珐琅器提供了有利条件。笔者在查阅已刊发的档案文献史料、清实录以及其他历史文献时发现，清宫珐琅器除作为宫廷日用品、陈设品和文房用品外，还被皇帝作为赏赐品赐予属国国王、蒙古王公、达赖班禅和朝中重臣，相关记载以雍乾二朝最为集中，此后各朝记载鲜少，且赏赐范围、数量、次数远较织品、瓷器等类别有限，这种限制体现了珐琅器的赏赐与雍乾朝政的关联，本文对此略作探讨，以就教于方家学者。

一

清代画珐琅工艺始于康熙年间，盛于雍正、乾隆前期，直至乾隆中期以后遂成绝响。康熙二十七年（1688 年）下令将珐琅作划归宫内造办处辖理后，开始试烧画珐琅器，经数年实践，至康熙末年已经能够制出较为成熟完美的画珐琅制品。但直至雍正六年（1728 年）以前，所采用的珐琅釉料仍依赖西洋进口。雍正五年（1727 年），意大利和波而都瓦尔国来华使臣所带方物中，除金珐琅盒等工艺成品外，就有各色珐琅料块在列[4]。因珐琅料十分有限，所以当时所制画珐琅器数量不多且制作考究，从珐琅器的式样、纹样设计与修改、烧制数量到选胎、烧造都十分严格。从雍正朝造办处活计档案看，雍正帝不仅加强了对珐琅作的巡视与督察，还常常亲自参与珐琅器画稿的设计与修改，如雍正四年八月十九日档案记载，珐琅作就曾“……奉旨：先前做过的三足马蹄炉与通身的花纹对的不准，今改做四足，与通身的花纹对准，其花样改画些亦可……”[5]雍正六年（1728 年），造办处成功试烧出九种西洋珐琅料，后来又自炼烧出九种西洋料所没有的色料，解决了珐琅釉料完全依赖西洋进口的限制[6]。釉料品种的增加使雍正时期烧制色彩绚丽的珐琅器成为可能，同时，珐琅作的人员配备也有所增加，这一时期的珐琅制品，无论从器型、胎骨、釉色，还是从纹饰、花样看，都达到了很高的境界，清代画珐琅器此时进入全盛时期。

由于西洋进口和自制的珐琅料都非常贵重，珐琅器烧造工艺也十分复杂，所以清宫画珐琅器每年的制作数量相当稀少。从雍正朝造办处活计档看，珐琅作数量较大的一批活计，是雍正七年（1729 年）二月开始做的 460 件瓷胎画珐琅器，至雍正十三年（1735 年）十月才全部完工[7]。雍正七年（1729 年）四月初二日，郎中海望曾持出一件洋漆万字锦绦结式盒，雍正帝令照样烧造黑珐琅盒，至当年十月二十八日才烧成，历时六月余[8]。条件优越的清宫造办处尚且如此，足见珐琅器烧造之费工费时。因此，画珐琅器一直为宫廷所垄断，成为皇家御用的珍贵器物。

二

雍乾时期虽是宫廷珐琅器制作的鼎盛期，但制作量十分有限。从雍正朝十三年间的造办处活计档看，珐琅作每年的制作数量不过以十数件至数十件计。雍正四年（1726 年）十月造办处曾奉怡亲王谕，“着珐琅炉、瓶、香盒，或软珐琅或硬珐琅，做几份以备赏[9]”，次年五月仅做出珐琅乳炉一件，瓶、盒各一件，桃式炉、石榴式盒、葫芦式瓶各一件。如此屈指可数的制作量当然就使得珐琅器物的赏赐数量和范围颇受限制。这也意味着珐琅器的赏赐在当时堪称殊荣，是身份地位的象征。据史料所载，清廷珐琅器的赏赐对象主要为周边属国及西洋诸国国王、蒙古王公、西藏宗教领袖和朝中重臣功臣等，这在一定程度上体现了清廷在对外关系、边疆、宗教、用人诸问题上的策略和态度。

1. 赠予属国及西洋诸国

清王朝以“天朝上国”自居，它与周边国家建立朝贡关系，居于中心的宗主国地位，各藩属国向清王朝“称藩纳贡”，接受清帝册封，清王朝则以“厚往薄来”的原则，对各朝贡国国王与来华使臣等按惯例进行赏赐。这是一种传统的维持中外关系与交流的方式。

清王朝与各属国建立关系之初，对各国的赏赐皆有定例，但例赏之外，又常常特赐瓷器、玉器等其他物品，以表优礼之意。珐琅器在雍乾时期便是特赐物品中重要的一项。

雍正二年十月二十八日，特赐暹罗国王珐琅器等物[10]。

雍正七年闰七月，特赐暹罗国王珐琅香炉、珐琅匙箸瓶、盒各二份[11]。

乾隆十四年，特赐暹罗国王珐琅炉瓶一副[12]。

乾隆十八年，加赐暹罗国王珐琅器[13]；加赐西洋诸国国王珐琅器二种十二件，西洋诸国正使珐琅器二件[14]；特赐波而都瓦尔国王珐琅器二种[15]。

乾隆二十二年，特赐暹罗国王珐琅器十三件[16]。

乾隆四十六年，特赐暹罗国长郑昭珐琅器等物[17]。

乾隆五十五年，加赏安南国王阮光平珐琅金盘一件[18]。

乾隆五十八年八月二十九日，赐英国国王紫檀彩漆铜掐丝珐琅龙舟仙台一件[19]。

乾隆五十九年十月，加赐荷兰国王珐琅器二件[20]。

从目前能够查阅的史料看，雍乾时期获得珐琅器馈赠的国家，以周边属国暹罗和西洋诸国为主，而奉贡最勤的朝鲜国和琉球国却并无记录。相对而言，暹罗所得赏赐最为频繁，共得六次加赏，数量亦最多，这与清前期中暹之间的亲密交往不无关系。暹罗自清初与清王朝建立藩属关系后即奉贡不绝。清前期，中国东南沿海一带粮荒现象日益严重，依靠传统的邻省邻区调剂的方式已无法解决粮食短缺问题，清政府和地方官员遂将目光投向素与清王朝交好且盛产稻米的暹罗。清王朝采取了许多优惠政策以鼓励暹罗米商和中国商人运米，暹罗政府也对向中国出口大米积极支持。自雍正二年（1724 年）中暹之间正式开始大米贸易，此后不断兴旺发展，一直持续到乾隆中期。暹罗大米的大量输入，有效缓解了中国东南沿海的粮食危机，所以，清王朝尤其重视与暹罗的关系，在进行赏赐时也特别体现了这种优待，甚至在中暹大米贸易兴旺期的乾隆二十二年，一次就特赐暹罗国王珐琅器十三件之多，这在此前与此后都是没有过的。乾隆后期，由于暹缅战争爆发，暹罗农业生产大受影响，对中国的大米输出几乎停滞，乾隆末年，广东米价昂贵时未由暹罗运米，而改自吕宋购买，说明中暹大米贸易已告衰落。乾隆四十六年（1781 年）以后不再有加赐暹罗珐琅器的史料记载，推其原因，除了乾隆晚期珐琅器的制造已近衰退之外，中暹大米贸易的衰落或许也是一个因素。

2. 赏赐蒙古王公

清王朝一直重视与蒙古各部的关系。康熙帝曾说，“本朝不设边防，以蒙古部落为之屏藩耳”[21]。认识到蒙古各部所处的重要战略地位，清廷将拉拢和优抚蒙古各部纳入边防策略。雍乾时期多次将珍贵的珐琅器皿赏赐给蒙古王公贵族，便是清廷笼络蒙古各部的重要体现（表一）。

表一　雍乾时期赏赐蒙古各部珐琅器物表

时间	赏赐情况	出处
雍正元年八月初四日	赏乌朱穆秦车沉王塞等敦多布珐琅鼻烟壶一个	中国第一历史档案馆藏：《雍正元年御笔赏赐簿》，《历史档案》2001 年第 3 期
雍正元年九月十三日	赏喀尔喀郡王丹津多尔济珐琅鼻烟壶二个	中国第一历史档案馆藏：《雍正元年御笔赏赐簿》，《历史档案》2001 年第 3 期
乾隆九年正月壬午	赏准噶尔首领葛尔丹策零珐琅器四事	《清高宗实录》卷二〇八，乾隆九年正月壬午

续表

时间	赏赐情况	出处
乾隆十一年三月甲申	赏准噶尔台吉策妄多尔济那木扎尔玻璃、瓷器、珐琅器皿十八事	《清高宗实录》卷二六一，乾隆十一年三月甲申
乾隆十二年正月	赏准噶尔台吉策妄多尔济那木扎尔玻璃、瓷器、珐琅器皿十八事	《清高宗实录》卷二八三，乾隆十二年正月下
乾隆十三年四月辛未	赐准噶尔台吉策妄多尔济那木扎尔玻璃、珐琅、瓷器十八事	《清高宗实录》卷三一三，乾隆十三年四月辛未

从表一看，清廷珐琅器物的赏赐对象主要有漠北蒙古喀尔喀各部和漠西蒙古准噶尔部。喀尔喀蒙古西起阿尔泰山，东到呼伦贝尔，南邻大漠，北与俄罗斯接壤，战略位置十分重要。其三大封建主土谢图汗、札萨克图汗、车臣汗早在清入关以前即与之建立了联系。康熙二十七年（1688 年）趁喀尔喀三部内乱，准噶尔侵入喀尔喀，喀尔喀各部内附清廷以求庇护。康熙三十年（1691 年）清廷与内外蒙古各部首领多伦会盟后，在喀尔喀封爵建制，加强了对喀尔喀蒙古的管辖。正如康熙帝所言，“我朝施恩于喀尔喀，使之防备朔方，较之长城更为坚固”[22]，对喀尔喀蒙古的有效控制，对于清王朝北部边疆的安定有着重要意义。

准噶尔是漠西蒙古诸部中实力最强的一部，17 世纪中期以后逐渐兼并其他各部并控制回部，成为西北草原上的强大势力，雄踞一方，蠢蠢思动，威胁到清王朝西北与西南边疆的安宁。康熙、雍正、乾隆三朝为安定西北，曾多次与准噶尔贵族争战。雍正九年（1731 年）准噶尔王葛尔丹策零与清廷之间爆发战争，历时四年，至雍正十三年（1735 年）双方休战，确定了准噶尔与喀尔喀的游牧分界，自此西北地区进入长达十数年的和平期。据清世宗、高宗实录记载，此段时期准噶尔几乎年年向清廷遣使纳贡及与边地进行贸易。这种局面无疑有助于维持西北、西南边疆的稳固，所以乾隆帝不仅对准噶尔希望扩大贸易的要求尽量满足，而且还常常赏赐准噶尔贵族珐琅、玻璃、瓷器、锦缎等物品，以示朝廷怀柔优抚之意。

3. 优礼达赖和班禅

自明代以来，藏传佛教对西藏地区及西北边疆的蒙古族聚居区就有着巨大影响力。王公贵族和一般牧民皆虔信藏传佛教。宗教首领往往能够左右当地的政治形势，影响人心向背。清朝前期漠西蒙古准噶尔部葛尔丹就曾利用达赖喇嘛的支持夺得汗位，既而借助五世达赖册封的“博硕克图汗”在各部加强势力，并以保护喇嘛教为由侵入喀尔喀蒙古，与清廷对抗。而清王朝也是利用了藏传佛教在蒙藏民族中的影响力，取得清准战争的胜利，并通过尊崇班禅、哲布尊丹巴制衡达赖势力，以利于清廷对蒙藏地区的控制[23]。

对于藏传佛教对西北和西南边疆局势的影响，清王朝有着清醒的认识。雍正帝曾宣谕蒙古青海王贝勒公台吉道，“念尔等尊崇黄教，是以我朝于达赖喇嘛、班禅额尔德尼，备极恩眷”[24]，又对准噶尔台吉葛尔丹策零道，“朕为天下主，惟思扶持黄教，利济众生，敦崇和睦，执中循礼”[25]，表明清廷维护黄教的根本目的在于拢聚人心，控制蒙藏。乾隆帝也在《御制喇嘛说》中指出，黄教总司达赖、班禅二人，“各蒙古一心归之”，“兴黄教，即所以安众蒙古，所系非小，故不可不保护之，而非若元朝之曲庇谄敬番僧也”[26]。

清廷提倡藏传佛教，不仅对达赖、班禅进行册封，颁发金册、金印，而且还会赏赐珐琅、玻璃等珍贵器皿以示优礼。据清宫造办处活计档记载，雍正五年（1727 年）二月初八日，理藩院尚书特古忒交给内务府一份达赖喇嘛、班禅额尔德尼的赏赐清单，其中有七珍、八宝、满达、珐琅花瓶等物件。由于珐琅花瓶一时难得，只得临时动用了府内现成的两对掐丝珐琅花瓶，至次年正月才补做二对还给府内[27]。这条史料至少说明两个问题：一是当时珐琅器物制作耗时久，成品量少而珍贵；二是清廷不仅要将如此珍贵的物品赏赐达赖、班禅，而且在来不及成造的情况下还不惜动用备作他用的现成物品，足见清廷对达赖、班禅之高度重视。从现有史料看，有关雍乾时期备赏或已赏黄教领袖的珐琅器物还有如下数条记载：雍正十一年（1733 年）五月和十二月，造办处珐琅作共做得黄地珐琅钵六件，钵身周围中间写梵字，画吉祥草；该年十月廿五日办理军需处奉旨赏给达赖喇嘛珐琅法轮杵一份[28]。雍正十二年（1734 年）正月补做法轮杵一份，并做珐琅六寸满达六份，珐琅法轮杵三份；该年六月又传做铜胎珐琅奔马壶一件、掐丝珐琅海灯一件、珐琅海灯一件、珐琅靶碗一件、珐琅拉古里碗一对以备赏达赖喇嘛[29]。雍正十三年（1735 年）有铜胎黄地珐琅钵一件[30]。乾隆四十二年十二月壬子特赐达赖喇嘛之呼毕勒罕珐琅花瓶一对[31]。

4. 加恩朝中重臣

雍乾时期对臣僚赏赐珐琅器物，体现了雍正、乾隆二帝加恩于下，融洽君臣关系的用意。以雍正元年为例：雍正元年（1723 年）九月十三日，赏兵部尚书孙柱、侍郎伊都立、李凤翥、河南总兵佟世琳每人珐琅鼻烟壶一个；九月十四日，赏大学士张鹏翮珐琅鼻烟壶一个；九月十九日，赏乌拉将军珐琅鼻烟壶一个；九月二十七日，赏广东提督董象伟珐琅鼻烟壶一个；九月三十日，赏户部郎中署山东布政司拨尔多珐琅鼻烟壶一个；十一月十五日，赏正白旗都统拉什、散秩大臣佛伦每人珐琅炉一个；十二月初四日，赏刑部侍郎马尔齐哈珐琅炉一个；十二月初五日，赏总管太监珐琅炉一个[32]。从雍正元年的赏赐记载看，当时赏赐给臣僚的珐琅器物以小件的鼻烟壶、香炉居多。清初人刘廷玑在其散文集《在园杂志》中写道，“迩来更尚鼻烟，其装鼻烟者，名曰鼻烟壶，有用玉、玛瑙、水晶、珊瑚、玻璃、缕金、珐琅、象牙、伽楠各种，雕镂织奇……物虽极小，而好事者愿倍其价购之以自炫……”[33]，可见，珐琅鼻烟壶在当时已是时人竞相追逐的新潮物件之一，而御赐的珐琅鼻烟壶无疑更是殊荣的象征。

乾隆三十一年（1766 年），因缅甸进犯，清廷派大学士杨应琚督师云南绥边。得知杨应琚染疾后，乾隆帝便赏赐他药丸、玉子暖手、荷包、珐琅鼻烟壶等物以示体恤[34]。乾隆六十年（1795 年）十二月，因镇压黔湘地区的苗民起义有功，除例赏外，乾隆帝又加赏给云贵总督福康安、四川总督和琳珐琅三针洋表等物，都统额勒登保、德楞泰珐琅二针洋表等物[35]。

御赐物品对受赏者而言代表着清廷的肯定和恩宠。雍正、乾隆二帝清楚这在臣僚中的影响，因此常会通过奖赏功臣、重臣以显示君臣之间的亲密关系，这是其恩威并重的用人之道的体现。

三

自康熙年间创烧画珐琅器开始，珐琅器的制造就受到清初三代帝王的关注，尤其雍正时成功自炼珐琅料，将画珐琅器制造推向鼎盛。乾隆中期以后清宫珐琅制造逐渐衰落。清人沈初在其《西清笔记》中曾记道，“懋勤殿向设一大镜屏，岁值铜价涌贵，上命撤以付钱局鼓铸。时始禁止珐琅作坊，内府珐琅器，亦有付钱局者。”[36]沈初于乾隆年间在朝为官，三十二年曾值懋勤殿，所记当属亲身见闻。可见，乾隆中期以后社会经济转下，在“康乾盛世”开始呈现下滑趋势的背景下，宫中奢靡之风必有收敛，造价昂贵、耗工费时的珐琅器制造也就难以维系了。

除了作为一种珍贵而精美的宫廷秘玩供皇家使用和玩赏外，珐琅器在雍乾时期被赋予了另一项功能，即与瓷器、玻璃、织品等一起被列入赏赐清单。但值得注意的是，第一，宫廷珐琅器的制造盛于雍乾时期，从目前史料看，作为赏赐品的记载也以雍乾时期最为集中；第二，珐琅器，尤其画珐琅器在雍乾时期堪称新潮的工艺品，此前此后皆无法媲美；再者，由于珐琅器稀少而珍贵，它的赏赐范围、数量极其有限，仅有周边属国和西洋诸国、蒙古王公、黄教领袖、清廷重臣有机会受赏，因此，探讨雍乾时期珐琅器的赏赐情况，是我们窥探当时清廷在对外、民族、宗教、用人诸问题上所持策略和态度的一个重要途径。

注　释

[1] 珐琅器根据制作工艺主要有掐丝珐琅、画珐琅之分，掐丝珐琅于 12 世纪传入中国，明景泰年间臻于鼎盛，而画珐琅发展相对晚近，于康熙末年试烧成功。由于康熙、雍正二帝皆把目光集中在画珐琅这一新工艺上，所以画珐琅制作在清初取得极大发展，而传统的掐丝珐琅制作则相对被忽略，从朱家溍《养心殿造办处史料辑览》看，雍正时期珐琅作所做活计，画珐琅器的制作远多于掐丝珐琅器的制作，是为一证。到乾隆时期掐丝珐琅制作才兴盛起来。既

然画珐琅在清三代颇受重视并发展至全盛，关于珐琅器赏赐的记载也集中于雍乾时期，可以推测，它在当时的制作和赏赐中必然占了相当大的比重。
[2]　朱家溍：《养心殿造办处史料辑览》（第一辑），紫禁城出版社，2003 年。
[3]　朱家溍：《清代画珐琅器制造考——〈工艺美术史料汇编〉之一》，《故宫博物院院刊》1982 年第 3 期。
[4]　（清）梁廷枏：《粤道贡国说》卷四，《清代史料笔记丛刊》，中华书局，1993 年。
[5]　朱家溍：《养心殿造办处史料辑览》（第一辑），紫禁城出版社，2003 年，63 页。
[6]　同 [5]，124 页。
[7]　同 [5]，178 页。
[8]　同 [5]，179 页。
[9]　同 [5]，64 页。
[10]　同 [4]，182 页。
[11]　同 [4]，179 页。
[12]　同 [4]，187 页。
[13]　同 [4]，188 页。
[14]　同 [4]，221 页。
[15]　同 [4]，230 页。
[16]　同 [4]，188 页。
[17]　同 [4]，189 页。
[18]　《清高宗实录》卷一三六九，乾隆五十五年十二月乙丑。
[19]　同 [4]，239 页。
[20]　同 [4]，215 页。
[21]　《清圣祖实录》卷二七五，康熙五十六年十一月丙子。
[22]　《清圣祖实录》卷一五一，康熙三十年五月壬辰。
[23]　柳升祺：《十八世纪初清政府平定西藏准噶尔之乱始末》，《民族研究》1998 年第 1 期。
[24]　《清世宗实录》卷一〇八，雍正九年七月庚辰。
[25]　《清世宗实录》卷一五五，雍正十三年闰四月丁酉。
[26]　《清高宗实录》卷一四二七，乾隆五十八年四月己巳。
[27]　同 [5]，94 页。
[28]　同 [5]，251 页。
[29]　同 [5]，268 页。
[30]　同 [5]，289 页。
[31]　《清高宗实录》卷一〇四七，乾隆四十二年十二月壬子。
[32]　中国第一历史档案馆藏：《雍正元年御笔赏赐簿》，《历史档案》2001 年第 3 期。
[33]　（清）刘廷玑撰、张守谦点校：《在园杂志》卷四，中华书局，2005 年，167 页。
[34]　《清高宗实录》卷七七四，乾隆三十一年十二月戊申。
[35]　《清高宗实录》卷一四九二，乾隆六十年十二月戊子。
[36]　（清）沈初：《西清笔记》卷二 · 纪庶品，中华书局，丛书集成初编本，20 页。

浅谈古代陶器的修复与保护技术

窦淑梅

（山东博物馆）

陶器是古代劳动人民在长期的生活实践中发明创造的，是聪明才智的结晶；也是人类社会发展到一定历史阶段的重要标志，因此具有划时代意义。

由于多数陶器原料就地取材低温烧制，因而较为粗糙，且内部孔隙多、渗水性强。加之原料及火候差异，致使部分器物易碎、酥松、斑点、机械强度低等特点。为了最大可能延长陶器寿命，让观众能够直观了解历史真实面貌，需要精心修复与保护。本文主要从环境分析、现状调查、清理清洗盐类、拼对黏接、配补缺损、加固、封护表面彩绘和陶胎、仿色做旧等方面谈点经验和体会。

一、分析病害、清除盐类成分

陶器生产原料主要使用地表黏土，由含水的铝硅酸盐等成分组成，加水后可塑造多种形状并可加温制成，易被土层内的盐类侵蚀，加之质地较软，无法承受自然环境所带来的破坏，随着环境气候的变化出现多种病症。

1. 可溶性盐类对陶质的危害

修复之前先观察和识别其质地及病害。由于其独有的内部结构，大量可溶性盐类及其杂质深入到器身内部并积聚起来，致使器物含盐分很高。加之土壤中的钙类、硅类化合物牢固地吸附在器物表面，形成难溶的覆盖层，主要为氯化钠、氯化钾、硫酸镁及金属阳离子的氢氧化物。可溶性盐类在温度和湿度条件发生变化时，就会发生溶解重结晶现象，使器物表面泛白，并且被盐结晶撑出无数斑点，造成体积膨胀，对孔隙四壁施加作用力，当盐溶解后，这个压力也随之消失。如此反复变化，加上原来陶胎中金属氧化物的溶出，陶器自身的抵抗力减弱，变得表面粗糙酥松，釉陶的釉面剥落，器物内部松脆，很容易破碎。尤其是孔隙较大的粗砂陶，更容易受到损害。可溶性盐类是陶器中最主要的病害，主要采用水洗的方法去除。在洗涤含盐分高的陶质前，先要断定其火候即烧成温度，可以从声音上来判断能否经受得住清洗，否则就要先加固保护然后才能进行。

2. 单色陶器、彩陶及釉陶洗涤法

器物表面没有彩绘装饰，这类属于单色陶器。除盐类附着物较简单，一般采用洗涤法清理即可。把器物放入流动的水中，洗涤几遍，除去大量可溶性盐类附着物后，再换蒸馏水浸泡洗涤，可用 2% 的硝酸银溶液测定洗涤液中氯离子浓度来判断除盐程度。

有些彩陶颜料绘在表面于器身结合很牢固，可直接用洗涤法除去盐类附着物。如大汶口文化彩陶鼓，彩绘及图纹高于器物表面且很松散，甚至起甲（指起皮或表皮剥落），直接用洗涤法除盐，则使彩绘酥松脱落，因而要对其表面进行加固。一般常用 2% 的硝基纤维素丙酮溶液，3% 的乙基纤维素酒精溶液。

由于不同地区的黏土，所含成分的比例有差别，所以，要因器物的质地及松散程度决定溶液浓度，用喷涂或刷涂的方法，对起甲严重部位的器物可用针管注射进行加固，再用洗涤法除去盐类成分。对于艺术价值很高的彩绘陶，受盐类结晶作用画面密布空隙，这类现象不能直接洗涤，应选择无彩绘处，用纸浆包裹法除盐，以防止可溶性盐类渗出画面造成新的危害。

釉陶表层因为长期在地下埋藏，受到土中水和酸碱盐的侵蚀，使器物上附着坚硬牢固的泥土、水锈，釉面受到土中的碳酸钙镁盐类及氧化铁、碳酸铜等物质侵蚀，使器物表面附着一些灰白色的沉积物，有的颜色呈铁红或黄褐色；银釉是汉代器物中常见现象，如绿釉陶奁表面覆盖一层银白色光色的物质，器身釉层不完整，盐类渗入陶体内部，再加上釉色中的铅受地下环境的影响而生成的金属氧化物，造成釉层剥落，不可直接用洗涤法。如釉层和器物结合很松散应先用高分子材料加固，视其强度也选用洗涤法或纸浆包裹法除盐。纸浆包裹法是把滤纸或吸墨纸撕成碎块，放入盛蒸馏水的烧杯中，加热搅拌使其成为纸浆，敷一层在待除盐器物上，使盐类将从器物内部转移到器物表面，并且在敷纸上结晶。这样涂敷一次纸浆，就排出一部分可溶性盐，反复操作若干次后，即可除去可溶性盐。有些对器物没有任何损害，不必去除。

3. 陶器表面难容覆盖物的处理

有些彩陶受到埋藏环境的影响，其附着力大大下降，胶结材料已老化失去作用，出土后在干燥状况下色彩脱落起甲。其表面被厚厚的覆盖物掩蔽花纹和图案，在慢慢侵蚀和破坏器身表面。这就需要清除浮沉，对彩绘进行科学分析检测处理。为使图案花纹重新呈现出来，在对难溶覆盖物清除时，因表面多孔，难溶物和器物结合很牢固，用机械办法势必造成陶器损伤。因为器物表面覆盖一层石灰质类，少部分为石膏及硅酸盐酸，颜料为氧化铁、四氧化三铁及氧化锰等。石灰质类覆盖层厚时可用 4% 盐酸擦洗，覆盖物薄时用 1% 、2% 的盐酸溶液擦洗，等釉面彩绘显露出来时，再用蒸馏水冲洗。石膏类覆盖物一般不溶于酸碱，而微溶于水，单纯用水洗涤难以去除。石膏类可以溶于硫酸铵的热饱和溶液，选用热饱和溶液擦洗去除石膏覆盖物，同样，除完后用蒸馏水冲洗。在清除这类覆盖物的同时，也容易将彩绘黏脱受影响。因而在去除难溶物时要及时、彻底，注意保护好器表上面有价值的信息，还要慎重小心，不可盲目从事。根据不同的陶质和受损程度，做出不同的处理方案。要层层清除及加固，边观察，边清理，既要保持文物不受损害，又要用科学的方法完全清除难溶物。

二、黏接材料、补配及其使用方法

为便于对陶器长期保护，就需要对已支离破碎、酥散松脆甚至残缺不全的器物，进行拼对黏接、复原，只有加固保护后才能更好地用于展览和便于保管。

陶质文物黏接的高分子材料很多，传统的修复黏接是用漆片酒精溶液作为黏合剂，此材料易脆颜色深暗，后来用硝基纤维素做黏合剂。这类材料易老化。目前使用聚醋酸乙烯酯有溶剂型（丙酮溶剂）和乳液型两种，此胶干后无色透明，具有优良的黏合强度。

1. 黏接与加固陶器的相关程序

在修复之前，按照每块所处的不同位置进行分类规划，确保在修复过程中不会出现过失。当接到一组破碎陶片时，要把对茬完全吻合的残片进行黏接。从大的黏接面开始，然后再把碰撞而掉的碎渣黏接上。要按照从下向上、从底部到口沿、从主件到附件并兼顾整体的顺序进行黏接。注意胶口不要太满，用胶应该以薄胶打底，对茬拼接后再用背面注胶的办法补胶效果较好。当胶接完成后，对准茬口施加压力，防止古陶遇湿而涨。如果每道接缝都涨出的话，那么，最后就会涨出许多，结果导致收口对茬无法合拢。其次，要对质地进行测试并掌握与之相关的情况，切实采取有效的修复方案。

陶器质地好坏将直接影响到修复效果。例如，彩陶和其他素陶一样，也存在因烧制火候不均匀，造成质地较软极易酥碎的情况。出现这类现象，主要是在烧成前又含有着色剂或不含着色剂的天然矿物涂料绘上的，再经烧成而固定在器物表面，如因火候偏低而松软，就势必影响彩绘的附着力，使其容易脱落。对此应及时采取相应补救措施，尽可能保护好本身的色彩。

出现这种状况，先采取加固后黏接的方法，也就是利用陶器质地松软、吸水性强的自身特性实施渗透加固，常用5% ~15% 的聚醋酸乙烯酯酒精溶液，倘若器物比较潮湿，可用5% ~10% 的聚醋酸乙烯酷乳液或丙烯酸酯乳液渗透加固，完毕后用溶剂擦去表面多余的高分子材料。这与传统修复工艺虽然有些“背道而驰”（一般是先黏接，后加固)，但经技术鉴定，效果不错，由此避免了因工作不慎而带来的遗憾。

由于受潮湿环境的影响，器物本身吸取过量水分，甚至已达到饱和状态。这时，实施黏接显然不适合，涂抹在截面上的黏合剂会因陶质内水分而被稀释或使其两种物质不相融合。无论哪种情况出现，皆可降低其黏接效果。正确的做法是，把陶片放置背阴处自然晾干再行黏接，才能达到其黏接的最大强度。切不可采用加热烘干的办法在短时间内干燥，这样有可能因失水过快而使器物变形或断裂。

2. 根据陶质差别选用不同的黏接材料

修复陶质坚固的器物，主要有热固性树脂胶黏剂，一般用环氧树脂胶黏剂。经常用于或质地坚硬、或结构致密、或体量较大的古代器物的受力和支撑部位，如唐三彩的马腿、汉代九连灯的支架等。采用环氧树脂胶黏剂修补古代陶器，用捏塑法难度较大，而用模型填充法或单面模块衬垫填充法操作较容易、效果较好。再者，使用热塑性树脂胶黏剂，首选聚乙烯醇缩丁醛胶黏剂。此胶黏接力适中，适用于大部分古代陶器碎片的黏接，而且具有良好的防潮耐水性能。用于修补腻子时，若修补部位较厚，注意底层所用腻子尽量干硬，面层可稍软，以利修整，防止表面结膜而使内部很难干透的现象。

修复质地松软的陶器，如章丘危山汉墓兵马俑，这类陶器应在完成整体性处理的基础上，考虑使用渗透加固法对其截面实施再处理，配制渗透力较好的黏合剂，采取点滴的方法进行渗透加固，也就是人为地增加质地硬度，为黏接打好基础。渗透要一次性完成，尽可能使待黏面达到“饱和”。要充分利用陶片所提供的信息——形状、纹饰、色彩、厚薄等，进行临时拼对。在所对应的结合处，用不同的记号或不同编码分别标明每块所在的位置。然后，分成几组进行，要采取一次性黏接，即完成整个器形的黏接。

3. 残缺陶器的补配方法

对某些残缺器物需要补配，根据需要有多种补配方法。填补法是选用配补材料直接把器物上残缺部位填平补齐。将配补材料调制成均匀的液状，补在缺口或表皮的黏接处，用工具刀抹平，补缺部位的表面和原始陶片表面相齐，待干涸后，修平打光。用砂纸打磨时不能超出边线，以免损害原器物。模补法是采用范模翻制进行配补，塑补法采用各种雕塑技法进行修补，主要适合有较复杂装饰纹饰的小面积残缺处以及有立体部位缺损的修复。陶补法就是用陶土做原料，按照器物的残缺地方制作出坯胎，再烧成所需的陶片，然后直接黏接到器物上。再者，用石膏补配法，为增加强度，可用 3% 的聚乙烯醇溶液或 3% 的聚酯乙烯酯乳液调和石膏完成器物的配补操作。补配这类器物时要有充分的依据，尽可能显现陶器原来的面貌特征。当一件器物缺损三分之一以上时，最好从缺损面的两端逐段修补，因为本身圆弧度就不很规则。另外，缺损较大，容易产生器物弧度偏差。所以，采用逐段进行修复，可保证复原后器形准确无误。

三、仿色技术及其操作过程

1. 器表色泽的形成

经过几道工序的修复与保护，有些器物为保存原有风格不需要仿色做旧，但也有一部分为适应陈列需求，更完美地展现在观众面前，必须进行补色做旧，陶器表面颜色的形成，这是陶土的质地、焙烧温度和工艺的不同，而产生的一种自然色。本身含有氧化铁（Fe_2O_3）等金属化合物，不仅起着助熔作用，降低烧成火候，还直接影响自身的颜色。如陶土中含有较多氧化铁，在氧化气氛中烧成红色，在还原气氛中烧成灰色。红色和灰色是单色陶的基本色调，只不过是在原始烧成的层面上，再次加工，蒙上一层新的色彩，受到遮盖而已。

器身表面颜色的明暗程度，取决于所选用的原材料。任何一种新烧制或新绘制的陶器，都是光亮的，随着岁月的流逝、自然力的侵蚀，固有的光亮会逐渐黯淡消失，尤其是深埋于地下受到温湿差的影响，更是如此。对于表面的明暗程度，从一定意义上讲，标志着距今年代近与远。所以，在仿色时绝对不能忽视器表的亮度。

2. 仿色颜料的选用

仿色工艺一是准备阶段，包括审色、辨色和配色；二是实施，即仿色阶段。其中审色、辨色是配色的前提，配色是仿色的基础。仿色中的材料一是有机颜料，又称为植物性的，由植物及少量动物的液汁制成，细腻透明；另一类是无机颜料，又称矿物类的，选用天然色彩的矿石研磨而成。矿物性的虽然研磨得极细，但终归要比植物性的粗糙，表面反光而不透明。彩绘陶和泥塑是使用矿物性颜料着色，一般仿色选用的应以天然无机颜料为主，如土红、石青、石绿、钛白、赭石、灰黑等，仿色不宜用油画颜料。

3. 仿色技巧及其步骤

补色分为敷法、勾法、蹾法、点法、拨法、扑法、亮法等。敷法多用于大面积处的着色，如彩绘陶在打底色时，用毛笔蘸取饱色色液，以中锋或侧锋于需仿色处逐笔涂敷。落笔要稳重，收笔要轻，动作要快。将色敷匀，不可多笔少笔，也不能重笔轻笔。蹾法一般不直接蘸取色料，而是用羊毫笔或棉团，根据需要蘸取饱色或较饱色色液，再用秃毛笔或棉团等工具蘸色后再往需仿色处蹾拍。拨法是用牙刷蘸取较稀薄的色液，将尖细的木棍或刀尖由牙刷前部往后拨动，刷毛的反弹力将色液弹成雾状细点，飞落于所需仿色处。扑法是达到“浑然一体”的关键技法之一。若不能准确地使用此法，修复效果也决不能达到上乘。扑法做起来简单，但若获得预期良好效果却非易事。关键在于何时扑撒色粉，即要把握扑粉的时机。一是色粉只能滞留在文物表面；二是效果与邻近面的污暗程度一致。亮法是增加仿色处的亮度，应根据选用原料而定的技法。如先将川蜡涂擦在丝绒布上，然后用丝绒布着力擦拭所需增加亮度处。

实践证明，选择不同的工具和不同的技法，可获得无数种不规则的仿色效果。修复中的绘画艺术和其他的绘画艺术在技法上不同。这些技法所追求的多是不规则的图形和陈旧的效果，由陶质、质地、色泽所决定的。如黑色线纹需用蹴法，否则就很难获得与器物的色泽“浑然一体”的效果。补色做旧完毕，可用 3% 的乙基纤维酒精溶液或 3% 的聚乙烯醇缩丁醛酒精溶液进行封护，以达到最佳效果。

四、小　　结

综上可以看出，从每件陶器的观察分析到最后补色封护经过多道工作流程，每个环节都不可忽视。在修复过程中，随时会遇到各种不同的问题，需要用多年工作中积累起来的经验和灵感来解决。陶器修复保护并不是简单的操作性工作，这门技艺需要多方面的知识融会贯通，还要具备历史、美术、绘画、化学等方面的基础，绝非一朝一夕之功，必须在长期的实践中探索、体会。

参考书目

马清林：《陶质文物保护方法综述》，《文物修复与研究》，北京国际文化出版公司，1995 年。

展览陈列中的文物保护

郑 捷

（山东博物馆）

一、文物的包装与运输

随着博物馆事业的繁荣发展，区域间的文化交流逐年增多，出国文物展也越加频繁，影响也逐步扩大，已被誉为中外文化传播与交流的“国家名片”。如2011年陕西省在加拿大、荷兰、日本、新加坡等国家和地区举办了7个文物展览，同时还引进了3个外国展览，参观人数超过100万人次；2012年由甘肃省博物馆、北京艺术博物馆、辽宁省博物馆、厦门博物馆、内蒙古博物院共同引进了日本大阪市立东洋陶瓷美术博物馆、日本江户伊万里名瓷展在华巡展，获得很好的反响。随着文物展览交流的频繁，包装及搬运技术逐渐引起人们的重视。文物包装与运输不同于一般物品，从表面上看似乎仅仅是从甲地运至乙地的简单搬运过程，事实上在藏品包装和运输的整个过程中，自始至终贯穿着文物藏品的安全问题，在任何环节缺少安全意识，皆有可能造成无法挽回的损失。

（一）包装

1. 包装分类与意义

按照流通过程中的作用不同，包装可分为运输包装和销售包装两类。我们在这里讨论的文物包装属于运输包装的范畴。文物包装是指使用适当的包装材料、包装箱体，利用相关的技术，有效控制包装箱内文物保存的环境，来确保文物在运输过程中的安全，确保文物本身所蕴含的历史、艺术、科学等信息和价值不受影响。文物的种类繁多，性质、质地、特点、形状各异，因而对包装的要求也各不相同，残损严重、保存状况不佳的文物和极其珍贵的孤品文物不适于搬迁运输或不宜包装，其他保存状况良好的文物皆可以包装和搬运。文物包装是文物保护的一项重要内容，是文物陈列能否面向社会开放的有力保证，是文物在运输过程中状态完好的重要保证。经过科学合理包装的文物，便于运输、装卸、搬运、储存、保管和清点，也为文物的管理、展示、研究等工作提供了支持。

文物包装的原则是根据文物包装工作的规律，在长期的工作实践中总结出来的，它包括安全性原则、选择性原则、科学性原则、环保性原则。

2. 包装材料的选择

包装，首先是选择适宜的材料，要根据包装的环节和文物材质的特点进行挑选，这是确保文物不因包装不当而出现意外的前提，文物包装材料分为主要包装材料和辅助包装材料。

主要包装材料是构成文物包装箱的支撑材料，常用木材、瓦楞纸、复合材料等。制作内、外文物包装箱均应使用目前国际通用的复合木质材料为板材，如多层板、夹心板等，如果使用原木为制作材料，应进行高温灭菌处理，如果箱体出国还需经过出入境检疫机关的检验。辅助包装材料的作用，主要是制造包装容器，增加抗震功能（图一）。经常使用的材料有海绵、脱脂棉、中空棉以及 epe 复合板、珍珠板等。

图一　辅助包装材料制作成的箱体

选择材料应兼顾许多因素，该用海绵或多层板的不能用 epe 板来替代；该使用囊匣的就不能用其他材料一包了之；该用铝合金或铁皮包装的，就不能用木制箱体来代替，不能因小而失大，要围绕抗震抗跌进行设计、制作。

3. 包装工艺

文物的质地和外形决定了箱体的设计。包装工艺（图二）包括文物集装工艺设计、箱体隔断设计、防震与缓冲设计。目的是将众多不同质地、大小不一、形状各异的文物按照科学的设计使其化零为整，组装到规格相对统一的箱体内，大型且形状较为特殊的应考虑单箱包装（如造像等），以便于文物在清点、搬移、运输过程中的安全；其二，利用对文物包装达到缓震、抗挤压的目的，减少和避免因搬运而造成的文物损害。下面按照由外到内的顺序介绍如下。

（1）首先，外箱，分为常规式外包装箱和直接式外包装箱。按照运输方式的不同，常规式外包装箱的规格通常分为陆运和空运两种；直接式外包装，主要适用于大型文物（如大型石雕、陶塑、青铜器、家具等）的包装，需直接装箱运输，直接式外包装箱的尺寸规格是依据文物的外形而定，但箱体的尺寸要比文物至少大出5～10厘米，作为放置、填塞包装材料的空间。外箱形制多为长方形，便于大型化、集装化运输。不同的运输工具对箱体尺寸的要求不一，航空运输的规定较为严格，应事先落实。箱体制作，我们目前多采用夹层板作为制作箱体的材料，因这种材料本属高温、高压板材，可以免除海关检疫。由于多层板的结构独特，其强度也较为理想。箱体由六块面板构成，用螺栓连接，外涂醇酸漆。外包装箱结构应坚固，有一定的抗冲撞、抗压和防水性能。

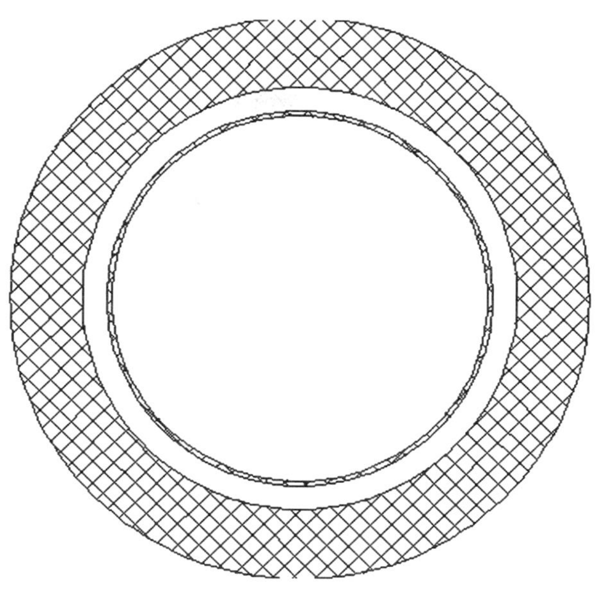

图二　包装工艺示意图

（2）其次，减震层。由两部分构成——硬质隔断层与软质层。防震是文物包装的首要目的。前者，是用多层夹板根据文物实际大小并加放减震层的空间进行分割，间隔成若干适合文物形状的固定隔断。这样可以减缓文物因自重或运动而产生的相互挤压，把这种相互的力转移到隔断体上，像是给每件文物制作了一个一次性的囊匣。后者，多采用防震材料，将文物与隔断或箱体之间预留空间填充，增加其抗震的能力。按照力学原理，增加包装材料在文物表面的接触面，可以降低物体表面单位面积上所受到的压力，能够避免局部挤压而带来伤害，最终起到缓冲的目的（图三）。

（3）最后，布料层，也叫袋状层，形似袋状，是减震层与文物本体之间的隔层。为防静电，该层一般选用较为柔软、光滑的丝、棉等天然纤维制成的布料。能够起到定型、降低包装材料对文物表面磨损的作用，避免了减震层的材料散落到文物表面。彩陶文物的包装，为了避免覆盖层与文物颜料层因运输、搬运而造成的震动产生的摩擦，使脆弱的彩绘因摩擦而脱落，我们有时还用棉布或丝绸包裹文物，使包装材料与文物形成相对一体，将摩擦面转移到其他材质，这样既可以避免文物直接与覆盖层摩擦，又可以扩大文物均匀受力面，增加文物运输中的安全系数。

（二）文物搬运和运输

（1）搬运的“运”和运输的“运”的区别在于，前者是在同一地域较小范围内发

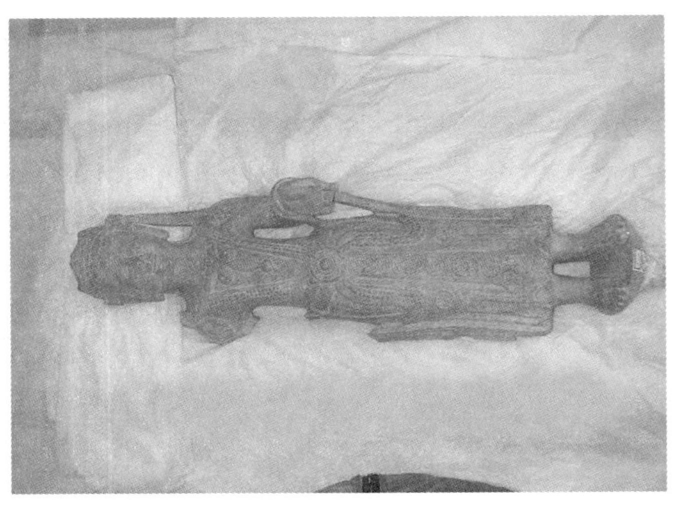

图三　出国展文物包装（用经过处理的棉纸做内材）

生的，而运输则是在较大范围内发生的，两者是量变到质变的关系。随着博物馆的新建、扩建和文物陈列交流的日益频繁，文物的搬运及运输工作越来越繁重。即便是博物馆内，随着馆舍面积的扩大，库区与陈列区的距离也越来越远，文物的“搬运”过程也越加频繁（图四）。

图四　搬运佛造像

文物的搬运要考虑文物的完整性、坚固性，如果遇到较为脆弱、本体已经腐朽或出现明显病害的文物，要坚持修复保护在先的原则，在有效去除隐患后再进入展室，不使文物病害蔓延或传播。

（2）文物搬运注意事项

①搬运，首先要学会“持拿”，对待不同质地、不同状态的文物要有所区别，持拿不当是导致文物物性损坏的重要因素。文物需要坚持最少接触的原则，也就是说，非因工作必须，应尽可能减少接触时间，如工作需要而必须，则应对文物的完残及病害情况作大概了解，尤其是某些濒危的文物。一般情况下，濒危的文物都经过多次修复，又经过高超技师的复原，裂痕、脆弱或缺少部分，目测难以发现，这提高了文物在搬运过程中的风险。“持拿”文物时应考虑文物的重心，多数文物的搬运“持拿”位置是在重心以下，即用手托住重心部位，减弱器物自身向下的重力。小型器物应以托、捧为主，一人一次只可持拿一件，较重、较大型的文物搬运时，尽可能降低重心，多人合力搬运，每人的分摊重量不要超过25千克，为了缩短持拿文物的时间与距离，要事先将外箱和运输工具靠近文物存放地。

②持拿金属器物最好带上能够隔离的手套。汗液成分可分为无机成分和有机成分两类，是体内的代谢产物，有呈酸性的，也有呈碱性的，长此以往会对金属有一定腐蚀作用。在我们的生活中，多有皮带扣使用时间过长、表面变污浊的经历，由此也可见一斑；瓷器搬运则忌戴手套搬运，人戴上手套后，手感就会降低，由于布料与瓷器接触，相互摩擦较小，持拿不当极容易发生意外；画轴入袋也应加倍小心，目前书画多装入由布料做成的“布袋”收藏，使用的布料如果不当，或因设计尺寸不适，书画在出入袋时极易刮伤书画边缘。

③借展、外展，要考虑行车路线以及运输时间，防止和避免运输过程中的自然因素，如温湿度、雨水、二氧化硫等恶劣环境的侵害，选择平坦、无障碍、有电梯的路线是避免或减少文物受损的有效方法，选取高性能的阻隔包装材料进行阻隔包装，减少或隔绝外界因素对内装文物的影响。配备防止恶劣天气用具，做到有备无患。对吸水性较强，以及对温湿，尤其对湿度较敏感的文物，如纸质、彩绘、牙雕、漆木器等，应提前做必要的降温、防潮、防雨、防霉等处理。

④谨防因温差过大造成的损害。外展有时存在两地气候环境相差较大的现象，在短时间内，文物暴露在这种环境变化中，对文物极易造成伤害。例如有一次外展，时间为十一月初，运输彩绘石刻到某省，到达目的地打开包装时，发现事先包裹在文物上的宣纸已经湿透，这是因为包装纸吸取了由于温差过大而造成的湿气冷凝成露珠的缘故，彩绘由于这层宣纸而幸免未受到伤害。当时，采用宣纸只是为了避免其他包装材料对文物表面的磨损，并未考虑到异地温差问题，这件事可以说是歪打正着，给了我很大的警示。气温愈低，饱和水汽压就愈小。所以对于含有一定量水汽的空气，在气压不变的情况下降低温度，使饱和水汽压降至与当时实际的水汽压相等时的温度，就会使空气中的水蒸气变为水。因此，文物运输，尤其是长距离的运输一定要考虑借出、借入地的温差，要事先做好防护。

⑤道路运输要考虑货物质量不超过车辆核定的装载质量，也就是不能超过行驶证上标注的允许装载的质量。货物的长度和宽度不可以超出车厢（限于大型文物）。货物高度分两种情况：一是重型、中型货车和半挂车载物，从地面起不超过4米，载运集装箱的车辆不超过4.2米；二是除第一种情况以外的其他货车载物，从地面起不超过2.5米。

⑥精心设计装车（图五）。重物在下、在前，较轻的箱体可以放在上面或后面，因为越重的箱体其惯性越大，当行车速度与箱体因减速或急刹车产生的速度差异而造成其惯性不同时，较沉重的箱体就会对前面的物件产生较大力量的挤压，会造成无法想象的后果。因此较重的箱体在前面是必需的。多年来，我在从事文物运输设计时，为了减少或避免载物重量与车体重量的差异所产生的箱体惯性所造成的挤压，经试验并借鉴了物流运输行业的一些经验，总结了一套装箱方法——集装集重连接法。即将整车大小箱体之间间隔5～10厘米，空隙内充填密度较大的epe复合材料或珍珠板，作为箱体活动时的缓冲空间。然后，将大小箱体按“层”用板条连接使其成为“一体”，以此减少单件货物与车体自重的差距，处理好力和运动状态的关系，缓解由于重量严重失衡造成的文物包装箱的挤压和碰撞。

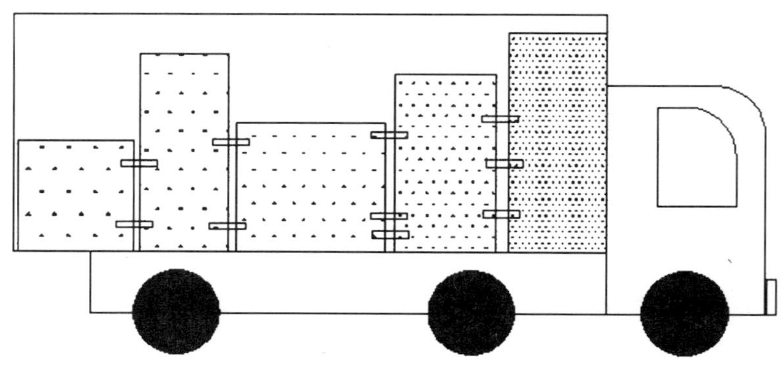

图五　装箱示意图

二、陈列中的保护

文物保护的研究对象是文物，内容包括文物保护科学和文物的科学保护。前者即研究文物的腐蚀机理和保护修复技术；后者则是运用研究成果保护文物。广义的文物保护应该是预防性保护、保存性保护、文物修复三个方面。文物保护的工作职责包括两个方面：一是监控和改善文物保存环境，以便将文物的腐蚀速度降到最低；其二，通过一系列保护处理，阻止文物继续腐蚀。

随着社会经济、文化的快速发展，人们对博物馆文化的要求逐渐转向以休闲、观光为主。陈列是博物馆三大职能之一，是展示历史遗存和研究成果的窗口，也是衡量博物馆质量的重要标准。对于一个有着丰富藏品的信息集散地——博物馆来说，不但要关注自身传播功能的提高，同时，还要确保作为陈列的主要对象——文物的安全。要加强文物环境的监控，不因文物频繁展出而受到伤害。陈列中的文物保护应包括以下几个方面。

1. 设计与保护

在从事展览策划、设计和视觉艺术效果筹划的同时，将文物保护的科学理念及要求对照设计方案进行审核，让保护的理念贯穿于“方案”的始终，从源头着手，从陈列室的整体布局到展柜微环境控制，按照文物的种类、特点一一排查，使设计方案不但能够从视觉效果上满足观众的需求，同时还能兼顾文物保护的要求，为文物安全存放创造有利环境。范围包括温湿监测设计、通风系统设计、声、光、电灯的设计。

2. 展室布局与微环境防控

过渡间及微环境控制（图六）。过渡间又称缓冲间，它主要用来阻挡或隔断外面温湿气流，减少或降低室外的温湿度对文物陈列展室环境的影响，过度间主要设置在展览厅出、入口区域。对环境敏感的文物和濒危文物，根据其材质、病害程度、完残等情况，还要量身定做“微环境”展柜——可控展柜，也就是在陈列展柜上下工夫，以控制较小环境来达到抑制文物病害的目的，既节省了设备的资金投入，又可以节省能耗。

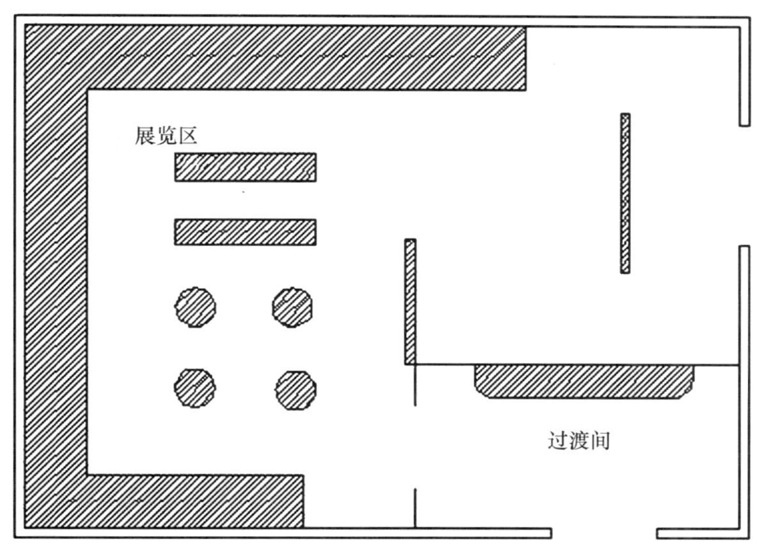

图六 陈列室过渡间

3. 照明

良好的光环境是延长文物寿命的保障，为了实现这一目标，我认为应注意以下几个问题：电光源的选择、照度的设定、光线投射方向、建筑采光方式的设定、光污染的消除等。博物馆的文物在展陈过程中，极易受到各类灯光的作用，许多文物会产生光损，特别是一些光敏性文物，使得我们在文物展陈过程中产生了一个矛盾，既要用光来烘托文物，又不能对光敏性文物造成损害。下面是山东博物馆对一些光敏性文物采用的两种光源。

（1）LED 是英文 lightemittingdiode（发光二极管）的缩写，它的基本结构是一块电致发光的半导体材料，置于一个有引线的架子上，然后四周用环氧树脂密封，起到保护内部芯线的作用，所以 LED 的抗震性能好。照明系统是由光源、反光镜、滤色片及光纤组成。具有 25000 小时的寿命并节约高达 80% 的耗能。

（2）光纤灯

图七　光纤照明

光纤灯（图七）具有以下特性和优点：单个光源可具备多个发光特性相同的发光点；光源易更换，也易于维修；发光器可以放置在非专业人员难以接触的位置，因此具有防破坏性；发光点小型化，重量轻，易更换、安装，可以制成很小尺寸，放置在玻璃器皿或其他小物体内发光形成特殊的装饰照明效果；无电火花，无电击危险，可被应用于化工、石油、天然气平台、喷泉水池、游泳池等有火灾、爆炸性危险或潮湿多水的特殊场所。

4. 光选择遵循条件

（1）以光色和显色性需要接近人工光源为前提。

（2）以不改变或尽可能少的改变文物置放环境为原则。

（3）最大限度消除眩光和镜像反射（图八、图九）。

图八　眩光

图九　镜像反射光

（4）室内光色组合合理，避免相互反射、展品显色不真实（图一〇）。

（5）无紫外线、红外线光，可减少对文物展品如纸质、纺织品的损坏。

5. 光环境分类

天然采光、全部采用人工照明、天然采光与人工照明相结合。无论我们采用哪种光，都要与文物质地的收藏所需条件接近，当遇到文物类别繁多且对环境的要求存在差异时，从文物的价值、光敏程度的角度，使需要控制的指标与之相接近，即环境控制向重点文物偏移，珍贵文物采用微环境照明。

6. 光敏性文物及光防护

光敏性文物包括纸质文物、彩绘壁画、彩陶、纺织品等。有害光能够造成和加速

图一〇　相互反射、显色不真实的灯光组合

其老化、病变，例如光照能引发纸质文物的光化学变化、水解或氧化，使纸张发黄变脆，导致字迹逐渐模糊。把日光作为文物照明的博物馆应慎重小心，纸质、纺织品文物应尽可能避免采用日光照明，在相同时间内，通过玻璃的日光中紫外线辐射一般是钨丝灯泡紫外线辐射的六倍左右，可是钨丝灯在相同照度内所产生的热也是造成文物伤害的一个原因。

几乎所有荧光灯释放的紫外线辐射都比钨丝灯释放得多。因此要避免紫外线，就必须采用紫外线过滤材质实施过滤，在光线到展品之间，采用一种可防紫外线的材料来消除紫外线的辐射。

7. 紫外线

紫外线属于物理学光学的一种。自然界的主要紫外线光源是太阳。日光灯、各种荧光灯等都是用紫外线激发荧光物质发光的。根据现代科学手段探测，太阳光和人造光源（如钨丝灯和荧光灯）中的紫外线，对丝、棉、毛、麻、纸等皆有破坏作用。绘画、书法、古籍、织绣等珍贵文物，如果长时间被紫外线照射，就会泛黄、变色、发脆、龟裂，直至粉化毁坏。

8. 温湿度

文物被破坏除了文物自身结构、质地不稳定外，还与人类生活及自然因素有关。其中以温、湿度无法得到控制，文物收藏现有的条件不能与其应有的条件相对应，是文物遭受损害的最为普遍的原因，这也是发掘后文物加速损失的重要因素。个别文博单位由于资金不足，无法使展陈环境达到文物存放标准，使得看似简单的温湿控制无法实现，即便有也因运行成本过高而间断运行，因节假日无法正常运行已是最为普遍的现象，某种程度上人为地造成了陈列环境的突变，这种短时间的环境不稳定，却成了某些文物病害加重的罪魁祸首。比如温度忽高忽低会使纤维反复热胀冷缩，产生相互摩擦，从而使纤维的机械强度降低；温度的升高，还会使类似漆木器、纸质、彩绘文物中原有的水分蒸发，造成文物干裂、发脆、变形、变色。

9. 恒定的环境是延长文物寿命的根源

文物深埋于地下上千年、几千年，虽环境高湿恶劣，却能保留至今，甚至保存如初也绝非奇闻，如“南澳一号”船舱内大量文物的发现。再如，1978 年夏天，在湖北省随州市擂鼓墩发现的战国早期曾国君王曾侯乙墓，出土的7000 余件随葬品中，有一套 64 件的编钟，设计精巧，锻造瑰丽，出土时还能完整地吊挂在钟架上，经测试后，编钟音域宽广，音色美妙，古今乐曲均能吹奏。这不能不让人为之深思。相对的封闭使得一切物理的、化学的、生物的变化都停留在某种平衡的状态中，这是古代珍品仍然能够保存至今的主要原因。一旦这样的环境被打破，沉睡千年的文物置身于一个变化着的环境中，原有平衡被破坏了，病害、损害、传播等词语也就成为了我们挂在口边的常用词语，“抢救性保护”从此应运而生——濒危文物的抢救保护、考古现场的抢救保护等，不得不成为我们工作的主流。

预防性保护的理念，近些年来逐渐被人们所重视。我们所看到的千年文物保留至今，其相对稳定不变的环境是其根源所在。

10. 气候环境与保护

济南市地处中纬度地带，属暖温带大陆性季风气候。气候特征是：季风明显，四季分明；冬冷夏热，雨量集中。冬季长达 4 至 5 个月，一般在 11 月上旬至次年 3 月下旬；夏季为 105 ~ 120 天，一般在 5 月下旬至 9 月上旬；春、秋季最短，都不足两个月。湿度因气温、雨水等因素而变化较大，有时早晚相对湿度达到 65% ~70% ，中午前后则是 30% 左右，遇到雨天湿度最高又可达到 80% 以上，寒冷干燥季节湿度则可降低到 10% 以下。这些气候特征皆不利于文物的存放。例如，有机类文物易受环境影响而导致损坏，高温高湿环境易造成纸质文物生霉，而过度干燥又可减弱其纤维的强度而造成断裂。

山东博物馆是新中国成立后建立的第一座省级综合性地志博物馆，成立于 1954 年。进入新世纪，山东省新馆建设又一次提上日程。2010 年 11 月 16 日一座建筑面积 8. 29 万平方米、高 74 米的新馆建成，不但在馆舍面积、展陈环境、自动化管理方面达到历史最高水平，而且还在文物收藏环境与保护等方面也达到了领先地位。陈列展品的保护采取了大、小环境综合兼顾的保护理念，在制约大环境使其接近多数文物放置环境的同时，对部分易吸潮及光敏性文物采取微环境控制，一年多来，经过跟踪调查，尚未发现病害蔓延和加重等迹象，我们的措施和方法是成功的，一定程度上抑制了病害的发生，延缓了文物的使用寿命。我们还对区域环境变化与陈列环境的影响做了一些尝试性试验。比如，针对济南市四季分明、温差较大、雨水较集中的特点，文物置放环境的控制按照文物的收藏标准实施起来难度较大，我们结合实际情况，首次采用了“季节性温湿平衡”法，根据季节气候特征，温湿度差异，寻找一个相对接近的参数实施控制，也就是说，在一个相对较长的时间内，使环境达到相对恒定。按照此方法可以避免“四季”气候变化带来的相对环境的骤然变化。该方法可操作性较强，成本较低，不足之处是人力投入较大。

11. 温湿控制

在温暖且潮湿的环境下，可以使用制冷型除湿器；在较冷条件下，选择干燥剂型除湿器较为合适。

对于微环境——展柜而言，使全年的相对湿度保持在安全限度内，确保陈列展柜的密闭性是关键。目前市场多数“恒温恒湿”展柜难以做到控制温湿，皆有夸大其作用的成分，多数“恒温恒湿”只有加湿的功能，有时承包商与做温湿设备的公司又并非一家公司，有时是用的普通陈列柜，外加恒湿控制设备，出现橱柜密封不严的情况也就不足为怪了，密封不严还使得尘土和污垢进入展柜，对许多有机纤维类文物造成了伤害，因此，购置“展柜”，应多从细节、长远，从运行成本角度去思考。

硅胶干燥剂（图一一）——是一种高活性吸附材料，无毒、无味、无嗅，化学性质稳定，具有强烈的吸湿性能。硅胶属非晶态物质，其化学分子式为 $m\mathrm{SiO_2} \cdot n\mathrm{H_2O}$。不溶于水和任何溶剂，无毒无味，化学性质稳定，除强碱、氢氟酸外不与任何物质发生反应。硅胶的化学成分和物理结构，决定了它具有许多其他同类材料难以取代的特点。硅胶干燥剂吸附性能高、热稳定性好、化学性质稳定、有较高的机械强度等。硅胶干燥剂最适合的吸湿环境为室温（20～32℃），它能使环境的相对湿度降低至40%左右，最适合小型展柜中珍贵文物的微环境控制。干燥剂使用时不能与藏品直接接触，必须小心单独包装。

三、环境监测与控制

环境监测是指人们对影响人类和其他生物生存和发展的环境质量状况进行监视性测定的活动。它通过对环境质量某些代表值进行长时间监视、测定，以掌握环境污染状况和判明环境质量的好坏。按照监测分类主要是研究性监测及监视性监测，亦称常规监测（长期定点、定期监测）。

1. 监测的类别

主要对文物库房及陈列展室的温湿度及紫外线进行监测。文物库房的监测以不同类别所存放的房间为单位实施监测，应该说文物库房的环境监测和控制由于其密闭性、

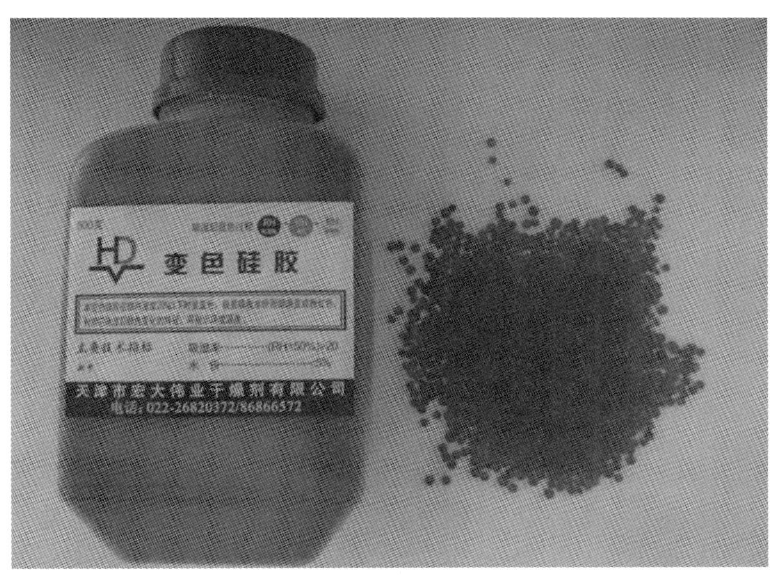

图一一 微环境控制常用干燥剂

同质性的特点而较陈列展室为易，因此，博物馆陈列展室的环境监测是我们的工作重点。通过常规监测以及研究性监测，了解和熟知展室不同区域温湿度变化情况与文物展品受损速率的关系，让文物保护理念融入到陈列设计中来，使设计人员在实施艺术设计的同时与文物保护的设计通盘考虑。

2. 珍贵及濒危文物的监测

需要采取定点、定时监测，随时了解、掌握文物现状，随时实施调控，这对抑制或延缓文物病害的发生和生长意义重大（图一二）。“最少干预是文保界工作中一贯坚持的原则，预防性保护正是顺应了这一规律，“最少干预”可以理解为不要人为地过度改变其放置环境，即便因工作需要不得已而为之，也要尽可能参照文物原来的收藏环境，要尽可能保持文物置放环境的恒定性。

图一二 微环境温湿度远控监测

3. 温度

分为接触式与非接触式监测。不是按照温度测量仪表分类，而是微观与宏观相结合的测量方法。一是对文物存放环境多点测量；二是文物本体及表面温度，尤其不同颜色吸热性的测量，以此分析二者之间的关系，找出文物受损的原因，为解决实际问题铺平道路。

4. 湿度

湿度测量从原理上划分有二三十种之多。但湿度测量始终是世界计量领域中著名的难题之一。常见的湿度测量方法有：动态法（双压法、双温法、分流法），静态法（饱和盐法、硫酸法），露点法，干湿球法和电子式传感器法。我们目前多使用的是干湿球测湿法和电子式湿度传感器测湿法，使用干湿球测湿需注意湿球纱布的选用和包扎方法。

参考书目

〔英〕加瑞·汤姆森编、国家文物局博物馆司与甘肃省文物局译：《博物馆环境》，科学出版社，2007 年。

胡之德、马清林、李最雄、苏伯民：《中国文物分析鉴别与科学分析》，科学出版社，2001 年。

山东博物馆新馆观众调查研究

席　丽

（山东博物馆）

山东博物馆新馆自开馆以来，接纳了近200万观众，观众数量剧增，观众素质也在不断提升。以二次世界大战为界限，世界博物馆学的研究经历了由重心在“藏品本身”向重心在“藏品利用者的转变”[1]，博物馆如何满足观众日益增长的需求、做好公共服务工作，成为博物馆工作的重中之重。做好观众调查是了解观众需求的必备渠道，因而在山东博物馆新馆开馆之初，就十分重视观众调查工作的开展，本文将就一年多来所做的系列观众调查做一详细分析，全面分析新馆开馆以来的软、硬件服务状况，并探讨观众调查下一步的工作方向，以求抛砖引玉。

一、山东博物馆新馆观众调查现状

1. 观众调查方法

山东博物馆目前的观众调查方式有问卷调查和观众留言两种方式，问卷调查分纸质版和网络版，问卷调查形成常态化，每一至两个月进行一期观众调查，分不同的主题进行调查，但又有一定的灵活性，优先调查馆内急需解决的问题。在博物馆网站的主页上有问卷调查版块，主要是通过观众下载的方式反馈数据。由于技术上的问题，目前纸质版效果要好于网络版。观众留言分为纸质和网络版，在导览服务台设有观众留言处，观众可以将意见留到留言本上。网站主页设有留言联系版块，观众的留言会在第一时间得到答复。无论是问卷调查还是观众留言，都会选取观众普遍反应的问题，形成观众调查报告，及时呈报给领导，以便领导了解观众需求，第一时间改进工作，满足观众的需求。

2. 调查结果的分析方法

问卷调查将对有效问卷进行数据分析，有些研究者采用 Microsoft Access 97[2]，近几年一些研究者也采用了 SPSS[3]分析数据，不仅进行了基本的频次分析，而且进行了卡方检验。SPSS 有强大的数据统计分析功能，能获得多层次的观众信息，因此受到越来越多的研究者的欢迎。笔者在问卷调查中采用 SPSS13. 0 进行数据分析。

笔者在观众留言方面主要采用编码的方法，对出现频率较高的信息进行归纳总结和统计。

3. 观众调查的反馈

山东博物馆及时把观众调查研究报告呈报给馆领导，作为领导决策的依据。这样观众关心的大部分问题可以得到及时解决，当然了，限于资金、人力等各方面的条件，有些问题的改善并非朝夕之功，但我们一直在努力完善每一个细节。

二、山东博物馆新馆观众调查情况分析

山东博物馆新馆开馆一年来，对全馆的软硬件环境建设做了调查研究，包括硬件服务（建筑、交通、服务设施）和软件服务（展览、讲解系统、青少年活动），就新馆各方面情况做了观众调查。

1. 博物馆观众基本情况分析

（1）观众性别方面：男性占 50. 8%，女性占 49. 2%。这说明参观博物馆的观众男女比例大致相当。

（2）观众年龄层次方面：17 岁以下的占 28. 4%，18 ~ 40 岁的占 69%，41 ~ 65 岁的占 28. 9%，66 岁以上的占 2%。这种年龄层次比较合理，既有利于青少年教育，又满足了中青年人的参观需求。

（3）职业层次方面：学生占 34. 4%，机关、事业单位人员占 24. 1%，企业员工占 26. 7%，自由职业者占 8. 2%，其他职业者占 6. 7%。学生和机关、企事业单位员工占了绝大多数，这说明博物馆吸引了众多有一定文化水平和教育需求的人前来参观，而商贩、农民等职业者只占了很少一部分，这一部分人的文化需求尚未获得满足。

（4）观众的学历层次方面：初中及以下的占 26. 7%，高中、中专学历的占 19%，大学学历的占 44. 6%，研究生学历的占 9. 7%。大学及以上学历的占了一半以上，而高中及以下学历的占了不到一半，其中很大一部分是学生，这说明参观博物馆的大多数是文化程度相对较高的人群，而那些低学历层次的人这方面的需求较弱。

2. 观众态度分析

经过系列访谈了解到以下几个因素会影响观众的参观兴趣，如是否知道博物馆永久免费，是否经常关注博物馆发布的信息，观众的欣赏水平、参观目的，吸引其参观的因素以及妨碍其参观的因素等，下面逐一进行分析。

（1）就观众的参观频率而言，10.3% 的观众表示一月一次，40.5% 的观众表示半年一次，31.8% 的观众表示一年一次，选择其他的占了 17.4% 。由此看出，72.3% 的观众选择半年到一年来一次博物馆，这说明大多数观众是喜欢博物馆的，在众多的文化娱乐休闲场所中，能选择每年到博物馆来 1 ~ 2 次是合理的。一月一次的占了一成，这说明博物馆有一定的稳定的顾客源，要重点培养这一批顾客，尽量满足他们的参观需求，让他们参观博物馆像逛超市一样频繁。

（2）在参观收费方面，67.9% 的观众表示知道参观博物馆是永久免费的，另外 32.1% 的观众不知道，这说明我们的宣传还不到位，有近三分之一的观众认为博物馆免费只是暂时的，不知道参观博物馆是永久免费的，这妨碍了一批低收入观众的再次参观。因此要加大宣传力度，让观众意识到永久免费参观博物馆是党和政府施行的一项文化惠民政策，百姓可以经常到博物馆接受文化艺术的熏陶。

（3）就博物馆通过各种新闻媒介发布的信息方面而言，31% 的观众表示经常关注，55.8% 的表示偶尔关注，13.2% 的表示从未关注。有近 70% 的观众不经常关注博物馆信息，这说明博物馆的宣传媒介不够强大，应该选择影响力大的传播媒介进行宣传，并在宣传方面下大力气，做到能够吸引观众的眼球。

（4）就观众的欣赏水平而言，11.2% 的观众表示只能欣赏很少一部分文物，35.7% 的观众可以欣赏小部分文物，43.4% 的观众可以欣赏大部分文物，而仅有 9.7% 的观众表示可以欣赏全部文物。观众的欣赏水平影响了其参观兴趣，有近一半的观众看不懂大部分文物，这成为参观的一大障碍。今后应进一步丰富展牌的介绍文字，让受资金限制的观众也能够看懂大部分的文字，做好文物宣传工作；另外，应做好义务讲解工作，平时讲解的志愿者暂时还无法满足观众的参观需求。观众只有看得懂，有所收获，才会常来看。

（5）就观众的参观目的而言，休闲娱乐的占 15.7% ，教育孩子的占 32.5% ，受有趣的展览活动所吸引的占 10.7% ，个人学习和体验的占 38.1% ，其他的占 3% ，这说明绝大多数观众是抱着增长知识、开阔眼界的目的来参观的，如果仅仅是休闲娱乐，那么博物馆无异于其他的娱乐场合。观众的参观动机是好的，我们要善于引导他们，给他们创造良好的学习环境，让他们经常到博物馆来学习，这样就为观众再次参观博物馆打下了良好的基础。

（6）就吸引观众参观的因素而言，34.5% 的观众选择定期更换展品，42.6% 的观众选择更有特色的陈列展览，14.7% 的观众选择更加周到细致的服务，37.6% 的观众认为要举办文物知识讲座，27.9% 的观众选择举办文物鉴赏活动，38.1% 的观众认为要举办各类青少年教育活动，17.3% 的观众认为要定期举办临时展览。这说明博物馆工作要有所侧重，定期更换展品，陈列展览特色更加鲜明，多举办文物讲座、文物鉴赏活动，搞好青少年教育活动，做好这些工作是当务之急，这样能吸引更多的观众经常来参观。

（7）当问及博物馆给您印象最深的是哪方面时，60.4% 的观众选择了建筑，66% 的观众选择了文物，22.3% 的观众选择了布展艺术，8.1% 的观众选择了青少年活动，12.2% 的观众选择了服务，10.7% 的观众选择了临时展览，这说明博物馆让观众印象深刻的是其硬件方面，而非软件方面，下一步要加强博物馆软件环境建设，从软件方面下大力气吸引观众。

（8）就妨碍观众参观的客观因素而言，20.8% 的观众认为交通不便，4.1% 的观众认为天气寒冷，44.2% 的观众认为抽不出时间，26.9% 的观众认为博物馆的宣传力度不够，3% 的观众认为服务不够周到细致，9.1% 的观众认为陈列展览缺乏亮点，15.7% 的观众认为文物的宣传介绍缺乏吸引力。这说明天气对观众的影响极小，大多数观众由于工作繁忙，抽不出时间来参观博物馆，针对这种情况，我们可以将展览送往学校、工厂、社区、机关；很多观众无法得知博物馆发布的信息，因此在宣传方面要进一步做工作；交通因素成为妨碍观众参观的一个重要方面，交通不便，路途遥远，甚至对交通线路不了解，这都成为影响因素，下一步可考虑与公交车公司协商，将临近站点改为山东博物馆站，这样既能提高博物馆的知名度又方便了观众参观。另外在更好地宣传介绍文物、展陈突出亮点这两方面也要进一步下工夫。

3. 青少年活动

（1）参观博物馆的儿童观众男女比例相当，女孩和男孩同样喜欢博物馆。

（2）青少年年龄层次方面，本次调查 1～4 年级学生占了 50% 以上，5、6 年级学生占了 1/3，而初中生仅占了 10% 多，这说明来我馆参观的学生以小学生居多，而初中生相对少些。小学生大多由家长带着来参观，他们的选择受家长的影响较大，而初中生自主选择能力不断增强，他们对于自己喜欢的场所有了更加多元化的选择，很多初中生没有意识到来博物馆参观的意义，我们要进一步在这部分人群中加强宣传。

（3）对青少年活动的知晓度方面，没听说过博物馆举办的青少年活动的学生占了将近一半，说明我们在青少年活动方面做的宣传还远远无法满足观众的需求。

（4）观众获得博物馆青少年活动信息的渠道方面，观众听说过的青少年活动，以国学班和小小志愿者活动影响力最大，因为馆里为去年寒假举办的国学班和小小志愿者活动做了大量的宣传，如通过海报、网站、宣传彩页等。周末国学课虽然每周都在按部就班地进行着，但宣传力度不够，很多观众得不到这方面的消息，观众对周末国学课的反映不错，应该系统地进行并定期借助于网站进行宣传。而在《论语》诵读方面并没有形成系统的讲课内容，应该和相关专业人士探讨一下这方面的工作如何进一步去做。鉴于开馆时间短暂，宣教部各项工作比较繁忙，所以送展览进学校这项工作还没有广泛地展开，观众获得的这方面信息相对较少。儿童获得博物馆信息的渠道主要是他人介绍，经进一步访谈可以知道，儿童大多是经父母介绍来参观博物馆的，大多数儿童并不太了解博物馆，经过父母介绍之后，他们形成了一定的直观认识，才跟随父母到博物馆来参观。孩子们通过网站、微博等网络方式了解信息的占了 14.5%，这说明网络成为一种很好的宣传渠道。通过其他方式了解博物馆信息的占了近 1/3，尚且不知道其他有哪些方式，有些孩子是学校统一组织来参观的，我们将在今后的调查中做进一步研究。

（5）国学课的内容方面，孩子们喜欢博物馆为他们提供的内容多样的国学课，尤其是国学经典应进一步扩大范围，从《论语》逐渐过渡到其他的国学经典，这需要对我们的工作人员加强培训，增长他们的国学功底。另外，《齐鲁文化》课也是孩子们喜爱的课程之一，山东历史文化博大精深，其中有很多神话、传说深受人们喜爱，我们在普及历史文化知识的同时，进一步融入故事情节，将深受孩子们喜爱。

（6）青少年感兴趣的活动方面，孩子们最感兴趣的活动有动手活动、传统游戏和模拟考古，这些深受孩子们喜爱的活动的共同特点就是以游戏、动手操作为主。户外参观、小小志愿者等活动也吸引了很多孩子的目光，但不是他们的首选，这说明有些孩子并未意识到参与小小志愿者活动的意义。对于户外参观活动，孩子们虽然喜欢，但由于带孩子们外出，涉及重要的责任问题，馆里没有过多组织，今后也可考虑定期组织一下，让孩子们有更多的参观历史文化古迹的机会。原本以为太极活动会深受孩子们喜欢，但调查结果还是偏离了我们的设想，孩子们并不十分喜欢太极修炼，这说明孩子们认为这项活动是成年人的活动，如何把这项活动以孩子们喜闻乐见的方式表现出来是工作人员需要思考的问题。

（7）孩子们喜欢的手工活动方面，飞机模型制作、风筝、青花瓷盘、剪纸几项活动遥遥领先，最近几期的青少年活动中，青花瓷盘、风筝、剪纸等进行得如火如荼，对孩子们的选择比例也有一定的影响。但总体来说，孩子们对科技类的手工活动情有独钟，博物馆是一个传统气息比较浓厚的地方，但是如何将博物馆的传统工艺与现代科技相结合，研发出类似的衍生产品供孩子们学习、娱乐，是非常富有创意和挑战性的工作。

4. 解说系统

（1）在被调查的观众中，大学以上学历的占了 80% 以上，这说明学历层次越高的观众使用馆内提供的导览讲解服务的可能性越大，而学历层次相对较低的人，使用的可能性较低。

（2）使用馆里的讲解服务系统的以机关、事业单位员工和学生居多，机关、事业单位的人员精神文化层次需求相对较高，所以他们的使用概率较大；来博物馆参观的学生大都抱着学习历史文化知识的目的，因而他们的使用概率也较高。

（3）观众对馆里所能够提供的导览讲解服务不甚了解，知道人工讲解和语音导览器的观众相对多些，很多观众没有接触到我们为他们提供的宣传资料和各种多媒体。每个展厅门口有 LED 屏、有的展厅里面有视频播放，还有触摸屏，这些导览讲解方式观众还没有意识到，也没能加以利用。

（4）观众对人工讲解服务的评价方面，95% 以上的观众给出了积极的评价，60% 多的观众认为态度友好，积极回答观众提出的问题，但只有 30% 的观众认为讲解员饱含激情，运用适当的解说技巧，形象生动地传达文物信息，这说明我们的讲解员解说技巧尚需完善，他们不能只做个传话筒，仅仅满足于讲解词的背诵，而是要精益求精，认真钻研，不断完善自己的学识，做专家型的讲解员，另外，尽管大多数讲解员年纪较轻，但是并未做到饱含激情，如何对讲解人员进行管理和培训，最大限度地发挥他们的工作潜能，是一个急需思考的问题。

（5）观众对语音导览器的评价方面，大多数观众对语音导览器给予积极评价，近 70% 的观众认为我馆提供的语音导览器很好，使用方便简单，但也有观众反映在使用过程中出现了讲解错乱这种情况，讲解器的录制个别地方出现了混乱，需要及时纠正。虽然语音导览器给观众提供了方便，但是机器不具有智能，无法回答观众的疑问，所以观众大多认为它无法替代人员解说，可以作为人员解说的有益补充。

（6）博物馆提供的宣传资料方面，近 70% 的观众认为提供宣传资料是很有必要的，但仅有 6. 4% 的观众认为我馆提供的宣传资料内容丰富，而 24. 6% 的观众认为资料内容简单，这说明我们的宣传资料还远远无法满足观众的参观需求。如果免费为观众发放非常翔实的文物宣传资料，对馆里来讲是一笔不小的经费支出，但如果有详细的馆藏文物资料出售给观众的话，亦是两全其美的事情。

（7）观众对博物馆解说系统的建议方面，其中反映最强烈的是增加人员解说和丰富宣传资料的内容，其次是增加牌示解说，占了 35% 以上，有些解说牌过于简单，观众不足以借此了解文物的内涵，若能进一步丰富解说牌的内容，观众就能够通过阅读来更好地了解文物，也为某些消费层次相对低些的观众提供更好的学习机会。另外，还有观众认为增加一些高科技手段进行文物的解说展示将更为直观，如增加触摸屏和模型展示。

三、观众调查的发展趋势及今后的工作方向

1. 调查方法方面

在网络十分发达的今天，应该把网络调查作为重点，进一步完善在线观众调查，使得观众能够方便快捷地进入博物馆观众调查系统。另外，要灵活运用多种调查方法，综合运用观察、访谈法，采用展前评量、展中的形成评量、展后的总结评量，使观众调查贯穿于展览始末[4]。

2. 数据分析方面

数据分析不能仅仅满足于做一个百分比分析，而是要进一步做卡方检验、因素分

析、回归分析等，以更加全面地获取观众信息。

3. 调查结果的反馈问题

将调查结果及时反馈给馆领导，馆领导协调各个部门，定期召开座谈会，专门讨论观众意见。

注　释

[1] 史吉祥：《博物馆观众调查的几个问题》，《中国博物馆》2000 年第 1 期。

[2] 同 [1]。

[3] 王娟、史吉祥：《河南博物院观众满意度调查报告》，《中原文物》2005 年第 2 期。

[4] 彭清云：《博物馆观众调查问题探讨》，《管理观察》2010 年第 21 期。

中小博物馆网站建设思路

庄海峰

（山东博物馆）

一

互联网在当今社会中发挥的作用毋庸置疑，从古至今，从未有过一个渠道能够汇集如此之多的信息，从未有过一个空间可以同时容纳如此之多的民众，互联网已经成为公众生活的重要内容之一。作为公共文化事业机构的博物馆，特别是中小型博物馆，如何在财力有限的条件下建设好自己的网站，本文对这项工作进行了总结和探讨，分述如下。

1. 内容框架是建好网站的基础

当今世界上各种各样、大大小小的博物馆数不胜数，它们分属不同类型，如社会历史类、自然科学类、文化艺术类、综合类等。其中凡世界著名博物馆不仅拥有各自得天独厚的收藏展示资源和科研实力，而且早已名声远扬，它们的网站由于先天优越自然会稳占鳌头。而众多中小型博物馆要想建设一个属于自己的不同凡响的网站，就不是那么容易，在成功的诸多元素中，内容框架的搭设理念至关重要。

所谓内容框架是指一个网站的栏目设置，换言之，就是为这个网站谋篇布局，规划所要发布的内容。在为一个网站做规划的初期，从内容角度来讲，需要树立两个基本概念，一个是在建网站的功用和特色是什么；一个是所设栏目的稿源渠道是否通畅。如果网站所发布的内容与本博物馆的业务范畴不相匹配，那么它就失去了与本博物馆相得益彰的作用；如果这个网站设置的栏目内容不能得到源源不断的及时补充与更新，信息匮乏而陈旧，以致少人问津，这样的网站就不是一个成功网站。所以这两个基本概念需要贯穿于栏目设置论证过程的始终，可以起到左右网站框架搭设科学与否的关键作用。

好的网站栏目应该具有较为突出的本馆特色和十分清晰的内容界定。设置栏目时把握好本馆的内在品质，充分运用本馆的收藏和展示资源以及研究方向，营造与本馆特性相同的内容氛围，各栏目名称概念清晰，栏目特色也就自然形成。另一方面，网站毕竟是大众传媒，追求特色但不可囿于特色，需要在不脱离网站性质的前提下追求信息面的相对宽泛，既要注重学科的严谨，又要在传扬文博信息、陶冶艺术鉴赏品格方面给网民以较多帮助，兼顾资料性和趣味性。

具体而言，博物馆网站所设栏目应该涉及广而告之和科普研究两个主要方面。网站是实体博物馆的延伸，是一个博物馆在网络世界开设的宣传窗口和广告专栏，可以直接发挥实用作用，诸如“网上预约”、“参观须知”、“新展预告”等均属广而告之栏目，行公众参观之方便；科普、展示、研究类栏目要依据博物馆性质予以不同设置，不可千篇一律。

2. 把握网站特性，确立设计风格

在网站栏目和内容确定之后，就要开始研究自身网站的特点，网站页面的设计思路也要有一定的前瞻性，这样在后面的网站使用过程中会随网站的个别需要做出相应的调整。假如最先的设计里面没有预留，那对后面的网站利用会有很多损失。纵观网络很多中小型博物馆的设计风格栏目划分趋于一致，在版式设计上也基本上是上下分栏、左右分栏等方式，也不会利用富于本单位藏品特点的图形或文字装饰网站，网站设计平淡没有生气。一般情况下网站设计公司为降低成本大都采用现成的模板，常规性的嵌套建站。根据自身特点设计的元素几乎没有，虽然降低了网站建设的成本，但建成的网站没有生气，和许许多多的中小网站在结构布局、颜色风格上太多类似。因此在设计上我喜欢重视网站的整体设计风格，要有特立独行的设计，在观众打开我们网站的同时，网站特有的形象、风格就会马上抓住浏览者的眼睛。争取做到从色调上保持协调和连续性，具有本单位特色的藏品图案、花纹等广泛地应用到设计当中，设计过程中子页与主页保持统一的同时，还要具有栏目本身的特色等。

3. 申请域名，根据自身情况合理选择服务器

网站建设的初期，首先要选择自己的域名，一个好的域名应该具有简洁性，避免过长的字符导致记忆的困难，还应该考虑到因特网的国际性，兼顾国际浏览者。还要具有浓郁的地域特性，是本地区的文化名片。其次建站需要有自己的空间，也就是要选择合适的服务器，空间的大小主要根据自身网站的大小来选择，一般情况下，单位基于自身庞大的数据库以及安全方面的考虑，以选择自己架设服务器为最佳选择。而有些单位基于自身考虑，比较乐于选择服务器托管服务，这样就可以省去购买、维护服务器的大笔费用和网络管理人员，共同分享虚拟主机空间，即空间的租赁。这样做虽然在成本上可以节省一大笔的资金，但是对于网站使用中有些根据需要的局部调整等存在太多的不方便因素。相比之下拥有自身服务器的网站，虽然在预算成本上会高一些，但是在网站使用期间的实时性、灵活性等许多方面拥有太多的优势。

4. 做好网站规划调研，严格控制预算

以上这三点决定好以后，必须确立网站性质和费用预算。作为一个文博行业公益型的文化单位，建站初期可以首先考虑是做一个门户型的综合类文化文博信息网站还是建设一个有自身特色的中小型文化类网站的问题，特色的本身是要解决问题，网站建设切忌心浮气躁，网站的风格、性质都要深思熟虑，经过无数次筛检，经常会有一些栏目今天讨论得还不错，第二天又感觉不太合适的感觉。如何去规划、营造一个实用、后台上传、修改相对操作简单的文博网站，与网站功能相配套的技术是需要我们自己推敲、探讨的。此外还要有一个合理的规划与清醒的认识，现在从事网站建设的设计公司多如牛毛，价格差别也是可以用天差地别来形容。这就更需要我们自己在网站建设之前一定要尽量多了解些信息，多做些比较，同时要慎重审查设计单位所提交的网站设计方案，把那些花哨不实用的设计弃掉，争取把网站建设的费用控制在合理的范围内，用最小的投入得到最大的回报。

5. 使用合理的技术支持，不盲目追求高新技术

当今科学技术日新月异，网站中所应用的科技含量也越来越大，但随之而来的是高科技的技术应用越多，对网站速度的影响就越大。网站的打开速度是网站生存发展的一个重要因素，浏览者能忍受的打开速度在6～8秒之间，如果网站的首页中包含了大量的flash和图片，那么将会大大降低网页的打开速度。这就需要优化页面代码，调整文字和图片的比例以及控制视频文件的大小，减少无用的代码，使该网页的体积变得尽可能小。因此对于一个中小型的文博网站，应该不要追求过多的高科技元素的设计，因为高新技术含量不仅直接影响建设网站的价格，还会占用较多的网页资源，影响网站速度。在新技术的采用上还需要考虑访问群体的地域分布、年龄阶层、网络速度、阅读习惯等诸多方面。

二

下面以山东博物馆网站为例，简单阐述一下建站的过程。2007年我们在资金严重缺少的情况下，与网站建设公司共同合作建设了山东博物馆网站，本网站程序是由java语言编写的。java语言具有面向对象、和平台无关性等优点，这使得此网站程序的可适用性和可维护性比较好，无论服务器是windows环境还是linux环境都能适用。

网站架构模式采用了经典的MVC框架模式，使得网站程序可分成独立的三部分：模型（Model）层、视图（View）层和控制（Controller）层，实现了Web系统的职能分工，各层有各层独立的任务，且单方向依赖，只要坚持规定的标准，某一层的改变或替换对其他层无任何影响，其他层不需要作相应的变化。体现了模块化、松耦合、易重用、易维护、部署快等优点，这些优势在以后的系统维护中得到了充分的体现。

网站的具体框架采用了当时比较流行的 SSH（struts + spring + hibernate）开源集成框架，集成 SSH 框架的系统从职责上分为四层：表示层、业务逻辑层、数据持久层和域模块层，这样以在短期内搭建结构清晰、可复用性好、维护方便的网站程序。其中使用Struts 作为系统的整体基础架构，负责 MVC 的分离，在 Struts 框架的模型部分，利用 Hibernate 框架对持久层提供支持，业务层用 Spring 支持。具体做法是：用面向对象的分析方法根据需求提出一些模型，将这些模型实现为基本的 Java 对象，然后编写基本的 DAO 接口，并给出 Hibernate 的 DAO 实现，采用 Hibernate 架构实现的 DAO 类来实现 Java 类与数据库之间的转换和访问，最后由 Spring 完成业务逻辑。采用此框架不仅实现了视图、控制器与模型的彻底分离，而且还实现了业务逻辑层与持久层的分离。这样无论前端如何变化，模型层只需很少的改动，并且数据库的变化也不会对前端有所影响，大大提高了系统的可复用性。而且由于不同层之间耦合度小，大大提高了开发效率，减少了以后的维护成本。

为了提高网站的性能和用户友好体验，我们采用了网站首页静态的技术，使得网民在很短的时间内就能打开网站的首页，由于本网站的定位就是以信息资料为主的门户型综合类宣传网站，为了更好地体现这种优势，本网站采用了全文检索的搜索方式，更快、更全面地为网民提供全方位的信息资料查询服务。

在数据库方面，本网站数据库采用的是 mssql2000，能够快速、并发地提供数据存取服务，因本网站框架采用的是 SSH，所以如果数据库移植到其他数据库（mysql、oracle 等），极其方便。

网站已经成为现代博物馆的一个不可或缺的宣传平台，一方面在宣传上，另一方面更是在与网民的互动上，所以在制作《网上预约系统》这个栏目模块时，除了在后台采用上述的技术外，在前台技术的运用上，为了给网民更友好的用户体验，我们大量运用了 javascript + ajax 技术，在很多地方实现数据的异步存取，实现网页内容的无缝更新。使得网民在前台订票的过程中能够更简单方便，顺利、平滑地完成网上订票。在《网上预约系统》的系统管理页面中，为了方便统计订票的信息，开发了基于 JasperReports 的报表模块，方便统计并获取任一个时期内网络订票的情况。

网站的公告栏，栏目虽小，但其作用不可忽视，所以我们尽可能做到醒目，就采用 javascript 技术做成上下滚动、鼠标悬停弹出信息框的效果，这样不但简单明了，而且信息承载量也比较大。

在网站建成后的几年时间里，随着应用过程中遇到的种种问题，我们对网站又做了无数次调整，包括栏目的增减、版式的调整以及色彩、形式的美术设计等，始终在不断修改，浏览量也在我们的改进中不断攀升。也因此在 2008 年的山东省优秀网站评选活动中荣获优秀奖（无一、二、三等奖排名，本次评选是由山东省人民政府新闻办公室、山东省通信管理局、山东省互联网协会联合主办）。在 2011 年末，为了纪念新馆开馆一周年，我们对网站重新改版升级，新网站在技术上最主要的特点包括以下两项：一个是将CMS引入省博网站发布系统；另一个是充分利用AJAX技术改善用户体验。

CMS技术的使用。网站系统在框架设计上采用了面向Portal的CMS作为系统发布的核心管理平台。CMS是Content Management System的缩写，意为“内容管理系统”，它具有许多基于模板的优秀设计，可以加快网站开发的速度和减少开发的成本。CMS的功能并不只限于文本处理，它也可以处理图片、Flash动画、声像流、图像甚至电子邮件档案。Portal系统最主要的表现在于将大部分最终的输出页面——网站首页、子频道、专题页、新闻详情页和各种后台子系统模块组合起来，这种发布组合的逻辑是非常丰富的，Portal系统的最大好处就是将内容管理和表现的分离。很多成套的CMS系统没有把后台各种子系统和Portal分离开设计，以至于在Portal层的模板表现管理和新闻子系统的内容管理逻辑混合在一起，甚至和BBS等子系统的管理都耦合的非常高，整个系统会显得非常庞杂。而且这样的系统各个子系统捆绑得比较死，后台的模块很难改变。但是省博的网站系统把后台各种子系统内容管理逻辑和前台的表现/发布分离后，Portal和后台各个子系统之间只是数据传递的关系：Portal只决定后台各个子系统数据的取舍和表现，而后台的各个子系统也都非常容易插拔。

AJAX技术的使用。AJAX指异步JavaScript及XML（Asynchronous JavaScript And XML），国内翻译常为“阿贾克斯”。AJAX不是一种新的编程语言，而是一种用于创建更好更快以及交互性更强的Web应用程序的技术。使用AJAX的最大优点，就是能在不更新整个页面的前提下维护数据。这使得Web应用程序更为迅捷地回应用户动作，并避免了在网络上发送那些没有改变过的信息。我馆网站中有大量的图片、视频和其他多媒体文件，通过AJAX技术，我们可以平滑地在页面中切换这些多媒体，使整个网站表现形式变得丰富多彩；同时由于AJAX技术在用户浏览网站时，可以在不打断用户阅读顺序的前提下采用异步方式在后台预读图片，使用户可以得到良好的浏览体验。

在新馆网站运用了这些新技术之后，网站面貌得到了很大提升，浏览量也稳步上升，在2012年5月，山东博物馆网站在全国文博网站中的排名中排名第4（包括港、澳、台地区）。总之，进行网站建设，尤其是在受到经费限制的情况下，不仅要有好的规划，还要有新技术的支持，更需要认真做好前期调研，合理规划，才能够充分利用资源，避免华而不实的弊端，构建出适合本单位特点和需要的优秀网站。

山旺国家重点保护区建置史考略

钟 蓓[1] 冯广平[2] 张 生[3] 包 琰[4] 任昭杰[5] 刘海明[6]

（1、3、5. 山东博物馆；2、6. 北京自然博物馆；4. 北京市科学技术研究院）

引 言

山旺国家重点保护区是我国第一个以动植物化石为保护对象的保护区，位于山东省临朐县山旺村、解家河村。其地层是中新世（17～15 Ma）属于湖相沉积，由薄如纸张的硅藻土页岩组成，动植物化石保存精细，目前已发现有10多个门类600余种（孙启高等，2000）[1]。山旺也因此成为研究古近纪古气候、古生态的重要化石产地，引起了欧美和东亚多个研究机构的广泛兴趣，目前以济南、北京、南京等地的高等院校和科研机构为平台，国内外专家开展了大量合作研究。“山旺”成为一个在世界植物学、生态学等领域广为人知的名词。但是与此同时，山旺化石的发现时间和发现过程、设置保护区的本末缘由、重要的研究活动，以及山东博物馆作为重要的科普教育平台在保护区建设中所起的关键作用等这些问题都没有及时地被整理发掘出来而存在较多疑问。本文采用文献考证法，依据山东博物馆、北京自然博物馆、山旺化石博物馆的馆藏化石及图像资料，梳理了山旺化石保护区建置历史，对山东博物馆及其前身广智院在山旺化石保护区建设中的作用，也做了较为深入的探究。

一、山旺的发现

山旺化石的最早记载见于清朝康熙年间（1661～1722年），临朐贡生张新修《筒丸录》载：“神龙易骨，必于土内，尧山曾出一具……头如牛，一角当顶”；尧山即今山旺尧山。晚清时期，人们对山旺的认识更加深入，尤其对硅藻土地层层理细密、干后翻卷、动植物化石丰富的特性认识准确，形象称其为“万卷书”，光绪十年（1884年）《临朐志》：“灵山东南五里俗传山麓溪边有特别产物，曰：‘万卷书’，自地面掘取极易。其质非土非石，平态洁白，层叠如纸。揭视，内现黑色花纹，昆虫、鱼、鸟、兽……诸形态”。1935年《临朐续志》：“山之东麓有巨涧，涧边露出矿物，其质非土非石，平整洁白，层层成片，揭示之，内有黑色花纹，虫者、鱼者、鸟者、兽者、山水人物花卉者，不一其状，俗名‘万卷书’。惟干则碎裂，能久存”[2]。1901年（光绪二十七年），美北长老会（American Presbyterian Missions，North）传教士伯尔根博士（Paul D. Bergen，1860～1915年）在山东旅行途经山旺，发现“印着奇鸟异兽”的石片，便采集一些植物和鱼化石标本带回美北长老会传教士山东登州文会馆（Tengchow College，在今蓬莱县）。后来登州文会馆馆长赫士（Warson McMillen Hayes，1857～1944年）博士将伯尔根采集的标本送“山东基督教共合大学”（后称齐鲁大学）地质系主任斯科特（James. S. Scott））鉴定，确定为古生物化石[3]。古生物门类最全、种属最多，保存最完整、最集中的山旺化石群产地，自此开始公诸于世。

伯尔根博士与山东博物馆前身广智院颇有渊源。广智院原在青州，由英国浸礼教传教士怀恩光（John Sutherland Whitewright，1858～1926年）于1904年创建。1917年，齐鲁大学创建，广智院列为齐鲁大学社会教育科。伯尔根1883年来华，1904年任潍县广文学校（齐鲁大学前身）校长，1904～1908年，柏尔根与同驻潍县的美国人方法敛和驻青州的英国人库寿龄等一起收藏甲骨。齐鲁大学在济南创建后，三人所藏甲骨陈列于广智院。1935年，加拿大人明义士著《柏根士旧藏广智院陈列河南殷墟出土甲骨写本》，录柏尔根收藏甲骨74片（方辉，2000）[4]。1949年以后，广智院并入山东博物馆，柏尔根收藏所有甲骨共122片，全部入藏山东省博物馆。

二、山旺化石的研究

山旺化石的正规科学研究始于20世纪30年代，1935年杨钟健到昌乐野外考察，顺访了齐鲁大学斯科特教授；斯科特展示伯尔根采集的山旺植物和鱼化石。旋即，杨再访问斯科特，详考山旺化石发现经过及产地情况，得知产地在临朐山旺村。1935年5月，中央地质调查所北平分所所长杨钟健（1897～1979年）首次在山旺地区进行地质调查和生物地层研究，在考察笔记中记述：“出山旺村为一山脊至解家河岸边，见河西有页岩出，细审之，叶、花、昆虫、蝌蚪等化石甚多，更往西，有黄砂及页岩，内含玄武岩弹甚多，其中见有龟及哺乳动物化石碎块。”[5]此行采集了大量植物化石，还有昆虫、鱼、蛙、龟和哺乳动物化石标本，并借阅了伯尔根采集的标本；1936年6月，杨钟健在《中国地质学会志》发表关于鱼、蛙化石的研究报告，首创“山旺统”地层单位（洪友崇，1985）[6]。1937年，阮维周调查了山旺的硅藻土矿，建立“解家河系”和“山旺系”地层单位。原“山旺系”中下部一套黄色砂砾岩另立为“解家河系”。

自1936年至2000年，国内学术界对于山旺的研究共有163篇文献（表一），分别从地质地理、动植物化石、古环境和古气候等角度进行了深入的探索（孙启高等，2000）[1]。对同一化石产地，有如此广泛而深入的研究，这在世界古生物化石产地中是为数不多的典型。

表一 山旺研究文献概览

序号	文献类型	数量/（篇、部）
1	山旺植物化石研究	39
2	山旺动物化石研究	37
3	山旺地质研究	30
4	山旺昆虫化石研究	18
5	综合研究	7
6	学位论文和博士后工作报告	8
7	其他非正式出版物	24
合计		163

山旺古生物的研究以植物最丰，植物化石的早期研究始于20世纪40年代，1940年，北平静生生物调查所（Fan Memorial Institute of Biology）所长胡先骕（字步曾，号忏庵，1894～1968年）与美国加利福尼亚大学（University of California）古植物学家钱耐（R. W. Chaney，1890～1971年）合作出版《山东山旺中新世植物群》（*A Miocene Flora from Shantung Province，China*）（Hu & Chaney，1940）[7]，成为首部系统研究山旺植物化石的专著（冯广平，赵建成，王青，2011年）[8]。1978年，中国科学院北京植物研究所和南京地质古生物研究所联合出版《中国新生代植物》，收录了1974年以前已发表及新发现的新生代植物化石149属、301种，其中大部分种类来自山旺（中国科学院北京植物研究所，南京地质古生物研究所，1978年）。《山东山旺中新世植物群》收录了30科61属84种植物；《中国新生代植物》收录43科87属125种（王宇飞等，2000）[9]。此后，陆续有新的类群发现，目前已发现的类群中以温带落叶植物为主，混生了部分亚热带常绿和落叶阔叶植物。

三、山旺保护区的建立

20世纪70年代末，山旺发现的大量保存精美的动植物化石引起了国际国内古生物学界、植物学界、动物学界的广泛关注，并逐步提出建立保护区以保护珍贵遗产的动议。1978年10月，中国古生物学会（Palaeontological Society of China）在山旺召开了全国古生物地层现场会议，出席会议的有来自全国各地古生物学专家、教授、地质工程师、古生物研究人员和地质工作者近二百人。与会人员一致称赞：山旺是目前我国中新世地层保存化石最丰富最精美的一个地点，像山旺化石保存这样好、门类这样多的中新世地层，在世界上也是罕见的。山旺是进行科学研究和科学普及、教学的一个良好的现场。以中国古生物学理事长、中国科学院地理部主任、中国科学院学部委员尹赞勋（1902～1984年）、中国古生物学会副理事长卢衍豪（1913～2000年）、北京大学地质系主任、中国科学院学部委员乐森寻（1900～1989年）、中国科学院学部委员裴文中（1904～1982年）等为代表的科技工作者一致拥护山东省将山旺列为重点自然保护单位的做法，并建议提请国务院将山旺列为“国家重点自然保护区”。

1980年1月17日，国务院批准山旺为国家重点自然保护区［国务院（80）国办函字2号］。1980年7月，山东省人民政府和临朐县人民政府发布公告，设定自然保护区面积为1.2平方公里（牛山、尧山、角岩山、山旺、解家河一带）。1981年，山东省山旺古生物化石保护管理所在保护区建立，负责保护区的建设，以及标本的收集、保藏和研究。1985年4月，山东省在临朐县城建立了山旺古生物化石陈列馆。1999年10月，国土资源部和国家环保总局确定山旺为国家地质遗迹保护区。2001年12月，国土资源部将该保护区批准为山东山旺国家地质公园，面积13平方公里。

四、山东博物馆的重要作用

在山旺化石保护区建设、遗产保护和科普教育方面，山东博物馆发挥了举足轻重的作用。

1. 采集与收藏化石标本

山东博物馆从1960年开始采集山旺化石标本，在1960年、1962年、1965年、1966年、1973年、1976年、1978年和1979年等时间段内，多批次抢救性采集山旺化石标本。其中，1965年、1978年和1979年的采集规模最大。截至1979年底，山东博物馆共采集山旺化石标本2207件，其中植物标本1388件、昆虫标本206件、鱼类标本485件、两栖类标本37件、爬行类标本11件、鸟类标本2件、哺乳类标本78件。《中国新生代植物》[10]记述的125种山旺植物化石中，山东博物馆有84种。除不断采集增加馆藏外，山东博物馆还向国内数家博物馆及科研机构赠送了山旺化石标本83件，扩大山旺化石标本在国内的影响。

2. 发现山旺山东鸟新种

山东博物馆孟振亚多次赴山旺采集标本，并向当地的群众及采矿工人讲解化石的重要性和保护化石的方法。1976年5月，孟振亚再次赴山旺采集化石，见到了郭姓矿工1975年发现的鸟化石，遂带回博物馆作进一步研究。同年与中国科学院古脊椎动物与古人类研究所专家合作，将鸟化石厘定为鸡形目、雉科新属新种——山旺山东鸟（*Shandongornis shanwanensis*）（叶祥奎，1977）[11]。此项研究填补了我国中新世鸟类化石研究的空白，引起了当时的国际古生物界的轰动。

3. 山旺昆虫化石的研究

山东博物馆张俊峰教授对山旺昆虫化石进行了系统而深入的研究，先后出版《山旺昆虫化石》和《山东山旺中新世昆虫与蜘蛛》等两部专著，前者系统描述了山旺中新世昆虫272种，隶属于12目，74科，161属，其中新属48个，新种221个[12]，后者又系统描述了山旺中新世昆虫135种，隶属于11目，50科，100属，其中包含新科1个：三节蝽科（Trisegmentatidae），新属31个，新种104个，此外，这两部书中也对先前报道的一些种类进行了系统的整理和修订，这样，累计山旺化石昆虫群共400种，隶属于12目，84科，221属，在这个类群中绝灭属占总属数的1/3略多，现生种仅占总种数的5%。此外，在《山东山旺中新世昆虫与蜘蛛》一书中系统描述了山旺蜘蛛化石23种，隶属于7科，14属，其中包括5个新属，16个新种[13]。

自Grabau（1923年）发表了我国第1篇昆虫化石的研究报告至《山东山旺中新世昆虫与蜘蛛》出版之前，我国境内的昆虫化石被描述的共800余种，而山旺地区就有400种，约占我国已知种类的一半，这说明了山旺昆虫化石群的重要地位，而这两部专著在中国乃至世界古昆虫研究领域也有着举足轻重的地位，为世界古生物研究提供了重要的基础资料。

4. 保护和宣传山旺化石产地

1978年，中国古生物学会山旺现场会期间，理事会同意组建山东古生物学会，挂靠在山东博物馆。1982年4月，山东古生物学会正式成立（孙宗田，2002）[3]。学会成立伊始，就强烈呼吁各有关单位，以国家、民族利益为重，加强国家重点自然保护区——山旺化石宝库的保护，使这一个具有重要科学价值的化石产地能为人类做出应有的贡献。同年6月，学会向山东省政府提交报告，呼吁加强山旺化石保护，停止开采硅藻土。2005年，山旺硅藻土全面停止采挖，使得这些珍贵遗产得到较好的保存，为未来的科学研究和文化创意留存资源。

1978年，为配合中国古生物学会山旺现场会议的召开，山东博物馆和临朐县文化馆举办了山旺化石展览，山东博物馆编辑出版《山旺化石》图册。1979年12月，在全国科技协会第一届全国委员会第二次扩大会议上，尹赞勋向代表散发《山旺化石》，引起了许多科学家的重视。钱学森在大会发言中，对《山旺化石》图片极为珍爱，建议把“山旺”划为“天然公园”，如美国的“黄石公园”一样。山东博物馆在促成山旺国家重点自然保护区的建设中，发挥了重要的作用。

5. 结论

山旺化石最早发现于清朝康熙年间。20世纪初，齐鲁大学斯科特依据伯尔根采集的标本最早判定了山旺化石的科学意义。杨钟健和胡先骕等较早系统地调查和研究了山旺化石产地和山旺化石，此后山旺成为我国乃至世界上研究活动密集的化石产地之一。由于山旺化石种类丰富、保存精美，具有重要的学术价值和遗产意义，中国古生物学会1978年动议建立山旺国家重点自然保护区。1980年，国务院正式批准山旺为国家级自然保护区，成为我国第一个以化石为保护对象的自然保护区。山旺化石是珍贵的自然遗产，为保护这些遗产资源，山东博物馆在标本采集、新类群发现、保护和宣传方面发挥了重要作用。山东博物馆的工作，成就了博物馆在自然遗产保护方面的成功范例。

注 释

[1] 孙启高、李凤麟、梁明媚等：《中国山东山旺中新世地层及古生物研究文献目录（1936～2000)》，《植物学通报》2000 年第六届国际古植物学大会专辑。

[2] 孙博：《山旺古生物图鉴》，科学出版社，1995 年，7 页。

[3] 孙宗田：《济南科技大事记》，黄河出版社，2002 年，15 页。

[4] 方辉：《明义士和他的藏品》，山东大学出版社，2000 年，115、116 页。

[5] 孙博：《山旺古生物图鉴》，科学出版社，1995 年，14 页。

[6] 洪友崇：《山旺硅藻土矿中的昆虫、蝎、蜘蛛化石》，地质出版社，1985 年，2 页。

[7] Hu H. H, Chaney R. W. A Miocene Flora from Shantung Province, China. Washington: Carnegie Institution of Washington Publication, 1940: 1-147.

[8] 冯广平、赵建成、王青：《北京植物学史图鉴》，北京科学技术出版社，2011 年，28 页。

[9] 王宇飞、李承森、宋书银等：《山东山旺中新世植物类群的部分修订与发现》，《植物学通报》2000 年第六届国际古植物学大会专辑。

[10] 《中国新生代植物》编写组：《中国植物化石第三册：中国新生代植物》，科学出版社，1978 年，50 页。

[11] 叶祥奎：《中新世鸟类在我国的首次发现》，《古脊椎动物与古人类》1977 年第 4 期。

[12] 张俊峰：《山旺昆虫化石》，山东科学技术出版社，1989 年，1～8 页。

[13] 张俊峰、孙博、张希雨：《山东山旺中新世昆虫与蜘蛛》，科学出版社，1994 年，3、4 页。

图版一

1. 寺庙遗址全貌（由西而东）

2. 砖包台子墙体

3. 暗排水沟上侧的明排水沟

临朐小时家庄寺庙基址发掘现状

图版二

1. 清理前铜佛像

2. 清理后铜佛像正面

3. 清理后铜佛像背面

4. 清理后铜佛像侧面

青州市博物馆藏铜佛像

图版三

1. 极乐净土

2. 卢舍那佛说法

3. 极乐净土

青州北齐卢舍那佛衣胸部的佛国天界图像

（按上述顺序在佛衣上的排列应为从左至右）

图版四

1. 天宫图

2. 观马图

3. 乐舞图

4. 地狱图

临朐北齐卢舍那佛法界像局部

图版五

1. 礼拜图

2. 人物残图

3. 礼拜图

4. 人物残图

5. 坐禅图

临朐北齐卢舍那佛法界像局部

图版六

1. 四级六面银塔

2. 鎏金银舍利棺

3. 鎏金银大般涅槃经

图版七

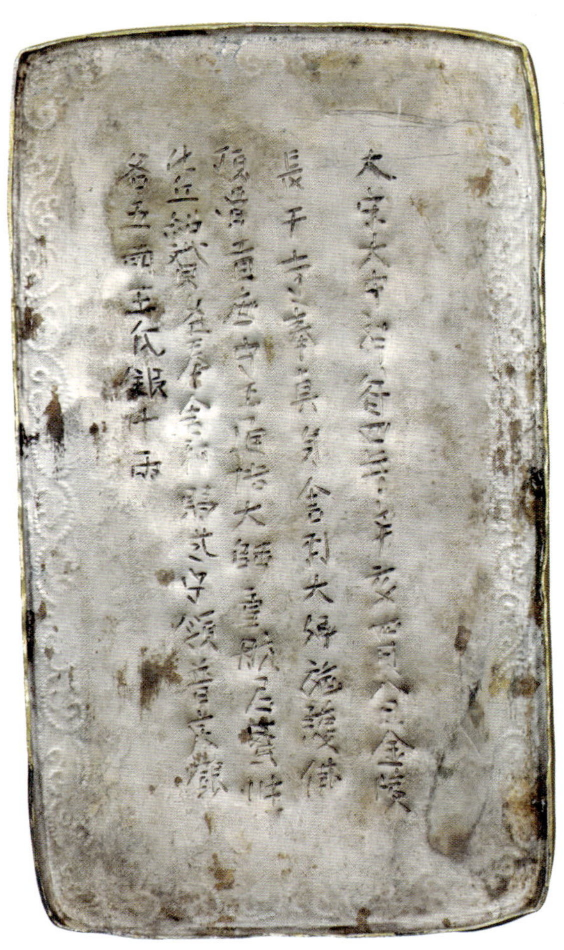

2. 银椁底铭文

1. 石函铭文

金陵长干寺圣感塔地宫出土器物铭文

图版八

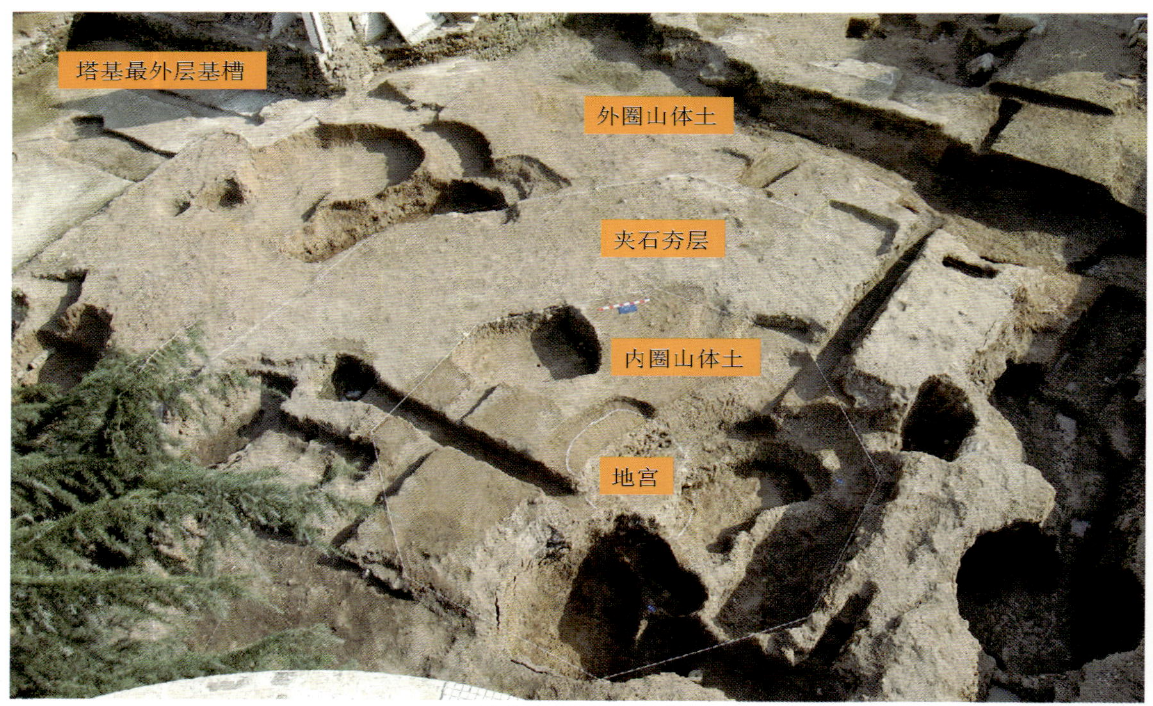

1. 地宫发掘前塔基平面

2. 地宫土圹内局部填土情况

1. 夏家三座墓塔墓分布情况

2. 夏家墓塔墓M1的发掘

3. 夏家M1内石函分布情况

烟台夏家墓塔墓

图版一〇

1. 牟平北头墓塔墓

2. 夏家墓塔墓M3的发掘

烟台墓塔墓

1. 标本8

2. 标本9

3. 标本10

4. 标本11

洛庄汉墓1号车木质构件

图版一二

1. 标本24

2. 标本25

3. 标本26

4. 标本27

5. 标本28

6. 标本29

7. 标本30

8. 标本31

9. 标本33

洛庄汉墓3号车木质构件